『동물, 채소, 정크푸드』에 대한 찬사

"기후 위기, 코로나19, 그리고 조직적·제도적 인종 차별에 대한 최근의 고찰을 통해 전 지구적 음식 시스템에 많은 균열이 있음이 드러났다. 철저하면서도 시사점이 많은 이 책에서 마크 비트먼은 개혁이 필수적인 현재 시점까지 우리가 어떻게 도달했는지 논한 뒤, 음식을 어떻게 생산하고 분배하고 소비해야 하는지 해결책까지 제시한다. 정책 입안자, 활동가, 그리고 음식 시스템과 그 개선책을 더 잘 이해하고 싶은 사람이라면 반드시 읽어야 하는 책이다."

앨 고어 Al Gore, 미국 전직 부통령

"흥미진진한 야심작인 비트먼의 『동물, 채소, 정크푸드』는 180만 년의 음식 시스템 역사를 다룬 권위 있는 책이다. 사냥과 요리를 하기 위해 처음으로 불을 길들이는 데서 시작해, 농사지을 땅을 마련하기 위해 불을 이용해 화전 농업을 하는 시대를 지나, 다국적 농업관련산업°에 대항해 농민 조직이 혁명의 불길을 일으키는 곳까지 도달하는 여정이다. 비트먼은 거대 식품 회사가 우리의 땅, 물, 자양분을 어떻게 빼앗았는지 설명하기 위해 많은

• 농업관련산업(agribusiness) : 농업과 그와 관련된 산업(농업용 생산 수단 공급 부문, 농산물의 가공 유통 부문)까지 총괄하는 개념이다. (모든 주는 옮긴이 주다.)

1

노력을 기울인다. 음식을 먹는 사람이라면 누구나 이 책을 읽어야 한다. 우리 종족과 우리 행성의 미래가 달려 있는 문제다."

리아 페니먼 Leah Penniman, 소울 파이어 팜Soul Fire Farm의 공동 창립자이자『어둠 속의 농업Farming While Black』의 저자

"마크 비트먼이 여러 해 동안 많은 사람들에게 알려주었듯, 잘 먹는 것은 우아한 요리법뿐 아니라 우리 모두의 건강과 관련이 있는 일이다. 비트먼은 이제까지 쓴 책 중 가장 급진적이고 심오한 이 책에서 자신의 트레이드마크인 재치, 정확성, 독자 친화력을 통해 광범위한 음식의 역사를 서술한다. 덕분에 우리는 즐겁고 혁신적인 독서를 경험할 수 있게 된다."

나오미 클라인 Naomi Klein, 『이것이 모든 것을 바꾼다 This Changes Everything』의 저자

"음식은 누구나에게 아주 중요하다. 비트먼의 분석은 간결하고 예리하다. 음식을 바꾸기 위해서는 온갖 것을 다루어야 한다."

툰데 웨이 Tunde Wey, 셰프 겸 작가

"음식, 그리고 여러분에게 (또한 다른 70억 명의 사람들에게) 자양분을 제공하고 있는 지구라는 행성을 고민하는 사람이라면 이 놀라운 책을 읽어야만 한다. 그뿐 아니라 비트먼이 제안한 대로 음식을 올바르게 먹는 동시에 올바른 명분을 지지할 수 있어야 한다. 음식에 대해 고민해야 한다. 생존과 번영에 필요한 영양가 있는 음식을 모든 사람이 먹을 수 있도록 정책 변화를 밀어붙여야만 한다는 뜻이다."

테드 댄슨 Ted Danson, 배우 겸 활동가

"이 책은 완벽하게 시의적절한 책이다. 마크는 이런 책을 쓸 수 있는 최적의 인물이다."

앨리스 워터스 Alice Waters, 셰프, 활동가, 작가

"사람은 먹는 것으로 결정된다"는 말이 있다. 그렇다. 모든 것은 음식과 관련이 있다. 음식은 우리의 생존, 건강, 복지, 땅, 법, 에너지 공급, 물, 그리고 거의 모든 것에서 중요한 역할을 담당한다. 광범위한 주제를 다루며 우리의 사고를 일깨우는 마크 비트먼의 책은 우리의 음식 시스템이 직면하고 있는 위기, 그리고 우리가 먹는 음식 한 입 한 입이 세계에 미치는 영향에 눈뜨게 할 것이다."

재레드 다이아몬드 Jared Diamond, 『총, 균, 쇠Guns, Germs, and Steel』와 『문명의 붕괴Collapse』의 저자

"우리의 음식 시스템은 엉망진창이다. 그러한 시스템을 규명하는 일은 인류와 지구의 건강을 개선하는 데 매우 중요하다. 마크 비트먼은 인류 전체를 위해 이 문제를 해결할 적임자다."

로리 데이비드 Laurie David, 영화제작자, 작가, 환경운동가

"엄청난 호기심의 소유자인 마크 비트먼은 위험한 현 시기를 새롭게 이해할 수 있도록 창을 마련해주었다. 그의 책은 '정크푸드'에 대한 개념을 확장하면서 변화를 촉구하는 동시에 역사를 종횡무진하는 매혹적인 여행 속으로 독자를 인도한다."

빌 맥키번 Bill McKibben, 『폴터Falter』의 저자

"마크 비트먼은 누구라도 부러워할 사람이다. 온갖 요리를 할 줄 알고 누구나 요리를 할 수 있다고 느끼게 할 만큼 명확하게 글을 쓴다. 이제 그는 인류가 거쳐 온 음식의 역사에도 엄청난 재능을 발휘한다. 그는 또 한 번 지방을 제거한 음식을 독자들에게 대접한다. 인간 식단의 기원부터 세계무역기구WTO에 이르기까지 독자들은 모든 것이 음식 시스템의 붕괴와 연관되어 있다는 것을 알게 될 것이다. 어마어마한 설득력을 갖춘 그의 분석 덕분에 독자들은 무엇이 잘못되었는지 알게 될 뿐 아니라 더 나은 결과를 얻을 수 있는 방법까지 이해할 수 있게 될 것이다."

라즈 파텔 Raj Patel, 『식량 전쟁Stuffed and Starved』의 저자

"음식 시스템에 대한 통찰력이 번뜩이는 뛰어난 해설서. 비트먼의 글은 간결하고 재미있을 뿐 아니라 핵심을 찌르는 권고로 가득하다."

데이비드 A. 케슬러 David A. Kessler, 의학 박사, 전 식품의약국 FDA 국장, 『과식의 종말 The End of Overeating』과 『빠른 탄수화물, 느린 탄수화물Fast Carbs, Slow Carbs』의 저자

"『동물, 채소, 정크푸드』를 통해 마크 비트먼이 안내하는 여정에서 독자는 기계론적·환원주의적·산업적 패러다임이 농업과 음식 분야를 악몽 같은 곳으로 변질시킨 과정을 보게 된다. 음식은 지구의 건강과 인류의 건강을 가장 심하게 위협하는 존재가 되어버렸다. 하지만 음식 시스템은 바꿀 수 있고, 반드시 바꾸어야 한다. 지구와 거기 사는 사람들을 위한 음식 시스템으로 나아가려는 이들에게 지침이 될 만한 보석 같은 책이다."

반다나 시바 Dr. Vandana Shiva, 나브다냐Navdanya의 창립자 겸 『이 세계의 식탁을 차리는 이는 누구인가 Who Really Feeds the World?』의 저자

4

"비트먼은 이 책을 쓰기 위해 태어났다. 그는 평생 동안 음식 시스템을 연구해왔고, 그 지식을 증류해 누구나 이해하기 쉬운 책으로 간결하게 다듬어놓았다. 이 책을 통해 당신은 음식 시스템을 알게 되고 행동에 나서게 되고 영감을 받게 될 것이다. 당신의 영혼과 지구를 구하려면 반드시 이 책을 읽어야 한다."

리카르도 살바도르 Ricardo Salvador, 참여과학자모임Union of Concerned Scientists의 음식과 환경 부문 이사 겸 수석 과학자

"현재의 음식 시스템을 바꾸려면 우리가 이 시점까지 오게 된 경로를 알아야 한다. 마크 비트먼의 『동물, 채소, 정크푸드』는 더 건강하고 평등한 미래를 찾기 위한 지도를 모두에게 제공해준다."

톰 콜리키오 Tom Colicchio, 크래프티드 호스피탈리티Crafted Hospitality의 오너 셰프

"이 책은 어제, 오늘, 내일의 책이다. 비트먼은 놀라운 일을 해냈다. 농업에서 패스트푸드에 이르는 긴 여정을 따라가며 현대 식단의 병폐를 설명해주고, 동시에 더 건강하고 더 지속 가능한 미래를 위한 해결책을 지향할 수 있도록 도움을 제공한다."

호세 안드레스 José Andrés, 싱크푸드그룹ThinkFoodGroup의 오너 셰프

"『동물, 채소, 정크푸드』는 획기적인 프로젝트이며 이러한 책의 출판 시기로 지금보다 더 시의적절한 때는 없다. 비트먼은 인간이 뿌린 씨앗을 따라 세계의 역사를 서술하면서, 소수의 다국적 기업이 (공공 정책의 지원을 받아) 우리의 음식 시스템을 장악해왔으며, 산업화된 새로운 음식 시스템

이 식량 아파르트헤이트, 기후 위기, 그리고 예방 가능한 식이 관련 질환의 기하급수적 증가로 이어졌다는 사실을 상기시켜준다. 중요한 내용을 담고 있는 이 책을 읽고 나면 더욱 건강하고 정의롭고 지속 가능한 음식 시스템을 위해 필사적으로 싸우는 일이 절박하다는 것을 실감하게 될 것이다."

브라이언트 테리 Bryant Terry, 제임스비어드 상을 수상한 『채소 왕국Vegetable Kingdom』의 저자 겸 아프리칸디아스포라 박물관의 상주 셰프

동물. 채소. 정크푸드

지속가능성에서 자멸에 이르는 음식의 역사

동물, 채소, 정크푸드

ANIMAL   VEGETABLE   JUNK

마크 비트먼 지음 | 김재용 옮김

그러나

차 례

인간의 경제 체제와 지구 생태계는 지금 전쟁을 벌이고 있다. (…)

두 시스템의 규칙 중 바꿀 수 있는 것은 하나뿐이다.

자연의 법칙은 바꿀 수 있는 대상이 아니다.

나오미 클라인

무엇을 집어 올리려고 하건

세상의 다른 모든 것들이 엮여 있다는 것을 알게 된다.

존 뮤어 John Muir

『침묵의 봄』은 인간과 자연의 전쟁을 다룬 책이며,

인간은 자연의 일부이기에 필연적으로 인간이 자신과 벌이는

전쟁을 다룬 책이기도 하다.

레이철 카슨 Rachel Carson

땅은 모든 독립의 기초다.

땅은 자유, 정의, 평등의 기초다.

맬컴 엑스 Malcolm X

서 론

음식이 영향을 끼치지 않는 영역은 없다. 음식은 생존의 결정적인 요소일 뿐 아니라 음식의 질에 따라 먹는 사람의 상태가 좋아지거나 나빠진다. 그러나 근대사가 펼쳐지는 과정에서 인류의 생존에 가장 중요한 먹거리를 키우고 생산하는 일의 성격은 많은 변화를 겪었다. 점점 더 많은 사람들이 상품으로 생산된 공산품을 먹고 있는데, 이 공산품은 재료를 제공한 원료와는 공통점이 거의 없는 음식인 상황이 심해지고 있다. 그러는 동안 이러한 공산품을 만드는 데 사용된 땅은 황폐해졌고 인간은 무자비하게 착취당했다. 이러한 변화는 분명 옳지 못한 변화였다. 그 외에 다른 오류 또한 많았고 여전히 많다.

호모 사피엔스가 존재하기 훨씬 전부터 음식은 진화의 원동력이었다. 5억 4,000만 년 전까지만 해도 동물은 식물성 물질이나 죽은 동물을 (말 그대로) 맹목적으로 마구 섭취했다. 대개는 움직이지도 않은 채 말이다. (굴이 자기 주위나 자기를 관통하는 물에서 영양분을 걸러 섭취하는 무작위적인 방식을 떠올려보라.) 그 시절 벌레, 물고기, 게처럼 우리에게 익숙한 동물이 처음 등장했다. 다리, 지느러미, 눈이 발달하면서 동물은 상호 작용을 하기 시작했다.

무엇보다도 이들은 서로 죽이고 먹는 능력을 키워왔고, 죽거나 먹히지 않으려고 스스로를 보호하는 능력도 키워왔다. 그때부터 지금까지 모든 동물에게는 음식을 먹는 일과 음식이 되는 상황을 피하는 일이 최우선 과제가 되었다.

모두가 알고 있는 사실은 아니지만 식물은 바이오매스*를 생성하고 대부분의 경우 동물이 이를 소비한다. 식물은 햇빛, 공기, 물, 흙을 양분 등 다른 물질로 바꾼다. 식물에 의존하고 심지어 기생하기까지 하는 동물은 양분을 스스로 만들어내지 못한다. 인간을 비롯한 동물은 식물이 하는 일을 돕고 장려하는 (최소한 방해하거나 파괴하지 않는) 방법으로만 바이오매스를 만들 수 있다. 하지만 양분을 만들지 못하는 무력함에도 불구하고 인간은 역사상 가장 강력한 생명체가 되었다. 인간은 세계의 많은 것들을 파괴할 수 있었기 때문이다.

인간의 파괴 능력은 의도적으로 식물을 기르고 동물을 키우기 시작한 약 만 년 전부터 발달하기 시작했다. 농업(농업을 뜻하는 영어 단어 '애그리컬처agriculture'는 라틴어 '밭ager'의 속격인 '밭의agri'와 '경작cultura'이 합쳐진 것이다)의 발전은 사회가 탄생하는 동시에 시작되었고, 역사에 각기 깊은 영향을 끼친 칼, 도끼, 통나무배, 바퀴 등이 발명되면서 시작되었다. 인간은

• 바이오매스(biomass): 태양 에너지를 받아 유기물을 합성하는 식물과 이를 식량으로 하는 동물, 미생물 등 생물 유기체의 총칭.

땅과 그 과실을 자신의 의지대로 바꿀 수 있는 능력을 통해 온갖 산업을 발전시켰다. 땅은 부의 토대가 되었다.

그러나 농업에는 어두운 면이 있었다. 토지 소유, 물 사용, 자원 채취를 놓고 분쟁이 촉발되었기 때문이다. 착취, 불의, 노예 제도, 전쟁이 생겨났다. 역설적이게도 농업은 질병과 기근까지도 야기했다.

간단히 말해 농업은 인류사의 과정에서 마음대로 살인을 저지른 셈이다. 매 세기마다 살인은 더욱 능숙해졌고 제국주의와 대량 학살을 정당화하는 지경까지 이르렀다.

최근까지도 인간 대부분은 음식을 직접 재배했다. 하지만 독자 여러분 중 일상적으로 흙(음식이 나오는 곳)과 관계를 맺고 있는 사람은 거의 없지 않을까 싶다. 음식은 여러분이 들르는 가게나 식당에 존재하는 것이고 곧바로 먹을 수 있게 준비되어 있는 경우도 많다. 우리 중 음식을 생산하고 가공하고 운송하고 준비하는 과정을 실제로 목격한 사람은 거의 없다.

이런 일에는 땅, 물, 에너지, 다양한 자원, 많은 노동력이 필요하다. 이 모든 것의 결과는 "70억 명을 먹이는 것"이라고 흔히들 이야기한다. 하지만 세계 많은 곳의 식량 생산을 지배하고 있는 거대 농업 회사는 많은 사람에게 최소한의 필수 칼로리조차 제공하지 못하고 있으며, 그곳에서 나온 가장 최근의 생산품은 오히려 수십억 명을 병들게 하고 있다.

'음식'의 사전적 정의는 '영양분을 공급하는 물질' 정도다. 그리고 한 세기 전까지만 해도 우리에게는 두 가지 종류의 음식, 바로 식물과 동물이 있었다. 하지만 농업과 식품 가공이 산업화되면서 세 번째 종류의 '음식'이 개발되었다. 이것은 독극물에 더 가까운 것, 즉 '질병이나 죽음을 유발할 수 있는 물질'이다. 이 가공된 식용 물질은 지구에서 나온 것이라고는 보이지 않을 정도이며, 보통 '정크푸드'라 한다.

정크푸드는 우리의 식단을 장악했고 전체 인류 절반의 수명을 단축하는 공중 보건 위기를 야기했다. 정크푸드는 음식 문제 그 이상이다. 정크푸드를 발생시킨 산업화된 농업(관련 산업과 더불어, 수익성이 가장 높은 작물의 수확을 극대화하는 데 집중하는 농업)은 노천 광산, 도시화, 심지어는 화석 연료 채굴보다 더 큰 피해를 지구에 끼쳤다. 하지만 이러한 산업에 대한 규제는 부족하며 심지어 대부분의 나라에서는 이러한 산업에 정부가 보조금까지 지급하는 실정이다.

수십 년 동안 미국인은 자국의 식단이 세계에서 가장 건강하고 안전하다고 믿어왔다. 미국인의 음식이 건강, 환경, 자원, 동물, 심지어 이에 의존하는 노동자들의 삶에 미치는 영향에 대해 걱정하지 않았다. 그리고 버틸 수 있는 능력, 즉 지속 가능성에 대해서도 걱정하지 않았다. 우리는 산업형 농업의 비용, 그리고 환경을 파괴하지 않는 더 건강한 대안 전부를 무시하라는 권고를 받았을 뿐 아니라 심지어 강요까지 당했다.

하지만 정크푸드라는 테러분자가 우리의 땅, 물, 기타 천연자원의 많은 부분을 훔치거나 그곳에 독을 집어넣고, 인구의 4분의 1을 굶주리게 만들고, 인구의 절반에 질병의 씨앗을 뿌리고, 앞으로 음식을 마련할 우리의 능력을 위협하고, 속이고, 거짓말을 하고, 우리 아이들에게 독을 먹이고, 동물을 고문하고, 많은 우리 시민들을 무자비하게 착취한다면, 우리는 이를 국가 안보의 위협으로 보고 대처해야 한다.

현대 농업, 식량 생산, 마케팅은 정부의 지원 속에서 아무런 처벌 없이 이 모든 테러를 자행해왔다.

이런 테러는 끝내야만 한다. 인류와 환경의 위기에 정면으로 맞서기 위해 우리는 다음과 같이 자문해야 한다. "정의로운 음식 시스템은 어떤 것이어야 하는가?"

나는 우리가 이 질문에 대답할 수 있다고 믿는다(그리고 대답을 시도해볼 생각이다). 대답에 다다르기가 쉬운 일은 아니겠지만 무엇보다 중대한 일이다. 음식보다 더 중요한 것은 없기 때문이다. 식단을 결정짓는 토지법과 노동법 개혁에 대한 이야기 없이는 독이 들어 있는 식단 개혁에 대한 이야기를 할 수 없다. 환경, 청정에너지원, 급수 시설에 대한 이야기 없이는 농업에 대한 이야기를 할 수 없다. 식품 노동자의 복지에 대한 이야기 없이는 동물 복지에 대한 이야기를 할 수 없으며, 소득 불평등, 인종 차별, 이민에 대한 이야기 없이는 식품 노동자에 대한 이야기 또한 할 수 없다.

사실 인권, 기후 변화, 정의正義를 말하지 않고는 음식에 대해 진지한 대화를 나눌 수 없다. 음식은 모든 것에 영향을 끼칠 뿐만 아니라 모든 것의 표상이기도 하다.

나의 목표는 우리가 어떻게 여기까지 왔는지를 보여주고, 음식과 농업의 현 상황에서 생겨난 실존적인 위협을 설명하고, 앞으로 나아갈 길을 설명하는 것이다(아마도 장차 우리가 나아갈 길을 찾는 일이 가장 중요할 것이다). 거대 석유 회사의 경우처럼 거대 식품 회사도 지속 가능하지 않다는 사실은 자명하다. 에너지와 물질은 유한하고 제한된 자원의 추출도 위태로운 지경이라는 이유 하나만으로도 그렇다. (식량 생산이 주요한 원인인) 기후 위기에서처럼, 우리가 정신을 차리고 상황을 개선할 시간은 아직 남아 있다. 확실하지는 않지만 가능성은 있다.

이에 대한 논의는 음식의 기원, 진화, 영향을 이해하는 일에서 시작된다. 『동물, 채소, 정크푸드』는 이러한 이해를 제공하고 더 나은 미래를 상상하기 위한 시도다. 이 책의 내용은 연대순으로 구성되어 있으며 과학적·역사적·사회적 분석이 혼재되어 있다.(내 개인적인 경험을 반영하는 경우도 있다.)

　이 책을 읽고 있는 많은 독자들은 나를 요리책 저술가로, 30권의 요리책을 쓴 사람으로만 알고 있을 것이다. 하지만 나는 40년 동안 다양한 분야에서 언론인으로 일한 경력을 갖고 있고, 10년 동안《뉴욕 타임스New York Times》와 여러 매체에 요리 외에 다른 글도 정기적으로 써왔다. 그중에는 《뉴욕 타임스》에서 주간 오피니언 칼럼니스트로서 활동한 것도 포함된다. 『동물, 채소, 정크푸드』는 내가 저술한 책들 중 가장 진지한 책이고, 나에게는 이러한 책을 쓸 나만의 고유한 자격이 있다고 생각한다.『동물, 채소, 정크푸드』는 매우 중요한 내용을 담고 있는 야심작이며, 내가 꼭 써야만 했던 책이기도 하다. 이 책이 음식에 대한, 그리고 음식과 관련이 있는 모든 것에 대한 독자 여러분의 생각을 변화시키기를 희망한다.

2020년 9월

뉴욕, 필립스타운에서

마크 비트먼

1부
경작의 탄생

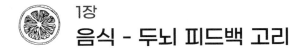

1장
음식 - 두뇌 피드백 고리

인간은 먹어야 한다. 모든 생명체는 반드시 먹어야 생존하기 때문에 초창기부터 인류의 역사를 이끌어온 동력이 음식을 구하는 일이라는 사실은 전혀 놀랍지 않다. 특정 목적을 위해 학습하고 변화할 능력이 있는 두뇌 덕분에 인간이 음식을 구하는 일은 시간이 지나면서 점점 용이해졌다.

대부분의 동물에게는 고정된 식단이 있다. 동물은 무한한 세대에 걸쳐 거의 같은 음식을 평생 동안 먹는다. 그러나 인간은, 인류라는 종족은 그렇지 않다. 400만 년 전 우리 조상은 침팬지나 다른 유인원과는 다르게 진화했다. 이들의 후손(최초의 사람족)은 직립 보행을 시작했다. 덕분에 더 넓은 곳을 다니고 땅에 있는 것을 더 잘 살필 수 있었고 숙련된 사냥꾼이 될 수 있었다.

이들의 식단은 다채롭고 유연해졌으며 기회가 허락할 때마다 달라졌다. 기후, 계절, 지리에 따라 자연이 제공해주는 것을 먹게 된 것이다. 이렇듯 유연한 식단은 나무에 사는 유인원이 먹는 비교적 고정된 식단보다 더 풍부한 양질의 영양을 제공해주었고, 덕분에 초기의 인간은 더 많은 영양을 활용할 수 있었다. 그 결과 이미 크기가 컸던 두뇌는 훨씬 더 커졌다. '고등' 사고를 담당하는 뇌 부분인 대뇌 피질은 비교할 수 없을 정도로 커졌다.

커다란 두뇌는 에너지를 많이 소모하는 부분이었고, 계속해서 점화시키기 위해 연료를 자주 부지런히 공급해줘야 하는 시스템이었다. 두뇌는 체중의 2% 정도였지만 전체 에너지의 4분의 1까지 소비했다. 연료가 근육 대신 두뇌로 흘러갔기 때문에 두뇌는 근력 감소를 벌충하는 법을 알아내야만 했다. 오히려 뇌가 작은 유인원이 신체적 힘 면에서는 인간보다 훨씬 세다.

시간이 지나면서 인간은 엄지손가락을 더욱 유연한 방향으로 발전시켰다(영장류는 모두 엄지손가락을 나머지 네 손가락과 마주 보게 할 수 있지만 인간의 엄지손가락은 더 새롭고 탁월한 기능성을 갖추고 있다). 엄지 덕분에 인간은 도구를 개발하고 사용하는 데 더 적합한 방식으로 물건을 움켜잡을 수 있게 되었다. 다른 영장류와는 다른 방식이었다. 이러한 방식 덕분에 인간은 전에 구할 수 없었던 음식을 찾아내고 먹을 수 있게 되기도 했다.

새로운 음식을 찾아 나서는 일뿐 아니라 이런 음식을 발견하고 잡고 모으고 준비하는 새로운 방법을 찾기 위해 초기 인류는 더욱 영리해졌다. 이들의 새로운 두뇌는 더 나은 음식을 많이 얻을 수 있게 해주었고, 음식은 두뇌를 더욱 성장시켰다. 수백만 년 동안 지속된 이 음식–두뇌 피드백 고리 덕분에 호모 사피엔스가 출현한 셈이다.

그 사이 수백만 년 동안 다른 많은 변화(미묘한 변화도 있었고 극적인 변화도 있었으며, 모두 점진적으로 이루어졌다)가 일어나 뼈의 길이와 위치, 관절의 발달, 임신과 출산에 영향을 주었고, 턱 모양도 달라져 아래턱이 발달했다.

예컨대 호모 사피엔스는 거칠고 딱딱한 식물을 씹기 위해 거대한 어금니와 턱 근육이 필요했던 우리 조상(지금은 멸종된 친척)과는 현저하게 다른 얼굴 구조를 가지고 있다. 생잎을 먹는 동물은 소화시키기 위해 오랫동안 씹을 수밖에 없다. 소의 되새김질을 생각해보라. 그렇게 하는 데도 소는 영양분을 추출하기 위해 긴 소화관이 필요하다(소는 위가 네 개다). 특히 녹색 잎이 단백질의 주요한 그리고 유일한 공급원일 때는 더욱 그렇다. 우리의 어금니, 턱, 소화관은 모두 비교적 작은 편이고, 이는 식물과 동물을 같이 먹을 수 있게 적응된 결과물이다.

인류의 조상(네안데르탈인과 호모 사피엔스보다 이전에 존재했던 호모 에렉투스 같은 조상)은 찾아내거나 잡을 수 있는 것이라면 무엇이든 먹는 극단적인 잡식성 식단을 늘 갖고 있었다. 이들은 다양한 과일, 잎, 견과, 곤충, 새, 연체동물, 갑각류, 거북이, 달팽이, 토끼나 물고기 같은 작은 포유류를 먹었다. 대부분은 날것으로 먹었지만 (아마도 번개 때문에 생긴) 불에 익은 것을 먹는 경우도 있었다.

또한 이들은 죽은 고기도 먹었다. 사자나 다른 무시무시한 포식자가 사냥을 하고 배불리 먹고 나면 인간이 남은 고기를 뜯어 먹었을 것이다.

하지만 우리 조상은 다른 포식자처럼 무시무시한 존재가 아니었고, 먹이 사슬 꼭대기에는 얼씬도 하지 못했다. 아프리카의 개방된 초원은 새로운 음식뿐 아니라 새로운 위험도 가져다주었다. 호모 에렉투스는 먹는 동안에도 취약했기 때문이다. 죽은 다람쥐를 먹다가 자동차가 다가오기 직전에 도망가는 까마귀만큼 빠르지도 않았고, 커다란 육식 고양잇과 동물과는 분명 상대조차 되지 않았다.

그러나 초기 인류는 음식을 경작하지 못했기 때문에 사냥하고 수집하고 채취하는 것 외에는 선택의 여지가 없었다. 다른 종과의 경쟁을 피할 수 없었던 것이다. 어느 시점에 이들은 마yam나 감자 같은 덩이줄기가 잘 자라도록 보살피기 시작했지만, 대부분의 경우는 음식을 찾아 나섰고 아무리 위험을 무릅써도 찾지 못하는 경우도 많았다.

굶주림과 폭식을 되풀이해야 하는 기복이 심한 환경 탓에 인류는 과일이 가득한 덤불이나 동물의 사체를 우연히 발견했을 때 위협받는 상황만 아니라면 엄청나게 먹어댔다. 인간은 기회가 있을 때마다 최대한 많이 먹었다.

점차 초기 인류는 더 빠른 먹잇감을 추격하는 방향으로 진화했다. 먼 거리를 따라가서 절벽으로 동물을 몰아대거나 지칠 때까지 추격해 몽둥이로 때려 죽인 것이다. 살육의 거대한 성과물을 보존할 능력이 거의 없었던 조상은 그 자리에서 먹을 수 있는 만큼 먹었고, 가져갈 수 있는 만큼 가져갔고, 없어질 때까지 먹었다.

이러한 양분 섭취 습관은 오늘날의 과식을 설명하는 중요한 요소다. 우리는 먹을 수 있을 때 먹을 수 있는 것을 먹는 본능을 가지고 있다.[1] 우리에게는 과잉 섭취를 막아주는 균형추가 거의 없다. 활동적인 생활 양식을 갖고 있고 정크푸드 같은 것이 없을 때 과식은 별 문제가 아니었다. 또한 충분히 먹었다는 것이 얼마만큼인지 감지하도록 진화를 할 수도 있었다. 그러나 그런 진화는 아직 일어나지 않았다. 이는 인간이라는 집단에, 그리고 종종 개인에게 불행한 일이다.

식량 채집과 수렵을 집단으로 실행하는 것이 더 현명하고 효율적인 방법이었으므로, 인간은 식생활 욕구에 따라 사회적 행동도 더 많아지고 의사소통도 훨씬 더 정교해졌다. 기후가 따뜻해지면서 쾌적하게 생활할 수 있는 반경이 넓어졌고, 덕분에 우리 조상은 훨씬 더 먼 곳 심지어 아프리카 밖으로도 나아갈 수 있게 되었다.

결국 음식을 찾아다니는 일은 도구 제작으로 이어지게 된다. 다른 동물(유인원, 새, 갑각류, 심지어는 곤충까지)도 도구를 사용하지만 영장류만이 도구 제작법을 '학습'했다. 그리고 오로지 인간만이 도구 제작에 '통달'하게 되었다. 돌로 뼈를 부수는 것을 시작으로 문자 그대로 수백만 년, 어쩌면 그 이상의 시간을 도구 개발에 썼고, 지금부터 40만 년 전 정도에는 이러한 기술이 아주 정교해졌다. 인류의 조상은 창을 만들기 시작했고, 그 후에는 화살과 투창, 또 그다음에는 가죽·나무·뼈를 가공하기 위한 절삭 도구를 제작했고 마침내 바늘까지 만들어냈다.

도구와 기술은 다른 것이다. 호모 사피엔스와 그들이 쓰던 도구보다 훨씬 이전에 존재했던 기술의 한 형태가 인간 문명의 모습을 만들었다. 다른 무엇보다 큰 영향을 끼친 기술, 그것은 바로 불을 이용해 음식을 익혀 먹게 된 것이었다.

많은 동물들이 불에 익은 음식을 먹는다. 불은 소화시키기 힘든 음식을 먹을 수 있게 도와준다. 많은 동물들이 먹는 익은 음식이란 번개로 일어난 불처럼 우연히 일어난 불에 익은 음식이다. 심지어 오스트레일리아의 파이어호크firehawk 같은 새는 불을 '찾아다니고' 옮기기까지 한다. 불이 붙은 나뭇가지를 이곳에서 저곳으로 가지고 다니면서 먹잇감을 몰아대는 것이다.

그러나 불을 '길들인' 동물은 인간뿐이다. 인간은 불을 만들어 통제하는 법을 익혔고 덕분에 자기 뜻대로 요리를 할 수 있게 되었다. 이는 다원 Charles Darwin이 언어 다음으로 중요한 발전으로 꼽은 것이다.

불을 이용한 요리의 중요성은 아무리 강조해도 지나치지 않다. 요리는 날로 먹을 수 없었던 수많은 새로운 음식을 먹을 수 있게 해주었고, 덕분에 더 많은 영양을 섭취할 수 있게 되었다. 뿌리와 덩이줄기부터 다양한 고기 부위(익히지 않은 고기는 많이 씹지 않으면 영양분을 얻기가 힘들다) 그리고 대부분의 콩류와 곡물에 이르기까지 요리 덕분에 인간은 인간의 삶에 필수적이 된 여러 음식을 먹을 수 있게 되었다.

요리 덕분에 인간은 음식을 씹는 시간이 줄었을 뿐만 아니라 음식을 찾는 시간도 줄었다. 요리를 시작한 뒤 얼마 지나지 않아 인간은 그 이전이나 그 이후를 막론하고 어느 때보다 오랜 수명을 누리고 전반적으로 건강했던 시대로 진입했다. 영아와 산모의 높은 사망률 때문에 이들 인류의 기대 수명은 낮았던 것처럼 보이고, 이러한 수치는 건장한 고령의 수렵채집인이 존재했다는 증거에 위배된다. 이 건강의 시대(우리 종족이 불로 음식을 조리하는 법을 배운 뒤부터 한곳에 정착한 농부가 되기 전까지의 기간)는 약 100만 년 동안 지속되었다. 이 기간은 역사 시대보다 약 200배나 긴 것이다.

정확히 언제 요리가 시작되었는지에 대해서는 논쟁이 활발하다. 형질인류학자 리처드 랭엄 Richard Wrangham은 2009년에 쓴 저서 『요리 본능 Catching Fire』에서, 우리 조상이 약 180만 년 전에 불을 통제하고 의도적으로 요리를 하기 시작했다고 주장했다.[2] 이는 동료 학자 대부분이 생각하는 시기보다 100만 년 정도 빠른 것이다. 랭엄은 우리를 인간으로 만든 것이 바로 요리였고, 실제로 요리 때문에 진화 과정에서 호모 사피엔스가 발생하게 되었다고 주장한다.

요리를 통해 과거에는 이용할 수 없었던 식재료의 세계가 펼쳐졌다. 인간은 고정되지 않은 유연한 식단의 음식을 계속해서 먹었다(오늘날 '구석기' 다이어트라고 부르는 식단조차도 음식이 고정되어 있는 것이 아니다). 자신들이 살던 곳이 어디건 거기서 구할 수 있는 음식을 구해 먹은 것이다. 지방과 단백질이 많은 식사를 한 사람들도 있고 탄수화물이 대부분인 식사를 한 사람들도 있다.

수십만 년 동안 인간은 고기, 생선, 채소, 곡물, 과일, 견과, 씨앗의 상상할 수 있는 거의 모든 조합을 활용해가며 살아남았다. 번창했던 때도 많았다. 인간의 식단이 진화함에 따라 사회 구조도 진화했다.

불을 통제하게 되면서 사는 곳과 먹는 것 모두에 대한 선택권도 크게 늘어났다. 예컨대 건조한 시기에도 더욱 잘 대처할 수 있게 되었다. 식물성 음식이 부족할 때는 동물을 사냥해서 요리할 수 있었기 때문이다. 또한 다른 음식 공급원을 찾기 위해서는 더 멀리 가고 또 두뇌를 더 많이 사용해야 하는데 거기에 필요한 에너지를 넓어진 식단의 선택지가 제공해주었기 때문이다.

요리는 공동체 형성에도 도움을 주었다. 사냥과 채집을 하는 대부분의 영장류는 무리를 짓는다. 하지만 요리는 인간이 노동을 분배하는 일부터 자원을 공유하고 협동 집단을 형성하는 일까지 새로운 방식의 협력을 가능하게 해주었다.

초기 인류 조상에 대한 '사실들'은 대부분 간접적인 증거에 기반을 두고 추론하고 해석한 것이며, 이러한 해석이 오늘날 횡행하는 편견의 영향을 받는다는 사실을 인정하는 것은 중요하다. 오랫동안 우리는 남성이 사냥을 하면서 대부분의 음식을 공급하고 여성은 불씨와 아기를 돌보았다는 식으로 '알고' 있었다. 따라서 증거를 찾을 때도 이러한 편견을 뒷받침하는 증거를 찾기 마련이다. 이러한 추정과 어긋나는 점이 여럿 있음에도 불구하고 이런 경향 때문에 우리는 남성이 사냥을 하면서 가정과 가정생활을 보호했다고 믿게 되었다.

하지만 학문이 가부장제를 벗어나면서 남성은 사냥을 하고 여성은 채집을 했다는 생각이 의문시되기에 이르렀다. 오늘날의 연구에 따르면 여성은 옛 문헌이 묘사한 것보다 더 다양한 역할을 맡았으며, 여기에 더해 신체 건강한 모든 사람이 채집에 참여했을 가능성도 높다고 한다. 전문화는 상호 보완적인 것이었고, 작고 평등한 사회를 가능하게 하기 위해 고안된 것이었다. 이러한 사회에서는 모든 사람이 기여하는 상황이 중요했다. 사람들은 서로 다른 일을 전문적으로 하는 개인들이 모인 형태로 협력하며 일했다. 성별에 따른 역할은 최근까지 우리가 믿었던 것처럼 고정적인 것이 아니었다. 콜린 스케인스Colin Scanes의 2018년 기사에 따르면 "이제까지 정의되어왔던 성 역할에 대한 가정은, 사냥의 절반 정도를 여성이 책임지고 있는 필리핀의 수렵채집민 아그타 족의 사례로 타당성이 의심받고 있다."[3]

그리고 큰 동물은 남성이 사냥하는 경향이 있었다 해도 더 많은 열량을 제공한 것은 여성이었을 확률이 높다. 대부분은 추측이지만 린다 오웬Linda Owen이 『과거 왜곡Distorting the Past』에서 적었듯, "빙하기 여성들이 식물, 새알, 조개, 식용 곤충을 채집했다면, 그리고 작은 사냥감을 사냥하거나 덫으로 잡고 큰 사냥감의 사냥에도 참여했다면" (미국 북부의 여성들이 그랬던 것처럼) "당시 사람들이 소비한 칼로리의 70%는 여성들의 기여로 공급되었을 가능성이 높다."[4] 우리가 남성의 일이라고 믿었던 것을 더 중요하게 여겼던 이유는 성 역할의 실제가 어떤 것인지 살펴보기보다는 남성이 지배하는 전후 미국의 렌즈를 통해 과거를 보고 있었기 때문이라는 것이 오웬의 주장이다.

여성의 전문 기술 중에는 바구니 제작도 있었다. 찾아낸 음식을 운반하려면 바구니가 필요했다. 바구니를 만드는 기술은 그물 제작으로 이어졌고, 그물은 더 정교해진 고기잡이와 작은 먹잇감의 사냥으로 이어졌다. 이는 매우 중요한 발전이다. 순 칼로리 면에서 토끼 200마리가 들소 1마리와 동일하다 하더라도(대략 계산해보면 토끼 한 마리로는 7,000칼로리를, 들소 한 마리에는 140만 칼로리를 섭취할 수 있다), 들소 한 마리를 잡을 동안 토끼 201마리를 잡게 된다면 토끼를 잡는 편이 낫기 때문이다.

이 문제에 대한 합의는 결코 가능하지 않겠지만 오늘날 대부분의 인류학자는 협력과 평등이 개인·가족·씨족·집단 사이의 규범이었다고 믿고 있다. 이러한 규범은 실제로 시행되었고 시스템 역시 성공했다는 것이다. 궁핍한 시기도 분명 있었고 불모지가 된 지역도 있었지만, 음식을 찾아 이동하는 수렵채집인의 능력으로 가능해진 식단의 다양성과 확장성은 초창기 인류에게 영양실조가 예외적인 상황이었음을 시사한다.

농업이 생겨나기 전의 이 시기 동안 인류의 여러 집단은 어떤 양분을 찾게 될지 무엇과 대면하게 될지 불확실한 상태로 새로운 영토를 떠돌았다. 각 집단은 서로 고립되어 있었고 확실히 겁에 질려 있었으며 집단 구성원끼리 함께 뭉치는 것 외에 다른 선택권은 거의 없었다. 이들은 소유권, 특히 땅에 대한 소유권이 없었는데, 정착지가 항상 바뀌었기 때문이다. 집단 내의 영향력은 아마도 관대함, 협상력, 힘을 통해 얻었을 것으로 추정된다.

간단히 말해 모든 사람은 음식을 필요로 했다(다시 말하지만 모든 것의 주된 동기는 먹는 일이었다). 음식을 혼자 차지하지 않고 나누어 먹는 일은 누구나에게 최상의 이득이 되는 일이었다.

평등, 협력, 심지어 관대함까지도 갈등보다 유리했다. 이런 덕목은 사회 연결망을 발전시키고 창의력을 촉진했기 때문이다. '잉여'는 희귀했으며 비축해놓은 것이 있더라도 소규모에 지나지 않았을 것이다. 오랫동안 묻어놓는 등의 보관 방법은 이동 때문에 곤란했기 때문이다. 비축물은 이기적인 것으로 여겨졌을 수도 있다. 이기심으로 비웃음을 사는 경우도 있었고 때로는 추방을 초래하기도 했을 것이다. 그렇다고 사람들이 물건을 훔치거나 서로 싸우지 않았다거나, 계급 또는 '우두머리'가 없었다는 뜻은 물론 아니다. 하지만 대부분의 경우 영구적인 지배 계급은 없었다. 일반적으로 권력이라는 것은 상속이 아닌 통솔력이나 존경을 통해 얻는 것이었다.

당연히 수렵채집인은 독만 들어 있지 않으면 주변 환경이 제공해주는 것을 먹었다. 때로는 최적섭식이론Optimal Foraging Theory, OFT으로 설명되는 원칙에 따라 행동하기도 했다. 원칙적으로 이 이론은 최소한의 에너지 소비로 최대한의 칼로리를 제공하는 음식을 섭취하고 필요에 따라서는 장소를 바꾸기도 한다는 사실을 설명하는 복잡한 (그리고 논쟁의 여지가 있는) 이론이다.

잡식성 동물일수록 다양한 환경에서 먹이를 찾아다니는 동안 번성할 가능성이 높아진다. 그리고 인간만큼 잡식성인 포유류는 거의 없었다.

이처럼 뛰어난 식이 유연성으로 무장한 현대 인류(호모 사피엔스를 뜻한다)는 약 7만 년 전부터 아시아로 퍼져 나가기 시작했고 그다음으로는 유럽으로 이동해 네안데르탈인과 공존했다. 3만 년 전이 되자 인류는 아프리카뿐만 아니라 아시아와 유럽 대륙의 거의 모든 곳에서 살게 되었다.

우리는 항상 음식을 찾아 배회했고 대부분의 경우 음식을 찾아냈다. 그 중에는 물개, 밀, 쌀, 들소 같은 '새로운' 음식도 포함되어 있었다. 저장 능력도 향상되었다. 고기를 얼리기도 하고, 비수기에 먹기 위해 덩이줄기, 견과, 구근을 묻어놓기도 했다. 마지막 빙하기가 끝나갈 무렵이자 농업이 시작되기 직전(기원전 10만 년 전에서 기원전 1만 년 직후까지의 기간) 우리 조상 중 일부는 땅에서 얻은 밀로 빵을 만들었다. 다른 조상은 밥을 먹었다. 어떤 조상은 토끼에서 매머드까지 여러 포유류를 사냥했고, 음식을 말리거나 훈제하거나 얼렸다. 어촌은 적어도 2만 년 전부터, 어쩌면 5만 년 전부터 생겨나기 시작했다.

인구 증가와 영토 확산이라는 면에서 성공이 계속 이어졌다. 집단 내부의 협력이 증가했고 심지어는 서로 다른 집단 간의 협력도 증가했다. 한편 인간과 다른 영장류 간의 경쟁은 감소했다. 인간의 우월성과 영장류의 멸종이 결합한 결과였다. 그런 의미에서 인간의 지배는 새로운 현상이 아니다. 인간은 언제나 한정된 자원을 두고 다른 종과 경쟁해왔고, 이들 종을 사냥해 멸종시키기도 했다.

특정 식물이 씨앗을 만들어내고 그 씨앗이 떨어져 같은 종류의 식물을 만들어내기도 한다는 사실을 알아내는 데 굳이 천재적인 두뇌가 필요하지는 않았다. 이러한 씨앗 중 일부를 더 편리한 장소로 옮기는 데도 특별한 명석함이나 용기가 필요하지는 않았다. 묘목을 돌보는 방법을 최소한이나마 알아내는 데에도 많은 경험이나 기술이 필요하지는 않았다.

원하는 곳에서 식물을 키우는 일은 (그리고 동물을 한곳에 있게 한 뒤 살찌우고 심지어 번식시키거나 젖을 짜는 일은) 계속해서 음식을 찾아 사방을 뛰어다니는 일보다는 쉽고 신뢰할 수 있는 대안처럼 보였을 것이다. 씨앗을 심고 동물을 길들이는 데에는 엄청난 시행착오가 필요했기에(이러한 실험은 수많은 세월에 걸쳐 이루어졌을 것이다), 수렵채집이라는 대비책이 항상 존재했다.

이렇게 농업이 발명되었지만, 갑자기 혹은 한 사람이나 한 무리에 의해 한 장소에서 생겨난 것은 아니었다. 농업은 점진적이고 자발적으로, 동시적이고 순차적으로, 독립적이면서도 결국에는 협력적으로 발전했다. 농업은 전 세계에서 여러 세대에 걸쳐 일어났으며, 각 세대는 최상의 상황에서만 70세까지 살았고 천천히 배우고 쉽게 잊어버렸다.

인간의 기준으로 볼 때 농업은 긴 과정을 거쳐 이루어진 사건이다. 한 무리의 사람들이 털썩 자리를 잡고 마을을 이룬 뒤, 다가오는 가을의 수확을 계획하거나 다음 해 봄에 동물이 새끼를 낳도록 짝짓기를 시키기 시작한 것은 아니었다. 초기 농업은 장소에 따라 다양한 모습이었으며 수천 년에 걸쳐 발생했다.

1,000년이라는 세월은 쉽게 상상할 수 있는 개념 같지만, 우리들 대부분이 서너 세대 위의 가족만 기억하고 있는 상황에서 40세대의 인류를 상상하는 일은 쉽지 않다. 우리는 점진적인 변화가 무엇을 의미하는지 거의 알지 못한다. 따라서 조금 트집을 잡는 것 같기는 하지만, 농업의 시작을 '혁명'이라고 하는 것은 정확한 표현이 아닌 듯싶다. 혁명이라는 말은 발명의 한 순간을 의미하는 것인데, 인류의 역사상 '혁명'이라는 말이 통했던 순간은 한 번도 없었던 것 같기 때문이다. 인류의 농업 발전은 진화로 보는 편이 더 낫다.

이름이야 뭐라 붙이든 간에 농업의 시작이 대단한 이유는, 단지 씨앗을 심고 저장하는 일이나 동물을 길들이고 사육하는 일 같은 기술, 다시 말해 그 자체로는 일상생활을 바꾸지도 않았고 일부 지역에서는 이미 수천 년 전부터 존재했을 법한 그러한 활동 자체 때문만은 아니다. '농업'이라는 인간의 혁신이 대단한 이유는, 씨앗을 심고 저장하고 동물을 길들이고 사육하고 우유나 고기나 알을 얻는 일을 통해 사람들이 협력하고 미래를 계획하면서 이를 가능하게 하는 자신들의 능력을 보호하는 사회가 비로소 시작되었다는 사실 때문이기도 하다.

씨앗을 구하고 심는 일이 그렇게 복잡하지는 않았지만 갈등을 일으키는 일이기는 했다. 이러한 활동으로 나온 작물은 농사를 짓는 사람, 즉 농부의 소유물이었기 때문이다. 이들은 자신의 노동으로 생산한 작물을 소유했고, 이 작물은 다른 사람들이 가져가서는 안 되는 것이었다. 동물도 마찬가지였다. 일단 길들여지면(한적하거나 반쯤 막힌 계곡에서 무리를 관리하는 것처럼 간단하게 할 수도 있는 일이었다) 이 동물은 더는 정당한 사냥감이 아니었다. 일을 계획하고 수행하는 활동은 결과물의 소유를 의미했다.

이러한 모든 활동으로부터 재산에 대한 규칙이 생겼고, 규칙을 어기면 대가를 초래하게 되었다. 적어도 그 대가를 강제할 수 있는 집단이라면 말이다. 만약 이를 강제하지 못한다면 그 집단은 살아남지 못할 수도 있었다.

규칙이 일관적으로 시행되면 법이 된다. 농업이 발전하고 성장함에 따라 이러한 법도 발전했다. 엄청난 변화의 시기였다.

비어 고든 차일드Vere Gordon Childe는 1936년 저서인 『신석기 혁명과 도시혁명Man Makes Himself』에서, 농업 혁명과 이에 따른 도시 혁명(그는 도시 혁명이라는 말을 계급과 정부의 발전이라는 뜻으로 사용한다)이 "인간 삶의 모든 부분에 영향을 미쳤다"[5]고 주장했다.

역사학자들은 차일드의 시대부터 이러한 개념을 발전시키고 다듬어왔지만, 개념의 기본은 다음과 같다. 우리가 나무에서 내려온 순간부터 탐험, 식민지화, 과학, 자본주의의 시대에 이르기까지 그 어떤 사건들을 모아놓아도 농업의 발전만큼 초기 인류 문명에 더 큰 영향을 끼친 사건은 없다는 것이다.

고고학자들이 거의 확실하게 결론 내린 바에 따르면, 조직적으로 작물을 심고 규칙을 준수한 최초의 지역은 '비옥한 초승달 지대'라고 한다. 이 '문명의 요람'은 서쪽의 나일 강부터 동쪽의 티그리스 강과 유프라테스 강과 페르시아 만에 이르는 곳이다. 이 지역은 지중해 동부 혹은 서남아시아(이집트가 아프리카에 있기는 하다), 중동, 근동이라고도 불린다.

비옥한 초승달 지대에서는 밀(더 정확하게는 밀의 조상인 외알밀과 그 밖의 여러 품종)이 저절로 쉽게 자랐다. 불이나 동물로 토양이 비옥해진 곳에서는 밀이 훨씬 더 잘 자랐다. 정착민들을 끌어모으기 충분할 정도의 성장 속도였다.

1만여 년 전 밀이 조직적인 방식("이게 우리 밀이다"라는 식으로 구획된 방식)으로 최초로 재배된 곳은 아마 이 비옥한 초승달 지대였을 것이다. 기원전 7000년 무렵(시행착오를 거쳐 경작을 충분히 배울 수 있는 시간이 지난 뒤) 밀과 함께 보리와 기타 곡물, 그리고 렌즈콩, 병아리콩 같은 콩류도 키우게 되었다.

사람들은 올리브 등의 과일을 널리 키우고 동물들을 더욱 체계적으로 보살피고 번식시키기 시작했다. 이들이 키운 동물로는 소, 돼지, 양, 염소, 개 등이 있었다. 세월이 흐르면서 점점 더 많은 사람들이 경작과 사육을 통해 음식을 찾는 시간을 줄이는 편이 유리하다는 사실을 알게 되었다.

정착 및 경작 생활이 어떤 과정을 거쳐 이루어졌는지는 아무도 모른다. 두뇌가 커지고 이동량이 늘어나고 도구가 발전하고 채집과 사냥 성공률이 높아져 인구가 증가하면서, 채집으로 얻을 수 있는 것보다 더 많은 열량이 필요해졌기 때문에 선조들은 어쩔 수 없이 정착해 밀과 쌀을 기를 수밖에 없게 되었을까? 아니면 더 편안한 삶을 누릴 것이라는 믿음, 심고 길들이고 수확하고 젖을 짜고 도축하면서 음식의 공급을 통제할 수 있을 것이라는 판단 때문에 영구 정착에 매력을 느끼게 된 것일까?

기록된 역사가 없기에 정답도 없다. 아마도 여러 이유가 결합된 것이 아닌가 싶고, 다시 말하건대 상상하지 못할 만큼 느리고 점진적인 과정을 거쳐 이러한 변화가 발생했을 것이다. 빙하기는 기원전 1만 년경에 끝났고 그 뒤에 이어진 쾌적한 기후 변화(우리는 여전히 그 혜택을 입고 있다)로 사람들은 지구상의 더 넓은 지역을 자유롭게 돌아다닐 수 있게 되었다. 지구는 더 많은 사람을 품을 수 있게 되었고, 음식을 재배하는 일, 특히 생명을 유지시켜주는 곡물을 재배하는 일은 더 쉬워졌다.

농업은 확대되었고, 수렵채집인이 사용하던 땅을 희생시키는 경우가 많았다. 물론 사냥꾼과 채집인도 남아 있었고(특히 아메리카 대륙 전역에서는 유럽인이 오기 전까지 사냥꾼과 채집인이 우세했다), 유목민은 농사가 힘들거나 불가능한 아시아와 아프리카 초원 지대를 계속해서 지배하고 있었다.

인도의 인더스 강 유역과 중국의 황하 강 유역에서도 유사한 현상이 일어났다. 기원전 5000년경 영국, 중앙아메리카, 안데스, 그리고 그 밖의 지역에 농업이 존재했다. 기원전 2000년경 농업은 더욱 널리 퍼지고 기술은 매우 정교해졌으며, 1세기가 시작되면서 전 세계적인 표준이 되었다.

마침내 정착 농민이 거의 모든 곳에 자리를 잡았고, 여러 아이디어와 기술이 퍼지고 공유되기 시작했다. 사람들은 필요에 따라 혹은 재미 삼아 계속해서 사냥을 했다. 하지만 동물을 가축으로 길들이는 것이 대세가 되었고 그 이점은 명백했다. 자신만의 유제품, 달걀, 고기를 만들고, 적어도 원칙적으로는 무엇을 먹을지 결정할 수 있는 상황의 편리함을 상상해보라.

대부분의 초기 농업은 다음 두 가지 형태를 취했을 것으로 추정된다. 하나는 유목의 형태이다. 사람들이 목초지와 다양한 먹이를 찾아 가축 떼(낙타, 양, 염소, 순록, 말)와 함께 돌아다니는 것이다. 다른 하나는 숲과 초원을 불로 태운 뒤에 작물을 심는 이동 경작의 형태이다. 쟁기가 발명되기 전에는 이것이 새로운 농지를 만드는 가장 쉬운 방법이었다. 또한 이 방법은 동물에게 초원을 만들어주었고 식용 식물이 햇빛을 더 많이 받게도 해주었다. 사람들은 오늘날에도 이 두 가지 형태의 농업을 계속하고 있다. 고립된 작은 마을에서는 이 전통적인 방법을 실행하고 있고, 가축 사육자는 사료 작물을 재배하기 위해 아마존의 넓은 지역을 불태운다.

동물의 중요성은 점차 더욱 커졌고, 유라시아는 다른 지역보다 자연 환경상의 이점이 많았다. 길들일 수 있는 거의 모든 대형 동물(먹을 수 있을 뿐만 아니라 일을 시킬 수도 있는 동물)이 이런 지역의 토착종이었기 때문이다. 아마도 3만 년 전에 늑대를 길들여 만든 개부터 시작해 양, 염소, 돼지, 나중에는 소까지 여러 동물이 대부분의 정착지에서 사육되고 있었을 것이다. 이들 동물은 젖, 거름, 가죽(의류, 배, 용기, 도구 등을 만들 때 중요하게 사용되었다)을 제공해주었고, 운송과 노동에 사용되는 비중도 점점 커졌다.

길들인 동물은 먹기에 너무 아까운 경우가 많았다. 실제로 1인당 고기 섭취량은 농사가 시작되면서 감소했을 것으로 추정된다. 적어도 마을 근처에서는 야생 동물이 줄어들었기 때문이다. (사실 고기 소비량은 전 세계 모든 역사를 통틀어 큰 변동을 거듭했고, 얼마 전까지만 해도 거의 예외 없이 대부분의 사람들이 고기를 먹는 빈도가 매우 낮았다고 해도 과언은 아닐 것이다.)

수렵채집에서 농업으로의 전환이 가져온 또 다른 결과는 가족의 확대다. 수렵채집인은 아이들이 걸을 수 있을 때까지는 안고 다녀야 했기 때문에 아이가 있으면 먹이를 구할 때 불편했다. 반면 농부는 아이들을 더 많이 낳고 싶어 했다. 아이들은 먹이는 비용보다 큰 가치를 발휘하는 일꾼이 되었기 때문이다.

농업이 생긴 이래 인구는 10배 정도로 급속하게 증가했다. 대부분의 추정에 따르면 마지막 빙하기가 끝나갈 무렵 전 세계 인구는 약 500만 명이었다고 한다. 정확한 숫자를 아는 것은 불가능한 일이지만, 그 어떤 전문가도 100만 명 이하거나 1,000만 명 이상이라고 생각하지는 않는다. 그 뒤로 5,000년 동안 대부분의 대륙에 농장과 마을이 세워지면서 지구상에는 적어도 5,000만 명이 살게 되었고 1억 명 이상까지 있었을 수도 있다.

사람들이 많아지면서 풍경과 생태계 모두가 변화를 겪었다. 사람들은 새롭고 광범위한 방법으로 바이오매스를 체계적으로 생성하고 소비했으며, 필요에 적합한 새로운 형태의 동식물을 만들어내고 수천 종의 동식물을 멸종시켰다.

땅의 종류와 가용성에 따라 처음부터 농사에 대한 다양한 접근법이 있었다. 동물을 방목했는가 아니면 무리를 만들어 몰았는가? 동물을 이용해 유제품을 만들거나 고기를 먹었는가? 어떤 종류의 작물을 길렀는가? 접근법은 여러 가지 사항에 따라 달라지기도 했다. 물(충분했는가? 다른 곳에서 가져와야 했는가? 수력 사용이 가능했는가?), 태양(충분하지 않았는가?

너무 많았는가?), 노동력(짐을 직접 날랐는가? 소를 갖고 있었는가?), 기술(땅을 어떻게 갈았는가? 토양을 어떻게 보충했는가?)의 활용이 영향을 끼쳤다는 뜻이다.

시간이 지나면서 사람들은 어떻게 토양을 유지하는지, 어떻게 가축을 관리하는지, 작물을 기르기 위해서는 어떻게 거름을 비료로 사용하는지 이해하게 되었고, 운이 좋은 경우에는 이들 작물로 사람과 가축 모두를 먹일 수 있었다. 사람들은 씨앗을 고르고 물을 옮겨 저장하고 밭을 갈고 잡초를 처리하고 곡물을 저장하고 다른 음식을 보존하는 법을 배웠다. 기본적인 음식과 도구뿐만 아니라 이 모든 방법의 발전 속도는 장소에 따라다 달랐다.

씨앗을 심어 작물을 기를 수 있는 땅에는 씨앗을 심었다. 그렇지 못한 땅에는 가축을 방목했다. 쟁기가 등장하기 전에는 뒤지개(땅을 파는 단순한 모양의 막대기)만 썼다. 따라서 많은 지역에서 가장 빠른 개간 방법은 땅을 태우는 것이었다. 무엇을 기를 것이냐는 대부분 기를 수 있는 것이 무엇이냐에 따라 결정되었고, 결정 과정에서 특정 지역에 적합한 작물을 재배하게 되었다.

기원전 2000년 무렵 인류는 나무를 구부리고 바퀴를 만드는 방법, 금속의 모양을 바꿀 수 있을 만큼 뜨거운 불을 피우는 방법도 알아냈다. 그런 다음 쟁기, 운하, 벽돌, 이전보다 나아진 배, 양털과 아마 같은 것으로 짠 천으로 만든 옷, 열에 강한 도자기를 만들었다. 이러한 도자기는 요리 기술을 크게 향상시켰다.

인류의 기술이 폭발적으로 발전한 이 시기에는 주요 곡물(밀, 보리, 옥수수, 쌀, 기장, 비름, 수수) 외에 다른 것도 발전했다. 맥주와 포도주, 토르티야와 효모 빵, 꿀벌의 꿀이 있었고, 소·양·염소에서 나온 젖, 버터, 요구르트, 치즈도 있었다. 그리고 소(주로 거세된 황소), 말, 당나귀, 노새 같은 일하는 동물도 있었고, 개, 토끼, 라마, 말, 낙타, 사슴, 가금류 등의 가축도 있었다.

푸른 채소 등 여러 채소와 과일을 재배했고, 부추속의 양파, 마늘 등을 키웠다. 스쿼시(호박의 일종)도 있었고, 땅콩 등의 콩류도 있었다. 참깨와 해바라기씨와 기타 씨앗도 있었고, 포도, 멜론, 바나나, 사탕수수, 대추야자, 무화과, 토마토, 아보카도, 후추, 파파야, 수박, 감귤, 백합과 붓꽃의 구근, 참마와 다른 뿌리, 그리고 우리가 알지 못하는 많은 작물이 있었을 것이다.

중국인들은 기원전 2000년 전에도 국수를 먹었다. 아즈텍 인들은 1세기 이전에 코코아를 마시고 있었다. 잉카인들은 감자를 즐겨 먹었다. 올리브, 특히 올리브 오일은 지중해와 그 근방에서 귀한 대접을 받았고, 다른 곳에 있는 사람들은 홍화, 해바라기, 깨, 코코넛, 아보카도, 피마자 등으로 기름을 만들었다. 그 시대 많은 음식들은 지금도 여전히 인기가 있다. 타말, 절인 뿌리, 가당 요구르트, 소금에 절이고 훈제한 고기 등이 대표적인 예다. 당시에는 아마 닭튀김도 있었을 것이다. 적어도 토끼튀김은 있었다.

크게 변하지 않은 것도 있었다. 쌀, 옥수수, 밀이 당시의 주식이었고, 이들 곡물은 아직까지도 인간 칼로리의 3분의 2 정도를 제공하고 있다. 이 모든 곡물은 원산지에서 재배되었고, 그 지역과 지역민의 미래를 대부분 결정했다.

그러나 농업은 문명을 창조하고 사회의 모습을 갖추게 해주고 사회의 존재 의미를 제공해주었음에도 불구하고 돌이킬 수 없는 인류의 변화 역시 초래했다.

*

5,000년 전까지 거주 가능한 모든 대륙에는 문명(정부, 도시, 기록 관리, 글쓰기, 문화)이 존재했고, 토양 관리, 비료, 관개의 개선 덕분에 생산량이 증가한 데다 저장 기술의 발전과 더욱 정교해진 동물 사육 방식까지 더해지면서 역사상 최대의 인구 증가가 이루어졌다.

이러한 발전은 점진적이었지만 크게 보면 빠르게 일어난 편이다. 사냥과 채집의 시기가 20만 년이었던 것을 생각하면 고작 몇천 년 만에 대부분의 사람들이 정착민이 된 것은 급속한 변화라고 할 수 있다. 이러한 변화는 비교적 최근에 일어난 일이다. 인간이 농사를 지은 기간은 인류가 지구상에서 살았던 시간의 5%도 안 된다.

경작지가 늘어나면서 식량 재배량도 늘어났다. 식량 재배량이 늘어나면서 부양 가능한 사람들의 숫자도 늘어났다. 인구가 증가함에 따라 이들 인구를 유지하기 위해 더 많은 땅이 필요해졌다. 처음에는 더 안락하게 살기 위해 농사를 지을 생각을 했지만 결국 농업은 먹고 살 수 있는 식량을 생산하기 위한 경쟁으로 빠르게 변모했다.

생활이 꼭 더 편안해진 것은 아니다. 농사일은 힘들고 결과를 장담하지 못한다. 예상치 못한 결과도 있었고, 많은 경우가 그랬다.

신석기/농업 혁명이 인류 역사에서 헤아릴 수 없이 중요하다는 사실은 논쟁의 여지가 없는 일이다. 하지만 그 변화가 더 좋은 것이었는지 더 나쁜 것이었는지는 확실하지 않다. 어떤 학자들(가장 유명한 경우로는 『총, 균, 쇠』의 저자 재레드 다이아몬드를 들 수 있다)은 그것이야말로 "인류 역사상 최악의 실수"[6]라고 주장하기도 한다.

책과 같은 제목의 1987년 에세이에서 다이아몬드는 "더 나은 삶으로 가는 가장 결정적 단계라고 여겨지는 농업의 채택으로 인류는 여러 면에서 결코 회복하지 못한 재앙을 입었다"는 말로 시작한다. 이와 비슷하게 『사피엔스Sapiens』의 저자 유발 노아 하라리Yuval Noah Harari도 농업 혁명을 "역사상 가장 큰 사기"[7]라고 한다. 이제 이런 종류의 생각은 일반적이지는 않다고 해도 꽤 흔한 편이다.

농업 덕분에 수십억 명이 살 수 있게 된 것은 사실이고, 그중 어떤 사람은 즐거운 삶을 살았다. 하지만 농업은 불의, 빈곤, 질병, 노예 제도, 전쟁을 낳은 새로운 사회로 이어지기도 했다.

그럴 만한 가치가 있었을까? 농업의 발전이 엄청나게 중요한 결과를 초래했다는 사실만은 의문의 여지가 없다.

일단 식단이 단조로워졌다. 농경 이전 사람들의 식단은 예측할 수 없었고 신뢰할 수도 없었지만 극도로 다양한 편이었다. 이와는 대조적으로 농부는 단 몇 개의 작물에, 일반적으로는 곡물에 집중했고, 아주 적은 수의 작물에만 의존하는 일도 흔했다. 한 가지뿐일 때도 있었다. 그 결과 사람들은 흉작이 들면 굶어 죽었고, 흉작은 흔한 일이었다. 그리고 일상적인 영양실조에도 시달렸다. 이는 기타 영양소가 함유된 다른 음식을 보충하지 않고 쌀이나 옥수수나 기장을 매 끼니마다 먹을 때 일어나는 일이다.

이러한 영양실조로 사람들은 질병에 취약해졌다. 정착지의 인구 밀도가 높아지면서, 그리고 (일부 지역, 특히 유럽에서) 사람들이 동물들과 함께 살기 시작하면서 질병은 더욱 흔해졌다.

흐르는 물을 사용하는 배관의 전신이 기원전 4000년경에 메소포타미아에 존재했다는 증거가 있다. 하지만 이보다 흔한 것은 어디에나 있는 쓰레기, 인간의 배설물, 질병을 퍼뜨리며 돌아다니는 쥐 같은 동물이었다. 더구나 아이들이 더 많아졌다는 사실은 아이들 각각에게 모유를 더 적게 준다는 뜻이었고, 이는 면역 체계가 더 약해졌다는 의미다.

삶은 고약해지고 잔인해졌을 뿐만 아니라 짧아지기까지 했다. 농업의 발전 이후로 평균 수명은 7년 정도 줄어들었고, 남성의 경우 키가 175cm에서 160cm로 15cm가 줄었다는 증거가 있다. 충치도 증가했다. 이러한 경향은 계속해서 이어졌고, 로마인은 메소포타미아인보다 평균 수명이 10년 짧았다.

농부는 수렵채집인보다 더 열심히 일해야 했다. 음식의 보장, 충분한 휴식, 더 나은 삶 같은 보상을 기대했다면 농업은 분명 좋은 해결 방식이 아니었다. 오히려 농부들은 흙을 갈고 심고 관개하고 잡초를 뽑고 수확하고 타작하고 저장하고 동물을 돌보는 일 등의 끊임없는 중노동 속에 갇혀버렸다. 18세기까지 거의 모든 사람들의 일상생활은 일반적으로 이런 가혹한 노동으로 이루어져 있었다.

문명은 불평등도 가져왔고 계급의 구분은 본질적인 특성이 되었다. 물론 농업 이전에도 우두머리 역할을 하는 사람이 있었고(가족마다 그런 사람이 있다) 권력이 있는 자리는 일반적으로 남자가 차지했다. 그러나 일부 사람들이 자신의 삶 대부분을 다른 사람들의 노동에 의지했던 사회는 없었다. 농업이 시작된 이후 잉여, 불평등, 지배 계급이 생겨났다. 고고학적 증거에 따르면 새로운 귀족은 일반 대중보다 키가 크고 건강했다고 한다. 이와 동시에 더 엄격한 성 역할이 자리 잡으면서 여성에 대한 억압으로 이어졌다.

사실 농업은 대부분의 사람들에게 친절한 것이 아니었다. 지난 1만 년 동안 인류 대부분은 농부와 노동자로 고생스럽게 일했고(땅을 개간하고 농작물을 재배하고 물을 날랐으며, 나중에는 탄광에 들어가고 공장에서 일하고 총을 쐈다), 이들이 역사를 만들어갔다. 그중에서 편안한 삶을 사는 사람은 거의 없었다.

그러나 단순한 변화처럼 보였던 이 일의 결과는 그 누구도 예견할 수 없는 것이었다. 우리 조상은 전염병이 일어나거나 군대가 발전할 것이라는 사실을 예측할 수 없었다. 지구 온난화, 혹은 대부분이 농업에서 비롯된 의도치 않았던 다른 결과들을 예측할 수 없었던 것처럼 말이다. 모든 사람이 가장 합리적인 일을 하려고 애써왔다는 사실은 의심의 여지가 없고, 수백 년, 심지어 수천 년, 수십 세대에 걸쳐 이루어진 처음 몇 가지 결정이 아주 다르게 내려졌을 수는 없었을 것이다. 종자 보관과 동물 사육은 더 안전하고 나은 삶을 약속하는 것처럼 보였다. 본능적으로 우리는 먹을 것을 찾고 생명을 이어가려고 노력한다. 바라던 대로 이루어지지 않은 모든 것들처럼, 그때는 그것이 좋은 생각인 것처럼 보였다.

초창기 농부들이 이러한 문제점을 발견했다 하더라도, 몇 세대가 지나자 이를 되돌리기에는 너무 늦어버리게 되었다. 사냥과 채집 기술은 사라졌고 풍경은 영구적으로 바뀌었으며 무엇보다도 인구가 급증했다. 그때부터는 오직 농업만이 인류를 지탱하기에 충분한 식량을 생산할 수 있었다. 굶주림, 영양실조, 지배 계층, 불평등, 정치 제도, 빈곤, 전쟁, 질병, 환경 파괴 등이 결과로 나타났다. 이런 결과는 필요악이었다. 우리는 지금에 와서야 그 결과를 보고 결과와 씨름하기 시작하고 있다.

2장
토양과 문명

농업은 영원히 이어지는 실험이다. 농업은 해마다 혹은 계절마다 수행되는 것이며, 직접 일하는 사람이나 관리하는 사람의 눈에는 항상 개선되고 있다. 주요 구성 요소는 햇빛, 물, 토양, 노동이다. 무한하다고 여겨질 수 있는 자원 중 하나인 햇빛은 인간이 통제할 수 없다. 하지만 물과 토양은 책임지고 다루고 관리해야 하는 귀중하고 유한한 자원이다. 이 일은 농부의 몫이다. 토양과 물 관리에 대해 인류가 내린 선택이, 그리고 그 관리가 실행되는 방식(어떻게, 누구를 위해, 누가 토지를 경작하는가)이 문명사회의 운명 대부분을 결정했다. 당연히 어떤 선택은 다른 선택보다 좋은 것이었다.

농업에서 문명이 싹텄고, 충분한 물 없이는 제대로 농사를 짓지 못했다. 신뢰할 수 있는 수원水原이 있다면, 그리고 자연이 보충할 수 있는 것보다 더 빠른 속도로 고갈시키거나 오염시키지만 않는다면, 물은 믿을 만한 상태로 남아 있게 된다. 그렇다면 다음 두 가지 질문이 중요해진다. 이 물에 접근할 수 있는 사람은 누구인가? 그리고 이 물을 가장 잘 옮기고 사용할 수 있는 방법은 무엇인가? 전쟁은 이 첫째 질문을 두고 벌어지는 것이고, 농업의 성패는 이 둘째 질문에 달려 있는 것이다.

토양은 이보다 복잡하다. 가루가 되고 갈리고 침식되고 씻기고 굴러떨어지고 바람에 날린 흙, 모래, 자갈이 유기 물질과 결합한다. 미생물에서 매머드에 이르기까지 살아 있는 모든 동물의 노폐물과 사체가 있다. 나무, 관목, 기타 식물의 썩은 잎과 줄기가 있다. 공기와 물로 전파되는 모든 유기 퇴적물이 있다. 그리고 생물의 배설물도 있다. 이것이 토양을 만들어낸다. 토양에 있는 미네랄은 물이 더해지면서 바뀌고 다른 화학물이 생긴다. 게다가 토양은 식물, 동물, 곰팡이, 박테리아, 날씨에 따라 기체를 발산하는데, 이는 그 안에 사는 생명체의 생존에 필요한 과정이다. 토양 안에는 티스푼 하나당 약 10억 마리의 생물이 있다. 이러한 구성 요소 사이의 시너지 효과는 각 토양에 독특한 특성을 부여한다. 세계 특정 지역의 건강한 토양은 다른 지역의 건강한 토양과는 다른 모습이다.

사실 토양은 변하고 자라는 생명체다. 우리에게 많은 것을 주고 그 대가로 보살핌을 요구한다. 보살핌 없이 이용하면 토양은 죽는다. 사회의 건강도 그 보살핌에 달려 있으며, 궁극적으로 이는 땅의 관리자인 농부의 일이다. 1938년 자연보호운동가인 월터 클레이 로더밀크Walter Clay Lowdermilk는 이를 다음과 같이 잘 표현했다. "토지와 농부의 협력은 우리의 복잡한 사회 구조의 든든한 토대다."[1] 좋은 농부와 좋은 토양은 좋은 관계를 유지해야 한다. 이는 절제된 표현일 뿐이다. 토양, 그리고 그곳에서 일하는 사람들은 번영하는 사회의 기초다. 본질적으로 부의 원천은 토양이며, 그렇기 때문에 그 부는 소비되어야 할 뿐만 아니라 보호되어야 한다.

건강한 토양은 식물에게 식료품 저장고 역할을 하며, 식물은 그 안에 들어 있는 영양분을 이용한다. 영양분이 보충되지 않으면 다음 수확물은 전보다 줄어든다. 비어 있는 식료품 저장고가 있고 가득 차 있는 식료품 저장고가 있듯이 '빈곤한' 토양과 '부유한' 토양도 있다.

토양의 보충은 간단할 수도 있고 심지어는 저절로 이루어질 수도 있다. 모든 식물과 동물(그리고 박테리아 같은 생물)은 성장하면서 흡수하거나 만들어낸 영양소와 유기물을 죽을 때마다 모두 남기게 된다. 어떤 식물은 살아 있는 동안에도 토양에 영양분을 보충해준다. 하지만 침식에 노출되고 유기물을 빼앗긴다면 토양에서 산출되는 양은 해마다 더 적어질 것이다.

어떤 농업 시스템은 다른 농업 시스템보다 건강한 토양을 더 잘 유지한다. 이를 알아차린 많은 초창기 농부는 경사진 곳에 돌을 쌓아 계단식 논밭을 만들고 뿌리가 깊은 다년생 식물을 심는 등 침식을 방지하기 위한 보호책을 고안해냈다. 그들은 토양을 보충하는 방법이나 토양이 스스로를 보충하게 만드는 방법을 빠르게 생각해냈다.

어떤 농부는 이를 계속 몰랐고, 그 탓에 수확량 감소, 작물의 실패, 기아, 강제 이주, 심지어 사회 전체의 실패를 곧 목격하게 되었다. 로더밀크는 이를 '자멸적 농업'이라고 지칭했다. 이는 가혹하기는 하지만 정확한 용어다. 데이비드 몽고메리David Montgomery는 『흙: 문명이 앗아간 지구의 살갗Dirt: The Erosion of Civilizations』이라는 책에서 토양의 황폐화가 초기 문명 파괴의 직접적인 원인은 아닐지도 모른다고 했다. "그러나 토양의 황폐화로 사회에는 적대적인 이웃, 내부의 사회·정치적 혼란이 생겼고, 혹독한 겨울이나 가뭄에 점점 더 취약해지는 일이 반복되었다."[2]

우리가 식량원으로부터 얼마나 멀리 떨어져 있는지를 고려해볼 때 이 말은 너무 극적인 서술처럼 들리지만, 문명은 음식 시스템의 힘과 회복력에 따라 유지되기도 하고 파괴되기도 한다. 그리고 이는 건강한 토양에 달려 있다.

작물을 밭에 반복해 심으면서도 영양분을 보충할 수 있는 네 가지 주요 방법이 있다. 바로 휴경, 피복 작물*, 윤작**, 비료다. 이 모든 것은 농업이 시작된 이래로 하나씩, 혹은 함께 사용되었으며 때로는 의도하지 않은 상태로도 사용되었다.

다른 모든 생명체와 마찬가지로 토양에는 질소가 필요하다. 질소는 인, 칼륨과 함께 식물의 세 가지 필수 양분 중 하나다. 하지만 지구의 대기에 질소가 풍부하다고 해도(질소는 다른 어떤 기체보다 많다) 대기 중의 질소는 거의 불활성 상태다. 이는 식물에 흡수될 수 없다는 뜻이다.

토양이 질소를 이용하려면, 기체는 질소와 수소로 이루어진 암모니아 같은 다른 화합물로 전환되어야 한다. 식물과 동물이 죽고 그 사체가 토양 밑이나 위에 있을 때, 박테리아가 세포 안의 질소를 암모니아로 전환시킨다. 여기에 더해 대기 중의 질소를 '고정'시켜 식물에 유용하게 만들어주는 유기체도 있다. (번개도 질소를 사용 가능한 형태로 만들어주고 질소는 비와 함께 토양으로 내려오게 되지만, 이는 그렇게 중요한 원천은 아니다.)

하지만 거의 대부분의 농업은 보충할 수 있는 것보다 훨씬 더 빠르게 질소를 써버린다. 어떻게든 질소를 더해주지 않는다면 작물을 심을 때마다

- 피복 작물(被覆作物) : 거름이 흘러 내려가거나 토양이 침식되는 것을 막기 위해 심는 작물. 목초나 콩과 식물이 많다.
- 윤작(輪作) : 돌려짓기. 같은 땅에 여러 가지 농작물을 해마다 바꾸어 심는 일.

수확량이 줄어들게 된다. 식료품 저장고 비유를 다시 들자면 이는 매일 요리를 하면서 장을 보러 가지 않는 것과 같다.

토양을 그대로 놔둔다면 시간이 지나면서 질소는 저절로 보충된다. 이를 '휴경休耕'이라고 한다. 수확한 뒤에 농부가 아무것도 심지 않는 것이다. 양분을 빨아들이는 작물이 없으면 토양의 질소 수준은 유기물에 의해 회복되며, 1년(가급적이면 몇 년) 뒤 그곳에 다시 작물을 심으면 좋은 결과가 나온다. 6년 동안 심고 1년 동안 쉰다는 성서적 생각(일종의 안식년이다)은 좋은 시스템이 아니다. 실제로 휴경이 효과를 발휘하려면 활발하게 작물을 심는 기간보다 휴식기가 더 길어야 한다.

휴경은 간단할 수도 있지만 항상 쉬운 일은 아니다. 휴경에는 중요하면서도 명백한 난제가 내재되어 있다. 땅에서 작물을 산출하지 못한다는 사실이다. 휴경지를 대신할 새 땅을 찾을 수 있거나 작물이 크게 필요한 상황이 아니라면 걱정할 일은 전혀 없다. 새로운 땅에서 농사를 짓거나 몇 년 쉬기만 하면 된다. 2,000년 전 농부들에게는 농사를 지을 만한 새로운 땅이 아주 많았다. 하지만 지금은 그렇게 많은 편이 아니다. 그리고 슬프게도 1년 동안의 휴식은 지금까지 살아온 거의 모든 농부에게는 비현실적인 방안이었다.

가장 좋은 방법은 두 가지를 결합하는 것이었다. 땅이 충분히 있는 농부들은 밭 한 곳에 작물을 심고 한 곳이나 두 곳 이상의 밭을 차례로 내버려두기만 하면 된다. 이것은 여전히 좋은 선택이다. 그럴 수만 있다면 말이다.

휴경 대신 쓸 수 있는 대안이 여러 가지 있다. 어떤 식물은 토양에 사용 가능한 질소를 실제로 첨가하는 미생물을 가지고 있다. 그 식물은 대부분 콩이나 렌즈콩 같은 콩류이며(이뿐만 아니라 자주개자리, 토끼풀 등도 있다)

'풋거름'*이라는 명칭도 붙어 있다. 그 식물의 뿌리에는 남세균 같은 미생물이 있어서(다른 미생물도 있다), 공기에서 질소를 잡아 토양에 고정시켜 식물이 사용할 수 있게 만들어준다.

수확을 하기 위해 심은 것이 아닌 경우 이러한 식물은 일반적으로 '피복 작물'이라고 한다. 토양에 피복(옷)을 제공하고 침식을 막기 때문이다. 피복 작물은 주요 작물과 함께 재배할 수도 있고 땅이 휴경 상태일 때는 단독으로 재배할 수도 있다.

질소 고정 작물을 주요 작물이나 일반 작물 대신 심는다면 이는 윤작의 한 형태다. 물론 어떤 조합으로든 윤작할 수 있지만, 질소 고정 작물을 윤작하는 경우에만 토양에 질소를 다시 첨가할 수 있다. 질소 고정 작물인 옥수수와 콩을 번갈아 심는 관행은 윤작의 일반적인 형태다.

윤작과 피복 작물 재배를 희생으로 보아서는 안 된다. 휴경 또한 희생으로 보아서는 절대로 안 된다. 토양의 힘을 기르는 일은 다음번 작물을 생산하는 일만큼 중요하다. 물론 때로는 그런 식으로 보기 어렵기도 하다. 단기적으로는 휴경지에서 작물이 전혀 나오지 않기 때문이다. 질소 고정 작물을 기른 다음 먹거나 팔거나 동물에게 먹이지 않고 그 작물을 퇴비화해서 토양에 돌려주면 된다. 아니면 수확해서 팔 용도로 질소 고정 작물을 재배하는 방법도 있다. 질소 고정 작물을 퇴비로 이용하는 것보다 토양에 좋지는 않지만 아무것도 안 하는 것보다는 훨씬 낫다.

토양을 보충하는 또 다른 전략은 동물들이 먹기 좋아하는 작물을 기르

• 풋거름: 녹색식물의 줄기와 잎을 비료로 사용하는 것을 의미하며, '녹비(綠肥)'라고도 한다.

고(질소 고정 작물이라면 더 좋다) 그 밭에 반추 동물(소나 양같이 되새김질을 하는 동물)을 풀어서 계속 먹게 해주는 것이다. 그 동물들이 대소변을 보면서 질소, 인, 칼륨, 그리고 더 많은 것을 토양에 첨가해 다음번 재배할 때를 위해 토양을 비옥하게 해준다.

첫째 비옥화 방법은 의도적으로 했던 일이 아니었다. 동물이나 인간은 단지 편리하다는 이유로 배설물을 토양에 '첨가'했다. 그 배설물에서 질소와 기타 여러 영양소와 유기물이 나왔다. 농부들은 퇴비(동식물 폐기물, 박테리아와 지렁이 같은 살아 있는 생물, 그리고 빠르게 분해되는 거의 모든 것을 의도적으로 부패시킨 혼합물)를 섞어서 관리해 토양에 첨가하는 것이 배설물을 직접 뿌려놓는 것보다 훨씬 더 강력한 효과가 있다는 사실을 빠르게 알아챘다.

풋거름, 퇴비, 혹은 휴경으로 나오는 보충물 등 어떤 공급원에서 나온 것이든 적절한 유기 물질을 추가하면 이론상으로 농업은 무한히 번창할 수 있다.

그러나 인구가 증가하면서 토양의 생산성을 높이고 수확량을 증가시켜야 한다는 압력이 생겨났다. 휴경은 점점 더 어려운 일이 되었고 윤작은 '효율성' 때문에 너무도 자주 도외시되었다. 비료를 줄 땅이 늘면서 동물의 배설물이나 다른 유기물도 구하기 더 어려워졌다.

역설이 발생했다. 농업이 성공하고 인구가 증가하면서 땅에 바라는 것도 많아진 것이다. 땅에 바라는 것이 많아지면서 토질이 약화되었고 생산성도 감소했다. 20세기가 될 때까지 찾을 수 있는 유일한 해결책은 지속 가능한 농업을 재발견하거나, 로더밀크가 '자멸적 농업'이라 칭했던 관행에 안주하거나, 아니면 새로운 땅을 찾아 나서는 것이었다. 새로 개척할 땅이 늘 있는 것이 이상적이겠지만 상황은 반대로 돌아갔다. 경작할 새 땅은 점차 줄어들었기 때문이다.

> 파종기(씨를 뿌리기 위해 흙에 구멍을 내는 기구: 옮긴이 주)를 가지고 밭에서 일해야 할 때는 씨앗을 떨어뜨리는 사람을 주시하라. 씨앗은 두 손가락 깊이로 넣어야 한다. '닌다' 하나에 씨앗 한 '기즈'를 넣으라. 만약 보리 씨앗이 밭고랑의 구멍에 들어가지 않는다면 파종기의 쐐기를 바꾸라.[3]

이 글은 기원전 1500년경 수메르 점토판 문서에 적힌 것으로, 해독이 조금 힘든 편이지만 대략적인 이해는 가능하다. 이 '농부의 지침'은 아들에게 주는 아버지의 조언이 담긴 편지로, 다양한 도구, 동물을 다루는 법과 동물에 채우는 장비, 제방과 운하, 수리, 쟁기질, 작물 심는 법, 쭉정이를 가려내는 기술 등을 언급하고 있다. 이것은 농업의 중요성을 보여주는 역사 기록 중 가장 초창기의 사례다.

남부 메소포타미아(현재의 이라크 남부 근처)에 있었던 수메르 문명은 일반적으로 인도, 이집트, 중국과 함께 최초의 선진 문명 중 하나로 인정받고 있다. 수메르인은 기원전 5000년에 처음 이곳에 정착을 시작했고 기원전 3000년경 도시를 건설했으며, 이후 몇천 년 동안 시간을 기록하고 문서 체계를 발전시켜나갔다. 이 문서 체계는 일상생활에 대한 최초의 정교하고 현대적인 기록을 우리에게 제공해준다.

이러한 기록 덕분에 우리는 수메르의 음식과 농업에 대해 많은 것을 알게 되었다. 사람들은 보리빵(보리는 밀만큼 영양이 풍부하지는 않지만 키우기 쉽다)과 같은 형태로 다양한 곡물을 먹었고, 과일과 채소(기록에 따르면 100가지 이상의 종류가 있었다)도 많이 섭취했다. 맥주, 포도주, 빵, 식용유, 요구르트, 치즈 등도 만들었다. 동물을 길렀고, 가축이 제공하는 모든 혜택을 어떻게 사용하는지를 포함해 축산의 모든 측면을 알고 있었다. 그중에는 비료도 있었다.

메소포타미아 자연 토양의 질은 부러워할 만한 것이었다. 하지만 이처럼 건조한 기후에서 농업이 번성하기 위해서는 티그리스 강과 유프라테스 강 근처 평원의 습지에 관개 시설을 만들어야만 했다. 이러한 과제는 주요 정착지 간의 조직화와 협력을 요구했고, 이 일을 조직하는 것은 결국 국가의 몫이었다. 국가는 저수지와 운하라는 인상적인 시스템을 건설·유지하기 위해 수천 명을 고용했고 노예가 된 사람들도 동원했다. 이는 지금까지 단연코 가장 큰 공공사업으로, 강에서 멀리 떨어진 마을에도 건기 동안 물을 공급해주었다.

이 프로젝트에 참여하는 노동자 중 자신이 먹을 것을 재배하는 사람은 거의 없었다. 이는 사회의 전체적인 번영을 위해서는 농부가 잉여를 생산해야 했다는 뜻이다. 대부분의 경우 이러한 잉여는 국가에 '기부'되었다(아마도 압류되었을 것이다).

이런 종류의 분배로 사회 계급이 불가피해졌다.

전문가들에 따르면 사회의 규모가 증대되는 것만으로도 계층화가 초래되며, 구체적으로 인구 숫자가 500명에 도달하면 평등주의 사회가 무너지기 시작한다고 한다. 이 시점이 되면 통치자와 지배층이 생겨나기 시작한다는 뜻이다. 그리고 마을이 소도시가 되고 소도시가 대도시가 되면서 누구나 서로를 알고 있다는 느낌을 수반하는 보편적인 인간관계는 사라진다.

마을 간의 접촉 또한 흔해지고 협동과 갈등 또한 흔한 일이 된다.

엘리트주의가 불가피한 것인가의 여부는 논쟁의 여지가 있지만, 역사적으로 엘리트주의는 오랫동안 존재해왔고 리더십도 반드시 필요했다. 누군가는 관개, 쓰레기 처리, 울타리 건설, 마을 제빵소와 종교 시설의 필요성 같은 도시 문제에 대한 해결책을 강구하는 책임을 져야 했고, 누군가는 마을 간의 관계 설정과 거래의 중재와 방목의 권리를 조율해야 했다. 이런 일을 개개인이 처리할 수는 없었고, 서로 간에 동의를 얻어 수행하는 것도 불가능했다. 사업은 너무 거대했고 사람들은 너무 많았다.

그 결과 사유 재산, 정부, 법률과 규정… 그리고 불평등도 생겨났다. 여러 도시가 관개 프로젝트와 항구를 중심으로 성장했고, 주변의 시골 지역과 그곳에 사는 사람들도 어느 정도까지는 지배하기 시작했다. 잉여 덕분에 농부와 농부가 아닌 사람들이 생계를 꾸릴 방법을 찾을 수 있게 되었다. 상인, 행정가, 종교지도자, 그리고 지금 우리가 전문가라고 하는 직업, 즉 필경사, 회계사, 거래인, 의사, 변호사 등이 생겨난 것이다. 물론 운이 좋지 않은 대다수는 노동자이거나 노예였다.

노예 제도는 한곳에 정주定住하는 사회가 형성된 뒤에야 유익해졌다는 사실에 주목할 필요가 있다. 음식을 가져오라고 다른 사람을 야생으로 보내는 것은 말도 안 되는 일이다. 야생으로 간 사람들은 발견한 음식을 자신이 먹을 것이고, 일단 야생으로 가게 되면 다시 돌아오지 않을 것이다.

그러나 농업, 정주, 비공동체적인 일이 등장하면서 다른 사람에게 일을 시키는 것이 바람직해졌다. 만약 부유하거나 충분한 권력을 가지고 있다면 아무런 후환 없이 다른 사람을 복종하도록 설득하거나 강요할 수 있었을 것이다. 초기의 노예는 정복지나 적군의 포로였다. 그러나 일단 사회에 노예 제도가 생기게 되자 노예는 사고파는 대상이 되었고 노예로 태어나는 경우도 있었다. 노예의 자식도 노예였다. 몇 세기가 지나면서 노예 제도는 일반 관행이 되었고, 노예가 노동력의 대부분을 차지하는 곳도 있었다.

노예(대부분 전쟁, 부채, 범죄 때문에 죄수가 된 사람들이었다)뿐만 아니라 사제이자 왕인 존재(종교가 핵심이었다)와 왕족도 있었던 본격적인 계급 기반 사회 수메르가 그런 곳 중 하나였다. 적어도 1,000년 동안은 사회가 성공적으로 유지되었고 그 규모도 전례가 없었다. 여러 도시로 이루어진 수메르의 인구는 최대 5만 명에 달했다.

그러나 인근 지역과 전쟁이 일어나자 유지·보수 같은 중요한 공공사업 프로젝트는 차질을 빚었다. 범람원*은 관개가 완전히 이루어졌지만, 지하수에서 나온 염분이 토양에 쌓이는 일을 피하기 위해서는 땅도 쉴 시간이 필요했다. 인구가 급증하면서 휴경은 불가능해졌고, 염분화 때문에 수메르는 가장 신뢰할 수 있고 영양가 있는 음식 공급원이었던 밀을 포기할 수밖에 없었다. 1,000년이 넘는 세월이 지나면서 운하는 진흙으로 가득 찼고 작물은 시들었으며 식량은 부족해졌고 인구는 줄어들었다. 그곳의 땅이 이전의 인구를 더는 부양할 수 없게 되자 여러 도시는 그대로 무너졌다. 수메르는 최초의 선진 문명 중 하나로 유명해졌듯 최초로 실패한 사회의 사례로도 알려져 있다.

이집트는 장기적인 면에서 수메르보다 성공적이었다. 기원전 3000년경

• 범람원(汎濫源): 홍수 때 강물이 평상시의 물길에서 넘쳐 범람하는 범위의 평야. 충적평야의 일종이며, 흙·모래·자갈 따위가 퇴적하여 이루어진다.

나일 강을 따라 수천 명이 거주하는 여러 도시가 세워졌고, 이 도시들은 서로의 이익을 위해 협력했다. 나일 강은 안정적으로 물을 공급해주었고, 매년 있었던 범람은 토양을 비옥하게 해주었다. 관개와 배수가 완성되면서 농사를 지을 때마다 잉여 식량을 확보할 수 있었고, 이는 이집트 외에는 보기 드문 일이었다.

대규모 공공사업에 자금을 조달할 만큼 충분한 잉여를 통제할 수 있는 강력한 이집트 국가를 건설하는 데에는 1,000년 이상이 걸렸다. 그러나 일단 국가가 성립되자 이집트는 그 어느 시대의 기준으로 평가해도 비할 바 없이 안정된 나라가 되었다. 사람들 대부분은 농부였지만 생산을 통제받는 경우는 거의 없었고, 생산물은 토지 소유자나 국가에 직접 전달되었다.

넘치는 생산량과 세금 덕분에 이집트의 운하 프로젝트와 거대한 군대, 그리고 여기에 더해 피라미드가 우선적으로 건설될 수 있었다. 피라미드는 세계에서 가장 큰 규모이자 가장 웅장한 (그리고 가장 비실용적인) 공공사업 프로젝트였으며, 지배 계급을 찬미하는 것 외에는 아무런 목적도 없었다.

다른 문화권에서는 농업의 잉여를 다른 식으로 사용했다. 최초의 공공 수조와 도시 전역을 포괄하는 위생 시설은, 오늘날 파키스탄의 인더스 강 유역에 위치한 모헨조다로와 하라파라는 도시에 건설되었다. 중국의 홍산 문화紅山文化는 지하에 신전을 짓고 옥 공예품으로 장식했다. 훗날 메소아메리카•인은 이집트의 구조물만큼이나 인상적인 피라미드와 기타 구조물을 세웠고, 중국인은 그 유명한 만리장성을 세웠다.

• 메소아메리카: 멕시코와 중앙아메리카 북서부를 뜻하며, 마야·톨텍·아즈테카 문명 등이 있었던 곳이다.

이집트와 마찬가지로 중국의 농업 선진 지역도 잉여를 생산했다. 농부들은 줄뿌림 작물, 파종기(훨씬 나중에 나온 것이다), 쟁기를 개발하고 있었다. 쟁기는 아마도 이집트와 거의 같은 시기에 독립적으로 발명한 것으로 보인다. 이런 도구는 물 관리와 함께 중국인들이 거대한 면적의 일급 농지를 건설하고 보존할 수 있게 해주었다. 심지어 중국인은 쌀, 물고기, 오리의 공생 재배를 최초로 개발하기까지 했다. 이는 동물이 논을 비옥하게 만들고 식물을 조금씩 뜯어 먹으면서 해충을 잡아먹게 하는 방식이었다.

쌀은 그 자체로 판도를 바꾸어놓은 존재였다. 밀이나 다른 곡물 대부분보다 주어진 토지 면적당 칼로리를 더 많이 생산했기 때문이다. 쌀과 기타 작물로 대부분의 인구에게 음식을 제공할 수 있었기 때문에 동물 대부분은 일을 시키기 위해, 때로는 유제품을 얻기 위해 따로 남겨두었다.

이러한 식물 의존적 시스템은 동물이 먹을 음식을 재배하고 그 고기를 사람이 먹는 방식보다 안정적인 것이었다. 그리고 이는 그 이후 1,000년 동안 일어난 많은 일을 결정한 요인으로 밝혀졌다. 채식주의자이거나 거의 채식주의자인 성향을 갖고 쌀을 재배하는 사람들은, 고기를 얻기 위해 동물을 사육하면서 밀을 기르는 사람들보다 더 많은 인구를 안정적으로 유지하면서 발전했기 때문이다.

프랭클린 히람 킹Franklin Hiram King이 『4천 년의 농부Farmers of Forty Centuries』에서 묘사했듯 일반적으로 아시아에서는 '영구적인 농업'이 발전했다. 이는 "강인하고 인내심이 강하고 끈기 있고 사려 깊은"[4] 방법이었다. 이 지속 가능한 농업의 씨앗은 3,000년 전에 아시아에 심어져 최근까지 이어졌다.

이런 농업은 매 세기가 지날 때마다 더욱 정교해졌고 일반적으로는 더

욱 성공적인 것이었다. 관개, 계단식 농업, 기타 기술의 발전 덕분에, 그리
고 가뭄에 잘 견디고 성숙이 빠른 쌀 품종(원래는 베트남에서 생긴 것이다)
이 더 넓게 퍼진 덕분에 일부 지역에서는 한 해에 두 번, 심지어는 세 번까
지도 수확할 수 있게 되었고, 이는 매년 생산하는 음식이 두세 배가 된다
는 뜻이었다. (중국과 인도의 일부 지역에서는 기장을 주로 키웠는데, 기장은
쌀과 마찬가지로 생산적이고 지속 가능하고 생명을 유지시키는 작물이었다.)

관개의 발전, 이미 수확량이 많았던 작물의 지속적인 개선, 도구(그중
일부는 초기 청동기 제작과 높은 온도에서 이루어진 금속 제작과도 관련이 있
었다)의 혁신, 수력 제분소 덕분에 1세기를 훌쩍 넘어서까지(사실상 유럽인
이 침략하기 전까지) 아시아는 세계에서 가장 생산적인 농업 지역이 되었다.

조금 늦기는 했지만 선진적이고 지속 가능한 농업은 결국 아메리카에서
도 발전하게 되었고, 지금도 그 유산을 볼 수 있다.

아메리카의 일부 지역, 특히 미국 북서부 태평양 연안 지역은 풍요로운
자연 덕분에 농업 없이도 복잡한 사회가 완전하게 발달할 수 있었다. 사람
들은 여전히 수렵채집을 하고 있었고, 인구 밀도는 사회적 계층이 발전할
정도로 높은 수준에 도달했다.

그러나 서반구●에서 인구가 가장 많은 지역인 메소아메리카(오늘날의 멕
시코 남부, 중앙아메리카, 남아메리카 북부가 있는 곳이다)에서는 새로운 형
태의 농업이 발전하고 있었다. 메소아메리카는 나일 강 유역과 기타 초기
문명의 중심지만큼 비옥하지는 않았다. 평탄한 초원 지대였던 그곳에서는
밀과 같은 곡물이 자연적으로 생산되었고 일종의 단일 재배 같은 방식이
발전했다.

아메리카 대륙의 사람들은 숲의 지붕 부분에서 다양한 식물이 각기 자신에게 알맞은 장소를 차지하고 있는 것을 보고 열대 우림의 구조가 다르다는 사실을 발견했다. 농부들은 그 구조를 모방해 숲의 일부를 개간하고 먹을 수 있는 것을 심었다. 어떤 사람은 농장을 '밀파'(아즈텍어로 '밭'이라는 뜻이다)라 하고 화전 농업에 의존했다. 4~5년 정도 계속해서 작물을 심고 이후 15년 이상 휴경하여 토양을 보충하는 방식이었다.

세계의 다른 지역처럼 아메리카 대륙도 오늘날 우리가 당연하게 여기는 수십 가지 중요한 토착 식물의 혜택을 받았다. 그중 두 가지가 역사를 바꾸었다. 안데스인들은 수천 종류의 감자를 개발했고, 기원전 5000년경 마야인들은 '테오신테'라고 하는 작은 막대기처럼 생긴 식물을 선별적으로 교배하기 시작해, 재배와 수확이 쉬우며 영양가도 높은 식물로 바꾸어놓았다.

이 식물이 바로 옥수수였고, 반복된 교배로 높은 생산성을 갖게 되었다. 마침내 옥수수는 적당한 조건에서는 1년에 2번씩 같은 땅에서 키울 수 있게 되었다.

옥수수는 작물로서는 거의 이상적이지만 음식으로서는 그렇지 않다. 그래서 영양 잠재력을 극대화시키기 위해서 특별한 과정을 거쳐야 했다. 이 과정은 기원전 2000년에서 기원전 1000년 사이의 어느 시기에 개발된 것으로, 이때부터 옥수수를 재 또는 소석회(생석회와 물을 섞어 가성석회를 생성한 것으로, '캘cal'이라고도 한다)로 처리하기 시작했다. 이후의 분석에 따

● 서반구: 영국의 그리니치 천문대를 지나는 본초 자오선을 기준으로 서쪽의 반구를 말한다. 유럽·아프리카의 서쪽 일부, 아메리카, 러시아의 동쪽 끝, 오세아니아의 일부 섬나라를 포함하는 지역이다.

르면 닉스타말(캘에 담근 옥수수)에는 생물학적으로 이용할 수 있는 나이아신이 더 많이 들어 있고, 단백질의 구성 요소인 아미노산도 더 많이 들어 있다는 사실이 밝혀졌다.

여러분도 토르티야와 타말('타말'과 '닉스타말'의 유사성에 주목하라) 같은 음식으로 이런 형태의 옥수수를 먹어보았을 것이고, 어째서 일반 옥수수 가루로 만든 제품보다 이들 음식이 더 산뜻하고 좋은 맛까지 나는지 궁금했을 것이다. 이것이 바로 닉스타말화의 결과다.

그러나 닉스타말화된 옥수수조차도 그 자체로 충분한 단백질을 제공해주지는 못한다. 그래서 밀파는 옥수수와 함께 호박과 콩을 재배하는 곳으로 유명해졌다. '세 자매'로 알려져 있는 이러한 시스템은 좋은 효과를 발휘한 덕분에 남북으로 퍼져 나갔으며, 오늘날에도 중요한 관행으로 남아 있다.

농업을 황금빛 곡식의 들판과 연관시킨다면 밀파는 이런 모습과는 꽤나 거리가 있어 보인다. 사실 내가 처음 밀파에 갔을 때 농장이 어디 있는지 몰라서 당황했다. 숲 한가운데 서 있는 것 같은 느낌이 들었기 때문이다. 그러나 내 주위에는 모두 생산적인 작물만 있었다. 이것은 전 세계 대부분의 사람들이 계속해서 지지해온 수많은 농업 방식 중 흔한 것이다. 산업형 농업만큼 인상적이지는 않지만, 붕괴하거나 파괴되는 일을 피하며 오래 지속되도록 구축된 방식이다.

밀파에서는 옥수수를 먼저 심고 콩과 호박을 나중에 심는다. 옥수수는 막대기 없는 '막대기 콩pole bean(제비콩)'을 자유롭게 자라도록 해준다. 옥수수 줄기가 막대기 콩을 지탱해주기 때문이다. 콩의 뿌리에 서식하는 미생물은 질소를 고정시켜 토양의 영양분을 부분적으로 회복시켜준다. 그리고 씨앗이 주요 단백질 공급원인 호박의 큰 잎은 그늘을 만들어 토양 온도를 낮춰주면서 수분이 유지되도록 도와준다.

이 기술은 간단하지만, 이를 '원시적'이라고 하는 것은 우유, 고기, 가죽의 사용을 '원시적'이라는 말로 무시하는 것과 마찬가지다. 이 기술은 고대의 관행이지만 아직도 제 역할을 하고 있기 때문에 '유서 깊다'는 말이 더 정확하지 않을까 싶다. 토양 보충을 위해 적절한 휴식을 하게 해주는 것처럼 이 방법도 완전히 지속 가능한 시스템이다. 내부적이고(세 자매는 함께 잘 지낸다) 외부적인 조화 속에서 경작하는 사람들에게 영양을 공급하고 주변 숲과 공존한다.

밀파는 수천 년 동안 여러 위대한 문명을 뒷받침했다. 그 기간 동안 메소아메리카는 유라시아처럼 많은 인구와 정교한 문명이 있는 곳이었고, 농업뿐 아니라 건축, 수학, 천문학도 발전시켰다. 사실 이곳은 이집트, 중국, 수메르와 함께 문자를 발전시킨 네 곳의 초기 문명 중 하나다. 또한 메소아메리카인들은 이집트 같은 규모의 공공사업을 펼칠 수 있을 만큼 충분히 번창했다. 그중에는 피라미드도 있었고 지금까지 남아 있는 것도 많다.

그러나 마야와 다른 메소아메리카 사회의 인구 증가로 얇은 열대 토양은 무너지게 되었다. 거름을 주는 가축이 없었기 때문에 농부들은 침식이 잘되는 땅을 더 많이 갈아야만 했다. 데이비드 몽고메리에 따르면, "토양의 침식으로 사회 계층을 지탱해주던 식량 잉여가 사라졌고, 이는 마야 문명이 무너지기 시작하기 직전인 기원후 900년경에 최고조에 달했다."[5] 화석을 살펴보면 식량 부족과 영양 감소의 결과로 여겨지는 영유아 사망률의 증가로 인구가 감소한 것을 확인할 수 있다. (물론 역사적 기록 대부분은 스페인의 침략과 그에 따른 대량 학살로 파괴되었다.)

마야 문명의 붕괴는 수메르와 이후의 여러 농업 사회가 밟은 선례를 따라갔다. 전 세계 여러 시대에 나타난 바에 따르면, 인구가 많아질수록 땅의 생산성도 높아져야만 했다. 이것이 불가능할 때는 새로운 땅을 찾아 나서는 경우가 많았다. 일반적으로 이는 군대를 동원했다는 의미이고, 군대 때문에 더 많은 식량이 필요해지는 일이 이어졌다. 공유하는 가치를 개발하기보다는 도구와 기술을 혁신하고 다른 사람들을 정복하는 방법을 신속하게 발전시켜나가면서 이러한 패턴은 계속해서 이어졌다.

기원전 4000년경 인간은 광물에서 주석과 구리를 추출한 다음, 이를 합해 청동을 만들었다. 청동은 연성延性, 즉 가늘고 길게 늘어나는 성질이 있어서 더 나은 도구, 무기, 장신구, 램프, 조리 기구를 만들 수 있었다. 철과 강철 등 나중에 개발된 금속과 함께 청동은 농업, 전쟁, 요리 등을 점진적으로 변화시켰다.

이러한 금속 중 일부는 쉽게 구할 수 없는 것이었기 때문에(예를 들어 주석은 특히 발견하기가 힘들다) 무역이 증가했다. 금속뿐만 아니라 소금, 나무, 보석, 피치('타르'라고도 한다. 횃불을 피우기 위해, 그리고 항해용 배나 액체를 담는 그릇에서 방수 용도로 사용된다) 등의 무역, 그리고 이후에 등장한 포도주, 향신료, 직물 등의 무역은 도로, 바퀴, 운송용 동물, 돛이나 노를 사용하는 배의 개발을 촉진했다.

지구를 착취하는 일(추출, 채굴, 개간, 땅파기, 곡식 심기, 수확 등)은 더욱 효율적으로 이루어졌다. 당시의 인구 증가는 오늘날의 기준에서 여전히 느린 것이었지만(지구상의 인구가 5,000만 명에서 1억 명으로 2배가 되는 데에는 약 1,000년이 걸렸고, 1세기 초에 이르러서 거의 3억 명으로 늘어나기까지는

1,000년이 더 걸렸다) 이는 음식이 항상 더 많이 필요해졌다는 것을 의미했다. 기회 있을 때마다 새로운 영토를 개척하거나 숲을 개간해 새로운 토지를 생산에 투입했다. 몽고메리에 따르면 "침식이 10배나 증가했다."

이 시기의 가장 중요한 발명품 중 하나는 쟁기였다. 정확한 기원은 불분명하지만 1세기가 되기 훨씬 오래전에 쟁기가 존재했던 사실은 확실하다. 아마도 중국에서 처음으로 등장한 것으로 보이지만 수메르와 이집트에서도 결국 쟁기를 만들었다. 쟁기 덕분에 길고 곧게 땅을 팔 수 있게 되면서 한 작물을 넓은 지역에 심는 단일 재배 방식이 힘을 얻게 되었다. 위대한 역사학자 페르낭 브로델Fernand Braudel이 "쟁기의 도래를 혁명이라고 불러야 하는가?"[6]라고 물었을 정도로 쟁기의 발명은 매우 중요한 사건이었다.

브로델과 동료 학자들의 추측은 다음과 같다. 쟁기가 발명되는 시점까지 여성은 사냥하는 남성보다 토양과 바다의 풍요로움과 더 밀접한 관계를 맺고 있었다. 이들은 남성보다 더 많은 칼로리도 제공해주었던 것으로 보인다. 여성이 처음으로 씨앗을 모으고 심었다는 사실은 거의 확실하기 때문이다. 또한 여성이 작은 사냥감을 주로 잡았고, 처음으로 가축을 사육하지는 않았더라도 이후 가축을 기르는 데 중요한 역할을 담당한 것으로 보인다. 이들은 또한 농기구와 심는 기술을 처음으로 개발한 것으로 여겨지고 있으며, 일부 지역, 특히 아메리카 대륙에서 땅의 이용을 처음 통제한 존재가 여성이라는 증거도 있다.

남성과 여성의 일은 분업화가 분명히 되어 있었지만, 쟁기가 개발되기 전까지는 이러한 분업이 지배와 복종으로 정의되지는 않았다. 지난 50여 년 동안 발표된 여러 학자들의 저술에 따르면 쟁기, 그리고 상당한 힘이 필요한 다른 무거운 장비가 농업에 도입되면서 가부장제가 노동의 분업을 심화시킨 것으로 보인다고 한다.

쟁기를 가지고 일한다는 것은 토양 사이에 쟁기의 날을 통과시킨다는 의미다. 사역 동물의 도움을 받는다고 해도 이는 힘든 일이다. 그리고 이스터 보저럽Ester Boserup(농업 혁신이 주로 인구 증가에서 비롯되었다고 주장한 최초의 학자 중 한 사람이다)이 1960년대와 1970년대에 실시한 연구에 따르면, 남성의 상체 힘은 쟁기를 제어하는 데 필요한 힘을 갖고 있고 이는 큰 장점이 되었다고 한다.[7] 또한 쟁기질 덕분에 곡식을 심는 일이 더 쉬워지고 잡초도 줄었는데, 그 전까지만 해도 이는 주로 여성의 일이었다. 점차적으로 남성은 밖에서 더 많은 시간을 보내게 되었고 여성은 안에서 더 많은 시간을 보내게 되었다.[8]

남성이 일을 장악하면서 이데올로기도 바뀌었다. 이 주제에 대한 최근 논문 중 하나인 「근대 성 역할과 농업의 역사Modern Gender Roles and Agricultural History」에서 캐스퍼 웜 핸슨Casper Worm Hansen 등이 저술한 바에 따르면, "신석기 혁명은 가부장적 규범과 신념을 채택하는 쪽으로 사회를 이끌었다."[9]

불평등에 대한 이러한 새로운 규범은 젠더 관련 고정 관념을 점점 더 체계화했다. 전통적으로, 그리고 지금까지도 이런 고정 관념은 '인간 본성의 일부', '미리 결정된 것', '신이 주신 것'이라고 여겨지고 있다. 물론 이런 생각은 모두 사실이 아니며, 이보다는 정치, 철학, 종교를 초월한 광범위한 변화의 결과로 보는 것이 타당하다. 젠더 관련 고정 관념은 공급과 수요가 지배하는 세계라면 어디서나 등장하기에 이르렀다.

이에 관해 확신할 수 있는 점은 아무것도 없지만 이런 현상은 주목할 만하다. 어떤 경우건 농업에서 육체적 힘이 중요해진 모든 문화권에서는 누구나 아는 익숙한 노동 분업이 일어났다. 남성은 밭에서 일했고 여성은 집에 남아 있는 경향을 보이게 된 것이다. 결과적으로 남성의 노동은 경제적 불균형을 유발할 정도로 중요한 일이 되었다. 이 영향은 오늘날까지도 계속 이어지고 있다.

흔히들 지중해 북부 해안, 특히 프랑스, 이탈리아, 그리스에 있는 해안은 목가적인 곳이라고 생각한다. 암석투성이인 산, 바위가 흩어져 있는 해안에 부딪치는 파도, 풍부한 태양, 허브와 올리브 오일이 덮인 단순한 음식과 그 대담한 풍미를 보완할 만큼 강한 맛의 포도주 같은 것들을 떠올리게 된다. 이곳은 훌륭한 식생활의 발상지 중 한 곳이며, 이러한 식생활은 호메로스^{Homeros}와 동시대인인 헤시오도스^{Hesiodos}가 기원전 700년경에 분명히 밝힌 이래로 1,000년 동안 계속되었다.

> 그늘진 바위에 앉아 비블리스의 포도주를, 젖이 고인 염소의 응유 덩어리와 염소유를, 숲에서 키우고 새끼를 낳은 적 없는 최상급 어린 암소의 살코기를 먹게 해주시오. 그런 다음 그늘에 앉아 빛나는 포도주를 마시게 해주시오.

하지만 '지중해' 일부 지역은 생산할 수 있는 것보다 더 많은 것이 필요한 상태였다. 만약 다산과 풍요의 장소인 나일 강의 축복을 받은 이집트와 같은 상태였다면 어느 정도는 스스로 꾸려나갈 수도 있었을 것이다.

하지만 그리스와 이탈리아는 농사를 짓기에 결코 쉽지 않은 곳이었다. 그곳의 산은 해안으로 곧장 이어져 있고 해안에는 암초가 많아 배가 다니기에 까다로운 편인데도 어쩔 수 없이 배를 통해 운송해야 하는 경우가 많았다. 경사면이 많았던 탓에 농사를 지을 수 있는 평평한 땅도 별로 없었으며, 홍수도 자주 나는 데다가 녹은 눈과 봄비 때문에 산에서 내려오는 물로 표토가 씻겨 내려갔다. 봄에는 식물이 약한 상태이기 때문에 산에서 내려오는 물은 관개에 거의 도움이 되지 않았다. 이후에 비가 내리는 계절은 가을 중반인 경우가 대부분으로, 이는 너무 늦은 때다. 작물은 이미 수확했거나 바짝 마른 상태이고, 결국 농사를 망치게 된다. 두 번의 장마 사이에는 덥고 건조한 날씨가 이어지고, 농부들은 이 시기에 밭에서 일하게 된다. 그리스 농업에 대한 신뢰할 만한 최초의 기록자인 헤시오도스는 농부들에게 알몸으로 일하라고 권했다. "옷을 벗고 씨를 뿌리고, 옷을 벗고 쟁기질하고, 옷을 벗고 수확하시오."

풍년일 때는 농부에게 잉여를 가져다줄 수도 있었지만, 풍년만 이어질 것이라고 기대하는 사람은 없었다. 자주 있었던 흉년에는 농작물이 실망스러웠고 수입은 감소했으며 때로는 기근까지 닥쳤다. 보리를 키울 수는 있지만 밀을 키우기는 힘든 때도 있었고, 도토리를 갈아서 먹던 때도 있었다.

토지는 증가하는 도시 인구를 먹일 만큼 충분한 생산량을 내지 못했다. 지나친 단순화를 무릅쓰고 말하자면, 늘어나는 식량 수요를 충족해야 한다는 이러한 압력은 제국주의와 식민지화의 토대임이 거의 확실하다. 이러한 지역에서 잉여와 부를 구축하기 위한 방법은 제국이었다. 더 안정적이고 생산적인 농업이 가능한 인근의 땅으로 영토를 확장한 것이다.

결국 기원전 600년경 그리스인은 먼저 인근 지역을 식민지로 삼았고, 이후 동쪽으로는 흑해, 남쪽으로는 이집트, 서쪽으로는 2,000마일 떨어진 카탈루냐같이 더 먼 지역을 식민지로 삼았다. 그곳에서는 보리, 밀, 올리브,

포도가 더 안정적으로 자랐고, 양과 염소를 더 푸른 목초지에서 방목할 수 있었다. 덕분에 배를 통해 값싼 곡식, 포도, 올리브, 포도주를 시장에 들여오면서 환금 작물이 더 많이 생겨났고 이에 따라 잉여도 더 많이 발생했다.

지중해와 서유럽에서 자란 밀, 올리브, 포도라는 거의 성스럽기까지 한 삼위일체와 더불어, 로마인들은 수백만 평방마일에 달하는 지역에서 작물을 거둬들이기도 했다. 또한 이들은 당시 이국적이었던 과일과 채소를 근동과 극동에서 수입했다(널리 심기도 했다). 그중에는 살구, 체리, 복숭아, 모과, 아몬드, 호두, 밤 등이 있었고 그 밖에도 많은 작물이 있었다.

로마의 높은 생산성은 노예라는 특별한 '재산' 덕분이기도 했다. 노예는 참을 수 없는 치명적인 조건하에서도 노동력을 제공했고 사슬에 묶인 채로 일하도록 강요받았으며 검투사로 싸우기도 했다. 콜럼버스 이전의 역사에서 그 어떤 노예 집단도 로마의 노예들만큼 열악한 대우를 받지는 않았을 것이다. 로마가 역사상 가장 부유한 문명 중 하나였다는 사실은 우연한 일이 아니다. 이는 '무료' 노동력 덕분이었다.

다른 지역과 마찬가지로 로마의 통치하에 있었던 대부분의 사람들은 농부였고, 그 밖에 많은 사람들은 음식을 운송하고 거래하고 구매하고 파는 일에 관여했다. 로마 제국이 이어지는 내내 거의 모든 사람들이 매일 빵을 먹었고, 그중에는 북아프리카에서 수입된 밀로 만든 것도 많았다. 그러나 부유한 로마의 땅 역시 로더밀크의 예상대로 진행되어 그곳의 토양은 농업이 실패할 지경에까지 이르게 되었다. 산림의 벌채, 과도한 방목, 휴경의 실패로 결국 생산량 감소와 사막화로 이어지게 된 것이다. 이집트의 사막만 보아도 이 일의 증거를 확인할 수 있다.

로마 제국의 몰락을 군사적 실패, 계속된 내전, 야만인들의 잔인한 습격으로 설명하는 경우가 많다. 하지만 음식이 수행한 역할은 거의 알려져 있지 않다. 로마의 붕괴는 부분적으로는 식량 부족의 결과였다. 멀리 있는 땅의 토양은 밀의 '영구적인' 단일 재배에 집중하다가 고갈되었고, 로마의 토양도 올리브와 포도 같은 수출 상품을 우선시하다가 고갈되었다. 몰락하기 이전 로마의 농업 기술은 중국의 기술에 필적하는 것이었다. 하지만 유럽의 모든 지역에서 그 수준의 생산성을 되찾기까지는 1,000년이라는 시간이 지나야 했다.

3장
농업의 세계화

흔히들 중세(500년경에서 1500년경까지)를 '암흑기'라 한다. 동양에서는 같은 시기 동안 계속해서 문명을 꽃피우고 있었기 때문에 이는 오해의 소지가 있는 명칭이다. 하지만 질병에 취약했던 유럽의 경우 암흑기라는 말이 아주 부정확한 것은 아니다. 그리스어와 라틴어를 읽고 쓰는 일은 사라지다시피 했고 이들 문명이 발전시켰던 과학도 잊었다.

1300년에는 전 세계 인구의 절반가량이 중국과 인도에 살고 있었고, 그리스-로마 이후의 지속적인 혁신(농업적·과학적·수학적·산업적 혁신)은 대부분 아시아에서 이루어졌다. 중국인은 종이, 화약, 나침반을 발명했다. 중국의 배는 남아프리카까지 항해했다(스페인인이 카리브 해까지 갔던 항해보다 훨씬 긴 여정이었다). 그리고 수 세기 동안 향신료와 비단을 유럽으로 수출했다. 한편 서아시아에서는 이슬람 세계가 급속히 농업을 발전시켰고, 덕분에 어떤 역사가들은 이 시기를 '무슬림(이슬람) 농업 혁명'이라 하기도 한다.

서아시아는 실험, 기록, 연구, 혁신을 통해 꾸준히 농업을 발전시켰다. 원산지에서 멀리 떨어진 곳에서도 다양한 작물을 재배했다. 예컨대 설탕은 인도에서 온 것이고 감귤은 중국에서 온 것이다. 기장과 벼를 광범위하게 심었고 새로운 품종의 작물과 가축을 개발했다. 그중 많은 것은 생산성이 더 좋았고 가뭄과 질병과 해충에도 잘 견뎠다. 정확한 달력 덕분에 계획을 더 잘 세울 수 있게 되었고 윤작도 발전했으며, 관개 기술이 발전했거나 적어도 재발견되었다.

무슬림이 농업을 얼마나 부흥시켰는지는 역사가들 사이에서 여전히 논쟁거리다. 어떤 사람은 혁명적이라고 말하고, 또 어떤 사람은 단순히 회복한 것이라고 말한다. 로마인이 완성했지만 몰락 이후 잃어버린 기술을 이슬람 국가들이 재발견했을 뿐이라고 주장한 것이다. 무슬림이 수백 년 동안 황폐해져 있었던 로마의 수도 시스템(급수 시설)을 수리하고 개선하면서 이러한 개발을 시작한 것은 사실이다. 논쟁의 여지가 없어 보이는 점은 다음과 같다. 새로운 여러 작물 등의 이러한 발전이 무슬림의 이베리아의 정복을 통해, 나중에는 십자군을 통해 유럽으로 전해졌다는 사실이다.

중국, 인도, 서아시아 간의 무역은 보편적인 일이 되었다. 지중해-동아시아 무역로로 상품, 문화, 그리고 점점 더 많아지고 있는 과학적 발견을 주고받았다는 뜻이다. 이러한 과학적 발견은 아리스토텔레스^Aristoteles와 프톨레마이오스^Ptolemaeos 이후 유럽에서 거의 발전하지 못했던 것이다.

나머지 세계도 완전히 멈춰 있지는 않았다. 서반구에서도 댐, 저수지, 수로, 운하(일부는 지금까지도 존재한다)가 건설되었고 토지 소유, 도구 제작, 기록 보관, 조직적인 실험, 지속적인 토양 유지, 작물과 동물 모두에서 광범위한 교배가 널리 이루어졌다.

유럽의 발전은 더뎠다. 봉건제가 농노와 농민의 생존보다 영주의 필요와 욕구를 우선시하면서 음식과 농업에 극명한 불균형을 일으켰다. 인구가 증가하는 상황이었기에 다른 곳보다 원시적이었던 농업 때문에 굶주림은 피할 수 없었고 기아는 흔한 일이었다. 읽기 쉽고 학문적으로도 존경받는(좀처럼 볼 수 없는 조합이다) 페르낭 브로델의 저서 『일상생활의 구조The Structures of Everyday Life』에서 추정한 바에 따르면, 프랑스라는 "영광스러운 국가는 (…) 10세기에는 10번의, 그리고 11세기에는 26번의 일반적인 기근을 겪었다."[1] 이는 4년에 한 번꼴이었다.

"어떤 나라의 추정치를 보아도 슬픈 이야기뿐이다"라고 브로델은 말한다. 굶주림, 기아, 전면적 기근은 "수 세기 동안 하도 되풀이된 탓에 아예 인간의 섭생에 통합되었고 일상생활에 뿌리를 내렸다." 무시무시할 만큼 간격이 짧았던 기근 탓에 인류 전체는 비타민 결핍, 질병과 죽음으로 고통받게 되었다.

중세 후기의 이 고통의 연대기에는 야생 식물부터 진흙, 나무껍질, 풀, 때로는 다른 인간에 이르기까지 모든 것을 먹었던 식단이 기술되어 있다. 『산업 혁명 이전Before the Industrial Revolution』의 저자 카를로 마리아 치폴라Carlo M. Cipolla는 유럽의 마을 사람 대부분이 거의 모든 예산을 음식에만 소비했다고 적었다.[2] 그의 말에 따르면, 심지어 "의류나 의복을 구입하는 일조차도 평범한 사람들에게는 일생에 몇 번밖에 감당할 수 없는 사치스러운 행위였다."

이러한 문제 중 상당수는 사회와 농업 시스템이 성장하지 못했기 때문이었다. 라즈 파텔과 제이슨 무어Jason W. Moore가 『저렴한 것들의 세계사A History of the World in Seven Cheap Things』에서 썼듯이, "만약 [봉건제에서] 다양한 경작 방식으로의 전환이 이루어져 농민들이 무엇을 어떻게 기를지를 결정하는 자치권과 권한을 갖고 있었다면 중세 유럽은 최대 3배 많은 사람들에게 음식을 제공할 수 있었을 것이다."[3]

이러한 전환은 일어나지 않았다. 하지만 만연한 식량 부족과 그에 따른 끔찍한 결과에도 불구하고 서유럽은 얼마 지나지 않아 세계적인 초강대국으로 부상하게 될 예정이었다. 서유럽의 세계 지배는 인간의 존재, 그리고 그 존재와 음식의 관계를 영구적으로 결정하게 되었다.

3,000만 명 정도로 감소했던 유럽의 인구는 11세기까지 6,000만 명 정도로 다시 증가했는데, 이는 로마 시기의 최대 인구와 거의 같은 것이다.

이러한 변화는 기온 덕분이었다. 날씨가 따뜻해지면서 도심 간의 접촉은 더 흔해졌으며, 교환 수단으로서의 돈은 상품을 점점 더 많이 대체했고, 상인들은 새로운 시장을 모색했다. 유럽은 세계의 강대국으로 부상하고 있었다.

12세기와 13세기의 십자군 전쟁이 전환점이었다. 십자군 전쟁이 음식에 미친 영향은 거의 논의되지 않았지만 우리는 이 관계를 무시할 수 없다. 십자군은 침략자, 광신자, 영성가, 이상주의자, 낭만주의자, 구원을 추구하는 죄인이었다. 직업 없는 떠돌이와 귀족, 실패한 농부와 군사 전문가, 모험가와 상속받지 못한 차남, 제국주의자와 권력을 장악한 자, 강간범과 살인자, 약탈자와 도적, 반유대주의자와 반이슬람주의자였다.

이들의 공통점은 기회주의였다. 많은 십자군에게 자신들의 봉사에 대한 '보상'은 죽음, 그리고 (이론상으로는) 구원이었다. 하지만 그 밖의 십자군은 향신료, 설탕, 쌀과 커피 같은 '새로운' 음식, 직물, 도구, 공예품 등을 거래하는 상인이 되었다. 이러한 새로운 상품은 곧 폭발적으로 늘어나게 될 탐사, 무역, 식민지화, 착취의 세상을 위한 기초가 되었다.

그러나 1347년 동쪽에서 오는 배에 실려 시칠리아에 도착한 전염병인 흑사병으로 부의 확산은 지연되었고, 이는 십자군 전쟁 이후 증가한 국제 무역의 직접적인 결과였다. 흑사병 때문에 적어도 2,000만 명이 사망했고 유럽 사회는 파열되었으며 변화의 길이 열렸다.

유럽의 인구 3분의 1정도가 줄어든 뒤(어떤 학자들은 절반이라고 말한다) 음식은 상대적으로 풍부해졌다. 하지만 막대한 농민 인구에게 소득을 의존해왔던(물론 노동력도 의존했다) 귀족 생존자들은 갑작스럽게 현금에 대한 압박을 받게 되었다.

지대地代와 세금을 내는 농민이 줄어들자 지주들은 주된 수입원을 무역으로 전환했다. 이는 교환할 상품을 산출해주는 토지의 잠재력을 높여야 한다는 압력으로 다가왔다. 예전에는 그 땅에서 일하는 사람에게 먹을 것을 주는 것이 우선 사항이었지만, 이제 이러한 우선 사항은 거의 사라졌고 지배 계급은 인클로저*의 과정을 가속화해 공동의 토지를 사유지로 만들었다.

인클로저로 전통적인 봉건 제도가 붕괴되었다. 봉건 제도 아래에서 농민들은 생산량과 상관없이 자신들의 땅에 남아 있을 수 있었고, 자신들이 먹을 음식을 키울 최소한의 땅을 가지고 있는 경우가 일반적이었다. 이러한

● 인클로저(enclosure) : 근세 초기의 유럽, 특히 영국에서, 영주나 대지주가 목양업이나 대규모 농업을 하기 위해 미개간지나 소유 개념이 모호한 공유지를 사유지로 만든 일. 이 때문에 중소 농민들은 농업 노동자 또는 공업 노동자로 전락했다.

땅이 없어지면서 농민들은 자신들의 생계를 작물에서 나오는 이익에 의존하게 되었고, 나중에는 가축에서 나오는 이익에 의존하는 부분도 커지게 되었다.[4] 이들이 무엇을 생산했던 간에 그 가치는 먼 곳에 있는 시장과 끊임없이 변화하는 조건에 의해 결정되는 경우가 많았다. 지주들은 돈을 벌기도 했지만 이 새로운 현금 경제는 대부분의 농부나 일반 사람들에게는 도움이 되지 않았고, 자신들이 먹을 음식을 생산할 수 없는 사람들은 항상 굶주릴 위험에 처해 있었다.

고기, 양모, 유제품, 모피, 동물 기름, 노동력, 거름 등을 제공했던 동물들은 이제 중요한 부의 원천이 되었다(영어에서 농장의 동물을 회사의 주식처럼 '스톡stock'이라고 하는 데에는 이유가 있다). 따라서 목초지는 경작지보다 더 신뢰할 수 있는 투자처가 되었다. 20세기 중반 네덜란드 역사학자 슬리허 판 바트Slicher van Bath가 적었듯, 영국에서는 "양 떼가 풀을 뜯을 수 있는 초원을 만들기 위해 마을 전체를 쓸어버렸다."[5]

그러나 동물은 부유한 사람을 먹이기 위해 기르는 것이지 그 동물을 키운 농민을 위해 기르는 것이 아니었다. 자신들이 먹을 음식을 기르는 농민의 능력은 점점 더 제약을 받았다. 이는 이후 수 세기에 걸쳐 비극적인 결과를 초래했다.

목초지가 늘어나자 작물을 기를 땅이 줄어들었을 뿐만 아니라 부담도 가중되고 비옥도도 떨어졌다. 브로델의 말에 따르면 단일 재배, 특히 밀의 단일 재배는 "토양을 집어삼켜 정기적인 휴경이 긴요한 상황에 처하게 된다."[6] 하지만 휴경이나 토양 보충은 행해지지 않았고, 이는 해마다 작황이 전년보다 나빠진다는 뜻이었다.

농민들은 먹을 수도 없는 동물에게 땅을 빼앗겼고 생산성이 계속 떨어지는 토양에서 일하고 있었다. 하지만 농민의 수는 증가하고 있었다. 이제 어떻게 해야 할까?

해결책이 보이지 않자 유럽은 국경 너머를 바라보기 시작했다.

14세기, 특히 15세기에 좀 더 근대적인 의미의 부와 자본이 등장해, 부채를 갚기 위해 자본을 늘리고 빌려야 하는 상황이 일어났고 무역로를 독점하기 위한 격렬한 경쟁이 벌어졌다. 전쟁과 정복은 흔한 일이 되었고 군주들은 새로운 현금 흐름의 원천을 찾아 나서야 했다. 처음에는 금, 보석, 직물(특히 비단), 도자기 등의 형태였다. 그러나 이 모든 사치품 중에서 가장 영향력 있는 것은 지금 우리에게는 일상적인 것, 바로 향신료였다.

부유한 유럽인들은 향신료에 집착했다. 후추, 육두구, 계피, 정향, 설탕(원래 일종의 향신료로 여겨졌고, 심지어 약으로 여겨지기도 했다)은 음식의 맛을 색다르게 만들어주었고 때로는 놀라울 정도로 맛을 끌어올렸다. 향신료는 향이 나는 의약품과 여러 향수에도 사용되었는데, 불쾌하고 어디에나 있는 분비물과 죽음의 냄새를 가리는 데 중요한 역할을 했다.

이러한 상품 대부분은 중국, 동남아시아, 심지어 인도네시아까지 뻗어 있는 비단길을 통해 유럽으로 들어왔다. 길이라고는 하지만 대부분의 경로는 바다였고, 북아프리카와 중동에서는 중개인들이 무역을 맡고 있었기 때문에 유럽 대부분의 사람들에게는 비단길의 끝이 알려져 있지 않았다. 이는 유럽 사업가들에게는 좌절감을 안겨 주었고 물품 값은 계속 비쌀 수밖에 없었다.[7]

1453년 콘스탄티노플이 오스만 제국에 함락되면서 알렉산드리아에서 베니스까지의 길을 제외한 모든 무역로가 폐쇄되자 동양의 물건은 값이 천

정부지로 치솟아 귀족들조차 감당할 수 없게 되었다. 아시아에서 온 진기한 물건을 원한다면 무역을 위한 새로운 길을 만들어야만 했다.

이것은 기회였고, 페르난도 5세와 이사벨 1세 같은 군주들은 이 기회에 주목했다. 이들 두 사람의 결혼은 1492년 남부 이베리아에서 무어인들을 몰아낼 만큼 강력한 스페인을 건설했다. 이 부부에게는 부와 영광이 최우선 과제였다. 향신료 무역을 위한 자신들만의 길을 찾고자 하는 열망으로 (비록 기회주의적인 동기에 지나지 않았지만 표면상으로는 그리스도교 전파에 대한 관심을 내세웠다) 페르난도와 이사벨은 탐험을 도울 채비를 하고 있었다.

제노바 출신인 크리스토파 콘보 Cristòffa Cónbo(크리스토퍼 콜럼버스 Christopher Columbus로 더 잘 알려져 있다)는 이러한 탐험을 떠나겠다며 군주들에게 자금을 지원해달라고 설득했다. (표면상으로) 그의 목표는 인도였지만 이후 아메리카 대륙이라고 일컫게 될 종착지로 가게 될 여정이었다. 만약 그가 미국을 '발견'하지 않았다면 오래지 않아 다른 유럽인이 발견했을 것이다. 이름은 달라졌겠지만 다른 것들은 그렇게 많이 달라졌을 것 같지 않다.

몇 년 뒤 포르투갈의 바스쿠 다 가마 Vasco da Gama는 희망봉을 경유해 콜럼버스가 가지 못했던 곳에 도달하면서 유럽에서 인도까지 최초의 직항로를 개척했다. 캘리컷(케랄라 주)에 상륙한 그의 선원들은 "그리스도와 향신료를 위하여!"라고 소리쳤다. 식민주의, 제국주의, 자본주의, 그리고 이들과 함께 갔던 모든 것이 도착한 것이다.

콜럼버스가 자신의 약속을 지키지 못했다 해도 그의 후계자들은 그곳의 땅과 사람들을 착취하면서 약속을 수행했다. 그 결과 두 개의 서로 얽힌 '제품'(설탕과 노예)이 특히 부각되었는데, 이는 부에 대한 유럽의 수요를 충족하려는 시도 중에 이루어진 일이었다.

사탕수수의 존재에 대한 최초의 증거는 뉴기니에서 발견되었으며, 이는 약 1만 년 전으로 거슬러 올라간다. 사탕수수는 2,000년 뒤 아시아로 진출했고, 설탕으로 정제하는 과정은 1세기 이전의 어느 시기에 인도에서 시작된 것으로 생각된다. 유럽인은 십자군 전쟁 동안 중동과 북아프리카에서 사탕수수를 발견했다.

설탕과 노예 제도는 14세기 초에도 연관이 있었을 가능성이 있다. 『사탕수수 산업: 그 기원부터 1914년까지의 역사지리학 The Sugar Cane Industry: An Historical Geography from Its Origins to 1914』의 저자인 갤러웨이 J. H. Galloway에 따르면, 초기 유럽의 설탕 생산지였던 크레타와 키프로스라는 두 섬의 노동력은 "전쟁과 전염병의 참화로 부족해졌고 그 탓에 노예 노동이 더 활발해졌다."[8]

사탕수수는 익은 즉시 자르고 곧장 가공해야 한다. 그렇게 하지 않으면 상하기 때문에 항상 현지에서 가공이 이루어졌다. 복잡하고 고되며 어느 모로 보나 고문과도 같은 일이었다. 수확해서 가루로 만드는 일로 시작해 여러 번 증발시키고 결정화시키는 기술이 이어진다.

설탕을 만들기 위해서는 능숙한 노동력이 많이 필요하다〔그리고 물도 많아야 한다. 1파운드당 300갤런(1그램당 약 2.5리터) 정도의 물이 필요하다〕. 그래서 일부 학자들은 설탕 제조 과정을 산업화의 시작이라고 꼽기도 한다.[9]

게다가 사탕수수는 토양을 빠르게 고갈시키기 때문에 새로운 땅이 계속해서 필요해진다. 따라서 사탕수수는 지중해 지역에서 서쪽으로 꾸준히 이동했다. 처음에는 스페인으로, 그 뒤에는 대서양에 있는 포르투갈의 마데이라 섬으로 옮겨 간 것이다.

마데이라는 이른바 대항해 시대의 첫 번째 희생자로 여겨지곤 한다. 그곳의 산림(마데이라는 포르투갈어로 '나무'라는 뜻이다)이 파괴되었기 때문이다. 15세기에 세계 최고의 설탕 생산지가 되기 전까지만 해도 그곳에서는 밀을 키우고 있었다. 카나리아 제도, 그리고 아프리카 서해안에서 조금 떨어져 있고 이전에는 사람이 살고 있지 않았던 작은 섬 상투메가 곧 그 뒤를 이었다.

콜럼버스의 뒤를 이어 스페인인과 포르투갈인이 카리브 해의 여러 섬을 우연히 발견해 정복하면서 사탕수수와 노예 제도를 가져다주었다. 그리고 유럽인은 대서양을 가로질러 설탕을 가져오면서 노예 무역을 좀 더 효율적으로 조직하기 시작했다. 원주민 노동자는 질병과 학대로 죽어갔고, 유럽인은 자신들이 그 노동의 공백을 메울 생각은 하지 않았다. 그 대신 16세기에는 서아프리카 사람들을 납치해 그 일을 시켰다.

따라서 인간을 농기계로 취급하는 악명 높은 삼각 무역(유럽과 아프리카와 아메리카 대륙 사이의 교역 고리)이 시작되었다. 도구와 보급품이 본국(주로 영국이었다. 당시 영국은 포르투갈을 반식민지화한 상태였다)에서 아프리카와 식민지 두 곳으로 보내졌다. 아프리카에서 인간을 사들이고 교환하거나 아니면 그냥 납치한 뒤 대서양 너머 계속 확장 일로에 있던 식민지로 보냈다. 럼주를 만드는 데 사용된 사탕수수의 부산물인 설탕과 당밀은 아메리카 대륙에서 유럽으로 다시 운송되었다. 그리고 이러한 순환은 계속해서 이어졌다.

설탕이 노예 제도가 존재하는 유일한 이유였다고 말하기에는 조금 무리가 있다(주요 요인은 물론 설탕 이면의 돈이었다). 그러나 식품의 성장이 역동적이거나 보편적이고, 끔찍한 인간 무역 등 많은 무역을 발생시키고, 수요와 공급이 아주 밀접하게 일치하는 경우는 설탕 말고는 없었다. 설탕이 아무리 많이 생산되었어도 언제나 수송선에 실려 가뿐히 팔려나갔다.

커피나 차나 담배(인기 있었던 모든 사치품)도 수 세기 동안 설탕이 보인 성장세를 따라잡지 못했다. 1700년 영국의 1인당 연간 설탕 소비량은 5파운드(약 2.3킬로그램) 정도였다. 1800년에는 20파운드(9킬로그램) 정도까지 증가했고, 1900년에는 거의 100파운드(약 45킬로그램)가 되었다. 1900년까지 수백 년 동안 영국은 설탕 소비량에서 전 세계 1위였다. 물론 오늘날 (미국을 비롯해) 일부 국가들의 1인당 연간 설탕 소비량은 100파운드(하루 10큰술에 가까운 양)가 넘는다.

거의 비슷한 시기에 유럽인이 발견한 다른 사치품들은 모두 마케팅과 무역의 대상으로 바뀌었고, 그것들 모두 제국주의와 식민주의를 한층 촉진했다. 사탕수수 연구로 전설적인 업적을 쌓은 학자 시드니 민츠Sidney Mintz의 말처럼, 영국인은 "모든 과정(식민지 건설, 노예 착취, 자본 축적, 해운 보호, 그리고 기타 모든 것에서부터 실제 소비까지의 과정)이 국가의 지배하에 이루어진다"[10]는 사실을 빠르게 이해했다.

따라서 세계에서 가장 방대하고 강력한 이 제국은 갈색과 검은색 피부의 인간을 짓밟아 만든 소수의 사치품과 설탕과 면화 판매를 토대로 태어났다. 이러한 사치품은 제국이 확장되면서 점점 부유해진 유럽인에게 급속히 '필수품'이 되었다.

노예 제도의 영향은 아무리 강조해도 지나치지 않다. 부자들을 위한 음식을 생산하는 잔인한 방법으로 시작된 이 제도는, 보편적으로 자리 잡게 된 세계 식량 생산의 유형을 확립하는 데에 도움을 주었다. 이제 음식은 지역인들이 지역 사회를 먹여 살리기 위해 집 근처에서 재배하는 무언가가 아니었다. 음식은 낯선 사람들이 감독하는 착취 노동에 의해 멀리 떨어진 곳에서 생산되었고, 그런 다음 거대한 시장에 공급하기 위해 이전에는 상상할 수도 없었던 양으로 수송되었다. 아메리카 대륙이 이런 식량 생산의 중심지가 되는 데에는 그리 오랜 시간이 걸리지 않았다. 그리고 자연과 인간이 감당해야 하는 비용은 그 이익에 비해 훨씬 더 컸다.

교환이라는 것은, 동등하거나 거의 동등한 가치를 지닌 것의 거래라고 정의된다. '콜럼버스의 교환'(이후의 대량 학살을 고려할 때 이는 역사상 가장 잘못된 명칭 중 하나다)이라고 흔히 일컫는 이 과정을 통해 유럽은 북아메리카와 남아메리카로 알려지게 된 곳의 원주민으로부터 많은 소중한 것을 빼앗았고, 덕분에 20세기 중반까지 세계 대부분을 지배할 수 있었다. 유럽인이 거둬들인 부는 두 대륙의 땅 전체와 그곳에서 발견한 모든 것이었다. 문자 그대로 여러 척의 배에 가득 실은 은을 비롯해 헤아릴 수 없는 가치를 지닌 여러 원자재가 여기 포함된다.

아메리카의 토착 음식도 가치가 어마어마했다. 옥수수(유엔식량농업기구에 따르면 세계에서 두 번째로 중요한 작물이다), 감자(다섯 번째로 중요한 작물이다), 고구마(열여섯 번째다), 카사바(일반적으로 10위권 안에 든다), 그리고 아보카도부터 퀴노아까지 기타 여러 음식과 땅콩 같은 다양한 콩류 등이 이에 속한다.

유명한 것으로는 고추도 있었다. (콜럼버스는 이를 후추라고 잘못 생각했다. 그는 현실에 눈을 감은 채 아메리카 원주민을 자신이 찾고 있던 '인도인'이라고 생각했고 이들의 농작물을 이국적인 향신료로 팔려 했다.) 고추는 메소아메리카에서 그랬듯 전 세계적으로도 큰 인기를 끌었다. 입맛이 다른 북유럽은 예외였지만 말이다.

이러한 음식은 전 세계의 판도를 바꾸어놓은 것이었다. 전에는 생산력이 부족했던 땅에서도 이 '새로운' 작물 다수가 잘 자라나게 되자 세계 나머지 지역의 요리, 농업의 우선순위, 영양의 구조는 근본적으로 바뀌었다.

그렇다면 유럽인은 이 '교환'을 위해 무엇을 들여왔을까? 노골적 살인과 천연두, 홍역, 독감, 이질, 결핵, 탄저병, 선모충증 등 여러 질병뿐 아니라 노예 제도, 억압, 토지 강탈, 예로부터 폭력적인 것으로 유명한 종교, 그리고 문화 파괴 등 한 문명에서 발생할 수 있는 끔찍한 일은 거의 전부 들여왔다고 할 수 있겠다.

지금 아메리카 대륙이라고 하는 곳에 있었던 사람들 대부분은 그 전까지만 해도 운이 좋은 편이었다. 앞에서 언급한 토착 작물(옥수수, 감자, 카사바, 고구마, 콩류)은 밀, 보리, 귀리, 기장보다 생산성이 더 좋아서 거의 쌀에 필적할 정도였다. 그뿐만이 아니었다. 토마토, 파인애플, 딸기, 블루베리, 다양한 종류의 호박과 멜론과 기타 박과 작물, 여러 종류의 견과, 초콜릿(어떤 이들에게는 세계에서 가장 중요한 작물이다), 담배도 있었다.

이들 음식에 더해 풍부하고 비옥한 땅, 대부분의 지역에 있는 적정량 이상의 물, 대체로 좋은 기후, 지속 가능한 농업은 원주민을 가난과 기아로부터 보호해주었다. 또한 이러한 것들은 훌륭한 문화를 만드는 데에도 도움을 주었다. 수백 개의 부족(그리고 수천 개의 '소부족')은 티에라델푸에고 제도부터 북극권에 이르기까지 본격적인 사회와 도시를 건설했고, 서로 간에 동맹을 맺으며 과학, 농업, 기록 보관, 예술, 건축 등을 발전시켰다.

이 중 그 어느 것도 정복자로부터 이들을 보호해줄 수 없었다. 스페인은 50년도 되지 않아 신대륙의 절반 이상을 장악했고 두 대양을 가로지르는 상품 무역은 흔해졌으며 세계 역사상 가장 끔찍한 대량 학살도 손쉽게 진행되었다. 무려 1억 명의 원주민(원주민 인구의 90%로, 당시 지구 전체 인구의 약 20%다)이 죽었다. 이는 유럽에서 전염병으로 죽은 이들보다 많은 숫자, 20세기의 두 차례 세계대전에서 죽은 사람들과 맞먹는 숫자였다.

환경에 미치는 영향도 그 과정은 조금 느렸더라도 마찬가지로 극적이었다. 유럽인들이 많은 수로 도착하기 시작하면서 이 새로운 땅에서 자신들이 이전에 먹던 음식을 만들어 먹으려는 시도를 시작했다. 그곳에 있던 토르티야, 감자, 칠면조, 기니피그, 콩은 거들떠보지도 않았다. 이들은 돼지고기와 빵을 원했다. 1539년 에르난도 데 소토Hernando de Soto가 오늘날 플로리다가 있는 곳으로 돼지 열세 마리를 가져왔고, 이 돼지는 번식을 시작했다. 암컷은 1년에 새끼 스무 마리를 낳을 수 있기 때문에 침략자들을 만족시킬 수 있을 만큼 많은 돼지고기를 금방 얻게 되었다.

유럽인이 가져온 박테리아나 바이러스에 원주민이 저항력이 없었던 것처럼, 이 새로운 네발 동물도 자연적 포식자가 없었기에 아무런 문제없이 번식했다. 1600년대 중반까지 유럽인은 돼지뿐만 아니라 소도 들여왔고, (양초에 쓰는) 동물 기름과 유제품은 유럽보다 서반구 전역에서 더 저렴하고 흔해졌다.

처음에는 새로 도착한 동물들을 완전히 방목해 키웠다. 유럽의 농부는 동물을 가둬두거나 침입을 막기 위해 울타리가 필요했지만, 콜럼버스 이전 아메리카의 농부에게 울타리는 전혀 필요하지 않은 것이었다. 콜럼버스 이전의 농부는 토지의 '소유'(계약, 양도, 상속을 위한 것이다)라는 개념 자체가 존재하지 않았다. 한 사람이나 한 집단이 땅을 경작하고 있을 때, 다른 사람이나 다른 집단은 그 경계를 인식하고 존중해주었다. 땅이 휴경 상태일 때는 누구라도 채집이나 사냥을 할 수 있게 개방했다.

땅 대부분은 이미 원주민이 경작을 하고 있었고, 부족 간의 합의에 따라 땅을 관리할 때도 있었다. 하지만 어떤 경우에도 울타리가 필요하지는 않았다. 그 시점에서 유럽인이 신대륙의 땅을 누구도 쓰지 않고 있다고 스스로를 속였는지의 여부는 중요하지 않다. 그렇지 않았더라도 개의치 않았을 것이다. 중요한 것은 이들이 소유할 수 있는 자원에는 사실상 제한이 없었다는 점이고, 가장 생산성이 좋은 땅을 계속 훔쳐서 자신들이 들여온 동물 종들을 위한 농장, 농원, 농지, 목초지로 바꾸었다는 점이다.

결국 유럽인은 소유하고 사고팔아 이윤을 낼 수 있는 수많은 땅에 울타리를 쳤다. 이들은 단일 재배를 확립했고 남는 작물을 이용해 세계와 교역을 했으며, 토지를 점령한 자들의 소유 및 경작 전통에 맞게 재산법을 뜯어고쳤다. 이러한 변화에서 살아남은 원주민(이들 중 많은 수가 과거 수백 년 동안 농업 공동체에서 살고 있었다)은 이제 유목과 수렵에 의지할 수밖에 없는 신세가 되었다.

지구상에서 이렇게 짧은 시간 동안 이러한 혼란이 닥쳤다는 사실은 상상조차 불가능한 일이었다. 한 세기 전까지만 해도 거의 모든 사람은 태어난 곳 몇 킬로미터 안에서 평생을 보냈다. 대부분의 사람은 인간이 일으킨 외부 사건의 영향을 거의 받지 않았다. 물론 전쟁, 침략자, 십자군이 있었고 이런 일들이 일반 대중에게 영향을 끼친 적도 있었지만, 살아 있는 사람 중 극소수를 제외한 모든 이들의 일상생활은 세대를 거듭하는 동안 내내 고립되어 있었고 가난하더라도 상당히 안정적이었다.

서반구에서 나오는 부는 수백만 명의 삶을 빠르게 변화시켰고 마침내 지구상의 거의 모든 사람들의 삶을 변화시켰다. 아메리카 원주민은 거의 전멸된 반면, 이들의 땅에서 가져온 풍부한 약탈품 덕분에 다른 지역에서는 전례 없을 정도로 인구가 증가했다.

빵의 가격뿐 아니라 유럽 대부분 지역의 생활비까지도 3배로 증가하면서 역사가들이 '가격 혁명'이라고 언급한 상황과 17세기의 전반적인 위기가 이어졌다. 식량 폭동, 기근, 빈곤, 영양실조 같은 이러한 위기는 이후 200년 동안의 혁명과 전쟁 등으로 이어졌다. 이 모든 것은 생산과 무역의 새로운 시스템을 구축하면서 자라난 고통이었다.

프랑스인, 네덜란드인, 스페인인, 포르투갈인, 그리고 영국인이 세계 대부분을 장악했다. 원동력은 분명 부를 찾으려는 욕망이었다. 그러나 중요한 동기가 땅 자체, 그리고 절실히 필요한 식량을 제공할 수 있는 토지의 잠재력이었다는 사실은 잊기 쉽다. 이후 수백 년에 걸쳐 유럽의 강대국들은 원주민을 노예로 삼았고, 차, 커피, 설탕 같은 사치품을 얻기 위해 자신들이 새로 정복한 땅을 경작하도록 강요했으며, 유럽인의 이익을 위해 환금 작물의 단일 재배를 주된 (그리고 종종 유일한) 산업으로 삼아 이 땅에 있는 국가들의 경제 성장을 막았다. 우선 유럽인은 말 그대로 죽을 때까지 원주민에게 일을 시켰고, 그다음에는 무임 노동으로 눈을 돌려 수백만 명의 아프리카인을 납치해 노예로 만들었으며, 인간을 상품으로 만들어 대륙 전체를 먹여 살리는 원동력으로 삼는 세계 경제를 확립했다. 그리고 이들은 여기서 얻은 이윤을 이용해 국내 산업 및 금융 기반을 구축해 유지했을 뿐 아니라 해외의 군사 기지 및 정치 지배 기구까지 만들어 이를 뒷받침함으로써, 궁극적으로는 자신들이 정복해 강제력을 행사한 약소국들로부터 자연적으로 발전할 기회를 박탈하고 자신들이 강요한 노동의 결실까지 죄다 빼앗았다.

식민지 개척자가 이러한 피해에 대해 양심의 가책을 느꼈을 것 같지는 않다. 이들이 했던 일은 르네 데카르트^{René Descartes}에 의해 대중화된 사고방식으로 정당화되었기 때문이다. 데카르트는 17세기에 세계를 두 종류의 물질로 나누는 과학적 이해의 원형을 드러낸 철학자다. 그의 이론에 따르면 지각 있고 살아 있고 '지적인 존재^{res cogitan}'(이는 주로 교육받은 백인 남성의 정신 능력이다)가 있고, '연장된 존재^{res extensa}'라고 하는 나머지 존재가 있다. 자연에 대한 이 단순한 관점은 심신 이원론(혹은 데카르트 이원론)으로 알려져 있으며, 이것이 오늘날의 사고방식에 미치는 영향은 아무리 강조해도 지나치지 않다.

데카르트의 두 번째 범주인 연장된 존재에는 자연의 거의 모든 것, 즉 동물, 숲, 바위뿐만 아니라 감정, 그리고 '비이성적'으로 보이는 모든 것이 포함된다. 또한 이 범주에는 대부분의 인간도 포함되는데, 이들의 몸은 '사유'보다는 '야성'에 가까운 두뇌를 담아놓는 생명 없는 그릇에 지나지 않는 것이다. 여성, 교육받지 못한 남성, 그리고 '야만인'이 이에 속하며, 이들 모두는 '연장된 존재'이다. 여기서 연장된 것이라는 말은 열등하다는 말의 다른 표현이다.

따라서 모든 여성과 유색 인종은 동물(데카르트는 동물을 소음을 내는 기계로 보았다), 광물, 산, 흙과 한 묶음으로 분류되었고, 이 모든 것은 백인 남성의 지배하에 놓이게 되었다. 과학적 사고의 한 형태로 자리 잡은 데카르트 이원론은, 사실상 백인 남성 우월주의에 대한 종교적 합리화가 연장

된 것에 지나지 않았다.[11]

이러한 사고방식은 인종 차별, 성차별, 지구 파괴, 그리고 지구에 사는 사람들의 노예화와 연결되었다. 나오미 클라인은 『이것이 모든 것을 바꾼다』에서 다음과 같이 말했다. "여성의 몸과 지구의 몸에 대한 가부장제의 이중 전쟁은 과학 혁명과 산업 혁명 모두를 일으킨 정신과 몸 사이의 (그리고 몸과 지구 사이의) 본질적이고 유해한 분리와 관련이 있다."[12]

전 세계적인 산업 경제를 원한다면 (초창기의 지배 계급이 그랬던 것처럼) 농민 농업과 이에 수반되는 삶의 방식은 어떤 대가를 치르더라도 사라져야만 한다. 정확히 그런 일이 일어났다. 거의 모든 사람이 농사를 짓거나 적어도 지역의 농사에 의존했던 1만 년이 지나고 17세기가 되면서 모든 것이 바뀌었다. 예전의 방식은 새로운 신을 낳기 위해 희생되었다. 이 새로운 신은 우리가 '시장 경제'라고 완곡하게 지칭하는 것, 혹은 '무제한적인 자본주의'라고 알고 있는 것이다.

서구 과학이 진정으로 이성적인 사상, 즉 모든 것이 연결되어 있음을 인식하는 사상을 발전시키려면 수 세기가 걸릴 예정이었다. 여기서 모든 것이란 몸, 자연적이고 영적인 세계, 경이로운 것과 설명할 수 없는 것과 비이성적인 것을 말한다. 데카르트 이원론과 반대인 이러한 사상을 '생태학'이라고 한다. 하지만 생태학이 등장하기 전까지 세계는 먼저 자본주의와 음식이라는 무모한 관계의 대가를 직접 치러야만 했다.

4장
기근의 발생

모든 사람의 음식과 식습관의 역사는 그 나름의 고유성을 가진 이야기이자 우리를 어느 정도 규정하는 이야기다. 나는 이민자의 도시 뉴욕에서 자랐고, 폴란드, 루마니아, 체코슬로바키아 혈통을 가진 유대계 미국인의 아들이다. 네 분의 조부모가 자라난 마을 중 세 곳은 그분들이 떠날 때와는 달리 지금은 다른 나라에 속해 있지만 말이다. 유대계 미국인들보다 50년 먼저 도착했고 맨해튼 인근에서 우리와 비슷한 수가 살고 있었던 아일랜드계 미국인은 안정된 정착 생활을 누리고 있던 상태였다.

나는 아일랜드인 이웃에 대해서 아는 것이 거의 없었다. 그들이 로마 가톨릭교회와 가톨릭 계통의 학교를 다녔다는 것(아일랜드인이 로마랑 뭔가 엮여 있다는 게 혼란스러워 어리둥절했던 기억이 난다), 술을 지나치게 마시고 감자를 먹는다는 소문이 있다는 것 정도가 그들에 대해 내가 아는 전부였다.

마지막 부분은 낯설지 않았다. 우리도 감자를 먹었기 때문이다. 여동생과 내가 어머니가 만든 음식을 싫어하는 기색을 보일 때마다 아버지는 당신이 "운이 좋을 때만 사워크림을 곁들인" 삶은 감자를 먹고 자랐다는 사실을 재빨리 상기시켜주었다. 시칠리아인 친구들은 예전 나라에서는 문에 매달아놓은 하나뿐인 안초비(멸칫과의 바닷물고기)에 빵을 문질러 먹곤 했었다는 이야기를 했다. 어떤 아일랜드인 노인들은 "감자와, 그림의 떡인 햄"으로 차린 저녁밥 이야기를 해주었다. (그나마 햄이 있는 경우) 햄이 놓여 있는 곳을 가리킨 뒤 감자만 먹기 시작했다는 이야기였다. 우리 가족도 유머 감각이 아주 없는 사람들은 아니었지만 예전에 살던 나라 이야기는 아무도 입에 올리지 않았다.

우리가 먹던 감자는 보통 으깬 것이었고 때로는 사워크림을 얹어 먹었다. 우리는 부모님이 어릴 때 겪은 대공황 시절보다는 많이 나아졌다. 감자는 곁들여 먹는 음식이었다. 우리는 거의 매일 밤 고기를 먹었다. 보통은 쇠고기였지만 양고기나 닭고기일 때도 있었고 돼지고기가 놓여 있을 때도 있었다. 내가 두 살 때부터 어머니는 유대교 음식인 코셔를 더는 고집하지 않으셨고 덕분에 우리는 돼지고기도 먹을 수 있게 되었다.

그때는 1950년대였고 홀로코스트가 막 끝난 뒤였다. 우리 가족의 과거에 대해 알려진 것은 대부분 비극이었다. 뿌리가 잘리면서 우리 가족은 두 세대의 역사를 모조리 잃어버렸다. 사람들의 말에 따르면 증조할아버지는 재단사이자 제빵사였다고 한다. 나는 외조부모님이 한때 식당을 운영했고 외할머니가 요리를 했다는 사실을 알고 있었다. 외할아버지는 웨이터였다. 우리 세대 많은 유대인처럼 나도 홀로코스트에서 죽은 친척이 여럿 있었고, 굶주림, 가난, 박해로 고통받는 최악의 삶에서 도망쳐 미국으로 이주한 분도 있었다. 예전 나라에 대한 조부모님의 이야기는 대부분 반유대주의적인 폭력이나 기물 파손에 관한 것이었다. 이런 일이 심해지면서 이민을 감행하게 된 것이다. 당시 이민은 아주 드물지만은 않은 일이 되어 가고 있었다.

아일랜드인은 다른 이야기를 가지고 있었다. 우리 조부모님이 태어나기 50년 전인 1845년을 시작으로 짧은 기간 동안 그 나라 인구의 4분의 1이 이민을 가거나 기아로 사망했다. 이것이 바로 아일랜드 감자 기근으로, 전염병 이후 유럽에 닥친 최악의 인구학적 비극이었다.

기근은 감자 탓이 아니라(진짜 음식치고 '나쁜 것'은 하나도 없다) 사람들이 감자에 의존한 탓에 생긴 현상이었다. 감자에 대한 전적인 의존은 소위 '콜럼버스의 교환'과 그 이후 아메리카 대륙에서 쏟아져 나온 수많은 부의 결과물 중 하나다. 이때 아메리카 대륙에서 가져온 값진 음식물 목록 아주 위쪽에 감자가 자리하고 있었다.

안데스 지역의 토착 야생 감자는 수백 가지가 있으며 거기서 나온 품종은 수천 가지가 있다. 감자는 엄청나게 다양한 조건에서도 잘 자란다. 감자는 손이 거의 가지 않는데, 덩이줄기가 땅속에 있어 비, 바람, 더위의 영향을 덜 받기 때문이다. 그리고 감자는 엄청나게 생산적이고, 심지어는 옥수수보다 에이커당 더 많은 칼로리를 생산한다. 또한 거의 무기한으로 보관이 가능하게 만들 수도 있다. 안데스 산맥의 케추아와 아이마라 사람들은 가볍고 여러 해 동안 보관할 수 있는 냉동 건조 감자 추뇨를 개발했다.

16세기 중반 스페인인이 유럽에 감자를 가져왔을 때 대부분의 사람은 오만함과 자신들의 전통에 눈이 멀어 감자의 가치를 인식하지 못했고 독성이 있다고 생각한 사람도 많았다. 그러나 뿌리채소는 새로운 것이 아니었고, 얼마 지나지 않아 동물 사료로 감자를 재배하게 되었다. 18세기 말이 되자 감자는 주요 작물로 널리 퍼져, 기근을 종식시켜줄 뿐만 아니라 감자가 대중화된 거의 모든 국가의 인구를 증가시켜주기까지 했다.

아일랜드보다 감자가 더 널리 퍼진 곳은 없었다. 봉건 시대 이후의 지주가 처음 시작하고 전 세계 식민지 시대에 반복된 패턴에 따라, 아일랜드에서 가장 좋은 땅은 담으로 에워싼 뒤 소를 방목하거나 옥수수와 기타 작물을 재배하는 데에 사용했다. 이들 작물 대부분은 아일랜드 해를 가로질러 운송되기 전까지 가난한 아일랜드 소작인이 보살폈다.[1]

아일랜드 주민에게 남겨진 것은 감자에 딱 맞는 작은 땅뿐이었고, 1800년경 아일랜드는 소규모 자작농의 나라가 되었다. 이들 대부분은 1에이커 이하의 '농장'을 갖고 있었고 하루에도 몇 번씩 감자를 먹었다. 일부 추정치에 따르면 1인당 하루 감자 소비량은 12파운드(약 5킬로그램)이며, 인구의 거의 절반이 감자 외에는 아무것도 먹지 않았다고 한다.

여러분의 믿음과는 어긋나는 것이겠지만 아일랜드인은 감자 식단으로 번성했다. 슈퍼 푸드 같은 것이 있다면(실제로는 없다), 일반적인 생각과는 달리 베리, 아보카도, 녹차, 그리고 이후에 등장할 다른 여러 음식들보다는 감자가 가장 먼저 그 목록에 오를 것이기 때문이다. 특히 껍질째 먹는다면 감자에는 비타민 C(많은 나라에서 괴혈병을 효과적으로 종식시킨 영양소)를 포함한 주요 비타민 대부분, 미네랄, 섬유질, 단백질이 들어 있다. 약간의 우유만 추가한다면, 아주 만족스럽지는 않다 해도 거의 완전한 식단을 구성할 수 있다.

그렇다면 감자를 먹는 것은 좋은 일일 수도 있다. 아일랜드에서는 1780년에서 1840년 사이에 전염병과 유아 사망률이 감소했고 수명이 늘어났으며 인구는 800만 명으로 2배 가까이 늘어났다. 이는 주로 감자 덕분이다.

그러나 감자라는 작물은 취약한 것이었다. 위에서 말했듯 1840년대 아일랜드 기근은 감자의 잘못이 아니었다. 그 책임은 마름병을 일으킨 미생물인 감자 역병균에 있고, 환금 작물을 착취한 영국인의 잘못도 한몫했다. 아일랜드의 가난한 사람들은 환금 작물을 살 여유가 없었고 영국인도 작물을 주지 않았다. 아일랜드 기근은 땅 전체를 하나의 작물에 할애한 단일 재배의 폐해이기도 했다. 많은 아일랜드인은 감자만 재배한 데다 그것도 한 종류의 감자만 재배했다.

감자는 특정 조건하에서 씨앗을 생산하지만, 이러한 씨앗은 '제대로 번식'하지 않는 경우가 많고 자신들의 부모와 동일한 특성을 지닌 작물이 나오는 것도 아니었다. 그래서 대부분의 감자는 감자 덩어리에서 자란 것이었으며(감자의 '눈'은 싹이다) 모두 동일한 특성을 가지고 있다. 사실상 이는 복제물이나 다름없다. 안데스 농부들은 4,000가지 이상의 감자를 개발해 다양한 토양, 계절, 지역, 기후, 고도에서 잘 자라도록 번식시켰지만, 아일랜드인 대부분은 단 하나의 복제물만을 가지고 있었다. 감자 기근이 일어났을 당시 이 복제물은 마름병에 걸리기 쉬운 상태였다. 마름병이 공격하면 모든 것이 끝장나는 상황이었던 것이다.

아일랜드인이 얼마나 많이 실명했는지는(기근의 결과 중 하나인 천연두의 증상이다) 아무도 정확히 알지 못하며, 실명은 피했더라도 수명이 줄어들거나 죽거나 그냥 그곳을 떠났다. 대부분은 미국으로 떠났다.

아일랜드 감자 기근은 유명하지만 기근이 그곳에만 있었던 일은 아니었다. 기근은 처음부터 인류 역사의 일부였다. 하지만 여기에는 끔찍한 역설이 존재한다. 그것은 농업이 전 세계 모든 사람들에게 영양분을 공급할 만큼 발전하면서 기근이 더욱 흔해지고 심해졌다는 사실이다. 이는 사람들을 위한 음식이 아니라 시장을 위한 상품을 농업에 요구하는 제국주의와 식민주의의 직접적인 결과다.

프란츠 파농Frantz Fanon의 말을 빌려 표현하자면, 식민주의란 강하고 아름답고 문화적인 유럽을 만들기 위해 세계 나머지 지역의 부를 훔치는 것이다. 18세기에는 향신료, 차, 설탕 같은 사치품뿐만 아니라 곡물과 고기 같은 진짜 음식도 전 세계로 운송되고 있었고, 재배된 곳이 아닌 다른 곳에서 소비되는 일도 자주 있었다. 식민 정권 아래에서 환금 작물과 단일 재배는 신속하게 일반적인 일이 되었고, 최대의 즉각적인 이익을 위한 최대 생산성이 그 목표였다. 작물의 크기가 줄어들 때까지 토양의 건강을 무시하는 일이 많았고, 감소하는 작물에 대한 '치료'는 휴경, 윤작, 피복 작물이 아니라 비료를 더 많이 사용하는 것이었다. 문제는 비료 공급이 제한적이었다는 점이다.

인류가 생산성을 끝까지 밀어붙이면서 토양의 건강을 유지하는 데에 실패한다면, 결국 농업이 인구 증가를 따라잡지 못하고 새롭고 끔찍한 기근의 시대로 이어질 것이 분명했다. 이 비관적인 견해를 대표하는 사람이 잉글랜드인 토머스 로버트 맬서스Thomas Robert Malthus였다.

1798년 맬서스는 『인구론An Essay on the Principle of Population』을 출판하면서, 인구수는 25년마다 2배로 증가하지만 농업 생산량은 점진적으로만 증가할 것이라고 예측했다. 따라서 그는 사람들이 더 많이 죽는 것을 의미하는 '적극적인 해결책'이나 피임, 만혼, 금욕, 낙태를 의미하는 '예방적인 해결책' 등의 과감한 방법 없이는 식량 안보°를 달성할 수 없다고 추론했다.

맬서스의 글을 주의 깊게 읽어보면 그가 반드시 종말론자인 것은 아니라는 사실을 알 수 있다. 그의 에세이는 19세기 후반 농업 경제의 현실에 대한 설득력 있고 통찰력 있는 분석이었다. 사실 농업 생산은 그 시점에서 인구 증가를 따라갈 수 없었다. 적어도 당시에 사용 가능했던 기술로는 말이다. 그리고 사실 지구상의 기아 문제는 대부분 출산 제한 덕분에 안정화되었다고 보아야 한다.

그러나 오늘날까지도 맬서스의 논리는 오로지 집약 농업만이 기아를 막을 수 있다고 주장하는 사람들에 의해 구차하게 왜곡되어 사용되고 있다. "어떻게 우리가 100억 명을 먹일 수 있겠는가?"라고 누군가가 한탄하는 소리를 들을 때마다 여러분은 맬서스의 유산을 듣고 있는 것이다.

이러한 질문은 타당하게 들리지만 이에 대한 대답은 단순히 생산량을 늘리는 것보다는 훨씬 더 복잡한 것이다. 식량 안보는 단순히 농업의 문제만은 아니다. 이는 정치적 문제다. 기아는 생산 부족의 징후가 아니라 불평등 현상이며 폭력적인 권력과 부의 징후다. 맬서스의 시대에도 이 사실은 빠르게 분명해지고 있었다.

진실은 다음과 같다. 농업이 인간과 토양의 건강을 우선시한다면 모든 사람에게 충분한 식량이 돌아간다. 하지만 이러한 일은 벌어지지 않았고, 한때 회복력이 있었고 번영했던 사회가 지난 몇백 년 동안 기근으로 파괴되었다. 식민지 시대 이전의 기근이 농업의 생산 부족이나 환경 재앙의 결과였던 것과는 달리, 최근의 기근은 적대감, 학대, 인종 차별, 탐욕, 방치

• 식량 안보: 식량의 생산 및 재고량을 일정 수준으로 유지하여 국민의 식량을 위협하는 외부의 요인에서 국민을 지키는 일.

의 결과였다.

가장 빈번한 잘못을 저지른 나라는 영국이다. 20세기 초 세계의 4분의 1을 지배했으니 이는 놀랄 일도 아니다. 다른 나라들, 특히 스탈린Iosif Stalin 과 마오쩌둥毛澤東 정부가 이후에 영국보다 횟수는 적었더라도 훨씬 큰 재앙을 불러오기는 했지만 말이다. 환경적으로 촉발되고 정치적으로 악화된 최초의 근대적 기근은 아일랜드에서 발생했다. 그러나 이 기근은 절대 고립된 사건이 아니었다.

감자 기근 당시 아일랜드는 영국의 일부였고 엄밀히 말해 식민지도 아니었다. 그러나 아일랜드의 가톨릭 신자들은 자신의 소유가 아닌 땅을 경작하고 농작물과 가축을 길러 잉글랜드인 지주에게 지대를 지불했다. 아일랜드인은 식민지 개척자보다는 착취당하는 식민지 주민과 공통점이 더 많았다.

아일랜드인은 현금도 없었고 비축해놓은 농작물도 없었다. 그래서 기근의 촉매제는 감자 역병균이었을 수도 있겠지만 진짜 살인자는 무역에 기반을 둔 경제였다. 아일랜드에서 자란 대부분의 음식은 다른 곳으로 운송되었고, 대부분의 이익은 인근에 살지 않고 있는 지주에게 돌아갔다.

작물을 잃으면 물론 고통스럽다. 그러나 작물을 잃는 일에도 정도가 있다. 지나치게 왜곡된 시스템으로 공동 자원도 비축하지 못하고 사람들이 더는 서로를 돌볼 수 없게 되면, 작물을 잃는 일은 그야말로 치명적이다. 외부에서 도움조차 받지 못할 때 작물을 잃는 일은 기근으로 이어진다.

아일랜드의 기근 위기에 영국은 맬서스와 애덤 스미스Adam Smith의 이념에 따라 반응했다. 애덤 스미스는 근대 정치경제학의 창시자 중 한 명으로, 시장의 기적을 묘사하기 위해 '보이지 않는 손'이라는 용어를 만든 것으로 유명하다. 기근에 대한 저술에서 그는 어려운 지역 사회를 돕기 위해 상품의 가격을 낮추거나 직접적인 원조(현금이나 음식, 혹은 이 두 가지 모두)를 제공하는 식으로 정부가 개입하면 문제를 악화시킬 뿐이라고 주장했다. 그가 예상하지 못했던 것은 아일랜드에서 일어난 전면적인 흉작이었다. 그 당시 감자는 유럽 사회에서 대중화된 작물이 아니었고 완전한 흉작도 아주 드문 일이었기 때문이다. 따라서 그의 주장은 아일랜드의 재앙을 고려했을 때 너무 잔인하게 들릴 수도 있다. 그런데도 아일랜드인에 대한 원조를 반대하는 영국 관리들은 스미스가 주장을 펼친 맥락을 언급하지 않고 그의 말을 마구 인용했다.

무엇보다도 맬서스와 스미스의 이론을 냉소적으로 읽는다면, 살 '자격'이 있는 사람들은 살아남을 방법을 찾을 것이며 기근으로 발생한 죽음은 세계가 그 시점의 인구를 지원할 수 없다고 우리에게 말해주는 '신'이나 '자연법'이라는 암시를 받게 된다.

이러한 사고방식은 탐욕과 잔인함에 대한 정당화로 사용되었다. '게으른' 아일랜드인을 대상으로 제정된 잉글랜드 구민법은, 4분의 1 에이커 이상의 땅에서 일하는 사람들은 그렇게 어려운 상황이 아니라는 이유로 지원 대상에서 제외시켜놓았다. 하지만 그런 농부도 지대를 거의 낼 수 없는 형편이었고 갖고 있는 땅도 계속해서 생산성이 떨어지고 있을 뿐이었다. 수십만 명의 아일랜드인은 결국 공공사업 프로그램에 참여하기 위해 자신들의 농장을 떠나야 했다.[2]

이들 프로그램은 찰스 디킨스의 소설에 나오는 빈곤 상태의 끔찍함을 연상시킬 만큼 무시무시했다. 영국이 아일랜드 지방 정부들에 이 공공사업 프로젝트에 돈을 대라고 압력을 가하면서 여러 마을은 빚의 수렁에 더욱 깊이 빠져들었고 비용 절감이 최우선 과제가 되었다. 그 결과 이러한 정부 후원 프로그램으로 가족을 먹여 살릴 만큼의 돈을 받는 사람은 아무도 없었다. 스미스의 기준에 따르면 이러한 프로그램조차도 너무 많은 간섭을 초래해 자유 시장이 자신의 마법을 발휘하지 못하게 만드는 것이었다. 이 말이 익숙하게 들린다면 그것은 지배적인 경제 이론이 그 이후로도 거의 변하지 않았기 때문이다.

원래는 일한 날을 기준으로 보수를 받던 노동자들은 얼마 지나지 않아 일한 양에 따라 보수를 받게 되었다.[3] 다시 말해서 굶주린 사람들은 먹을 것을 구할 돈을 벌기 위해 더 많은 것을 생산하라는 강요를 당하고 있었던 것이다. 이는 사회 안전망을 반대하는 사람들이 오랫동안 주장해왔던 푸드 스탬프● 지급 조건과 크게 다르지 않은 것이다.

자신들이 일하는 땅에서 가족이 먹을 작물을 재배하는 일이 아일랜드인에게 허용되었다면 마름병으로 잃은 감자 작물을 다른 작물로 대체할 수 있었을 것이다. 하지만 이들의 땅, 노동력, 가축은 모두 잉글랜드인에게 음식을 공급하기 위한 것이었고, 아일랜드인은 자연법의 정당한 희생자로 치부되었다. 실제로 그렇게 말하는 사람도 있었다. 역사학자 제임스 버논 James Vernon에 따르면, "재무부 차관으로 있으면서 기근에 대한 대처로 기사 작위를 받은 찰스 트리벨리언 Charles Trevelyan은 감자 마름병이 '지혜롭고 자비로운 신의 섭리가 이룬 일'로서 인구 과잉의 아일랜드에 '가혹하지만 효과적인 치료법'을 제공했다고 말했다."[4]

● 푸드 스탬프(food stamp) : 일정한 자격을 충족한 빈곤층과 저소득층에게 음식을 구입할 수 있도록 현금을 지원하는, 미국 정부의 프로그램.

따라서 굶주린 아일랜드인은 도로와 다리 건설 현장에서 일하기 위해 자신들의 농장을 떠나야 했고, 노예 제도를 방불케 하는 이곳의 가혹한 노동 조건은 당시 가장 흔한 사망 원인이었던 이질과 발진티푸스('기근독'으로 알려진 질병이다)를 일으켰다.

결국 1847년 영국은 공공사업 프로그램이 굶주린 아일랜드인들로 가득 찬 뒤에야 사람들에게 직접 음식을 제공하는 무료 급식소를 설치했다.[5] 이 모든 고통을 겪은 뒤에 비로소 무상 원조가 죽음과 질병을 완화해주는 효과적인 방법이라는 사실이 밝혀진 것이다. 어떤 일이 벌어졌을지 한 번 상상해보라!

그러나 피해는 이미 발생한 뒤였다. 100만 명 정도가 죽었고 100만 명 이상이 이주했다.[6] 게다가 영국은 그 경험에서 배운 것이 없는 것 같았다. 오히려 이들은 자신들의 지배하에 있는 다른 나라에서 농작물이 실패할 경우 이를 어떻게 처리할 것이냐에 대한 기준으로 이 비극을 활용했다.

사실 이러한 패턴은 전 세계로 퍼져 나가게 될 예정이었다. 사망자 수가 증가하더라도 자유 시장의 신화는, 가난한 사람들이 의욕이 없거나 불평만 하거나 게으르거나 어리석거나 이 모든 것 전부라는 식으로 덧칠하면서 대량 사상자를 정당화한다. 식민주의자가 만들어낸 환경을 무시하면서 말이다.

1950년대와 1960년대의 많은, 아니 대부분의 백인 중산층 아이들처럼 나도 "인도(혹은 중국)에서는 아이들이 굶주리고 있으니" 앞에 있는 음식을 다 먹으라는 잔소리를 듣고 자랐다. 분명 일부 인도인이나 중국인 아이들은 굶주리고 있었다. 우리 집에서 몇 마일이나 몇 블록 떨어진 곳에 있던 일부 아이들도 그랬다.

그러나 이미 살펴보았듯 기근은 아시아에만 국한된 현상이 아니었다. 역사적으로 볼 때 부가 서양에만 국한된 것도 아니었다. 1700년에 중국과 인도는 각각 세계 GDP(국내총생산, 혹은 일정 기간 동안 생산된 재화와 용역의 시장 가치)의 20%를 넘은 상태였다.[7] 이 정도면 유럽 대륙 전체와 맞먹는 수치였다.

그러나 1890년까지 유럽의 GDP는 2배로 늘어났다. 중국과 인도의 GDP는 절반으로 줄었다.[8]

영국이 지배하기 이전 인도의 많은 지역에는 식량 공급을 조절하는 복잡하고 효과적인 시스템이 있었고, 지역 농업 방식에 적합한 법률 시스템도 있었다. 물론 어떤 지역은 다른 지역보다 생산성이 높았지만, 농민을 보살핀 기록이 있다. 오늘날까지 남아 있는 뱅골인의 규범 중에는 도움이 필요한 사람들에게 '선뜻' 음식을 주는 일도 있다.[9]

17세기 후반 인도 동인도 회사(역사학자 윌리엄 달림플William Dalrymple은 『무정부 상태The Anarchy』에서 이 회사를 "최초의 거대한 다국적 기업이자 최초의 광란자"라고 했다)가 집어삼키기 전까지만 해도 무굴 제국은 부의 패러다임이었다. 세계 최고 수준의 GDP뿐만 아니라 주로 유럽으로 수출하는 의류를 통해 세계 제조업 시장의 4분의 1을 장악하고 있었다.[10] 이곳의 노동력 대부분은 장인 직공으로 구성되어 있었고, 유럽의 농민과 산업 공장 노동자보다 더 높은 경제력을 갖고 더 나은 생활을 누리고 있었다.[11]

그러나 영국은 자국의 공장에 원자재 공급만 하는 비산업적 식민지에 관심이 더 많았기 때문에 인도에 탈산업화를 강요했고, 랭커셔에서 성장하고 있던 섬유 산업을 보호하기 위해 인도 제조 물품에 엄청난 세금을 부과했다. 그 결과 세계 제조업 시장에서 인도의 점유율은 1880년 3% 미만으로 떨어졌다.[12) 오늘날의 화폐 가치로는 수조 달러에 달하는 액수를 도둑맞은 것이다.

이것은 단순한 숫자 놀음이 아니다. 영국 식민지화 이전 2,000년 동안 인도에서 기록된 기근은 17건뿐이었다. 100여 년의 영국 통치 기간 중에는 31건의 기근이 발생했다. 달리 말하자면 인도는 1세기당 1건 미만에서, 1세기당 30건, 혹은 3년에 1건으로 기근이 증가한 셈이다.[13) 1850년에서 1900년 사이의 반세기 동안 인도에서는 그 어떤 50년의 기간보다 더 많은 기근이 발생했고, 이 기근은 이전에 겪었던 그 어떤 것보다 2배나 더 치명적이었다.

이러한 재앙은 영국이 아일랜드에서 했던 일과 다를 바 없는 행동에서 비롯된 것이다. 영국인은 신속하고 잔인하게 농민이 있는 시골 마을을 재구성했고, 사실상 지주 자리에 앉은 정부는 면화만을 재배하도록 강요했다. 농부들은 가능한 한 많은 면화를 생산할 수밖에 없었다. 면화 가격이 아무리 낮고 예측할 수 없더라도 마찬가지였다.

생산량이 급등해 1791년과 1860년 사이에는 거의 4배나 증가했다. 그리고 D. B. Grigg의 『세계의 농업 시스템 The Agricultural Systems of the World』에 따르면, 인도는 세계 2위의 원면 생산국이 되었고, 미국을 제외하면 다른 그 어떤 지역보다 3배는 더 성장했다.[14)

하지만 이런 성장이 농부의 소득을 보장해주지는 않았다. 영국인들은 인도에서 안정적인 면화 공급을 받기를 원하면서도 자신들에게 이익이 될 때에만 면화를 샀다. 예를 들어 미국에서 남북 전쟁이 일어나자 영국이 면화의 공급 차질을 우려하여 면화 가격이 급등했지만, 1865년에 전쟁이 끝나자 영국은 미국 남부에서 값싼 면화를 다시 구입하기 시작했다.[15] 전 세계 면화 가격은 폭락했고 인도에 있는 수백만 명은 굶주리게 되었다.

이 모든 일은 엘니뇨 남방진동의 발생과 동시에 일어났다. 이 자연 현상은 5~7년마다 일어나는 것으로, 태평양 많은 지역이 평소보다 따뜻해지면서 지구 전체의 기후에 이상이 생기고 환태평양 지역, 아프리카 동남부, 아메리카 일부, 그리고 인도 아대륙을 포함한 대부분의 남아시아 지역이 습해지거나 건조해지는 현상을 말한다.

엘니뇨는 주기적으로 일어나며, 정확한 예측은 힘들지만 어느 정도 예상은 할 수 있는 기상 패턴이다. 인도의 전통 규범과 정치 구조는 이에 대응해 사람들을 보호해왔다. 1870년에 일어난 엘니뇨는 평소보다 심했고 가뭄도 일으켰지만, 그 영향이 종말론적이기까지 한 것은 아니었다.

하지만 농업의 재앙을 만나게 되자 영국인은 아일랜드인에게 했던 것과 같은 방식으로 가난한 인도인을 응징했다. 음식을 얻기 위해서는 일을 해야 한다는 것이었다. 그 결과 1876년부터 3년 동안 인도에서는 500만 명 이상, 아마도 1,000만 명에 달하는 사람들이 목숨을 잃게 되었다.[16]

인도의 통치자와 국민 모두는 힘겹게 노력하는 사람들을 돕는 것이 국가의 역할이어야 한다는 사실을 알고 있었다. 중국에서 이러한 전통은 기원전 221년 여러 왕조에서부터 시작되었다. 유교의 철학자 맹자孟子는, 굶주림을 흉년 탓이라고 하는 것은 "사람을 찔러 죽이고도 '내가 죽인 것이 아니라 칼이 죽인 것이다'라고 하는 것과 같다"[•17]고 적었다.

1644년부터 1912년까지 중국을 통치한 청나라는 농민의 번영이 제국 안정의 가장 중요한 요소라고 보았다. 일반적으로 토지 소유의 비율은 높왔고 불평등 정도는 낮았다. 정부는 농민에게 관개와 토양 유지 방법을 교육했고, 시장이 무너지지 않도록 밀의 가격을 규제했다. 또한 잉여를 구입해서 부족할 때 나누어 주기 위한 목적으로 곡물을 보관한 뒤 사람들에게 무상으로 제공했는데, 이는 보이지 않는 손이 자신이 맡은 일을 수행하기를 기다리는 것보다 훨씬 더 효과적이었다.

이러한 시스템은 영국이 설계한 새로운 세계화 경제로 거의 파괴되었다. 중국의 차茶에 대한 영국의 수요는 강박적인 것이었다 (아마 여러분도 경험을 통해 알고 있는 일이겠지만 카페인에는 중독성이 있다). 차는 식민주의자에게 사치품 이상이었고 생산성의 원동력으로도 여겨졌다. 차는 새로운 산업 인력에게 카페인을 계속해서 공급해주었고, 또한 설탕 소비를 촉진하는 탁월한 수단이기도 했다. 아마도 이에 못지않게 중요한 점으로는 영국 정부 예산의 10%가 차에 대한 수입세에서 나왔다는 사실을 꼽을 수 있다.

그러나 무역 불균형은 감당할 수 없을 정도였다. 영국인은 은으로 차 값을 지불했고 은은 금방 바닥났다. 은도 결국은 귀금속이며 구하기 쉽지 않은 것이다.

무언가 조치가 있어야 했고 그 해결책은 교활하다 못해 사악하기까지 했다. 영국은 초강대국들을 상대로 하는 마약상이 된 것이다. 영국은 인도의 아편 생산량을 늘린 뒤 이를 중국으로 가지고 가서 아편 수요를 일으키고 중독되게 만들었다. 그런 다음 차와 다른 상품을 살 때 은 대신 아편을 화폐로 사용했다.

- 『맹자』 양혜왕상 1-3 시하이어자인이살지, 왈, 비아야, 병야(是何異於刺人而殺之, 曰, 非我也, 兵也).

1840년대 청나라 관리들이 중국의 무역법을 존중하고 아편 수입을 중지하거나 최소한 제한이라도 할 것을 영국에게 요구하자, 영국은 압도적인 군사력으로 이에 대응했다. 여러 도시를 폭격하고 보병을 앞세워 공격한 뒤, 중국으로부터 무역 주권과 정부 권력에 대한 양해를 이끌어냈다. 이것이 바로 대영 제국에 이익이 되는 '자유' 무역 경제로 중국을 몰아넣기 위해 고안한 그 유명한 아편 전쟁이었다.

역사학자 데이비드 아놀드David Arnold의 말에 따르면, 이러한 타격으로 청 왕조는 "황실 쇠퇴의 내리막길을 내닫게 되어 오늘날에는 거의 이해할 수도 없는 규모의 가난, 부패, 중독으로 내몰리게 되었다."[18]

몇십 년 만에 중국의 곡물 비축량은 영국의 개입 이전의 20%가 되었고, 일부 지역에서는 그 절반까지 떨어졌다.[19] 세계에서 가장 탄탄했던 중국 북부의 지역 사회는 1870년대와 1890년대에 일어난 엘니뇨 현상의 희생양이 되었고, 20년 동안의 가뭄으로 3,000만 명 이상의 중국인이 굶어 죽었다. 영국은 다시 한 번 이러한 죽음을 자연적인 원인 탓으로 돌렸다. 심지어 영국은 중국의 통치자들이 자유 시장 원칙에 적응하고 더 나아가 '현대화'하려는 노력을 2배로 늘리는 조치를 받아들인다면 기근이 긍정적인 영향을 미칠 것이라고 주장하기까지 했다.

영국은 중국인이 시골 깊숙한 곳까지 철도를 건설하기만 했어도 굶주린 사람이 먹을 수 있도록 제때에 곡물을 내륙으로 운송할 수 있었을 것이라고 주장했다. 그러나 철도는 빨리 건설되지 않았고, 마이크 데이비스Mike Davis가 『엘니뇨와 제국주의로 본 빈곤의 역사 Late Victorian Holocausts』(생태계와 정치의 결합으로 생긴 기근에 대한 최고의 분석이자, 지금 기술하고 있는 내용의 중요한 출처다)에서 말했듯, "18세기 말까지만 해도 [중국 정부는] 여러 지역에 대량으로 곡물을 옮기면서 세계 역사상 그 어떤 정치 체제보다 더 큰 규모로 기아를 해결할 수 있는 능력과 정치적 의지 모두를 갖고 있었지 만" 19세기가 되자 입지가 줄어든 중국 정부는 "민간의 기부와 모욕적인 해외 원조에 기댄 불규칙한 구제에 의지할 수밖에 없었다."[20]

수백만 명이 굶주리는 동안 영국은 설탕을 넣은 차를 마시고 아편을 강요하고 무역 적자를 해결하고 남아프리카, 아프가니스탄, 이집트에서 일어난 식민지 전쟁에 자금을 지원했다. 그리고 이 기근은 수십 년 동안 중국 정부를 불안정하게 만들었다. 일본의 서구식 제국주의도 이러한 침략에 동참하면서 중국은 마오쩌둥의 통치를 받아들일 수밖에 없는 지경에 이르렀다. 마오쩌둥이 정치적으로 야기한 기근은 이전보다 더 심각한 것이었다.

식민지화로 아프리카 대륙의 사회 구조가 파괴되고 기근이 일어난 것도 놀라운 일은 아니다. 유럽인이 서아프리카에 도착하기 전, 그곳의 농부는 기장, 테프, 수수, 포니오 등 여러 토착 곡물을 주식으로 재배했고 참마와 다양한 잎채소를 기르고 있었다. 모두 토착 작물이고 잘 자라는 것이었으며 온도 변화, 가뭄, 심지어 불모의 토양에도 잘 견디는 것이었다.

예를 들어 가나에서 두 번째로 큰 도시인 쿠마시 주위의 농업 지역은 15세기부터 거의 200년 동안 지속된 가뭄에도 별다른 타격을 입지 않았다. 고고학자들은 그 기간 동안 식량의 부족이나 식단의 변화가 없었다고 결론 내렸다.[21] 철, 도기, 천을 거래하는 장인으로 구성된 강력한 지역 경제와 토착 작물이라는 이 조합은, 여러 세대 동안 이어진 심각한 날씨에도 불구하고 계속해서 번성하는 풍성한 식량 안보를 갖춘 견고한 사회를 이루어냈다.

그러나 15세기 중반 포르투갈인을 시작으로 유럽인은 세계 무역에서 이익을 거두기 위해 이러한 지역 네트워크를 파괴했다. 제국주의자는 무거운 세금을 도입했고 광업, 도시 개발, 단일 재배도 가져왔다. 이곳의 단일 재배는 코코아와 커피였다. 중국과 인도에서와 마찬가지로 이러한 사치품은 이제까지 주식으로 먹어왔던 토착 작물을 대체하기 시작했고, 침략자는 토착 작물을 '소 사료'로 분류했다.

이는 인간의 건강에 엄청난 타격을 주었다. 식단은 나빠졌고 긴급한 상황에 대비해 음식을 따로 보관하는 일은 점점 더 어려워졌다. 환경도 피해를 입었다. 농지는 줄어들기 시작했고 사막은 넓어졌다. 그 결과 침략 전에는 유럽보다 더 건강하고 기근에 덜 시달리던 사회가 만성적인 기아를 경험하게 되었다.

이것이 유일한 예는 아니다. 프랑스인은 세네갈에 땅콩을 심도록 강요해, 농부들이 전통적인 주식인 쌀을 수입에 점점 더 의존하게 만들었다. 수입한 쌀은 프랑스령 인도차이나에서 온 경우가 많았고, 이는 프랑스 입장에서 편리하고 수지맞는 일이었다. 쌀 가격이 올라가면서 세네갈인은 땅콩을 더 많이 심어야 했고, 이 과정에서 토양의 질을 희생하게 되었다.[22]

프랑스인은 1931년 니제르에서 일어난 기근과 1924년부터 1926년까지 가봉에서 일어난 기근에도 책임이 있다. 평소처럼 프랑스인은 이 위기를 굶어 죽은 사람들의 탓으로 돌렸다. 데이비드 아놀드는 "프랑스 관리들은 아프리카 특유의 '게으름', '무관심', '체념'을 비난했다"[23]고 기술하고 있다.

식민지 개척자와 침략자는 아프리카 대륙이 굶주리고 문명화되지 않은 사람들로 가득한 전인미답인 야생의 땅이라는 생각을 조장했다. 아메리카 원주민이 야생의 사냥꾼과 유목민이라는 생각을 조장했던 것과 마찬가지다. 에바젤로스 발리아나토스Evaggelos Vallianatos가 적었듯, 전 세계적으로 "구 식민지 체제의 폭력이 절망적인 영양실조와 기아를 다시 일으키고 있었다."[24]

영국인도 미국 식민지를 착취했고, 이는 물론 독립 전쟁의 주요 원인이 되었다. 그러나 인도와는 달리 북아메리카는 일종의 내부 식민지가 활짝 열려 있는 상태였다. 원주민 대량 학살 이후 사실상 무제한인 땅과 급성장하는 시장이 생겨난 것이다. 식민지 시대부터 남북 전쟁 훨씬 이후까지, 이곳에서 태어났건 이민을 왔건 간에 미국인은 쉽게 땅을 얻을 수 있는 여러가지 방법이 있었다. 백인 남성이라면 말이다.

한 가지 방법은 플리머스 회사나 버지니아 회사 같은 특허 회사를 설립하는 것이었다. 흔치 않은 일이었지만 이 중 한 곳의 초기 주주라면 소유하거나 팔 수 있는 땅을 얻었다.

그다음으로 나온 것이 바로 인두권 제도였다. 처음 이 제도는 버지니아에서 생겼고 나중에 몇몇 다른 식민지령에서도 받아들였는데, 대부분 17세기에 국한되어 시행되었다. 사람들은 이 제도로 50에이커의 땅을 받을 수 있게 되었는데, 미국으로 항해할 비용을 지불한 모든 사람들의 몫으로 땅을 더 받는 경우도 있었다. 본인뿐 아니라 가족 구성원, 계약을 맺은 하인, 심지어는 노예가 된 노동자까지도 포함되었다. 예를 들어 노예, 하인, 친척, 혹은 이 셋의 조합으로 60명을 데려올 수 있다면 받게 될 땅은 적어도 3,000에이커 정도가 늘어나게 된다.

왕이나 마을이나 교회에서 직접 땅을 받는 경우도 있었다. 이후에는 더 쉽게 땅을 싼 값에 구입할 수 있게 되었고, 아니면 '비어 있는' 땅으로 그냥 이주해 소유권을 주장할 수도 있었다.

핵심은 다음과 같다. 일단 국가가 어떤 토지의 소유권을 주장하면, 원주민의 거주 여부와는 상관없이 백인 남성(정부가 인정한 유일한 시민)이 그곳에 정착해 자신이 그 땅의 주인이라고 선언하고 정부의 보호를 얻을 수 있었던 것이다.

아메리카 원주민은 토지를 양도나 판매가 가능한 자산이라고 생각하지 않았다. 그들은 매년 혹은 2년마다 새로운 땅으로 이주했다. 그런데 느닷없이 더는 농사를 지을 땅이 없는 상황에 처하게 되었다. 자신들의 땅이 '합법적으로' 도둑맞고 상품으로 취급당하는 상황을 목격하게 된 원주민 농부도 있었다. 상품이 된 땅의 존재 이유는 그곳에 있는 사람이 먹을 다양한 음식을 재배하는 것이 아니라, 사고팔기 위해 특정 작물을 생산하거나 한두 종류의 동물을 기르는 것이었다.

한쪽의 시각으로 보자면 자연과 그 작용을 이해하던 사람들이, 자연과 그 속에서 사는 사람들 모두를 고려할 가치가 없다고 믿는 다른 사람들에 의해 처분되어버린 것이었다. (동물의 경우도 마찬가지였다. 대평원에는 원래 3,000만 마리의 들소가 있었지만[25] 1889년에는 1,000마리가 조금 넘는 정도로 줄어들었다.[26] 이와 비슷하게 글자 그대로 수십억 마리가 있었던 여행비둘기는 끝없이 총에 맞고 그물에 걸리고 심지어는 유황 가스에 질식해서 잡혔고 통에 가득 채워져 팔렸다. 결국 1914년에는 단 한 마리도 남지 않고 모조리 멸종당했다.[27])

18세기에 유럽인은 애팔래치아 서쪽의 모든 곳을 '프런티어frontier', 즉 변경으로 간주했는데, 이 단어는 '백인이 아직 통제하지 못하는 가장 먼 서쪽 지역'을 의미하게 되었다. 의회는 헌법이 완성되기도 전에 법령으로 토지를 빼앗고 있었고, 북서부 조례가 그 시작이었다. 미국에서 '계약의 자유에 대한 최초의 보장'인 이 조례에 의해 결정된 바에 따르면, 이전까지 아무도 소유하지 않고 있었던 모든 토지(침략자의 정의에 따르면 원주민은 아무것도 '소유'하고 있지 않는 상태였다)는 이제 연방 정부가 통제하게 되었고 자유롭게 사고팔 수도 있게 되었다.

새로 도착한 사람들은 연방 정부의 법에 따라 토지를 소유하게 되었다. 그러는 동안, 경작 가능한 토지는 늘어나기만 하는 듯이 보였다. 팔았건 거저 주었건 강탈당했건 간에 토지가 어느 만큼의 비율로 늘어나고 용도가 변경되었는지는 파악하기가 어렵다.

이러한 현상은 여러 국제적인 사건 때문에 생긴 것이었다. 1789년 프랑스 식민지 생도맹그(지금의 아이티 지역이다)의 유색 인종들은 식민 통치와 노예 제도에 대항하는 투쟁을 시작했다. 당시는 프랑스 혁명이 일어났던 해였고, 10여 년 전에 있었던 성공적인 미국 독립혁명 이후 모든 곳에서 인권이 논의되고 많은 곳에서 적극적인 투쟁을 벌이고 있었던 때였다.

나폴레옹Napoleon과 여러 사람들의 방해에도 불구하고 아이티는 노예 제도를 금지한 최초의 카리브 제도 국가가 되었고 1804년에는 신세계에서 두 번째 독립 공화국이 되었다. 이는 기념할 만한 일이었겠지만 (미국을 포함해) 이미 자리를 잡은 나라들은 한 세기 뒤에 소련을 대했던 것과 꽤 비슷한 방법으로 아이티를 대했다. 완전히 적으로 여긴 것이다.

아이티를 잃은 것에 낙담하고 북아메리카의 식민지에도 똑같은 운명이 닥칠 것을 두려워한 프랑스는 남은 식민지를 그 옆에 있는 미국에 팔기로 합의했다. 이 일이 바로 루이지애나 매입이었다. 1,500만 달러의 비용으로 당시의 미국 면적 2배의 땅을 사게 된 것이다.

북아메리카의 정착민은 주로 땅과 탐욕에 이끌려 움직였고 땅 대부분은 거의 공짜로 얻을 수 있었기에, 이들은 우리가 지금 중서부와 심장부라고 일컫는 더욱 풍부하고 비옥하며 바위가 적은 토양이 있는 곳으로 금방 시선을 옮겼다. 처음에는 사냥꾼, 상인, 고립된 정착민이 이 서부 지역을 탐험하고 개발했다. 이들 모두는 부를 얻기 위해 기꺼이 프런티어로 가는 모험을 감행한 것이다.

이 새로운 이주자와 그 뒤를 따르는 사람들에게, 불가해할 정도로 비옥하고 햇빛과 물이 풍부한 이 광대한 땅은 저항할 수 없는 매력이 있었다. 그리고 가장 믿을 수 없는 사실은, 이들이 이 땅을 갖는 것을 정부가 원했다는 점이다.

이들이 종교적 박해를 피해서 왔거나 아니면 그렇게 주장만 했거나 간에, 이들이 국왕에게 받은(그리고 나중에는 공화국에서 받은) 무상 토지는 자유나 행복한 삶을 진정으로 보장해주기 위한 것은 절대 아니었다. 이는 백인 식민지 개척자들이 토지를 자신의 사유 재산으로 주장하고 개발하는 일을 허용하기 위해서였다. 특권층을 위한 부의 축적을 시험해본다는 의미에서 이는 괜찮은 방법이었다.

그래서 《뉴욕 트리뷴New York Tribune》의 편집자 호러스 그릴리Horace Greeley 가 "젊은이여, 서부로 가라"고 말하기 훨씬 전부터 유럽인들(처음에는 주로 스코틀랜드, 아일랜드, 독일, 스칸디나비아 출신의 북부인이었고 나중에는 남부인도 합류했다)이 중서부에 정착하기 시작했다. 이는 한 대륙에서 다른 대륙으로 옮겨 간 인류의 가장 큰 자발적 이동이었다.

새로운 이주자들이 대륙을 가득 메우는 데 방해가 되는 것은 무엇이든 성가신 일로 여겨졌고, 가장 편리한 해결책이 폭력인 경우도 빈번했다. 원주민들은 대부분 살해당하거나 억압받거나 강제로 자신들의 땅에서 쫓겨나게 되었고, 이런 일들은 대부분 합법이었다. 가장 끔찍한 예는 앤드루 잭슨Andrew Jackson 대통령의 인디언 이주법이다. 1838년 체로키 족(세미놀 족, 촉토 족, 그리고 다른 부족들도 있었다)은 미시시피 강 동쪽에 있던 주거지에서 오늘날의 오클라호마가 있는 곳으로 추방되어, '눈물의 길'을 따라 죽음의 행진을 하게 되었다. 체로키 족의 일부 후손들은 아직도 20달러짜리 지폐를 가지고 다니지 않는다. 그 지폐에 잭슨의 얼굴이 있기 때문이다.

서부 여러 지역에서 광업은 농업과 더불어 가장 중요한 산업이었다. 석탄이 풍부한 펜실베이니아, 웨스트버지니아, 켄터키, 그리고 금으로 뒤덮인 캘리포니아 같은 일부 주에서는 광업이 농업을 앞서기까지 했으며 수십년 동안 그곳의 풍경을 규정지었다.

그러나 사람이 살기 어려운 지역이나 광물이 풍부한 지역 외의 땅에는 죄다 농사를 짓게 되었다. 농업이 전국을 지배하기에 이른 것이다. 숲을 개간하고 강물을 길들이고 언덕을 평평하게 만들었다. 환경은 완전히 바뀌었다. 이제 사람들이 종사하는 중심적인 활동은 살기 위한 집을 지은 뒤 교역을 위한 작물과 상품을 생산하는 일이 되었다.

루이지애나 매입으로 '명백한 운명*'이라는 생각이 더욱 커지게 되었다. 대서양에서 태평양에 이르는 대륙을 점령하는 일은 젊은 나라에 신이 부여한 권리이며, 북쪽과 남쪽의 국경도 극단까지 밀고 나가야 한다고 여기게

• 명백한 운명(manifest destiny) : 19세기 중반에서 후반 미국 팽창기에 유행한 슬로건으로, 미합중국은 북미 전역을 정치·사회·경제적으로 지배하고 개발할 신의 명령을 받았다는 주장이다.

된 것이다. 명백한 운명(본질적으로는 부동산 마케팅 용어다)은 토지를 넓히고 사고팔기 위한 사이비 종교적인 핑곗거리였다. 이 용어가 퍼지게 된 데에는 존 오설리번John O'Sullivan이라는 기자가 큰 역할을 했다. 그는 잭슨 대통령과 포크 대통령에게 큰 영향력을 끼쳤는데, 두 대통령 모두 합법적인 토지 수탈자로 여길 만한 인물들이다.

1840년대 미국은 멕시코와 전쟁을 벌였고, 그 결과로 맺어진 과달루페 이달고 조약을 통해 이웃 나라 멕시코에 약 2,000만 달러 미만의 돈만 받고 캘리포니아와 남서부 5개 주 대부분에 해당하는 영토(루이지애나 매입으로 얻은 영토와 비슷한 면적이다)를 양도할 것을 강요했다. 같은 시기에 미국 정부는 뉴멕시코 동부의 절반과 콜로라도 중부 일부와 더불어 현재의 텍사스 지역을 합병했고, 미국과 영국이 맺은 오리건 조약이라는 협정으로 오늘날의 미국 북서부 태평양 연안 아이다호, 그리고 몬태나와 와이오밍의 일부 지역을 실질적으로 얻게 되었다.

1853년 개즈던 매입이 더해지면서 유럽계 미국인들은 이제 멕시코 북부와 캐나다 남부의 땅 전체에 대한 소유권까지 요구하게 된다. 면적이 300만 평방마일인 이 땅은 유럽 전체보다 조금 작은 정도다. 물론 엄밀히 말해 유럽계 미국인들이 그 넓은 땅을 통제한 것은 아니지만(이들의 형제, 적어도 그들의 후손은 이후에 그 땅을 다 통제했지만 말이다) 일단 넘겨받는 데까지는 성공한 셈이었다. 이제 남은 일이라고는 상상할 수 없을 정도로 광활한 이 땅을 백인들로 채우는 것뿐이었다.

그렇게 하려면 교통과 통신을 개선해야 했다. 이러한 개선은 운하, 도로, 철도, 전신 등의 형태로 빠르게 이루어졌다. 이 변화가 시작된 순간을 정확히 말하기는 힘들지만, 뉴욕과 북동부의 여러 도시와 중서부의 프런티어를 연결해주는 이리 운하가 1825년에 개통된 일은 이 상황이 어떻게 진행되었는지를 잘 보여주는 예다. 이리 운하는 당시의 '서부'(오하이오와 그 너머)를 새로운 방식으로 열어주었고, 특별한 육체적 기량이나 체력, 심지어는 부츠 한 켤레도 없는 사람들이 땀 한 방울 흘리지 않고 뉴욕을 떠나 오하이오로 가는 일을 가능하게 해주었다.

변화의 속도는 거의 상상할 수 없는 정도였지만, 더 좋고 값싸고 풍부한 농지의 매력에 이끌린 오랜 거주민과 새로 도착한 이민자들은 살던 땅을 떠나 새로운 땅에 정착했고, 가장 수익성 높은 방식으로, 적어도 단기적으로는 효율적인 방식으로 농사를 짓게 되었다. 전 세계적으로 경작 토지는 19세기에 거의 2배로 증가했지만, 이는 19세기 후반 4배로 증가한 미국에 비하면 아무것도 아니었다.

운하가 개통되기 전까지 정착민들은 걸어 다니거나 마차나 말을 타고 다녔고, 사냥을 하거나(이들 중 많은 수가 처음에는 어떻게 사냥하는지도 몰랐다) 가져온 음식을 먹으며 처음 몇 달 혹은 그 이상을 버텨나갔다. 이들이 가지고 온 것은 옥수숫가루와 말린 콩, 소금에 절인 돼지고기, 위스키 같은 것들이었다. 한곳에 정착한 사람들은 옥수수를 심고 돼지를 기르고 옥수수빵을 만들고 돼지고기를 소금에 절이고 위스키뿐 아니라 애플잭, 복숭아 브랜디를 증류했으며 자신들이 기르거나 찾을 수 있는 모든 것을 가져다 다른 술도 만들었다.

오래지 않아 미국은 더는 해안에 위치한 중심 도시 몇 곳과 인간의 접근을 허용하지 않는 어마어마한 내륙으로 이루어진 나라가 아니게 되었다. 1850년 캘리포니아가 주로 승격되었다. 북서부 조례가 통과된 지 60년이 조금 넘은 시점이었다. 그 60년 동안 이 나라는 애팔래치아 산맥부터 대서양과 태평양 연안, 그리고 그 사이에 있는 모든 땅까지 영토를 확장했다.

그리고 오하이오 같은 곳에서는 동부 해안에서 온 생산품을 정기적으로 운송하면서 꽤 괜찮은 생활을 할 수 있었다. 이 새로운 영토가 주는 매력에 이끌린 유럽인들은 바다의 요정 세이렌의 노래에 홀린 듯 이곳으로 향했다. 이리 운하가 완공되기 전 10년당 이민자 수는 6만 명 정도였다. 30년 뒤에는 거의 200만 명에 가까워졌다. 그 후 75년 동안 3,000만 명 가까운 사람들이 그 뒤를 따랐다.

이들 이민자는 수천 년 동안 지속 가능했던 환경을 거래 가능한 상품을 위한 장치로 전환하는 도구였다. 이후 100년 동안 농업은 공기, 물, 일반 공중 보건, 그리고 땅 자체를 위협하는 거대 산업이 될 운명이었다.

5장
미국식 농법

음식은 역사를 만들고 토양은 음식을 만든다. 산업형 농업이 발전하면서 토양이 더 많이 필요해졌다. 이는 그 어느 때보다 비료(20세기까지 비료는 거의 항상 인간이나 동물의 배설물 형태였다)에 대한 수요가 많았다는 뜻이다. 무역에서, 그리고 점점 커지는 현금 기반 경제에서 농업의 성공이 작물의 질로 측정되는 경우는 드물며 토양의 질로 측정되는 경우도 거의 없다. 생산량과 규모는 지속 가능성과 장기적인 계획보다 훨씬 더 중요한 것이다. 농업의 성공 비결은 주어진 양의 토지에 대한 수확량을 늘리는 것이다. 장기적으로 그 땅에 피해를 입히더라도 말이다.

19세기가 되면서 유럽의 농지는 수천만 명이 이주하고 도시화가 진행되었음에도 불구하고 과도한 사용으로 피폐해진 상태였다. 인구는 계속 증가했고 실질적으로 퇴보한 농업 기술도 있었다. 토양 보충을 허용하는 경작 방식은 거의 사라져갔고 풋거름과 윤작(18세기 영국의 농학자 제스로 툴 Jethro Tull은 윤작이 불필요하다고 선언했다)은 감소하고 있었다.[1]

이러한 변화의 주된 이유는 '과학'이 농사짓는 방법을 이해하기 위한 도구로 등장했다기보다는, 이익을 가장 많이 뽑아내도록 자연을 왜곡하는 틀로 등장했기 때문이다. 데카르트 이후로 서양의 논리는 사람과 땅, 남성과 여성, 머리와 마음 같은 식으로 사물을 나누어서 이해하는 경우가 많았다. 사물을 연결해서 이해하는 다른 문화권과는 다른 이해 방식이었다.

복잡한 시스템을 세분화하려는 이러한 본능이 과학적 탐구를 지배했고, 이는 믿을 수 없을 정도로 단순한 구성 요소로 자연을 재구성하려는 틀을 발전시켰다. 이것이 바로 환원주의의 논리로,[2] 적어도 아리스토텔레스까지 오래전으로 거슬러 올라갈 수 있는 사고방식이다. 환원주의는 복잡한 사물(자전거, 도시, 인간)을 별개의 부분(바퀴와 기어, 거리와 사람, 장기와 세포)으로 나누어 분석한다. 이론상으로 전체는 부분의 합이다. 따라서 이들 부분을 이해하면 전체를 이해하게 된다.

이러한 흑백 논리는 복잡한 시스템에도 적용된다. 그러나 이 논리는 여러 부분들이 상호 작용하는 복잡한 방식을 무시하는 것이다. 환원주의는 새 한 마리가 날아가는 방식은 설명해줄 수 있지만 새 무리가 함께 날아가는 방식은 설명해주지 못한다. 내부 연소는 설명해줄 수 있지만 교통의 흐름은 설명해주지 못한다. 뇌의 전기적 패턴은 설명해줄 수 있지만 의식은 설명해주지 못한다.[3] 어떤 사람이건 어떤 사물이건 간에 (세상에서 가장 강력한 컴퓨터조차도) 건강한 토양을 만드는 상호 작용을 완전히 분석하지는 못할 것이다.

그러나 환원주의적 사고방식은 설명할 수 없는 이러한 경이로움을 논외로 돌려버렸다. 농업의 세계에서도 마찬가지였다. 어떤 공식으로도 쉽게 설명될 수 없는 토양의 건강이나 식물의 성장 요소는 그대로 무시되었다.

19세기 후반이 되자 유럽의 농부 대부분은 휴경을 감당할 수 없었다. 당시 국제 경제의 대표 주자가 된 북아메리카에서도 이는 마찬가지였다. 잉여를 창출하는 유일한 방법(거래하거나 판매할 상품을 더 많이 확보하는 방법)은 땅에서 생산을 더 많이 이끌어내는 것인데, 농부 입장에서는 땅을 쉬게 해서 생산을 줄일 이유가 무엇이겠는가? 설사 윤작이 가능하다고 해도, 가장 많은 이익을 가져다주는 작물을 재배하는 데 그 땅을 사용하는 것이 상식이었다.

매년 거듭되는 이러한 요구는 토양 고갈을 초래했고 심지어는 위기까지도 일으켰다. 결국 농업의 전면적인 불황을 일으키게 된 것이다. 특히 서유럽에서는 농장 동물과 인간에게서 나온 분뇨의 양이 충분하지 않았고, 시간이 지남에 따라 이러한 부족 현상은 점점 더 심해지고 있었다. 이에 대한 해결책은 더 강력한 효과를 가진 비료라고 거의 모든 사람들이 믿고 있었다.

식물은 질소가 필요하고, 앞에서 말한 것처럼 질소는 분뇨 등 다양한 공급원에서 나올 수 있다. 그러나 식물은 칼륨과 인燐도 필요하다. 칼륨은 잿물(잿물을 뜻하는 영어 '포태시potash'는 글자 그대로 '냄비 재pot ash'라는 뜻의 네덜란드어 '포타셰potasch'에서 온 것이다)에서, 인은 뼛가루에서 얻을 수 있다는 사실을 모든 농부가 알고 있었다.

칼륨과 인 모두 오래전부터 활발하게 거래되어왔다. 14세기부터 에티오피아에서 칼륨이 채굴되었고, 뼛가루는 수요가 매우 높아 워털루와 다른 주요 전투에서 나온 군인의 유해가 팔려서 갈린 뒤 (주로 잉글랜드에서) 다시 팔릴 정도였다.[4] 미국에서는 개척 농부들이 들소의 뼛가루를 사용했는

데, 들소는 거의 멸종되고 있는 중이었다.[5] 칼륨과 뼛가루(군인의 뼛가루가 아니라 동물의 뼛가루) 모두가 지금도 유기 비료로 사용되고 있다.

하지만 여전히 거름은 충분한 편이 아니었다. 1840년 독일의 과학자 유스투스 폰 리비히Justus von Liebig는 거름에서 중요한 요소는 질소라는 사실을 밝혀냈다. 유럽인들은 이 필수 요소를 갈망했고, 아메리카의 식민지화로 생긴 또 다른 기적적인 치료법이 일시적인 해결책으로 등장했다. 1800년경 카리브 해, 멕시코, 남아메리카 북부 지역을 5년 동안 탐험하고 있던 독일의 박물학자 알렉산더 폰 훔볼트Alexander von Humboldt는 페루 인근 해역에서 근처의 섬들을 오가는 선박을 관찰하게 되었다. 그리고 냄새도 맡았다. "4분의 1마일(약 400m)이나 떨어진 곳"[6]에서였다.

이들 선박은 구아노를 운반하고 있었다. 안데스 언어인 케추아어에서 구아노라는 단어는 '동물 배설물에서 나오는 모든 종류의 비료'라는 뜻이다. 세계 다른 곳에서 이 단어는 직접 뿌리면 식물의 뿌리를 태울 수 있을 정도로 질소의 함량이 아주 높은, 그 지역 박쥐와 바닷새의 배설물과 동의어가 되었다.[7]

그 지역 사람들은 구아노가 특별히 훌륭한 비료가 된다는 사실을 알고 있었고, 이 물질을 공정하면서도 지속 가능한 방법으로 채취하고 운반하고 심지어는 분배하는 방법을 개발했다. 각 가구는 지정된 섬의 구아노 몫을 할당받았고, 이 시스템에 불복한 가구는 처벌을 받았다.[8] 하지만 원주민의 다른 여러 시스템과 마찬가지로 이 시스템도 몇십 년 뒤 파괴되었다. 훔볼트가 유럽에 가져간 구아노 샘플이 분석되고, 토양에 질소를 첨가하는 데에 사용되었던 이전의 다른 모든 것보다 훨씬 낫다고 밝혀지면서부터였다.

비료에 굶주린 유럽인들에게 구아노는 신의 선물이었다. 구아노는 다른 분뇨보다 질소의 함량이 더 높았을 뿐 아니라 칼륨과 인의 함량도 높았다. 그리고 더욱 큰 장점은 상상할 수 없을 정도로 많은 양, 즉 거의 세계사적으로 언급할 만큼 거대한 양이 모조리 한곳에 퇴적되어 있다는 사실이었다.

시추 가능한 석유로 변한 동식물의 퇴적물처럼 구아노도 수천 년 동안 쌓인 것이었다. 또한 석유처럼 구아노도 가져가기 적당할 정도로 숙성된 상태였다. 그 지역 주민들의 권리를 무시할 만큼 뻔뻔하기만 하다면 말이다. 구아노 더미를 발견한 유럽인들이 알고 있고 신경 썼던 것은, 이것이 농업상의 절실한 필요를 해결해줄 것이며 이를 통해 부를 얻을 수 있다는 사실뿐이었다. 그래서 이들은 구아노를 가져갔다.

구아노가 모습을 드러내지만 않았다면 윤작과 풋거름에 대한 새로운 방법을 연구해야 한다는 압력이 농업을 완전히 다른 방향으로 이끌었을지도 모른다. 모든 면에서 똑같이 생산적이지만 더 건강한 방향으로 말이다.

그러나 불행하게도 그렇게 되지는 않았다. 구아노가 팔리는 곳마다 토양 건강에 대한 종합적인 관점은 무시한 채 필요에 따라 영양분을 첨가하고 그리고 또 추가하는 농업 방식이 강화되었다. 수요는 급증했고 1840년대 영국의 구아노 수입은 100배 증가했다.[9]

분명히 구아노는 최고의 퇴비화된 거름이며 토양을 아주 좋게 만들어준다. 문제는 이것이 전통 사회에서 나온 전통적인 산물이었고 서반구의 다른 많은 보물처럼 유럽이 훔친 것이라는 사실이다. 더구나 구아노는 제한적이고 재생 불가능한 자원이기도 하다.

건강한 농업의 핵심은 폐쇄된 시스템이다. 다시 말해 토양의 영양소, 그리고 영양가 없는 물리적 성분까지도 최대한 그 토양 안에서 순환과 재활용이 이루어지는 시스템이 갖춰져야 한다는 뜻이다. 하지만 환원주의가 극에 달한 그 시기 구아노에 매료된 사람들은 땅에서 최대한의 것을 뽑아내고 토양을 고갈시키는 향후 200년간의 농업 방식으로 가는 토대를 닦았다.

토양을 다루는 방법은 극히 단순화되었다. 뻔히 알 수 있는 비극적인 방식이다. 건강한 토양과 그 안에 있는 모든 것(문자 그대로 수백 개의 원소와 화합물, 그리고 수조 개의 미생물)은 식물에 필요하지 않다는 식으로 잘못 판단한 탓이다. 환원주의에 따르면 토양과 식물은 질소, 칼륨, 인만이 필요할 뿐이었다.

수천수만 년 동안 만들어진 비료가 전 세계를 가로질러 운반되면서 겨우 수십 년 만에 고갈되었다. 끝없는 경작을 방지하는 자연법칙을 무시하는 것은 견고한 시스템이 아니라는 사실이 분명해지면서, 유럽인들은 다음 반세기 동안(특히 화학 비료의 개발 이후) 이러한 접근 방식의 어리석음을 깨닫게 될 운명이었다.

이는 유럽인들에게 낯선 사실은 아니었다. 뉴턴Isaac Newton은 물질의 유한성에 대해 논했고, 고대 그리스인 에피쿠로스Epicouros는 "사물의 총량은 항상 동일하며 앞으로도 그럴 것이다"라고 말했다. 심지어 대표적인 환원주의자인 리비히까지도 "지구에는 무궁무진한 선물이 있다"라는 식으로 운영하는 '어리석음'을 지적했다.[10] 마찬가지로 카를 마르크스Karl Marx도 새로운 농업 방식은 토양을 '강탈'하는 것 중 하나라고 비판했고, 이미 1861년에 '자급자족 농업'의 종말을 한탄했다. 몇 년 뒤 그는 "기존 땅의 원기를 회복시키기 보다는 새로운 땅을 개간하고 경작하면서 비용을 줄이고 수익성을 높이는 북아메리카의 고갈 시스템"[11]에 대해 이야기했다. 말할 필요도 없는 일이지만, 더 적은 비용과 더 높은 수익성을 지닌 이러한 농업 방식이 대세로 자리 잡았다.

영국 의회는 자국의 농업을 활성화시키기 위해 수십 년 동안 많은 노력을 기울여왔다. 1815년에는 옥수수법으로 공식적인 조치를 취하기도 했다. 이 법은 옥수수, 호밀, 보리, 밀 등 여러 식품의 수입품에 높은 관세를 매겨 지주 계층을 보호해주려는 것이었다. 이 법으로 자국의 식품은 계속해서 높은 가격을 유지하게 되어 시골 농장은 계속 만족해할 수 있었다. 그러나 세계 시장에서 작물이 더 풍부해지면서 해외에서 식량을 재배하고 수입하는 일은 더 용이하고 저렴해지게 되었다. 1846년에 옥수수법은 폐지되었고 옥수수와 다른 곡물, 그리고 몇몇 식품에 대한 관세가 철폐되었다.

구아노 덕분에 영국의 농업은 얼마간 지탱되었지만 토지와 노동 가치가 귀해져 값이 올라간 탓에 토지와 노동력에 대한 부담으로 영국 농업의 자립성은 (개별 지주의 농사에서처럼) 급격히 효용이 떨어지고 있었다. 그리고 산업이 성장하면서 농부는 점점 더 많이 공장 노동자가 되어갔고, 농촌 이주민이 도시에서 일자리 경쟁을 벌이면서 임금은 급락했다. 그럼에도 불구하고 새로운 계층의 임노동자에게 줄 음식값이 비싸서는 안 되었다. 임노동자가 효율적인 생산 역량을 발휘하면서 사측과 별 마찰 없이 지내게 하려면 최소한의 영양만큼은 보장해줘야 했기 때문이다. 여성들은 요리를 하고 아이들을 돌보면서 돈 한 푼 받지 못하고 가정을 꾸렸기 때문에, 임금은 식비와 집세 등도 감당할 만큼이 되어야 했다.

이것이 역사의 발전 방향이었다. 값싼 수입 식품에 대한 의존과 도시화로 영국의 농업이 붕괴되는 것 말이다. 실제로 1870년대 영국은 '농업의 대침체' 상황을 겪게 되었고 이 침체는 제2차 세계대전 이후까지 이어졌다.

역사상 처음으로 농산물은 세계적으로 유통되는 상품이 되었고, 이는 지금 우리가 당연시하고 있는 현상이다. 돈만 있으면 매일같이 식탁에 바나나를 놓을 수 있고, 블루베리, 토마토, 망고, 신선한 참치, 커피를 언제 어디서나 살 수 있다. 대규모 농장과 글로벌 시스템은 세계의 거의 모든 음식을 즉시 제공해준다.

그러나 이 가용성에는 대가가 따랐다. 첫 번째는 정치적으로 더욱 심해진 기근이었다. 자유 무역 정책으로 식량 생산이 해외로 옮겨졌고 전통적인 농업 사회는 스스로를 위해 농사를 짓는 능력이 약화되었기 때문이다. 전직 농부들은 산업 혁명을 가속화했고, 새로운 도시인들은 '소비자', 즉 돈은 벌지만 생존에 필요한 것은 거의 아무것도 생산하지 않는 계층이 되었다.

세계의 어떤 지역은 다른 지역보다 값싼 식량을 더 잘 재배하고 있다는 사실을 입증했다. 19세기 후반부터 20세기 대부분 동안 그 어느 나라도 미국을 따라갈 수 없었다.

완벽한 농지라는 것은 없지만, 이후 미국의 심장부라고 일컫게 된 지역은 지구상에서 가장 비옥하고 평평하고 물이 풍부한 곳에 속한다. 처음에는 휴경이나 윤작도 필요하지 않을 정도였다. 이곳의 땅은 대부분 처녀지였거나, 원주민이 행했던 건강한 농업으로 수 세기 동안 잘 유지되어온 곳이었다.

따라서 이 땅의 가장 수익성 있는 용도가 밀과 고기라는 두 가지 주요 상품을 생산하는 것임을 깨닫기까지는 그렇게 오랜 시간이 걸리지 않았다.

서부로의 이주를 이끈 이러한 원동력은 땅 그 자체, 물과 에너지의 사용 방식, 정착하는 패턴, 그리고 궁극적으로는 미국인의 식단을 결정하게 되었다. 1세기 뒤 세계의 여러 지역에서 이와 동일한 양상이 나타났다. 그리고 산업형 농업 관행의 부상으로 밀과 고기 생산(밀은 생산성이 높은 옥수수와 콩으로 점차 대체되었다)은 세계 나머지 지역에서 부러움의 대상이 되었다.

밀, 옥수수, 고기가 함께 생산되었다. 예컨대 19세기 오하이오에서는 인구가 급증하는 상황에서도 자체적으로 소비할 수 있는 양보다 훨씬 더 많은 곡물을 재배할 수 있었기 때문에 그 대부분은 동쪽으로, 심지어는 해외로도 운송되었다. 이 젊은 나라는 영국과의 무역에 크게 의존했기 때문에 이는 매우 중요한 일이었다.

그러나 철도가 완공된 19세기 중반 이후에도 곡물 운송은 부담스럽고 위험한 일이었고 항상 이익이 나는 일도 아니었다. 동부 도시민들이 그 많은 옥수수가 어디에 필요했겠는가?

수입 비료에 의존하는 것처럼 육류 생산에 의존하는 것도 궁극적으로는 악마와의 또 다른 거래였을 수도 있지만 당시로서는 손쉬운 결정이었다. 동물, 특히 돼지는 곡물을 수익으로 전환하는 훌륭한 방법이었기 때문이다.

간단히 말해 돼지 한 마리에 6파운드의 곡물을 먹이면 (대략) 1파운드의 고기로 전환된다.[12] 전환율은 동물마다 다르다.[13] 돼지고기 1파운드보다 쇠고기 1파운드를 얻는 데에 더 많은 곡물이 필요하고, 닭고기 1파운드를 얻는 데는 이보다 덜 필요하다. 하지만 영양의 집중이라는 면에서 생각해보았을 때 이러한 전환은 훌륭한 것이다. 옥수수보다 운송이 쉽고 시장성도 높은 생산물을 찾는 상황이라면 말이다.

기존에는 거래할 음식을 재배하기 위해 농지를 주로 사용했지만, 이제는 곡물을 사람 대신 동물에게 먹인 뒤 그 동물을 파는 일에 초점을 맞추는 경우가 훨씬 더 많아졌다. 그렇게 하면 이윤을 훨씬 많이 남길 수 있었기 때문이다.

알코올 증류도 비슷한 패턴이 부각되었고, 이는 동물 사육보다 훨씬 쉬운 일이었다. 하지만 매일 술을 마시는 것은 결국 눈살을 찌푸리게 만들었고 알코올 소비는 점차 감소했다. 하지만 고기의 인기는 나날이 높아졌다.

고기는 식물성 작물보다 항상 가치가 높았다. 부분적으로 이는 고기의 농축된 특성 때문이었을 뿐만 아니라 언제나 수요가 많았고 19세기까지는 구하기도 어려웠기 때문이기도 했다. 특히 냉장이 보편화되자 고기의 가공과 운송이 곡물보다 용이해졌다. 처음에는 동물이 자신의 힘으로 가공 공장까지 걸어간다. 그리고 일단 도축되면, 간편하고 다루기가 상대적으로 용이한 제품이 나오게 된다. 곡물은 상하기 쉬웠고 해충의 공격을 받거나 수레, 마차, 바지선에서 엎질러지는 경우도 많았다.

철도가 등장하기 전에는 대부분의 고기와 곡물이 배로 운송되었다. 1820년대까지 이리 운하, 미시시피 강, (루이지애나 매입으로 얻은) 뉴올리언스의 항구는 모두 육류 거래에 중요한 역할을 했다.

1825년 루이빌에 있는 폭포를 우회하기 위해 운하가 건설되면서, 미시시피 강으로 흘러들어가는 거대한 오하이오 강 또한 항해가 더 쉬워졌다. 이에 따라 1850년까지 서부에서 가장 큰 도시였던 신시내티의 성장이 촉진되었고, 다른 어느 곳보다 돼지고기를 더 많이 생산하면서[14] '돼지의 도시'라는 뜻의 '포코폴리스Porkopolis'로 알려지기까지 했다.

돼지는 신시내티의 주요 사업이었다. 신시내티는 돼지가 거리를 자유롭게 많이 돌아다닌 덕분에 쓰레기를 치울 필요도 없어진 곳이었다.[15] 도축장과 육류 가공 공장이 도시 전역에 생겨났고, 돼지고기는 소금에 절여져(근처 켄터키에서 온 소금이 풍부했다) 통에 포장된 뒤 자국에서의 소비나 국제 시장에서의 무역을 위해 동쪽으로 운송되었다. 돼지기름인 라드로는 비누와 양초를 만들었다. 동물의 다른 모든 부분도 단추에서 솔에 이르기까지 무언가로 바뀌었다.

하지만 신시내티의 군림은 오래가지 못했다. 미시시피 강에서 이루어지던 북부와의 교역 대부분이 남북 전쟁 당시 단절되면서 (그리고 올버니, 버펄로, 클리블랜드를 경유해 뉴욕과 시카고를 연결하는 새로운 철도 시스템의 북쪽 지선이 건설되면서) 당시 '머드 시티Mud City'(갯벌에 지어졌기 때문에 이런 이름이 붙었다)로 알려진 시카고가 기회를 잡았다. 시카고는 남북 전쟁 중에 연방군(북군)을 위해 돼지고기를 가공하면서 수백 에이커를 스톡야드•로 개발했는데, 이곳은 세계에서 가장 생산적인 목초지인 미시시피 서쪽 땅에서 사육된 동물들의 최종 도착지가 되었다.

무한한 듯 보이는 자연환경의 이러한 개발로 미국은 강력한 경제 엔진을 가동할 수 있는 체제로 전환되었다. 1870년 무렵 시카고는 연간 300만 마리의 돼지와 소를 가공하고 있었다.[16] 과거 같으면 상상도 하지 못할 숫자였다. (뉴욕의 인구 100만 명은 매년 같은 수의 동물을 소비했다.[17]) 칼 샌드버그Carl Sandburg의 말에 따르면 시카고는 "전 세계를 위한 돼지 도살장"[18]이 되었고, 1890년에는 이 나라에서 두 번째로 큰 도시로 성장했다. 아머와 스위프트 등 지금까지도 여전히 유명한 거대한 가공 공장의 소유주들은 빠르게 성장하는 서부 도시 10여 곳에 공장을 세웠고, 머지않아 냉장

• 스톡야드(stockyard) : (도살장·시장에 보내기 전의 일시적인) 가축 우리. 가축 사육장.

운송법도 개척하게 된다.

한편 대평원(50만 평방마일로, 미국 48개 주 면적의 약 6분의 1에 해당한다)은 세계 최대의 소 번식 및 사육 실험장으로 변모했다. 대평원에서 돼지보다 소를 키우게 된 이유는, 무한하다 싶을 정도로 많은 숫자의 소가 풀을 뜯을 수 있는 어마어마한 목초지, 시카고와의 인접성, 그리고 1830년대부터 매년 수천 마일씩 깔고 있는 새 철도 덕분이었다. 끊임없이 확장되던 이 시스템 덕분에 소들은 점점 더 서쪽으로 이동한 한편, 소고기는 미국 전역의 사람들을 먹이기 위해 동쪽으로 운반되었다. 콜로라도와 와이오밍은 머지않아 소로 먹고사는 주가 될 판이었다.

이들 모든 소는 우리가 지금 '목초를 먹여 키운 소'라고 하는 것들이었다. 원래 그랬듯 당시의 소는 풀을 뜯어 먹었다. 그리고 이전의 들소처럼 소도 사람의 개입 없이 대평원을 돌아다녔다.

농부들이 소를 모아 수백 마일 떨어진 곳으로 끌고 와서 한데 모은 뒤, 병에 걸리게 하고 탈진시키고 쇠약하게 만드는 방식으로 다루기 시작하면서 모든 것이 바뀌었다. 시카고에 도착한 많은 소는 무게가 미달된 상태이거나 허약해진 상태였다. 그중 일부는 도축되어 가공되었지만 나머지는 곡물로 살을 더 찌웠다. 사육 시스템이 시작된 것이다.

소 산업이 대평원을 휩쓸고 지나가면서 이곳의 동식물은 완전히 바뀌었고, 북동부가 산업화되면서 미국 남부는 구식 농업(그리고 가장 수치스러운 노예 전통)의 유일하고 생산성 높은 거점으로 남게 된다.

남북 전쟁 이전 북부와 남부의 차이는 극명했다. 남부는 노예가 된 사람들의 도움으로 농업 종속국으로 번성해 영국과 지속적인 의존 관계를 맺었고, 북부는 빠르게 근대 산업 국가가 되고 있었다. 그러나 미국의 북부와 남부는 다음과 같은 공통점이 있었다. 노예가 된 아프리카인들이 번영의 토대였다는 사실이다.[19] (에드워드 밥티스트Edward Baptist의 『아무도 말하지 않은 절반의 이야기The Half Has Never Been Told』는 이 주제에 대한 설득력 있는 읽을거리다.)

이제까지 만들어진 것 중에서 가장 잔인하고 노골적으로 사악한 경제 시스템인 미국 노예 제도[20]는 수익성 높고 성장하는 사업이었다. 미시시피는 남북 전쟁이 시작될 당시 미국에서 가장 부유한 주였으며, 매튜 데스몬드Matthew Desmond가 《뉴욕 타임스 매거진New York Times Magazine》의 「1619년 프로젝트」에서 적었듯, "노예가 된 사람들의 환산 가치는 미국의 모든 철도와 공장의 가치를 넘어섰다."

북부가 노예 제도를 폐지했다고는 하지만 그 제도의 이익에서 벗어난 뒤에도 놀라운 부를 계속 이루었다. 북부는 노예가 된 사람들이 재배한 면화로 직물을 만들기 위해 일찍부터 산업화했고 금융, 보험, 교통, 행정, 부동산으로 재산을 모은 것이다.

한편 남부의 농장주들은 많은 빚을 지면서 시대착오적인 삶의 방식에 의존하고 있었다. 일상적으로 그랬던 것처럼 경기 침체가 닥쳤을 때, 다른 사업체들은 보유 자산을 정리하면서 불황인 시장에서 벗어날 수 있었다. 그러나 면화 왕국은 덫에 갇혀 있었다. 노예사학자 월터 존슨Walter Johnson은 다음과 같이 적었다. "남부인들의 자본, 즉 노예는 계속해서 잠자코 엎드려 있지만은 않을 것이다. 갈망할 것이다. 훔칠 것이다. 반란을 일으킬 것이다."[21] 현금을 마련하기 위해 농장주들은 더 많은 면화가 필요했고, 더 많은 면화를 키우기 위해서는 더 많은 땅과 더 많은 노동력이 필요했다. 존스의 말에 따르면 "살아남기 위해 노예 소유주들은 사업을 확장해야만 했다."

테네시, 플로리다, 조지아, 앨라배마, 그리고 그 밖의 다른 곳에서 장기간에 걸쳐 아메리카 원주민을 폭력적으로 이주시킨 일에 대해 농장주들은 수십 년 동안 만족스러워했다. 그러나 노예를 만든 사람들과 정치인들은 카리브 해를 포함하고 브라질까지 확장된 미국 제국을 꿈꿨다. 이들은 여러 해 동안 쿠바에 집착했다. 1823년 존 퀸시 애덤스John Quincy Adams 국무장관은 '자연법'이 정하는 바에 따라 결국은 미국이 쿠바를 통치하게 될 것이라고 적었고 이런 생각을 계속 유지했다.[22]

1845년 스페인이 노예 제도를 불법화하면서 고통을 겪은 쿠바 태생의 (백인) 설탕 농장 소유주에게는 미국의 통치가 매력적이었다. 1848년 미국 대통령 제임스 포크James Polk는 스페인으로부터 1억 달러에 쿠바를 사들이자고 제안했고, 1854년 정부 관리들은 강제로 쿠바를 빼앗자는 논쟁을 벌이고 있었다.[23] (노예 소유주들에게는 너무 늦은 일이었지만 미국이 스페인과 전쟁을 벌이고 쿠바, 푸에르토리코, 괌, 필리핀을 장악했던 1898년이 되어서야 쿠바를 차지할 수 있었다.)

'명백한 운명'이 인기 있는 구호가 되면서 두 부류 사람들 사이의 균열이 커졌다. 한 부류는 노예가 있는 주와 식민지(텍사스, 미주리, 캔자스, 쿠바, 니카라과 모두가 후보지였다)를 더 많이 가진 국가를 원한 사람들이었고, 다른 한 부류는 서부로 온 백인들이 일하는 백인 소유의 토지를 보고 싶어 했던 사람들이었다. 두 번째 부류의 사람들은 전반적인 경제 상황에서 자유(물론 백인 남성의 자유다)가 노예 제도보다 낫다고 주장했다. 그리고 자신들의 필요에 적합했을 때는 자유가 도덕적으로도 더 나은 것이라고도 주장했다. 남북 전쟁은 이 분쟁의 결과였다.

남부의 탈퇴 덕분에 북부의 의원들은 무엇이든 할 수 있는 다수 의석을 차지하게 되었고, 전쟁이 끝나기도 전에 에이브러햄 링컨Abraham Lincoln과 공화당은 '명백한 운명'에 대한 자신들의 해석을 서둘러 실행에 옮겼다. 존 오설리번의 말처럼 이는 "신의 섭리가 내린 대륙에 '명백한 운명'을 확산시키고, 매년 증가하는 수백만 명이 자유를 더욱 누리게 하기" 위해서였다. 자격이 있다고 여겨지는 백인 남성들에게 땅을 제공하기 위해 원주민을 치워버리고 심지어는 죽여버리기까지 하려는 명확한 의도 속에서 이러한 확산이 이루어졌다.

이 과정은 1862년 링컨과 의회가 힘을 합쳐 홈스테드 법Homestead Act 중 첫 번째 법안을 통과시키면서 가속화되었다. 이 법안은 5년 동안 거주하고 소액의 등록비를 내거나 1에이커당 1.25달러를 낸 정착민에게 160에이커의 토지를 준다는 내용이었다. 이는 역사상 가장 대규모 토지 제공이었고, 물론 백인 남성만을 대상으로 하는 것이었다. 이전에 노예였던 사람은 이 거래를 할 자격이 없었고, 미혼 여성, 원주민, 그리고 가장 큰 비유럽 이민자 집단을 구성하고 있는 중국인도 마찬가지였다.

모두 합쳐서 2억 7,000만 에이커의 '공공' 토지, 즉 미국 본토 면적의 7분의 1이 홈스테드 정착민에게 제공되었다. 여기에 더해 철도 회사도 (최종적으로) 1억 8,000만 에이커 이상을 받게 되었는데, 단기적으로는 8,000만 에이커 이상이 최고 입찰자에게 매각되었고 가격은 대체로 1에이커당 1.25달러였다. 토지는 매우 신속하게 금융 자산으로 넘어가 은행가, 금융가, 투기꾼의 소유가 되었기 때문에, 미국 농부들이 어려운 상황 속에서 얼마나 많은 빚을 지게 되었는지는 쉽게 확인할 수 있다.

미국 전체 토지의 4분의 1 이상이 양도되거나 싸게 팔렸다. 총 면적(20억 에이커)의 많은 부분이 농사를 지을 수 없는 산이거나 사막이었기 때문에 그 4분의 1이라는 면적은 사실상 경작지 대부분이다. 오늘날 존재하는 소득 불평등의 뿌리를 찾고 있다면, 연방 정부가 백인 남성들에게만 토지(대부분의 부의 기초)를 주어버린 것에서부터 시작할 수 있다.

상황은 다르게 전개되었을 수도 있었다. 1865년 1월 12일 저녁, 20명의 아프리카계 미국인 전도사가 서배너에 있는 임시 본부에서 연방군의 윌리엄 셔먼William T. Sherman 장군과 자리를 함께했다. 이들의 대표는 69세의 침례교 목사 개리슨 프레이저Garrison Frazier로, 태어나서 59년 동안 노예로 살다가 금과 은으로 1,000달러를 주고 자신과 아내의 자유를 산 인물이었다.

셔먼은 이들에게 "어떻게 해야 여러분이 스스로를 돌볼 수 있게 될지, 그리고 여러분이 자유를 계속 누리면서 정부를 가장 잘 도와줄 수 있는 방법이 무엇인지 말해달라"고 요청했다.

납치되고 노예가 된 아프리카인의 후손들이 연방 정부에게 무엇을 해줄 수 있는지 질문을 받고 있다는 사실도 프레이저를 당황하게 만들지는 않은 듯싶었다. 그는 이렇게 대답했다. "우리가 스스로를 가장 잘 돌볼 수 있는 방법은 토지를 소유하고 스스로의 노력으로 그 땅을 가꾸고 경작하는 것입니다."

셔먼은 이 말을 경청했다. 며칠 뒤 그는 특별행정명령 제15호를 발표했다.[24] 해안선에서 내륙까지 30마일, 잭슨빌에서 찰스턴까지 250마일을 아프리카계 미국인들의 재정착지로 지정할 것을 약속하는 내용이었다.[25] 백인들과 살고 싶은지를 묻는 질문에 프레이저의 대답은 다음과 같았다. "우리들끼리만 살고 싶습니다. 남부에서는 우리에 대한 편견이 있고, 그것을 극복하는 데에는 오랜 세월이 걸릴 것이기 때문이죠."[26]

한 가구당 40에이커의 '경작용 토지'가 할당되었다. "개인의 자유뿐 아니라 미국 시민의 권리를 지키기 위해 자기 몫의 기여를 하려는 목적으로" 연방군에 입대했던 가장에게 제공된 토지였다. 연방군에 입대해 싸운 노예 출신 흑인들은 "농기구, 종자, 도구, 장화, 의복, 생계에 필수적인 기타 물품을 조달하는 데에" 군에서 받은 급여를 쓸 수 있었다.

자신의 땅에서 일하고 그 혜택을 누리는 것은 자유의 기본 요소로 볼 수 있다. 노예였던 사람들에게 무엇을 원하는지 미국이 물었던 단 한 번의 만남에서 이들이 요구한 것이 바로 이런 자유였다. 1862년 홈스테드 법은 '한 가족의 가장인 사람'(대부분의 여성들은 서류상으로나 내용상으로 제외되어 있었다)과 시민권자(1862년 당시에는 아프리카계 미국인이 제외되어 있었다)에게 이 기본적인 소망을 성취할 수 있는 기회를 보장했다.

비시민권자의 자격을 인정하지 않았던 이 법안은 노예였던 사람들에게서 토지를 빼앗았다. 또한 "미국 정부에 대항해 무기를 든" 사람들도 제외했다. 하지만 아프리카계 미국인들은 시민이 된 이후에도 홈스테드 법의 혜택에서 거의 완전히 배제된 반면, 전 남부 병사들(반역자들)은 혜택을 누리게 되었다. 링컨이 살아 있었다면 상황이 달라졌을 수도 있겠지만 앤드루 존슨Andrew Johnson 대통령은 셔먼의 야전 명령을 즉각 뒤집었다.[27]

홈스테드 법이 흑인을 배제하는 상황을 벌충하기 위한 빈약한 시도로 해방노예국Freedmen's Bureau은 노예 출신들이 토지를 임대할 수 있도록 허용해주었고, 노예주로부터 압수한 토지를 최종적으로는 소유할 수 있게 해주었다. 그리고 짧은 기간 동안 군대는 이러한 규정을 시행했다.

그러나 이런 조치도 계속 시행되지는 않았다. 셔먼이 노예 신분에서 해방된 자유민에게 약속한 40에이커는 백인들에게 통상 제공되는 홈스테드의 4분의 1에 불과했지만 연방 정부가 제공한 것보다는 넓은 것이었다. 북부의 산업은 자급자족 농부보다 노동자에게 관심이 더 많았고, 아프리카계 미국인에게 무상 토지 형태로 보상을 주려는 생각은 시작과 동시에 거의 사라졌다.

게다가 전쟁 전에 강제로 일해야 했던 땅에 합법적으로 정착한 노예 출신들은 1877년이 되자 예전의 그 납치범에게 땅을 되돌려주어야만 했다. 돌아온 토지 소유주는 임금과 소작 제도를 신속하게 만들었고, 이와 동시에 수감, 유사 노예 제도, 짐 크로 법*, 린치(폭력적인 사적 제재) 등을 포함하는 사회 제도도 세워나갔다. 이는 흑인을 사실상 영구적으로 예속시키려는 실용적인 목적으로 고안된 것이었다.

이러한 추세는 더욱 심해졌다. 수정헌법 제13조가 노골적인 노예 제도를 불법화했지만 징역형은 허용했기 때문에, 노예 출신과 그 후손을 체포하기만 하면 죄수로 만들어 무임 노동을 강제할 수 있게 되었다. 아프리카계 미국인을 사고파는 일은 더는 할 수 없었지만, 계속해서 이들을 (그리고 이들의 후손을) 가족과 헤어지게 만들 수 있었고 자유를 박탈할 수도 있었다.

재건이 공식적으로 끝나기도 전에 많은 노예 출신들과 친족들은 남부에서 행복한 삶을 살게 될 것이라는 희망을 포기하고 대탈출을 시작했다. 이들 '엑소더스터Exoduster'들은 서부로 향했다.[28] '엑소더스터'는 약속된 땅을 찾아 노예 상태에서 탈출한 성서 속의 이스라엘 사람들에 빗대어 이들 스

● 짐 크로 법(Jim Crow Laws) : 1876년에 제정된 미국의 인종 차별법. 공공장소에서 흑인을 백인과 차별하는 규정이다.

스로가 붙인 이름이었다. 이들이 간 곳은 주로 캔자스(남북 전쟁 이전의 자유주로, 이를 자랑스럽게 여기고 있다)였지만 오클라호마, 콜로라도, 산업화된 북부 지역으로도 갔다.

미국에서 가장 중요한 농부로 살아가던 아프리카계 미국인의 시대는 끝났다. 20세기에 남부를 떠나 북부로 간 사람들처럼 대부분의 엑소더스터들은 도시에 정착했고, 이들과는 달리 주로 디프사우스에 남아 농사를 짓고 있었던 사람들은 적대적인 태도를 계속해서 보여주는 지방 정부와 연방 정부를 상대하며 자신들의 땅을 지키고 생계를 유지하기 위해 번번이 시련을 겪었다.

19세기 마지막 3분의 1의 기간 동안 원주민, 여성, 노예 출신 및 기타 유색 인종의 권리를 인정한 공정한 토지 재분배가 있었다면, 20세기는 자신들의 땅과 자신들이 기르는 음식, 주변 지역 사회에 신경 쓰는 가족들이 운영하는 중·소규모의 농장 수백만 개가 더해져 무척이나 다른 상황이 펼쳐졌을 것이다. 그 대신 연방 정부는 이전 노예 소유주와 힘을 합쳐 계속해서 정의롭지 못한 시스템을 구축했고, 이는 환금 작물과 단일 재배에 초점을 맞춘 것이었다.

이러한 일들은 노골적이고 공개적으로 이루어졌다. 홈스테드 법 외에도 1862년 미국 농무부가 설립되고 모릴 토지허여법안(이하 모릴 법)이 통과되면서 오늘날에도 여전히 잘 알려져 있는 많은 공립 대학이 설립되었다. 이들 대학 모두는 어떤 대가를 치르더라도 높은 생산성을 이뤄야 한다는 대의를 위해 생겨난 것이었다.

이런 일들이 진행되는 동안 홈스테드 법과 모릴 법(후자는 1890년에 확대되었다)은 궁극적으로 미국과 전 세계에서 농업과 식량의 미래를 결정하게 되었고 그 목표는 분명했다. 초대 농무부 장관인 아이작 뉴턴Isaac Newton은 1863년 다음과 같은 선언을 했다. "농업의 잉여는 농부들이 빚을 갚고 부를 축적할 수 있게 해줄 것이며 이는 국가에 대해서도 마찬가지일 것입니다. 따라서 이러한 잉여를 늘리는 일, 즉 우리 토양의 방대한 자원을 개발하고 끌어내어 새로운 추가 자본을 창출하는 일은 농무부와 입법 기관의 거대한 목표가 되어야 합니다."[29]

뉴턴은 한 걸음 더 나아갔다. "풀잎 하나만 있었던 곳에 두 개를 키우도록 최선을 다하는 일은 (…) 모든 젊은 농부의 목표가 되어야 합니다." 이 진술은 자연, 세계, 심지어 우주의 법칙에 대한 완전한 무지를 보여준다. 모든 것은 유한하다. 미국에 있는 땅의 풍요로움까지도 그렇다. 하지만 19세기 유럽 농업의 쇠퇴로 공백이 생겨났고, 이 공백을 메워줄 환금 작물이 전 세계에 필요해지게 되었다. 그 작물은 바로 밀이었고, 『곡물 상인Merchants of Grain』의 저자 댄 모건Dan Morgan의 말처럼 "세계가 이제까지 보았던 것 중 최고의 식품 시장"[30]은 밀을 기르고 판매하려는 모든 사람들에게 무르익은 상태로 모습을 드러냈다.

상품 판매에서 미국을 따라갈 나라는 전무했다. 이 신생 국가의 철도는 1860년 3만 마일에서 1890년 16만 마일 이상으로 늘어났고, 덕분에 새로운 곡물 재배 지역까지 빠르게 뻗어 나가 그곳의 생산품을 쉽게 운송할 수 있게 되었다. 훗날 카길, 필스버리, 제너럴 밀스로 발전하게 될 여러 회사는 이 철도와 연결된 곡물 창고 네트워크를 구축하고 무역 및 글로벌 운송을 조직화하기 시작했다. 미국의 밀과 밀가루 수출은 19세기 후반 30년 동안 3배 이상 증가했다.[31] 이는 단지 시작에 불과했다.

어떤 대가를 치르더라도 성장하기를 원했던 국가로부터 실질적인 지원을 받은 홈스테드 정착민들이 위스콘신, 미네소타, 다코타, 네브래스카, 캔자스, 콜로라도로 밀려들었다. 처음에는 영국, 독일, 스칸디나비아에서, 그리고 나중에는 유럽 나머지 지역에서 온 사람들이었다. 1860년에서 1890년 사이에 농장의 수는 이전의 거의 2배인 450만 개까지 늘어났다.[32]

미국이라는 경제 동력은 세계가 이제까지 목격한 것 중 가장 강력한 동력이 되었다. 미국이라는 나라의 체제는 어떤 의미에서는 옛날식 식민지의 수직 통합 버전이라고 할 수 있었다. 다시 말해 유럽은 바다 건너 멀리 있는 식민지에서 뽑은 자원을 통해 부와 권력을 일구었던 데 반해, 미국은 본토와 식민지가 하나였다. 본토에 식민지가 포함되어 있었기 때문이다. 웬델 베리Wendell Berry는 미국인을 가리켜 "자국의 제국주의 침략자"[33]라고 지칭했다. 물론 '미국인'도 처음에는 분명 누군가의 나라를 침략한 제국주의자였지만 베리의 지적은 의미가 있다. 미국은 전통적인 식민지 모델을 뒤집어 자국의 천연자원을 활용해 국내에 모든 수익을 남기는 수출 시스템을 구축했다. 이러한 시스템은 미국이 최초였다.

밀 산업의 많은 부분은 교역 행위 자체로 자금을 조달했고, 가격의 급격한 변동으로 밀 구매는 특히 매력이 커졌다. 아무도 이해할 수 없을 만큼 새롭고 복잡한 해외 수요에 발맞추면서 공급은 끝도 없이 증가하는 듯 보였다.

수백만 에이커에 작물을 심는다는 이 전례 없는 일은 그 이후로 미국 사회를 이끌어간 농업 잉여를 만들어냈다. 농부들은 더 많이 생산해야 한다는 어려운 상황에 놓이게 되었고, 이는 수요가 계속 늘었기 때문(그렇지는 않았다)이 아니라 하락하는 가격에 대응해야 했기 때문이었고, 어떤 경우에도 돈을 버는 상인들을 만족시켜야 했기 때문이었다.

관세도 신흥 산업의 편이었다. 자유 이민 정책(여전히 대부분은 유럽계 백인을 위한 것이었다)은 새로운 노동력이 계속 서부로 흘러가도록 도와주었다. 그리고 1883년부터 곡물은 '선물'(작물을 땅에 심기도 전에 사고팔 수 있다는 뜻이다)로 판매될 수 있었기 때문에 농부들은 신용 거래를 하는 법을 배웠다.

새로운 땅(그리고 노예 제도 폐지가 남긴 공백)을 채우는 데 도움을 준 홈스테더들은 이러한 시스템의 심화 때문에 공급자에 불과한 존재로 빠르게 진입할 수밖에 없었다. 영구적으로 빚을 지는 계층으로, 그리고 가내 수공업자와 농노 사이에 있는 어떤 존재로 전락하게 된 것이다.

계속해서 상품이 거래된다면 새로운 기업 입장에는 위험과 빚에 시달리는 이들 농장은 아무런 문제도 되지 않았다. 19세기 중국과 인도의 소규모 자작농들과 마찬가지로 농부들은 자신의 이익이나 지역 사회의 이익이 아니라 전 세계 현금 경제의 이익을 위해 작물을 키우고 있었다. 미국에서는 더스트볼과 대공황이 일어나기 전까지 그 위험성이 분명하게 드러나지 않았다. 그리고 이러한 재앙은 이제 멀지 않은 곳에 있었다.

미국의 곡물 기계, 즉 철도와 양곡기라는 괴물은 이전에 그 역할을 하던 들소처럼 중서부 평원을 가로질러 질주했다. 철도와 금융과 함께 농업은 19세기 가장 큰 부의 주요 원천이 되었다. 농업을 통해 부자가 되는 방법은 수십 가지가 있었지만, 농사를 짓는 일은 그중 하나가 아니었다. 제분소, 양곡기, 중장비, 가공 공장, 운송 회사 등이 빠르게 성장하고 있었고, 제분된 밀가루는 면화보다 2배만큼의 가치가 있었다. 남북 전쟁 이후 40년 동안 일반 제조업체는 여섯 배로 늘어났고 식량 생산은 전체 산업의 5분의

1을 차지할 때까지 성장세를 유지했다.

그리고 이 모든 것에는 조정, 즉 농업 생산에 '합리성'과 표준화를 가져오는 방법이 필요했다. 이에 따라 미국식 농법이 성문화되었다. 이 혁신적인 접근법은 제조업의 변화에 따른 것이었고 현대적 농업의 전 세계적 모델이 되었다.

여기서 '현대적modern'이라는 단어는 꽤 정확한 의미를 담고 있지만, 이 단어는 '새로운', '더 나은'이라는 뜻도 있기 때문에, 자주 쓰이는 단어는 아니겠지만 '추출하는extractive'이라는 말이 발전 중인 농업 방식을 묘사하는 데에는 더 정확한 것이다. 산업 시대의 농업은 기계에 의존해 대체될 수 있는 것 이상으로, 그리고 지구가 감당할 수 있는 것 이상으로 지구에서 많은 것을 조직적으로 뽑아내는 것이었다. 단일 재배, 면화, 담배 수출에 의존하던 남북 전쟁 이전 남부의 정책은 이제 국가 전체의 정책이 되었고 그 과정은 기계화되고 있었다. 밭은 공장이 되었고 농업은 산업이 되었다.

그 산업이 무엇인지는 정부가 보여주었다. 산업화와 상품화, 즉 식품 사업이 농업에서 우선하는 것이라고 농무부가 결정한 것이다. 농부의 복지는 부수적인 고려 사항에 불과했다. 그러면 음식을 먹는 사람들에 대해서는 어떻게 생각했을까. 이들은 시장에 나온 것을 가져가는 역할만 있을 뿐이었다. 음식을 사는 사람들의 영양은 거의 고려되지도 않았다. 인간을 위한 건강한 음식을 극대화하기 위한 농업은 정부의 목표가 절대로 아니었고, 땅과 다른 생물이 입는 피해를 최소화하려는 것도 아니었다.

사실, 미국 농업의 목표는 냉소적일 정도로 단순했다. 잉여를 늘리고 자본을 창출한다는 것이 유일한 목표였던 것이다. 처음 만들어질 때부터 농무부는 농업 강국을 만들기 위해 정치적·경제적 힘을 활용하기 위한 조직이었다. 이를 만들기 위해 이용당하고 착취당하는 사람과 자원이 부수적인 피해라면 그렇다고 할 밖에 도리가 없었다.

2부
20세기

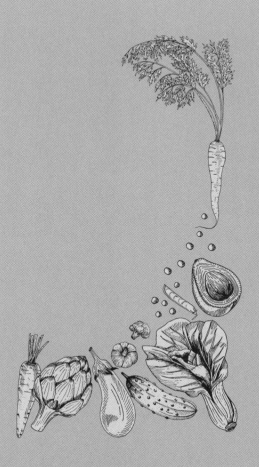

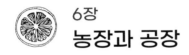

6장
농장과 공장

대체로 사람들은 산업 혁명을 영국에서 시작된 공장에 대한 이야기라고 생각한다. 예컨대 이전에는 상상할 수도 없을 만큼 빠른 속도로 직기를 작동시킬 수 있었던 증기 동력이 영국에서 최초로 사용되었다는 식이다.

그러나 도시의 공장들은 전체 모습의 일부일 뿐이었다. 데버라 케이 피츠제럴드Deborah Kay Fitzgerald가 『모든 농장은 공장이다Every Farm a Factory』에서 언급했듯이, 성공한 공장은 거의 모두가 "대량 생산, 전문화된 기계, 공정과 제품의 표준화, (장인이 아닌) 관리 전문가에 대한 의존, 생산 권한으로서 '효율성'의 지속적인 창출"이라는 다섯 가지 특징을 지니고 있다.[1]

20세기의 농장은 피츠제럴드가 말한 다섯 가지 특징을 모두 지니고 있었다. 남북 전쟁 이후 한 세기 동안 농업에서는 이전의 1만 년을 합친 것보다 더 많은 변화가 일어났기 때문이다.

산업화는 서부로 이동 중이었다. 애팔래치아 산맥 너머의 평지를 덮고 있는 수억 년 된 땅의 두꺼운 지층은 다른 곳과 비교할 수도 없을 정도로 생산성이 높았다. 땅을 파헤칠 수만 있다면 말이다. 하지만 이 지역에 몰려든 새로운 정착민들에게 가장 어려웠던 일은 땅을 파헤치는 것이었다. 이곳의 땅은 너무 두껍고 단단해서 파내기가 어려웠을 뿐만 아니라 흙덩이가 구식 쟁기에 달라붙는 바람에 그것을 떼어내기 위해 작업을 자주 멈출 수밖에 없었다.

1836년 일리노이로 이주한 버몬트 출신의 파산한 대장장이 존 디어John Deere는 새로운 형태와 각도를 적용하고 주철 날이 아닌 강철 날을 사용하는 쟁기를 가지고 땅을 파헤치는 문제를 해결하려 달려들었다. 그는 이러한 쟁기를 다른 방식으로 팔기도 했다. 주문을 받는 대신 생산 라인을 가동시켜 이미 만들어진 쟁기를 고객이 구매할 수 있도록 한 것이다. 1859년까지 그는 매년 1만 개의 쟁기를 만들었고, 최소한 400명의 경쟁자가 있었다.[2] 단순화와 표준화를 지향하는 이러한 추세는 계속해서 이어졌다.

미국인은 기계에 혁명을 일으켜 대평원의 생태계를 빠르게 변화시켰다. 그런 다음에는 기계를 만드는 기계도 혁신했다. 제조업의 '미국식 시스템'은 전문 장인 대신 반숙련 노동자가 작동시키는 기계의 힘과 속도를 결합한 것이었으며, 이 시스템은 런던에서 열린 1851년 만국 박람회(공식 명칭은 '만국 산업제품 대박람회'다)에서 국제적인 명성을 얻었다. 이 박람회에서 미국 제조업체들은 교체 가능한 부품으로 만든 총을 선보였고, 이 총은 심지어 전쟁터에서도 빠르게 수리가 가능한 것이었다. 이와 비슷한 독창적인 농기구들이 계속 개발되었다.

이 새로운 시스템은 인간도 교체 가능한 것으로 취급했다. 인간이 실행하는 역할은 작업별로 분류 및 체계화해, 생산 속도를 늦추지 않고도 거의 모든 사람이 거의 모든 사람을 대체할 수 있었다. 숙련된 사람은 손으로 하나의 신발을 온전히 만들 수 있지만, 신발 제조 기계의 작업자는 신발을 만드는 임무 중 하나만 맡아 그것만 배우고 완벽하게 익히고 수행하게 된다. 그 임무를 수행하지 못하면 신속하게 교체된다는 뜻이다. 작업자는 작동 중인 기계의 부품처럼 손쉽게 교체되었다. 이 시스템에는 숙련된 인력이 필요 없었다. 일반적인 노동자만 필요했고, 작업을 완료하는 데에 필요한 만큼의 숫자만 필요했다.

이 '합리적 관리'와 가장 밀접한 관련이 있는 이름은 프레더릭 테일러 Frederick W. Taylor다. 조립 라인에 대한 그의 연구는 농공학자들에게 영감을 주었고, 이들 농공학자 중에는 연방의 지원을 받은 대학이나 농업 실험소에서 일하는 공무원들도 있었다. 이들은 농부는 '더 전문적'이 되어야 하고, 농업을 다른 사업처럼 다루어야 하며, 더 적은 노동력으로 더 많은 상품을 생산하기 위해 기계에 대한 의존도를 높여야 한다고 주장했다.

디어의 쟁기는 중요한 발명품이었다. 그러나 증기 트랙터와 그 뒤를 이은 가솔린 구동 트랙터의 등장이야말로 판도를 바꾸어놓은 것이었다. 이 모터 달린 말들 덕분에 인간과 동물의 노동은 기하급수적으로 감소되고, 원시 토양을 파헤치는 일은 아무 문제 없이 쉽게 수행되었다.

최초의 유정油井이 1859년 펜실베이니아에서 시추되었고, 곧이어 가솔린 동력, 마력의 증가, 대량 생산된 강철이라는 조합이 급격한 변화를 가져왔다. 1850년에는 농부 한 사람과 말 한 마리가 옥수수 100부셸을 생산하는 데 적어도 75시간이 걸렸다.[3] 1930년에는 같은 작업을 하는 데 15시간밖에 걸리지 않았다.[4] 생산량도 1859년 1억 7,300만 부셸에서 19세기 말 2억 8,700만 부셸로 증가했다.[5]

가장 큰 차이는 트랙터였다. 대부분의 새로운 기술과 마찬가지로 초기 트랙터는 발전 중인 상태였다. 조잡했고 느렸고 고장도 잦았으며 작동시키기 불편한 데다 비싸고 연료 공급도 어렵고 위험했다. 그리고 특히 초기에 나온 석탄과 목재 연소 모델의 경우 쉽게 화재가 발생했다.[6] 게다가 트랙터를 밭으로 옮겨놓기 위해서는 말로 끌고 가야 했고, 밭에서 속도를 내기 시작하는 데에도 시간이 걸렸다.

그럼에도 불구하고 농부들이 이미 신용과 현금을 갖고 있었던 오하이오, 인디애나, 일리노이같이 부유하고 최고의 생산성을 가진 주에서는 초기의 트랙터가 빠르게 인기를 얻었다. 1892년에 최초의 성공적인 가솔린 구동 트랙터가 등장하면서 변화의 속도는 다시 가속화되었다. 이 트랙터는 모든 면에서 증기 모델보다 우수한 것이었다. 더 가볍고 저렴하고 안전하고 효율적이었다.

1916년 미국 농장에는 3만 7,000대의 트랙터가 작동 중이었고,[7] 네브래스카에서 있었던 성대한 행사를 통해 헨리 포드의 모델이 소개되었다. 포드는 1,000만 대의 트랙터를 판매할 시장이 생길 것이라 확신했고, 자신의 트랙터를 다른 회사보다 저렴한 가격으로 판매하겠다고 선언했다.[8] 그는 트랙터의 영향력을 예견했던 것이다. "저는 호주의 덤불숲을, 시베리아와 메소포타미아의 대초원을 갈아엎을 것입니다."[9] 1940년이 되자 트랙터 수는 150만 대를 넘어섰다.[10]

가솔린 구동 트랙터의 가격이 감당할 정도가 되고 판매가 시작되자 초원 공격이 본격적으로 시작되었다. 새 트랙터가 지닌 획기적인 효율성 덕분에 작물을 심고 수확하는 속도가 빨라졌고, 깔끔한 줄을 만드는 써레, 균일하고 빠르게 심는 파종기도 이에 일조했다. 마지막으로 여러 수확 과정을 하나의 기계로 합쳐놓은 '콤바인'('결합'이라는 뜻이다)이 등장했고, 대부분이 인건비였던 생산 비용을 절반 이상 줄여주었다.

1960년이 되자 370만 개의 농장에 470만 대의 트랙터가 있었고, 효율성이 통합으로 이어지면서 농장의 수는 급감하기 시작했다.[11] 트랙터의 수는 꽤 일정하게 유지된 반면, 1960년 농장의 수는 1940년의 절반이 조금 넘는 정도였다.

트랙터는 또 다른 영향을 주었다. 누군가는 이렇게 생각할 수도 있다. 전에는 사역 동물에게 먹일 작물을 생산하는 데에 묶여 있었던 수백만 에이커의 농지를 트랙터 덕분에 마음대로 사용할 수 있게 되었다고 말이다. 1920년에 2,500만 마리가 있었던 말의 수는 1960년에는 약 300만 마리로 감소했고, 이때부터 농무부는 말의 수 추적을 중단했다.

트랙터라는 기계의 영향은 엄청났다. 미국 농무부의 경제학자 윌러드 코크레인Willard Cochrane이 1958년에 쓴 글에 따르면, "동물 동력이 트랙터 동력으로 대체되면서 시장성 있는 농작물 생산을 위해 7,000만 에이커, 즉 우리 경작지의 5분의 1이 추가되었다."[12]

그러나 농부들이 '시장성 있는 작물'을 선택할 권리는 제한적이었다. 이 새로운 기계는 하나의 작물만을 심고 수확하는 데 최적화되어 있었기 때문에 농장의 다양성은 줄어들었다. 20세기 전반 동안 대평원의 새로운 농장에서 키우던 단일 작물은 대부분 밀이었다. 1870년에 밀을 심은 농지는 2,000만 에이커 정도였지만 불과 30년 후 5,000만 에이커로 늘어났다.

제1차 세계대전으로 세계의 밀 수요는 일시적으로 폭증했지만, 도시화가 진행되고 남성들이 군대에 입대하면서 1인당 농부 수는 그 어느 때보다 줄어들었다. 이는 농장에서 더 많은 식량을 생산해야 한다는 뜻이었다. 대부분의 경우 트랙터로 식량 증산이 가능해졌다.

생산량이 급증하면서 과거와 현재의 다른 식민지와 함께 미국은 국내와 전 세계 모든 곳에 곡물을 운송했다. 빠르게 산업화하는 유럽과 아메리카 대륙의 도시뿐 아니라 군대까지 먹일 만큼의 충분한 양이었다. 한편 유럽의 시골 지역은 계속해서 줄어들었는데, 이는 사람들이 산업에서 일자리를 얻거나 사업을 해서 돈을 벌기 위해, 혹은 미국 서부처럼 더욱 큰 성공을 거둘 수 있는 곳에 농사를 지으러 가기 위해 기존의 농장을 포기했기 때문이다. 이러한 인구 이주는 사상 최대의 대륙 간 이동이었다.

그러나 이 새로운 물결을 이룬 야심 찬 이민자들이 알지 못하는 사이에 이들이 상상했던 농업의 풍경은 빠르게 사라지고 있었다.

농부들에게는 항상 좋은 해와 나쁜 해가 있었지만, 이 기간 동안 부침을 거듭하는 경제는 특히 불안정했다. 성장하는 세계 시장이란, 가뭄이나 1만 마일 떨어진 곳에서 벌어진 전쟁이 세계 곳곳의 수요·공급·가격에 갑작스럽고 예측할 수 없는 영향을 줄 수 있다는 것을 의미했기 때문이다. 또한 곡물, 심지어 선물까지도 이제는 금융 거래소에서 거래되었기 때문에 거품, 공황, 가격 변동, 경기 침체가 급증하게 되었고, 이 모든 것은 악천후만큼이나 예측할 수 없고 두려운 것이었다는 사실 때문이기도 했다.

홈스테드 법은 수백만 명의 사람들에게 도움이 되었지만(언제든 공짜 땅을 얻을 수 있다면 비교적 괜찮은 상황일 것이다), 새로운 농부들이 홈스테드에서 일하기 시작하기도 전에 이들을 필요로 하지 않는 미래가 펼쳐지기 시작했다고 해도 과언은 아닐 것이다. 계속해서 증가하는 생산과 통합은, 미국 내 농장의 수가 감소하기 시작했고 정착민에 대한 지원이 사라지고 있다는 사실을 의미했다.

농부의 노동으로 성공한 사업가에게 개별 농부는 귀찮은 존재였다. 농부는 특별한 관심을 필요로 했고, 공정한 대접을 받기 위해 조직을 만들었고, 지불 기한을 넘기는 경우도 종종 있었다. 생산량을 동일한 수준으로 유지하면서 이들의 수를 줄일 수 있다면 전체 시스템은 훨씬 더 원활하게 작동할 것이다.

그러나 농부는 도시 사람에게 '시골뜨기'라고 불리기도 했지만, 무슨 일이 일어나고 있는지 정도는 알고 있었다. 19세기가 끝나가던 때 이들은 경제적 불안정성, 불안정하고 예측할 수 없는 이자와 담보 대출 금리, 디플레이션 압력에 항의하기 시작했다. 정부가 이 모든 것을 바로잡을 수도 있었지만 그렇게 하지는 않았다. 이들은 또한 이 나라 부자의 영향력이 점점 커져가고 있다는 사실을 알고 있었다.

그 어느 때보다 많은 음식이 생산되고 있었지만 굶주림과 이에 대한 두려움은 여전히 남아 있었다. 한때 가족과 이웃을 위해 음식을 재배했던 농부는 자신들이 키운 작물을 시장에 팔아 파산을 막을 돈을 마련해야만 했고, 이는 전 세계적인 현상이었다. 농부는 자신들이 작물을 팔았던 바로 그 시장에서 (다른 모든 사람들처럼) 형편이 되는 만큼의 음식은 무엇이든 살 수 있었다.

그러나 환금 작물을 재배하는 일에 실패하는 경우 농부는 다른 곳에서 재배된 음식은 아무것도 살 수 없었다. 물론 그 지역에서 재배된 음식도 살 수가 없었다. 아일랜드의 비극이 반복되는 것이나 다름없었다. 하지만 농업은 계속해서 세계 시장에 음식을 공급하는 방향으로 나아갔고 개별 지역 사회는 뒤처졌다.

생산과 가격을 통제하고 독립성을 유지하기 위해 많은 농부들은 노동운동 단체, 그리고 긍정적인 변화를 위해 노력하는 다른 단체와 연합해 전국농민연대 등의 조직을 결성했다. 독점의 지배에서 벗어나기 위해 이러한 조직들은 공급, 금융, 보험을 위한 독립적인 공동 구매 조합을 만들었다.

농부들은 적절한 철도 운송비, 은행의 대출 금리 인하(그리고 부채 탕감), 유리한 세율(땅 투기꾼에 대한 무거운 세금도 포함된다), 더 강력하고 강화된 독점 금지법, 자금 공급에 대한 조건 완화 등을 요구했다. 이렇게 통일된 목소리를 갖게 되자 농부들과 이들을 대변하는 사람들은 힘을 합쳐 1892년 인민당을 결성했고 1896년 민주당의 진보적인 대통령 후보인 윌리엄 제닝스 브라이언William Jennings Bryan을 위해 650만 표를 모았다. 안타깝게도 윌리엄 매킨리William McKinley가 700만 표를 얻어 대통령이 되었다.

그러나 기존 농장이 통합된 상황에서도 새로운 농장은 생겨나고 있었다. 미국에서는 세수稅收를 창출하고 농업관련산업 생산물에 대한 수요를 계속 구축하기 위해 정부와 기업 모두가 토지를 공공 영역 바깥에 두고자 애썼다. 농부와 노동자가 더 필요해지면서 연방 정부는 이민을 계속 장려했고 새로운 미국인의 수는 엄청난 속도로 계속 증가했다. 1860년에서 1900년 사이에 미국의 인구는 2배 이상 늘어나 7,500만 명 정도가 되었다.

이 나라에서의 삶이 어떤 것인지에 대해 농부들이 좀 더 현실적인 시야를 갖게 되자(그리고 좋은 땅은 점점 없어지기 시작하고 정직하게 농사를 지어도 부를 얻기가 쉽지 않다는 사실이 분명해지자), 중부의 도시를 떠나 서부에서 농장을 만들 사람들을 유인하기 위해서는 원래의 1862년 홈스테드 법보다 더 강력한 인센티브가 필요했다. 의회는 1909년 홈스테드 확대법을 통과시켰다. 관개가 힘들고 건조하고 바람이 많이 불고 예측 불가능한 강우량을 지닌 서부의 땅을 받게 될 새로운 농부들을 위해 할당량을 320에 이커로 2배 늘려준 법안이었다.

많은 사람들에게 그 땅이란 텍사스, 오클라호마, 네브래스카, 캔자스를 의미했다. 이곳에서는 홈스테드 법이든 아니든 간에 토지가 기본적으로 공짜였다. 어떤 사람들은 문자 그대로 금을 찾거나 일확천금의 기회를 찾기 위해 서쪽으로 더 멀리 떠났다. '계절 농업 종사자들'은 (남의 땅을 갈기 위해 노동자로 나가지 않을 경우) 수천 에이커의 땅을 싼 가격에 사들여 땅을 갈고 씨를 뿌리고 마침내 수확해 역사적으로 유례없이 높았던 밀 가격을 활용했고, 이익이 나지 않을 때면 땅을 팔아치웠다. 땅 투기꾼은 일확천금을 벌려는 계획을 세웠고, 토지 개발업자와 철도 회사는 공짜 토지를 소유할 일생일대의 기회를 얻은 사람들에게 이 행운을 지킬 방법을 보여주기 위해 시범 농장을 세웠다.

이들 토지 사기꾼은, 수요가 줄어들 일은 절대로 없으니 밀 가격은 안정적으로 유지될 것이라고 '보장'하며 동부인을 유혹했다. 서부 토양은 밀 재배에 이상적이었고, 캔자스 대학의 과학자들의 연구에 따르면 기후도 점점 더 좋아진다는 것이었다.[13]

수요가 비탄력적인 제품의 공급을 2배로 늘리면(충분히 음식을 먹은 사람들을 더 먹게 하는 일은 쉽지 않다) 가격은 낮아질 수밖에 없다는 사실은 신경 쓸 필요가 없었다. 역사가 보여주었듯 가장 좋은 토양에서도 밀을 기르기 힘들었다는 사실 따위도 신경 쓸 필요가 없었다. 그리고 장기적인 기후는 예측이 불가능하고 대평원의 날씨는 공교롭게도 짧고 유익한 습윤기를 거치고 있다는 사실도 개의치 않았다.

사실 더 많은 농부, 더 많은 밀, 변화무쌍한 날씨라는 이 조합은 재앙을 만드는 레시피였고, 바로 이 재앙이 앞으로 이어질 일이었다. 농부들은 언제나 열심히 일했다. 그러나 20세기 전까지만 해도 농부들은 자신의 육체와 갖고 있는 동물을 이용해 자신들의 땅에서 일하고 있었고, 이 땅은 자신과 가족들이 살아가는 데에 필요한 음식을 계속해서 공급해주는 터전이었다. 이 모든 이유로 이들은 그 땅에 대한 훌륭한 관리인이자 현명한 농부가 되었다.

이제 농부들은 너무 많은 것을 생산하고 있었기 때문에 다른 노동력을 고용해야 했고 동물 대신 기계를 사용해야 했으며 성공하기 위해서는 더 많은 땅이 필요해졌다. 어쩔 수 없이 이들은 빚을 져야만 했고, 이는 그 어느 때보다 위험성이 커지는 결과를 낳았다. 정책, 기계, 금융이 결합해 농장을 더 키워나갔다.

공장에서 생산된 제품과 마찬가지로 농장에서 나온 제품도 다른 곳에 운송되어 판매되었다. 그리고 공장에서와 마찬가지로 농장에서도 비용이 들었다. 이러한 비용은 이전에는 없었고, 때로는 드러나지 않았으며, 어떤 경우에는 극단적이기까지 했다. 오염, 노동자와 동물에 대한 착취, 토양 황폐화, 자원 고갈 같은 비용이 들게 된 것이다. 이 모든 비용은 상환되지 않은 채 지구와 사회에 그대로 쌓여갔다.

폐기물은 아무리 더럽더라도 정상적인 것으로 간주되었고, 어느 정도의 오염은 '당연한 일'로 여겨졌다. 과학자들은 오염을 일으키는 사람들에게 '자연'이 스스로 정화할 것이라고 확신시켰다. 예전에 땅이 그랬던 것처럼 물도 곧 그 자체로 상품이 되었고, 질도 저하되었다.

하지만 가장 중요한 것은 성장이었기 때문에 산업형 농업으로의 전환은 1만 년 전 농업으로의 전환처럼 당시의 상황에서는 불가피한 일이었다. 그러나 예전의 농업 혁명과는 달리 이 새로운 혁명은 위험할 정도로 빠르게, 불과 몇 세대 동안 일어났다.

당시에는 아마도 알 수 없는 일이었겠지만, 이 혁명에서 필요한 것은 지역 농업에 대한 지원, 즉 상인보다는 지역 사회를 위해 땅을 관리하고 식량을 생산하는 농부에 대한 지원이었다. 그러나 19세기와 20세기 급진주의자의 항의는 소수의 성장과 수익성을 다수의 복지보다 더 중요하다고 여기던 미국이라는 나라에서 극히 제한적인 영향만 끼쳤다.

혁신 덕분에 상품의 무한한 성장은 가능해 보였다. 트랙터는 엄청난 생산의 대유행을 일으켰다. 유일한 한계는 토양의 비옥함이었고, 이는 초미의 과제였다.

그리고 먼 곳에 있는 보물 창고에서 퇴비화된 거름을 약탈하는 것은 일시적인 미봉책이라는 사실을 알고 있었던 사람은 농부들뿐만이 아니었다. 영국과학진흥협회의 회장인 윌리엄 크룩스William Crookes는 '위대한 밀 연설'로 유명해진 연설에서 맬서스의 말을 반복하며 협회 회원과 과학계 전반에 도전장을 던졌다.[14]

그의 말에 따르면 자신이 다루는 주요 주제는 식량 공급이며, 이는 '모든 인류'에게 '생사'의 문제라는 것이었다. 그리고 크룩스가 말하는 '인류'는 "빵을 먹는 전 세계 사람 (…) 즉 유럽, 미국, 영국령 아메리카의 사람들, 남아프리카, 오스트랄라시아*, 남아메리카 일부의 백인 거주민, 유럽 식민

● 오스트랄라시아(Australasia) : 오스트레일리아, 태즈메이니아, 뉴질랜드 및 그 부근의 남태평양 제도를 통틀어 이르는 말.

지의 백인 인구 등의 코카서스 인종"이었다.

그는 다음과 같이 말했다. "먹는 입이 크게 늘어나면 식량 자원이 줄어듭니다. 토지는 한정되어 있으며, 밀을 재배하는 토지는 까다롭고 불확실한 자연 현상에 절대적으로 의존하고 있습니다. 저는 밀을 생산하는 우리의 토양이 그 위에 가해지는 부담을 전적으로 감당할 수 없다는 사실을 보여줄 수밖에 없습니다. (…) 위협받는 지역 사회를 구하기 위해 등장해야 하는 사람은 바로 화학자입니다."

그의 우려는 전적으로 정당했다. 서유럽의 산업 인구는 식민지, 그리고 밀이 풍부한 미국이라는 이전 식민지에서 오는 곡물 수입으로 유지되었다. 수입 곡물이 너무 저렴한 탓에 수입국에서는 곡물의 경쟁력을 갖출 수 없게 되어 곡물법도 일부 폐지되었다. 모든 것은 아무 문제없었다. 아무리 부유한 나라라도 평화로운 무역 관계가 지속될 때에만 식량 수입이 효과를 발휘한다는 사실을 유럽이 깨닫기 시작할 때까지는 말이다. 평화는 지속되지 못할 운명이었다.

영국과 기타 유럽 국가가 자국의 농업에 다시 투자하기로 마음먹었을 때 땅은, 즉 비옥한 토지는 당연히 충분하지 않은 상태였다. 경쟁과 긴장이 고조되었고, 생산을 감당할 영양분 많은 토양을 지닌 식민지 영토를 둘러싼 분쟁이 발생했다. 크룩스가 연설에서 언급했듯이, "전쟁에서 가장 우선시해야 하는, 무엇보다 중요한 군수품은 바로 식량입니다."[15]

게다가 해외에서 비료를 가져오는 일도 빠르게 선택권에서 제외되고 있었다. 상인들이 납치된 중국인을 활용해 구아노를 점점 더 많이 실어 나르면서 비축량도 줄어들었다. 한동안은 다른 두 가지 형태의 고영양 비료('초석'이라고도 알려져 있는 질산칼륨과 '백금'이라고도 하는 질산나트륨)가 그 자리를 대신했다. 이들 비료는 인도에서부터 켄터키, 칠레에 이르기까지 전 세계에서 채굴되고 있었지만 질산염 공급이 감소하면서 비료 가격이 상승했다. 그리고 사용 가능한 질소 수요는 계속해서 증가했다.

세상에는 많은 질소가 있다. 대기의 거의 80%를 차지할 정도다. 그러나 질소는 불활성 물질(식물은 기체 형태로 된 질소를 이용할 수 없다)이고 질소를 공기에서 뽑아내 유용한 형태로 만들 수 있는 방법은 알려져 있지 않았다. 구아노와 질산염 같은 유용한 형태의 질소도 장기적인 면에서는 소와 닭의 분뇨보다도 훨씬 더 제한적이었다. 전 세계의 환금 작물 경제가 번영하기 위해서는 누군가가 크룩스의 도전을 받아들여 대기 중의 질소를 활용할 방법을 찾아야 했다.

그 일을 한 사람은 바로 1868년에 태어난 독일계 유대인이자 알베르트 아인슈타인의 친구인 프리츠 하버Fritz Haber였다. 이 업적으로 그는 역사상 가장 중요한 화학자 중 한 사람이 되었다.

크룩스의 연설이 있은 지 10년이 조금 지난 1909년, 하버는 강한 압력(200기압 이상)과 고온(섭씨 400도 이상)을 이용하고 철을 촉매로 삼아 대기 중의 질소와 수소를 결합하여 암모니아를 생성하는 방법을 발견했다.

하버는 처음으로 공기에서 질소를 뽑아내 인공 비료의 기초를 만들었다. 그는 독일인들이 말한 것처럼 브로트 아우스 루프트brot aus luft, 즉 '공기에서 나온 빵'을 만들었다.

하지만 이 새로운 비료가 즉시 광범위하게 사용된 것은 아니다. 하버의 제조법은 독일 화학 회사인 BASF가 인수했으며, 그의 처남인 카를 보슈Carl Bosch가 산업화했다. 1913년에 대규모 생산이 시작되었지만, BASF는 화학 비료를 개발하는 대신에 다른 호황 산업인 전쟁으로 방향을 돌렸다. 하버의 제조법으로 새로운 종류의 질소 기반 화학 무기, 그리고 더 강력하고 쉽게 만들어지는 폭발물이 세상에 선보이게 되었다.

하버 자신도 화학전을 위한 새로운 무기를 여럿 개발해 염소鹽素, 머스터드 가스, 그리고 다른 기체를 무기로 만들었다. 이는 치클론A의 개발로 이어졌는데, 원래는 곤충을 겨냥한 것이었다. 하버가 사망한 뒤 동일한 기술로 치클론B가 만들어졌고, 이 독가스는 나치가 강제 수용소에서 하버의 가족 중 여러 명을 죽이는 데에도 사용되었다.[16]

제1차 세계대전 이후 암모니아 기반 비료의 대량 생산이 마침내 이루어지게 되자 곡물 생산량은 2배로 증가했고 20년 만에 다시 2배가 되었다. 농부들의 형편이 되는 곳이라면 어디서나 화학 비료가 사용되었기 때문에 피복 작물, 윤작, 거름은 말이 끄는 쟁기처럼 사라졌다. 트랙터, 그리고 이제 곧 개발을 앞두고 있는 화학 살충제와 함께 이 새로운 비료는 20세기와 그 이후의 농업이 나아갈 길을 결정하게 된 것이다.

이런 일이 일어나기에 앞서, 이겨야만 하는 전쟁이 있었다. 기억하는 사람은 거의 없지만 제1차 세계대전의 승리는 밀 덕분이었다. 빅토리아 시대가 끝나갈 무렵인 1901년 영국과 독일은 모두 농업 국가를 탈피해 세계 최대의 산업 강국과 군사 강국으로 전환했다. 두 나라 모두 곡물, 양모, 비료, 그리고 기타 필수품의 순 수입국이었다. 영국은 배로만 운송이 가능한 나라였다. 독일도 유제품과 밀 같은 중요한 상품을 바다를 통한 수입에 의존했다.

공급이라는 면에서 두 나라의 큰 차이점은 대서양이었다. 영국은 동맹국과 식민지와의 무역에 언제나 개방되어 있는 상태였지만 독일로 들어가는 길은 이보다 제한적이어서(지금도 그렇다) 좁고 손쉽게 지켜볼 수 있는 영국 해협을 통과하거나, 실질적으로 영국의 통제하에 있는 북해를 통과해야만 했다.

1914년 전쟁이 시작된 직후 영국은 독일로 통하는 이 두 수역을 폐쇄했다. 영국의 동맹국인 프랑스와 이탈리아는 아드리아 해를 봉쇄했다. 이곳의 최북단 항구는 당시 오스트리아·헝가리 제국의 일부였던 트리에스테였다. 남은 전쟁 기간 동안 독일은 해상으로 식량을 수입하는 길이 거의 막혀버렸고(발트 해 지역까지도 부분적으로 봉쇄된 상태였다), 징병 대상 연령의 남성 대부분이 입대하면서 독일의 농업 지역에서는 사료, 비료, 동물(말 수백만 마리가 전선에 있었다)이 부족해졌다.

애브너 오퍼Avner Offer의 『제1차 세계대전 : 농업적 해석The First World War: An Agrarian Interpretation』에 따르면 독일에서 소비되는 칼로리의 약 19%는 해외에서 온 것으로, 독일 국민은 이것 없이는 살 수 없을 정도였다.[17] 그리고 식량 수입을 넘어서는 장애물도 있었다. 독일의 식단은 그 어떤 선진국의 식단보다 고기의 비중이 높았고, 고기의 비중이 높아지면 가용 칼로리의 전체 수치가 줄어들게 된다. 동물의 '농축'된 칼로리 중 일부가 동물의 생존을 유지하는 데에 사용되기 때문이다.

이는 덴마크에서 있었던 흥미로운 사례를 떠올리게 해준다. 덴마크는 전쟁이 시작되자 중립을 선언했지만, 1917년 독일은 통제할 수 있는 모든 국제 운송에 대한 전면적인 봉쇄를 선언하며 덴마크로 가는 비료, 곡물, 기타 음식의 수입을 차단했다.[18]

덴마크의 식단도 독일처럼 아주 취약한 상태였다. 덴마크의 1인당 곡물 생산량은 독일의 절반에 불과했고, 그 곡물 대부분도 가축 사료로 사용되었다.[19] 그러나 덴마크 정부는 투명성, 결단력, 통일성 있는 조치를 인상적으로 취하면서 알코올 생산량을 줄이고 흰 빵을 배급하고 돼지 사육을 중단하고 통곡물 소비를 장려하면서 국민들에게 곡물 공급을 늘리기로 결정했다. 이 캠페인의 지도자 중 한 사람인 미켈 힌드헤데Mikkel Hindhede 박사는 이렇게 말했다. "고기는 [식단에서] 가장 마지막에 들어가야 할 음식입니다. 돼지와 소를 충분히 먹일 때까지 기다리다가는 사람들이 굶어 죽게 될 것입니다."[20]

힌드헤데의 말은 옳았다. 풍부한 칼로리를 갖춘 어느 정도 균형 잡힌 식단은 적절한 단백질을 제공해준다. 따라서 이전에는 동물들에게 갔던 곡물을 사람들에게 돌리는 방법으로 덴마크 식단은 농업의 생산물 대부분을 활용하면서 통곡물, 감자, 과일, 채소에 집중했다.

실제로 힌드헤데는 1917년 10월부터 1918년 10월 사이의 기간을 '건강의 해'로 명명했다. 덴마크의 사망률은 사상 최저치를 기록했다.[21] 1900년부터 1916년까지 만성 질환으로 인한 평균 사망률은 코펜하겐 성인 표본을 기반으로 1만 명당 100명이었다. 건강의 해에는 66명이었다. 1917년 10월부터 1918년 10월까지 덴마크 전체 사망률은 1,000명당 10.4명으로, 이전 최저치였던 12.5명보다 낮아졌다.

공정하게 말하자면 이러한 건강 개선에 대해 다른 해석도 가능하다. 어떤 사람들은 1917년과 1918년을 '버터의 해'라고 하면서 알코올 섭취 감소와 마가린 섭취 감소로 건강이 개선되었다고 주장했다.[22] 그러나 이유가 무엇이든 간에 그리고 그 이유가 복잡하다는 사실은 의심의 여지가 없는 일이겠지만, 통제된 식이 '실험' 이후 덴마크인의 건강이 개선된 것은 사실이고 이는 오래전에 있었던 경작과 음식 섭취 방식으로의 복귀를 통해서만 가능해진 (그리고 필연적으로 이루어진) 변화다. 그리고 덴마크인이 독일인보다 (더 적은 자원으로도) 훨씬 더 잘 먹고 있었다는 사실은 의심의 여지가 없다. 이들의 식단은 매우 효과적이어서, 오늘날 대부분의 공중 보건 전문가들이 권장하는 바도 전쟁 중의 덴마크 식생활 방식과 궤를 같이한다.

독일에서는 인공 비료를 만드는 데 사용했을 수도 있는 화학 물질을 폭탄과 가스를 만드는 데 사용하고 있었고, 봉쇄는 구아노를 대신해 질소의 공급원 역할을 하던 칠레 초석을 독일이 수입할 수 없다는 사실을 의미했다. 그 결과 농업은 어려움을 겪었고 비용이 엄청나게 증가했으며 궁극적으로는 초 인플레이션이 발생했다. 독일은 공정한 배급과 식량 배분을 위해 전쟁 식량 사무소를 설립하는 것으로 대응했는데, 이는 암시장에서 많은 식량이 거래되었다는 뜻이다.

이에 따른 영양실조로 독일인은 질병에 걸리기 쉬운 상태가 되어 수십만 명의 민간인 사망이 발생하게 되었으며, 제대로 된 성장에 필요한 칼로리 없이 자라난 청소년 세대에게 장기적인 피해를 입혔다. 전시와 전후의 기아는 사회 불안에 기름을 부었고 도시와 시골 거주자, 계급 간, 인종 간의 분열을 심화시켰다. 이런 상황은 독일뿐 아니라 유럽 전역(이는 러시아 혁명의 근본 원인이었다), 중동, 그리고 그 밖의 지역에서도 마찬가지였다.

한편 미국은 밀의 대유행으로 서유럽의 주요 곡물 공급원이 될 준비를 갖추었다. 훗날 대통령이 된 허버트 후버Herbert Hoover는 미국 식품국의 국장으로 임명되었고, 식품국은 지나치게 값을 올리는 일을 제한하는 국내 가격 기준을 정하고 군용 식량 공급량을 배분하였으며 동맹국으로의 판매를 통제했다.[23]

급성장하는 농업의 결실이 동맹국과 군인이 있는 해외로 운송되면서, 후버는 미국인들에게 좀 더 자급자족하고 계란과 치즈를 더욱 생산할 것을 독려했다.[24] 이 두 가지 모두는 여전히 가정에서나 그 근처에서 생산되고 있는 중이었다. 미국인들은 텃밭 가꾸기를 시작했다. 이제까지 방치되어 있었던 300만 개의 부지가 경작되기 시작했는데,[25] 당시 미국의 인구가 약 1억 명이었다는 사실을 생각하면 이는 무척이나 인상적인 숫자다.

그 결과 전쟁 기간과 그 직후 밀 수출은 3배, 육류 수출은 5배로 늘어났다.[26] 1919년이 되자 식품은 미국 수출량의 3분의 1을 차지했다.[27] 이러한 수출의 호황은 지속될 수 없는 것이었고, 불가피하게 닥친 폭락은 소규모 농장의 농부들에게 더 큰 재앙을 가져왔다.

전쟁 수요로 이루어진 높은 곡물 가격은 많은 미국 농부들에게 다음과 같은 기대를 갖게 해주었다. 큰 규모가 더 나은 것이고 많이 심을수록 이익이 더 많이 생기며 연방 정부는 이러한 생각을 뒷받침해줄 것이라는 기대 말이다.

어떤 면에서는 이들이 옳았다. 농부 100만 명에게 각각 1,000부셸을 생산하도록 하는 것보다는 농부 1,000명에게 각각 100만 부셸을 생산하도록 하는 것이 정부 입장에서는 더 쉬운 일이었고 산업 면에서도 더 이득이 된다. 농장과 농부의 수가 적다는 것은 빵이 더 저렴해진다는 의미일 뿐만 아니라 트랙터가 더 많아진다는 의미이기도 했다. 대형 농장 대부분은 정부의 지원 덕분에 성공을 거둔 곳이었다.

선구적인 농부 톰 캠벨Tom Campbell의 경우는 흥미로운 사례다. 1917년 그는 자신의 시간과 기술을 최대한 활용하는 것은 밀과 씨름하는 것이 아니라, 그가 사용할 수 있는 모든 도구를 사용하여 산업적인 규모로 밀을 생산하는 것이라고 주장했다. 피츠제럴드가 『모든 농장은 공장이다』에서 언급한 것처럼 이는 "대량 생산, 원가 계산, 맞춤형 기계, 숙련된 기계 노동자 등 이 나라의 모든 대형 산업 조직과 동일한 원칙"[28]을 포함하고 있는 것이다.

캠벨은 윌슨Woodrow Wilson 대통령과 모건J. P. Morgan에게 자신이 했던 일을 전보로 알렸고, 인디언 사무국에서 빌려준 10만 에이커의 비과세 토지(크로 족, 블랙피트 족, 쇼숀 족 등 원주민 부족에게서 빼앗은 땅), 그리고 J. P. 모건 회사에서 200만 달러 투자금을 받게 되었다.[29] 전 세계 밀의 제왕으로 알려지게 된 캠벨은 스탈린에게 농업에 대해 조언을 해주고 초기 형태의 네이팜탄을 개발했으며 공군 준장이 되었다.

이 정도로 거대한 성공 신화는 없었지만 비슷한 추세는 널리 퍼져 나갔다. 가솔린 구동 트랙터가 도입된 순간부터 혁신이 이루어지며 농업의 규모는 확장을 거듭했다. 유압식 리프팅 시스템으로 도구를 더 쉽게 교체할 수 있게 되자 작물에 따라 도구를 바꿔서 사용했다. 더 효율적인 디젤 모터가 등장했고, 4륜구동과 변속기의 개선으로 모든 지형에서 작업이 가능해졌다. 기능이 향상된 파종기 덕분에 다양한 종류의 작물에 맞춰 간격을 조절할 수 있게 되어 더욱 효율적인 재배가 가능해졌다. 화학 비료로 1에이커당 수확량이 늘어났고, 전체 경작지가 커지면서 밭의 크기도 넓어지게 되어 최신식 기계의 소유 여부가 매우 중요해졌다.

트랙터 같은 여러 신기술을 일찍 사용한 사람들은 기존의 높은 가격으로 엄청난 양을 판매하면서 확실한 이익을 챙겼다. 기존의 높은 가격은 필연적으로 떨어질 수밖에 없었다. 다른 사람들도 모두 이를 따라 하면서 대량 생산으로 더 많은 잉여가 발생하게 되었고 이윤이 너무 적어져 가장 많이 생산하는 자만이 이익을 남길 수 있게 되었다.

1960년대 농무부의 수석 경제학자가 된 코크레인이 기술한 바에 따르면, "장기적인 면에서 살펴보면 대부분의 농부들이 이러한 기술을 받아들인 무렵에는 선두 주자들이 이루었던 높은 소득은 이미 사라진 뒤였다. 대부분 농부들의 소득 순위는 처음 시작했던 위치로 곧바로 되돌아갔다."[30] 이는 트랙터에서부터 유전자 조작 종자에 이르기까지 산업형 농업의 주요 혁신 전반에서 벌어진 일이다. 이들 혁신 하나하나는 대규모 농부에게는 혜택이었고 소규모 농부에게는 형벌이었다.

얼마 지나지 않아 옥수수, 콩, 밀같이 가장 많은 생산량을 보여주는 작물에서 성공을 거둔 농부가 되기 위해서는 토지, 장비, 화학 물질, 자금이 더 많이 필요해졌다. 그리고 이런 상황이 진행되면서 기계화된 농기구의 구입은 번영을 보장하는 것이 아니라 빚을 지게 만드는 일이 되었고, 코크레인의 말처럼 농부를 "농업의 쳇바퀴"[31]에 빠지게 만들었다. 이는 캠벨의 경우도 마찬가지였다. 모건 회사는 그에게 200만 달러를 그냥 준 것이 아니었다. 대출해준 것이었다.

생산량을 늘리고 상품 작물을 전문화하는 것은 생존을 위한 유일한 방법이었다. 이익 대부분은 장비 제조업체, 화학 물질 생산업체, 종자 회사에 돌아갔으며, 당시 성공했던 회사는 지금까지도 계속 건재하고 있는 상태다. 제너럴 밀스, 카길, 디어, 듀폰 같은 회사가 좋은 예다.

많은 세력이 구식 농가에 맞서 전열을 가다듬으면서, 걷잡을 수 없는 개발에 맞서는 투쟁은 희망 없는 상태가 되어버렸다. 전쟁 기간 동안의 과잉 생산은 어느 정도 영구적인 잉여로 이어졌고, 가격은 너무 낮아져 대규모 농장을 제외한 모든 농부가 적자를 냈다. 규모를 더 크게 키우고 한 가지 작물에 집중하라는 압력이 온갖 방향에서 나왔고, 연방 정부의 지원을 받은 대학이나 그곳에 있는 농업 실험소같이 농가의 생존을 돕기 위해 특별히 설립된 기관들까지도 환금 작물의 생산을 늘리라는 압력을 소규모 농장에 가하고 있었다.

1922년 농무부는 농업경제국(현재의 경제연구소)을 만들어, 동일한 기술을 사용해 특정 기준에 맞춰 생산하도록 농부에게 장려하는 일을 공식적으로 벌였다. 이를 통해 농업경제국은 실질적으로 국가 농업 생산 정책을 수립했다. 연방 정부는 농부들이 일관된 생산 시스템으로 나아가도록 주정부를 통해 직간접적인 도움을 주었다. 농장이 더 적어지고 더 커지고 더 비슷해지는 일이 계속되었다.

농업의 이러한 통합 과정은 전적으로 이기적이거나 냉소적인 과정은 아니었다. 오히려 혹자는 이 과정을 대책 없이 순진했다고 평가하기도 한다. 역사학자 찰스 로젠버그Charles Rosenberg는 다음과 같은 평가를 내렸다. "실험실 과학자와 행정가는 자신들의 연구가 성공이라고 입증될수록, 부유한 농부는 더욱 부유해지지만 기업가가 아닌 훌륭한 자영농은 더욱 빈곤해져 결국 자신의 농지에서 쫓겨나게 된다는 끔찍한 가능성을 전혀 고려하지 않았다. 이들은 또한 농업 연구에 대한 정부 지원을 더욱 정교하게 다듬을수록 좋다는 생각만 뒤쫓다가, 자족적이고 지역 자치적인 세계가 점차 소멸될 수 있다는 가능성을 전혀 예상하지 못했다. (…) 그저 가장 효율적인 자들만이 살아남을 희망이 있는 상황이었다."[32]

의도적이건 아니건 간에 표준화된 단일 재배를 추진하면서 생긴 비극적인 결과는, 과학자와 연구자가 농부와 동맹을 맺지 않고 은행가, 장비 제조업체, 종자와 화학 물질 판매자와 동맹을 맺게 되었다는 사실이다. 웬델 베리가 『소농, 문명의 뿌리The Unsettling of America』에서 적은 것처럼, '농업 대학'은 이제 '농업관련산업 대학'이 되었다. "농촌의 삶을 보호해주려고 설립된 기관이 이제는 농촌의 가장 큰 적이 되어 농부의 경쟁자에게 교육 보조금을 지급해주었기 때문이다."[33]

판은 불리하게 짜여 있었다. 거대 기업들은 농부들이 더 많은 토지를 소유하고 더 많은 농작물을 생산하고 더 많은 빚을 지기 원했다. 이와 동시에 이른바 공정하다는 조언자들은 어쨌든 소규모 농부들이 기계와 화학의 발전 아래에서 불가피하게 사라져갈 운명이라면 더 크게 성장할 수 있는 농부들을 도와주는 일도 나쁠 것은 없다고 믿었다. 지역 사회를 위해 식량을 생산해온 수백만 명의 농부들이 지옥에 떨어진다 해도 상관없다는 투였다.

제1차 세계대전의 여파로 농장들은 점점 빠르게 소멸하기 시작했다. 1920년부터 (우리가 더스트볼Dust Bowl이라고 일컫는 환경 재난이 발생하기 전인) 1932년까지 농장의 25%는 빚이나 세금 때문에 사라졌다.[34]

기계화와 성장은 농장 경제를 더욱 불안정하게 만들었다. 빚과 소득과 작물이 많아진다는 것은 고점이 더욱 높아지고 저점이 더욱 낮아진다는 사실을 의미했기 때문이다. 1930년 디어 앤 컴퍼니와 그곳의 주요 경쟁사인 인터내셔널 하비스터가 농기구 판매를 장악했을 때, 존 디어의 손자로 디어 앤 컴퍼니의 CEO였던 찰스 디어 위먼Charles Deere Wiman은 대공황 기간에 지역 은행을 긴급 구제하고 신용 요건을 완화해주면서 불안정한 상황의 농부들에게 관용을 보이는 일이 마케팅적으로뿐만 아니라 사업적으로도 이익이라는 사실을 깨달았다.[35] 결국 신용 구매가 일반적인 관행으로 자리 잡았고, 1958년 이 회사는 미국에서 가장 큰 금융 기관 중 하나가 된

존 디어 신용회사를 설립했다.

대규모 장비는 산업형 농업에 필수적이지만, '가족' 농장*을 경영하는 농부가 현금으로 구매하기에는 엄두도 낼 수 없을 정도로 비싸다. 최신식이지만 아주 최고급 제품과는 거리가 먼 콤바인의 가격도 50만 달러. 이 콤바인을 구매하기 위해서는 복잡한 자금 조달, 비용을 정당화하기 위한 대규모 부지 소유, 환금 작물을 가장 효율적으로 생산하기 위한 단일 재배가 요구된다. 많은 사역 동물이 트랙터처럼 미국 농장에서 일했을 때인 1945년 농장 기계의 평균 가격은 878달러로, 이는 2020년에 2만 2,000달러를 투자하는 것과 맞먹는 액수다. 오늘날의 평균 투자액은 이보다 6배 더 높다.

자금 조달 때문에 농부들은 장비·화학 제품·종자 생산자에게 속박되었고, 은행가에게도 속박되었다. 디어 앤 컴퍼니는 고군분투하던 농부들에게 호의를 보여주었지만, 이러한 농부들을 재정적으로 속박하는 일에 성공하면서 채권자들의 장기적인 수익 유지도 사실상 보장해주었다. 이는 오늘날의 산업형 농업이 변화하기 어려운 주된 이유 중 하나이기도 하다.

오늘날 디어 앤 컴퍼니의 이윤은 판매보다 대출에서 나온 것이 거의 4배나 많다. 그러나 이윤을 강력하게 유지해주는 것은 판매와 대출의 조합이다. 농부들은 형편이 좋으면 새 장비를 빚을 내지 않고 구입한다. 대출을 해주는 쪽에서는 이상적인 상황이 아니다. 그러나 농부들의 형편이 나쁘다면 (결국은 거의 그렇게 된다) 빚을 내어 새 장비를 구입한다. 어느 쪽이건 디어

• 가족 농장: 한 가족이 농지를 소유하면서, 그 가족의 구성원이 농지를 가꾸고 경영하는 형태의 농장.

앤 컴퍼니의 승리다. 2019년 이 회사의 수익은 110억 달러로,[36] 같은 해 미국의 농장 200만 곳이 얻은 총 수익의 10%를 웃도는 액수다.[37]

7장
더스트볼과 불황

음식은 언제나 정치적이었지만 시간이 지나면서 우리와 음식의 관계(음식이 어떻게 우리 손에 들어오는가)는 더욱 더 정부와 정책에 의해 결정되기에 이르렀다.

정부는 크고 작은 규모의 농부들이 일하는 동안 아무런 개입 없이 가만히 있을 때도 있다. 일반적으로 이러한 수동성은 부자들로부터 가난한 사람들을 보호하지 못하게 되어 결국은 합병으로 이어진다는 사실을 의미한다. 그러나 정책은 생산물의 종류와 수준을 결정하거나 영양을 개선(혹은 저해)하거나 무역을 위한 잉여를 조성하거나 심지어는 식량난까지도 만들어낼 수 있다. 정책이 이 모든 결과를 만든다.

이러한 영향은 고통스러울 수도 있다. 감자 기근 이후 근대로 들어와서도 태만, 잔인함, 동정심의 결여로 수백만 명이 굶어 죽었다. 어떤 경우에는 정부가 식량을 무기화해 대량 학살을 저지르기까지 했다.

대량 학살을 이끈 식량 정책의 빛나는 예는 스탈린이다. 그는 소련의 산업화가 거의 이루어지지 않았던 1924년에 절대 권력을 잡았다. 그가 미국에 찬사를 보낸 것은 비밀도 아니었다. 그는 "러시아의 혁명적 일소一掃와 미국의 효율성의 결합이 레닌주의의 본질"[1]이라고 믿었다. 혁명을 지지한 많은 사람들은 이 말에 동의하지 않았지만 레닌Vladimir Lenin 본인은 이미 사망한 뒤였기에 논쟁할 입장도 아니었다. 그리고 스탈린이 바라는 것은 미국과 전 세계적인 경쟁을 벌일 수 있는 경제뿐이었다.

1861년 차르인 알렉산드르 2세Alexander II는 수백 년 동안 러시아와 동유럽 일부 지역에서 존재했던 노예 제도의 일종인 농노제를 폐지했다. 해방 후 농노는 농민이 되었고, 이는 이들이 토지를 소유할 수 있게 되었다는 것을 의미했다. (전 세계적으로 '농민peasant'이라는 말은 '소규모의 가난한 농부'를 의미한다. 이는 경멸적인 표현이 아니다.) 이들은 자유로웠다. 할 수만 있다면 전보다 부유해질 수도 있었고 그렇지 못한 상황에서는 굶어 죽을 수도 있었다는 점에서 자유로웠던 것이다. 거의 모든 사람들이 계속해서 힘든 삶을 살았다고 해도 과언은 아닐 것이다.

스탈린은 혁명이 성공하고 소련이 강대국이 되기 위해서는 어떤 대가를 치르더라도 효율성과 생산성을 높여야 한다고 믿었다. 그리고 그 무렵 급성장하고 있던 미국의 농업 모델은 큰 농장이 작은 농장을 집어삼켜야 한다는 사실을 분명히 보여주고 있었다. 스탈린은 개개인의 삶은 고려하지도 않은 채 이 선례를 따랐다.

스탈린은 농민들을 제조업의 중심지로 이주하도록 격려하고 강요했다. 그곳의 산업 인력은 불과 몇 년 만에 2배로 늘어났다. 그러는 동안 농업은 기계화되었고 환금 작물에 집중하기 시작했다. 그러나 장비 부족, 낮은 곡물 가격, 그리고 사실상의 곡물세(농민들은 생산량의 일정 비율을 국가에 납부해야만 했다[2])는 1920년대 후반의 곡물 부족 사태를 초래했다. 국가의 대응은 1차 5개년 계획이었다. 이 계획으로 스탈린은 경제 정책을 완전히 통제할 수 있게 되었고, 평화, 토지, 독립을 무엇보다 원했던 농민과 국가 사이의 전쟁이 시작되었다.

하지만 스탈린은 집단화를 추진해, 개별 농장을 더 크고 집단 관리되는 조직으로 전환하고 농부들에게는 설탕, 비트, 면화 같은 상품 작물을 생산하도록 강요했다. 판매할 수는 있지만 먹고사는 데에는 별 쓸모가 없는 작물이었다. 동시에 그는 국가가 이 작물을 구입하는 가격을 낮췄고 농부들은 이를 판매한 돈으로 살아갈 수 없게 되었다.

합리적이고 과학적으로 뒷받침된 중앙 계획이라고 간주된 이러한 조치는 사실 제멋대로이고 잔인한 데다가 대체로 성공적이지 못했다. 밭에는 해마다 같은 작물을 심었는데, 이는 미국의 심장부에서도 동시에 일어나 똑같이 비참한 결과를 낳았다. 이는 토양을 망치는 방법일 뿐이다.

힘도 없고 땅도 없이 암울한 환경에서 살고 있던 농민들은 반란을 일으켜 가축을 도살하고 장비를 부숴버렸다. 생산량은 더욱 떨어졌다. 하지만 수출할 식량은 여전히 남아 있었고(대부분의 경우 가격이 너무 높아서 많은 사람들은 집단적으로 생산한 작물을 살 여유가 없었기 때문에 국내 수요는 부자연스럽게 낮아졌다) 이는 국가의 무역 수지를 개선시켰다. 따라서 스탈린은 자신의 집단화 정책이 성공적이었다고 주장할 수 있게 되었다.

굶주리고 있는 사람들은 이 말에 동의할 수 없었다. 그러나 19세기와 20세기의 식민주의자처럼 스탈린도 농민들에게 동정심을 갖고 있지 않았고 이들의 역경을 해결해줘야 한다는 의무감도 느끼지 않았다. 대신에 그는 소설가 미하일 숄로호프Mikhail Sholokhov에게 보낸 비꼬는 어조의 글에서 쓴 것처럼 "존경받는 곡물 재배자"[3)]에게 교훈을 주기 위해 실제로 기아를 사용했다. 그는 이들이 "소련의 권력에 맞선 '조용한' 전쟁"을 벌이고 있다고 믿고 있었다.

본격적인 기근이 뒤를 이었다. 이탈리아의 역사학자 안드레아 그라지오시Andrea Graziosi는 『스탈린주의, 집단화, 대기근Stalinism, Collectivization and the Great Famine』에서 이 기근의 네 가지 핵심 요소에 대해 언급하고 있다.[4)] 첫째, 스탈린과 그의 정권은 농민들을 끝장내겠다는 명백한 목표를 가지고 정책을 실행했다. 그라지오시는 국가 자체가 본질적으로 "농민들과의 오랜 전쟁" 위에 세워졌다고 말한다. 둘째, 고의적으로 기근을 일으킨 것은 아니었지만 기근이 일단 시작된 뒤에는 고의적으로 조종했다. 셋째, 스탈린은 기아를 형벌로 사용해 자신의 권력을 위협하는 사람들을 공포에 떨게 했고 수백만 명의 사람들을 시베리아로 추방했다. 넷째, 우크라이나와 카자흐스탄에서 스탈린의 정책은 대량 학살과 같은 특성을 갖게 되었다. 카자흐 유목민 100만 명 이상은 1931년과 1932년 국가가 소 떼를 빼앗아가면서 기아로 사망하게 되었다.

대부분의 자료는 스탈린이 일으킨 기근으로 굶어 죽은 사람들이 약 700만 명에 이른다고 추산하고 있지만 1,200만 명까지 보는 자료도 있다. 카자흐 인구의 40% 정도가 죽었고, 일부 지역에서는 우크라이나인의 3분의 1이 사망했다. 스탈린의 '농업 번영'은 우크라이나 시골의 비옥하고 검은 토양에서 작물과 사람 모두를 사라지게 했다. 밭에서 일하고 있었던 모든 사람들은 죽거나 도시와 외국으로 떠났다.

이는 반란을 일으킨 시민에 대해 현대 정부가 식량을 내부의 무기로 활용한 최초의 사례였다. 그러나 마지막 사례는 아니었다. 경제학자 아마르티아 셴Amartya Sen이 주장하듯 그때부터 기근은 경고 없이 그냥 일어나는 일이 아니게 되었다. 기근은 시민들의 소요, 민주주의의 부재, 전면전의 맥락에서만 일어났다. 벵골(1943년), 사헬(1972~1974년), 에티오피아(1972~1974년), 방글라데시(1974년)의 기근에 대한 분석에서 셴은 식량의 가용성과 기근의 발발은 아무런 관련이 없다고 결론지었다.[5] 기근은 정치적 자유와 관련이 있는 것이었다.

한 세대 뒤에 소련을 모방한 마오쩌둥 치하의 공산당은 중국을 강철의 초강대국으로 바꿀 계획을 세우고 실행하여 모든 농민의 3분의 1 이상을 광업 및 관개 프로젝트로 옮기고 엄청난 양의 곡물을 방치해두었다. 한편 개인적인 소비를 위한 식량 생산은 전면적으로 금지되었고 모든 곡물은 도시로 운송되었다.[6] 곡물을 한 움큼 움켜쥐거나 감자를 캐는 행동도 사형선고를 받을 일이었다.[7]

나쁜 농업 관행, 그리고 기존 과학, 특히 식물 유전학에 대한 의도적인 무시는 이 위기를 더욱 악화시켰을 뿐이었고, 마오쩌둥과 관리의 분노에 대한 두려움으로 수확 기록이 조직적으로 위조되면서 이 위기는 감춰져 있었다. 자신이 생산량을 2배로 늘렸고 이에 따라 잉여도 증가했다고 믿은 마오쩌둥은 1959년 곡물을 키우는 부지를 줄여버렸다.[8] 그 결과 갑작스럽고 심각한 부족 현상이 발생했다. 시골 마을 사람들은 도시의 엘리트들보다 2배나 빠르게 죽었고, 잡아먹히는 일을 피한 사람들의 시신들은 대형 무덤에 묻혔다.

여러 명칭(공식 명칭은 이런 비극의 이름으로는 우스꽝스러울 만큼 약한 '3년 곤란 시기三年困難時期'이다)으로 알려져 있는 이 최악의 기근은 마오쩌둥의 대약진 기간인 1959~1961년에 일어났고, 오늘날의 추산으로는 중국 인구의 거의 6%인 4,000만 명 이상이 사망했다.

시간이 지난 지금은 마오쩌둥 혁명의 잔인함을 쉽게 비판할 수 있다. 하지만 다른 여러 세계 강대국과 마찬가지로 미국도 자국의 '농민'(소규모 농부)의 어려움에 대해서는 대체로 무관심했으며, 둘은 명백한 유사성이 있다. 미국은 농업을 기계화하고 그 기반 위에 이제까지 없었던 가장 강력한 경제를 건설했고 그 여파로 이주자들이 생겨났다. 제대로 된 기근이 일어나지 않은 것은, 제한적이나마 진정한 민주주의의 존재 덕분이었다.

아수라장을 만들 수 있는 방법은 여러 가지가 있고, 그중에는 견제받지 않는 기업화에 대한 자유방임적 태도도 있다. 미국에서는 광범위한 기근과 유사한 일이 일어나지 않았지만, 농장의 규모를 늘리고 한 번에 하나의 환금 작물을 재배하도록 점점 더 강요하는 상황에서 정부 개입의 실패(여느 때와 마찬가지로 정부는, 새로운 기술 때문에 쓸모없어질 기술을 가진 수백만 명을 도와줄 계획이 없었다)는 고통을 야기하고 비자발적인 이주를 일으켰으며 결국에는 많은 미국인을 죽음에까지 이르게 했다.

제1차 세계대전 당시에는 거대한 규모의 연합군에게 식량을 공급해야 했기에 1,350에이커의 새로운 토지(코네티컷의 4배 크기다)가 밀 생산에 투입되었다.[9] 흔히 '광란의 20년대'라고 일컫는 그 이후의 10년 동안, 잔디가 깔린 것 같았던 4,000만 에이커의 땅을 새롭고 강력한 트랙터가 갈아엎었다. 거의 조지아 주의 면적에 달하는 땅이었다.

이례적일 정도로 꾸준히 내린 비와 여전히 영양이 풍부했던 토양 덕분에 더 많은 수확을 할 수 있었고, 미국의 농장은 내수와 수출 모두에 충분한 양 이상의 밀을 수확하고 있었다. 1929년 주식 시장이 붕괴되었을 때까지도 곡물을 키우던 농부들은 무리 없이 잘해나가고 있었다. 가격이 오르자 농부들은 최대한 많이 심었다. 그리고 가격이 마침내 그리고 불가피하게 떨어졌을 때도 농부들은 적어진 수입을 만회하기 위해 이보다 더 많이 쟁기질을 하고 씨를 뿌렸다.

그러나 문제는 값싼 곡물이 넘쳐나는 시장만이 아니었다. 이러한 경제 붕괴의 와중에 대평원의 생태계가 파괴되고 있었다.

비는 내리지 않는 것이나 다름없었고 바람도 거세게 불기 시작했다. 1930년대 초에는 먼지로 이루어진 '검은 눈보라'가 들판, 도로, 마을을 휩쓸었다. 앞이 보이지 않아 기차는 역을 지나치거나 충돌했고, 아이들은 폭풍 속에서 길을 잃거나 숨이 막혀 죽기까지 했고, 어른들은 앞을 보지 못해 밤마다 집까지 기어가야만 했다. 어떤 사람들은 신명기를 인용했다. "주님께서는 너희 땅의 비를 재와 먼지로 만드셔서, 너희가 멸망할 때까지 그것들을 하늘에서 줄곧 너희 위로 내리게 하실 것이다."[●10)]

하지만 이 이면을 제대로 볼 수만 있다면 더스트볼은 (근대 농업 대부분의 비극과 마찬가지로) 신의 섭리도 아니었고 불가피한 것도 아니었다는 사실을 알 수 있을 것이다. 오히려 이는 정착민들의 행동과 이들을 이끈 정부 프로그램의 직접적인 결과였다.

가뭄과 강풍의 연합이 대평원을 갈퀴질한 것이 1930년대에 처음 있었던 일은 아니었다. 하지만 이 땅의 생태계에 대해서는 거의 이해하지 못했던 (그리고 배우려고도 하지 않았던) 투기꾼과 농부가 긁어대고 쟁기질한 땅에 대한 공격은 이때가 처음이었다.

● 『구약성서』 신명기 28장 24절.

수천 년 된 버펄로 그래스buffalo grass라는 풀은 잦은 가뭄과 울부짖는 바람으로부터 토양을 안정시키고 보호했다. 일부 추정에 따르면 들소는 10만 년 동안 대초원에서 풀을 뜯고 있었다. 이제 농부들은 거의 밀만을 심기 위해 해마다 이 풀을 끊임없이 뽑아내고 있었다. 들소는 이 땅을 관리하던 원주민과 함께 쫓겨났다. 모피와 가죽을 동쪽으로 실어 나르려고 했던 사냥꾼들과 상인들이 저지른 일이었다. 원주민이 먹을 식량을 줄이기 위해 동물의 도살을 지원했던 군대도 한몫했다. 기차의 속도를 느리게 만들고 심지어 기차를 손상시키기까지 하는 들소가 없어지기를 바란 철도 회사도 빼놓을 수 없는데, 어떤 때는 승객들이 들소 떼를 편하게 사격할 수 있도록 들소 떼의 속도에 맞춰 기차의 속도를 늦추기도 했다.[11]

20세기가 다가오면서 들소의 개체 수는 거의 영에 가까워졌고, 밀을 키우기 위해 땅에 쟁기질을 하면서 뿌리가 깊은 풀도 금방 파헤쳐졌다. 토양이 그다음 순서였다.

알래스카 크기만 한 이 독특하고 거대한 생태계의 파괴 속도는 전례가 없는 일일 뿐만 아니라 일어나기 전까지는 상상할 수도 없는 일이었다. 누군가 이 피해를 알아차렸다고 하더라도 이미 너무 늦은 상태였다.

트랙터는 밤낮으로 달리고 있었다. 1931년 캔자스 남서부 전체 면적의 거의 40%의 땅에 밀이 심어졌다. 도지시티 인근 지역과 텍사스, 오클라호마, 뉴멕시코, 콜로라도 인접 지역도 마찬가지로 과도하게 밀이 심어졌다.[12] 바람이 몰아치면서 이 지역은 더스트볼의 심장부가 되었다. 한때 1부셸당 2달러에 육박했던 밀은 그 무렵에는 잘 받아야 50센트 정도로 떨어졌다. 어려움을 겪고 있던 농부들에게는 이 가격이라도 괜찮았을 것이다. 하지만 잦았던 비는 갑자기 멈췄고 날씨는 다시 평상시처럼 돌아갔다. 건조해진 것이다. 어느 정도 영원히 지속될 것이라고 '전문가들'이 예측했던 온건한 날씨는 사실 이례적인 것이었다. 그리고 대공황으로 수천만 명의 미국인이 식량을 구입할 수 없게 되면서 밀 가격은 더욱 폭락했다.

절망적인 상황에서도 많은 농부들은 희망을 잃지 않았다. 농부들은 자신들의 땅이 영원히 엄청난 양의 작물을 내줄 것이라 믿으며 하락하는 가격을 벌충하기 위해 더 많은 면적을 개간하고 작물을 심는 양도 2배로 늘렸다. 후버 대통령은 농부들에게 더 많은 빚을 낼 수 있게 승인하여 토지와 장비에 투자를 늘리도록 하면서, 이미 장비도 많고 빚도 엄청나게 진 농가에 수백 에이커의 땅을 더 떠안겼다.

그러나 얼마나 많이 수확했든 얼마나 많이 팔았든 간에 낮아진 가격 때문에 농부들은 돈을 더 많이 빌리고 작물을 더 많이 심고 더 많이 키울 수밖에 없었다. 단지 빚을 갚기 위해서였다. 파산 지경에 이른 농장은 이웃 농장이 인수했고, 인수한 농장의 빚도 늘어났다. 적은 돈이라도 가지고 있어서 경매에 입찰 가능했던 어떤 친절한 사람들이 땅을 낙찰받아 친구에게 되돌려준 사례도 있었다. 농부들은 위험에 대해 실질적인 경고를 해줄 수 없었던 경험 없는 공무원들이 장려한 기술을 사용해, 끊임없이 '쟁기질하고 씨를 뿌리고 수확하고 다시 쟁기질했다.'

농무부 농업 실험소를 옹호하는 많은 사람들은 더스트볼 기간 동안 미국 농부를 구하기 위한 이곳의 영웅적인 노력을 즐겨 이야기한다. 그러나 끊임없는 쟁기질의 위험성을 예측하지 못한 농무부의 실패에 대한 이야깃거리는 끝이 없을 정도다. 공무원들은 토양 관리, 물 보존, 윤작, 침식 방지에 대한 교육을 거의 받지 못했다. 더스트볼 위기를 피하게 해줄 수도 있었던 바로 그 방법이었다. 하지만 이들은 산업화된 단일 재배의 옹호자였고 기계화와 무분별한 작물 심기를 장려했다.

이는 재난이 닥치도록 완벽하게 준비한 것이나 다름없었다. 따뜻하고 습한 날씨에서 덥고 건조하고 바람이 부는 날씨로 변하자, 흙은 땅을 떠나 풀풀 날아다녔다. 이 조합은 무시무시한 모래 폭풍, 흉작, 주택의 압류, 기아, '분진 폐렴' 같은 질병을 일으켰다. 1933년이 되자 이제까지 잘 살아왔던 부유한 가정은 집을 잃고 닭장에서 살게 되었으며,[13] 남은 것이라고는 희망과 끈기의 희미한 불빛뿐이었다. 농부들은 어느 노래 제목처럼 '내년' 사람들이 되었다. "내년까지 기다리자"는 말 외에 달리 할 수 있는 말이 없는 상황이었기 때문이다.

1930년대 초반 내내 그들 나름의 문제에 골머리를 앓던 동쪽 지역 농부들은 대평원 농부들의 곤경에 큰 관심이 없었다. 그러나 1934년 5월 9일 큰 바람이 일어나 대평원에서 3억 톤 이상의 먼지를 수만 피트 상공으로 쓸어 올려 시카고, 디트로이트, 클리블랜드, 버펄로로 실어 날랐다.[14] 이틀 뒤 정오에 뉴욕의 가로등이 켜졌고 백악관에 있는 루스벨트 대통령의 책상에는 표토表土가 쌓였다.[15]

1933년 프랭클린 델러노 루스벨트Franklin Delano Roosevelt가 대통령이 되었을 때 농장의 수입은 1929년의 3분의 1에 불과했다. 1924년에 도입된 맥내리하우겐 법은 연방 정부가 잉여 농산물을 인위적으로 높은 가격에 구매한 뒤 세계 시장에 판매할 수 있게 하는 방법으로, 고군분투하고 있던 서부의 농장을 부양시켰을 수도 있었다. 그러나 이 법안은 자유방임주의자인 캘빈 쿨리지Calvin Coolidge 대통령에게 두 번이나 거부당했다. 식품 가공업자는 더 적은 비용을 지불하고 농기구 등의 제조업자는 더 많은 비용을 청구했던 탓에 농부들이 작물을 생산하는 데 드는 비용은 작물의 가격보다 높았다.

대부분 콜롬비아 법대 교수들로 구성된 새로운 대통령 자문단은 대공황이 농업에 뿌리를 두고 있다고 믿기 시작했다. 농부들이 어려움을 겪었다면 경제도 마찬가지였다. 적어도 이는 합리적인 생각이었다.

그러나 점점 더 많은 농부들을 파산시키고 비참하게 만드는 농업의 추세가 이어졌고, 이에 대해 댄 모건은 『곡물 상인』에서 다음과 같이 적었다. "미국 시골 농장의 분위기는 가라앉은 상태였고 반발도 심했다. 시위 중인 농부들은 곡물을 불태우고 우유를 쏟아버리고 가축을 도살했으며, 농장 압류 공판 중에 판사를 법정에서 끌고 나와서는 재판을 중단하지 않는다면 그 자리에서 목을 매달아버리겠다고 위협한 사례도 있었다."[16]

어떤 농부들은 물리적으로 농산물을 시장에 내놓지 못하게 해서 가격을 올리려고 했다. 아이오와와 네브래스카에서는 '농부의 휴일 연합'이라는 단체가 노래 한 곡을 내세웠다.

'농부의 휴일'이라고 하자
휴일을 지키자
우리는 밀, 햄, 달걀을 먹을 것이다
그놈들은 갖고 있는 금이나 먹으라지[17]

이들은 오마하, 수시티, 디모인 외곽의 고속 도로에 바리케이드를 설치하고 우유를 도랑에 버렸으며 소를 옮기라는 지시를 거부했다.[18]

다른 시위도 일어나 워싱턴을 향해 위기를 가라앉혀달라는 압력을 가했다. 농부들은 대출 기관에 농장 압류를 중단해달라고 청원했고, 실제로 네브래스카, 사우스다코타, 미네소타에서는 압류에 대한 주 전체 차원의 유예가 2년 동안 이어졌다. 그러나 보수적인 미국 농민연맹의 회장이 "미국 농부를 위해 어떤 조치가 취해지지 않으면 우리는 열두 달 안에 시골에서 혁명을 일으킬 것"[19]이라고 경고했음에도 불구하고 농부들의 전국적인 봉기는 실현되지 않았다.

루스벨트는 큰소리쳤다. 1936년 라디오 연설에서 다음과 같이 말했다. "갈라진 땅도, 지독한 태양도, 타는 듯한 바람도 (…) 불굴의 미국 농부들을 계속해서 괴롭힐 수는 없습니다. (…) 농부들은 정말적인 나날을 견뎌내었고, 이들의 자립심, 끈기, 용기는 우리에게 영감을 주었습니다."[20]

그러나 이는 허풍일 뿐이었다. 그 어떤 농부도 진정으로 불굴의 존재는 아니었고 그랬던 적도 없었다. 자연과 함께 일하기보다는 자연을 철저히 패배시키려는 노력을 격려하는 것은 농사 그 자체만큼이나 오래된 실패의 비결이었다. 사실상 미국은 수메르와 로마처럼 실패한 농업 시스템 아래에서 무너지기 시작했다. 그리고 소농과 그 가족들에게는 가장 빈약한 정부 지원만 이루어졌을 뿐이다.

실제로 미국 가족 농장의 꿈은 사라져가고 있었다. 모든 농지와 건물의 가치는 1930년과 1935년 사이에 3분의 1로 감소했고, 평균적인 농장의 가치는 거의 절반으로 떨어졌다.

존 스타인벡John Steinbeck의 소설 『분노의 포도The Grapes of Wrath』에 나오는 조드 가족처럼, 지역 인구의 3분의 1은 이주 외에는 다른 방법이 없었다. 이번 이주가 다다른 곳은 대부분 캘리포니아였는데, 날씨가 완벽하고 물이 풍부하고 모든 것이 녹색인 곳이었다. 이는 50년 전 대평원에 대해

했던 말과 정확히 같은 것이다.

오클라호마 이주민과 아칸소 이주민(흔히들 '오키스'와 '아키스'로 낮잡아 불렀다) 중 일부는 말을 사용해 차를 끌며 서쪽으로 향했다. 기름값을 감당할 수 없기 때문이었다. 가는 길에 먹을 것을 구하기 위해 구걸하거나 일하느라 중간 중간 멈추기도 했다. 1870년대에 재건 시대가 끝난 뒤 남부를 떠났던 노예 출신 미국인들처럼 이들도 '엑소더스터'라 불리게 되었다. 오늘날 이주를 강요당하고 있는 수백만 명의 사람들과 마찬가지로 이들도 땅을 죽이는 농업이 불러일으킨 생태적 재앙으로부터 도망치고 있었던 셈이었고, 이러한 농업은 모두 무역에 대한 갈망을 충족하기 위한 것이었다.

워싱턴에서 처음으로 나온 실질적인 반응은 1933년의 농업조정법으로, 이는 '최초의 농장 법안'으로도 알려져 있다. 이 법안은 농부들에 대한 소득 지원을 도입했고, 이는 오늘날까지 다양한 형태로 이어져왔다. 단기적으로 이 법안은 경작지를 줄이려는 목적으로 농부들에게 돈을 지불해 생산량을 제한하는 것을 의미했다. 생산량이 일정 수준을 초과하면 농부들은 돈을 받은 뒤 더는 작물을 심지 않거나 심어놓은 작물을 파내야 했다. 즉 수확하는 대신 파괴하는 것이었다. 심지어는 일부 토지를 '은퇴'시키기도 했다. 정부가 생산 비용과 나머지 경제 비용의 균형을 맞추기 위해 돈을 지불하면서 각각의 작물에 대한 패리티 가격●의 협상도 이루어졌다.

● 패리티 가격(Parity price) : 생산비가 아니라 일정한 시기의 일반 물가에 맞추어 결정한 농산물 가격. 농산물 생산자의 소득을 다른 생산자의 소득과 균등하게 보장해주기 위해 책정한다.

농부 입장에서 이 지원은 한동안 효과가 있었지만(계속해서 가격을 높게 '유지'하기 위해 작물을 묻어버릴 생각만 있다면 이는 괜찮은 방법이었다) 큰 그림을 그리는 데에는 실패했다. 농무부의 윌러드 코크레인은 지속적으로 증가하는 작물 공급이, 상대적으로 정체되어 있는 수요를 앞지르게 되는 이러한 '농장 문제'에 대해 설명했다. (맬서스 방식의 설명은 정말로 지나치게 많은 편이다.) 그의 설명에 따르면 잘 먹는 사회에서는 인구 증가만이 식량 수요를 증가시킬 수 있다. 따라서 생산량이 인구보다 빠르게 증가하면 가격 하락은 보장된 것이나 다름없는 일이다.

코크레인은 패리티 가격의 하한선을 정하는 데 사용된 기간인 1900년부터 1914년까지가 "비정상적인 인구 증가의 시기"였다고 판단했다. "이전 10년 동안 이주가 사상 최고치를 기록했고 농업 생산량 증가율은 상당히 둔화되고 있었다. 따라서 이 평화로운 시기에 식품에 대한 수요가 총 공급량을 앞지르면서 농장 가격과 소득이 급증했다."[21]

미국 농업 지원 시스템의 근본적인 기반은 인구가 이례적인 속도로 증가하고 있을 때 존재했던 농업 경제를 그대로 따라 하려는 잘못된 시도였다. 이 정도의 인구 성장 속도가 창출하는 수요는 전쟁이나 정책을 통해서만 충족할 정도의 것이었다. 이제 다시는 이러한 속도로 인구가 증가하는 일은 없었기 때문에(모든 면에서 볼 때 앞으로도 그럴 가능성은 없을 것이다) 상품에 대한 지원은 고착화되었고 이제는 대부분 손실에 대한 보장 격으로 비축해두는 형태로만 이루어지고 있는 실정이다.

그러나 공급 과잉보다 심각한 여러 문제가 일어났다. 농부들의 생활은 감소되는 소득이 아니라 막대한 빚으로 더 큰 위협을 받았고, 밀려드는 압류로 이 모든 문제가 더욱 분명하게 드러났다. 존 디어가 인식했듯이 농부들은 빚을 갚기 위해 일을 하는 사람으로 전락했다. 기계, 종자, 화학 물질, 이자 비용 모두는 계속 늘어나는 새로운 부담이었고, 수입이 많아진다 해도 농부들에게는 계속해서 빚을 갚는 데에 필요한 현금 유동성만을 제공했을 뿐이다. 사업을 확장하기 위한(땅을 더 많이 사는 것뿐만 아니라 더 크고 새로운 장비를 사기 위한) 새로운 대출은 결국 압류로 이어졌다.

이에 대응해 루스벨트와 의회는 대평원의 견고한 농업 미래를 보장하기 위해 일련의 프로그램에 자금을 지원했다. 토양보호청(현 미국자연자원보호청이다)은 농사를 짓는 사람들이 더 나은 기술을 받아들이도록 훈련시키고 비용을 지불해주었다. 이는 적어도 조금은 토양 보존에 초점을 맞추었던 실제 토양 과학자들의 도움을 받아 이루어진 조치였다. 동시에 1억 달러 상당의 연방 인수를 통해 농부들이 현금을 받고 소와 땅을 팔 수 있게 해주었다. 이들 소의 절반 정도는 식용으로 도살되어 통조림으로 만들어졌고 이 나라의 배고픈 사람들에게 분배되었다.

또한 루스벨트는 공공사업진흥국도 설립했고, 대평원에 남아 있었던 많은 농부들은 이곳의 프로그램에 참여해 노동력을 제공하면서 긴급 임금을 받게 되었다. 시민보전부대는 2억 그루가 넘는 나무로 이루어진 '방풍림'을 조성해, 대평원의 생태를 원래보다는 훨씬 못 미치기는 하지만 어느 정도는 개선했다. 이곳의 풍경을 작물 생산 공장으로 바꾸려는 진정한 목표는 여전히 남아 있었다.

1938년에 이르자 밀을 다시 대평원에 심게 되었다. 날씨는 좋아졌고 새로 심은 나무는 울부짖는 바람을 막아주었으며 개선된 펌프는 더 믿을 수 있는 새로운 물 공급원인 거대한 오갈랄라 대수층의 물을 뽑아냈다. 결국 이 물도 고갈될 것이기는 하지만 말이다.

그러나 이 모든 '해결책'은 원인이 아닌 증상만 살핀 것일 뿐이었고, 권력을 가진 사람들 중 그 누구도 농업 시스템의 장기적인 목표를 논하는 데에는 관심이 없었다. 이러한 조치는 건강한 가족, 지역 사회, 경제를 만들기 위한 것이었을까? 땅을 유지하기 위한 것이었을까? 아니면 인간을 포함해 상상할 수 있는 모든 자원을 활용해 제분업자, 트랙터 제조업체, 비료 생산업체, 은행 등이 농부의 소득을 무너뜨리기 위한 것이었을까?

분명하게 밝혀지지는 않았지만 적어도 권력을 가진 사람들의 관심은 후자였음을 (그리고 여전히 그런 것임을) 보여주는 증거가 있다. 위와 관련된 논의는 결코 이루어지지 않았다. 권력을 잃은 사람들(대부분의 미국인들)은 그런 논의를 요구할 수 없었기 때문이다.

제1차 세계대전 말부터 대공황 시대와 뉴딜 시대에 이르기까지 정부의 정책은 농부에게 거의 혹은 전혀 도움이 되지 않았다. 그중에서도 남부의 소규모 농부, 소작농, 특히 노예가 된 사람들의 후손에게 정부의 정책은 정말로 아무 도움도 되지 않았고 심지어는 이들을 무너뜨리기까지 했다.

사실 18세기와 19세기에 미국 정책으로 최악의 대접을 받은 사람들은 20세기에도 마찬가지 대접을 받았다. 예를 들어 1935년의 사회보장법과 1938년의 공정노동기준법(그렇게 적혀 있다!)은 농업 종사자와 가사 노동자 모두를 대상에서 제외시켰는데, 이는 영향력 있는 남부 민주당원들이 농업에 종사하거나 가정에서 일하는 흑인을 보호하기 거부했기 때문이다.

이는 뉴딜 정책이 유색 인종을 가장 중요한 정부의 보호책으로부터 불공정하게 배제시켰다는 뜻이다. 이러한 보호책 중에는 사회 보장, 단체 교섭을 하고 노동자 단체를 조직하는 권리, 최저 임금과 최대 근무 시간, 초과 근무 수당, 아동 노동 금지 등이 있었다. 주 정부는 팁 노동자에게 최저 임금을 더 낮게 책정할 수도 있었는데, 이는 대부분이 노예 출신이거나 이들의 자녀였던 철도 짐꾼과 하녀에 대한 직접적인 모욕이었다. 이 정책은 부끄럽게도 오늘날까지 계속되고 있다.

역사가들은 노예가 된 사람, 노예 신분에서 해방된 자유민, 그리고 이들의 후손이 면화 산업과 남부의 나머지 농업을 건설하면서 미국 부의 많은 부분을 창출했다는 사실을 인정해왔다. 하지만 남북 전쟁 이후의 약속에도 불구하고 대부분의 경우 미국 백인들처럼 지주가 될 기회가 미국 흑인들에게는 여전히 주어지지 않았다. 오히려 이들은 주로 소작농과 농장 노동자로 밀려나 집세를 벌기 위해 고군분투했고 다시 면화를 키우도록 강요당하는 경우도 종종 있었다.

면화는 직물용 작물일 뿐만 아니라 음식이기도 하다. 면화의 씨앗은 기름, 동물 사료, 비료로 사용된다. 텍사스 남동부에서 버지니아 남부까지 1,500마일에 이르는 지역은 면화 벨트로 알려져 있지만, 이곳은 거의 전적으로 한 가지 작물에 바쳐진 또 다른 거대한 면적의 기름진 미국의 토양이기도 하다. 기본적으로 이 나라 남동부의 4분의 1 면적에 해당하는 이 지역에는 1930년대에 전체 인구의 4분의 1이 살고 있었을 뿐이지만 농촌 인구는 거의 절반이 살고 있었다. 당시 미국 농부의 절반은 남부 주민이었고 그중 4분의 1은 흑인이었다.

농무부가 소규모 농부보다 거대 기업을 위한 곳이었다는 사실은 새삼스러운 일이 아니었다. 흑인 농부들이 이 부서의 정책에 따라 가장 큰 고통을 겪은 것도 놀라운 일이 아니었다. 농무부는 연방 기관이지만 이곳의 프로그램은 마을에 있는 사무소를 통해 지역에서 관리되는 경우가 많았다.

그리고 남부의 지방 정부는 노골적인, 심지어는 자부심 넘치는 인종 차별주의자였다. 그래서 뉴딜 농장 프로그램이 실제로 농장을 돕기 위해 시행되었을 때, 실질적으로 대상이 되는 곳은 백인 소유의 농장뿐이었다. 흑인 농부들은 사무소에 발을 들여놓을 수 없었고 대출은 거절당했으며 프로그램에 대한 정보도 얻지 못했다. 물론 농무부 지역 사무소의 관리직에서도 제외되었다.

아프리카계 미국인은 그들만의 또 다른 몇 가지 어려움에 직면했다. 상품 지원 프로그램이 농지의 가격을 상승시키는 바람에 땅을 소유하지 않은 흑인들이 지주가 되기 위해서는 넘어야 하는 추가적인 장벽이 생겨났다. 인종 차별주의자인 상점 주인과 제조업체 판매인은 장비, 종자, 화학 물질의 값을 흑인에게만 올려 받았고, 작물 구매자도 흑인 농부의 수확물은 낮은 가격으로 입찰했다.

게다가 이들은 일반적으로 지주가 아니라 노동자였기 때문에, 생산량을 줄이는 대가로 받는 현금 보조금을 조금이라도 받은 흑인 농부는 거의 없었다. 그리고 예상대로 흑인은 농업이 회복되기 시작된 상황에서도 여전히 차별을 받았다. 1930년과 1935년 사이에 백인 소작농의 수는 14만 6,000명이 늘어났고, 이는 불과 5년 동안 10%가 증가한 것이었다. 반면 유색인 소작농은 4만 5,000명이 줄어들었고, 이는 같은 기간 동안 10%가 감소한 것이었다. 그 수는 같지만 반대 방향으로, 항상 흑인에게 불리한 방향으로 가고 있었다.[22]

경작지의 소유권도 동일한 추세를 보였다. 대공황 기간과 그 이후 수백만 개의 농장이 파산하면서 농부의 전체 수는 14% 줄어들었다. 아프리카계 미국인의 수는 37% 줄어들었다. 1920년 흑인 소유 농장의 수는 거의 100만 개(1만 개를 제외하고 모두가 남부에 있었다)로 최고치에 이르렀었고 흑인 농부는 미국 농업 인구의 14%를 차지했었다. 지금은 1%만 차지하고 있을 뿐이다.

이 중 그 어느 것도 저항 없이 벌어진 일은 아니었다. 1880년대에 설립된 유색농민전국동맹협동조합, 그리고 아프리카계 미국인이 주도하고 인종을 초월해 조직된 남부소작농연맹이 파업, 로비, 홍보 활동을 시작했다. 이들 단체는 엘리너 루스벨트Eleanor Roosevelt의 관심을 끌었고 그 결과 1935년에 재정착국이 만들어지게 되었다. 이 부서는 1937년 농업안정국으로 이름을 바꾸었고, 토양이 고갈된 땅에 있는 농부들을 다른 좋은 곳으로 이주시키려는 시도를 했다.

그러나 이런 도움은 너무 늦은 것이었고 규모도 지나치게 작았다. 셔먼에서 시작해 루스벨트 행정부까지 했던 여러 약속에도 불구하고, 백인에 비해 지나치게 많은 흑인 농부들과 노동자들은 땅도 없고 차별에 시달린 데다 돈도 없었다. 대략 제1차 세계대전이 끝난 뒤부터 1970년대까지 있었던 흑인 대이동으로 600만 명의 흑인이 남부를 떠나 북부의 공업 도시로 갔다. 미국인 국내 이주로는 역사상 가장 큰 규모였다. 인종 차별, 짐 크로 법에 따른 폭정, 다른 곳에 기회가 있다는 인식은 이주의 주요 요인으로 자주 언급된다. 그러나 미국의 흑인들이 대부분 농부였다는 사실을 반드시 기억해야만 한다. 20세기 초 흑인 가구의 4분의 3은 시골 지역에 살았다. 정부는 흑인 농부 수백만 명의 땅을 빼앗음으로써, 식량을 빌미로 삼아 이들이 자기 땅을 떠날 수밖에 없게 만들었다.

남아 있던 흑인 인구 대부분이 하던 일은 기계로 대체되었다. 까다롭기로 악명이 높았던 면화 수확은 기계화가 더디게 진행되었지만 1948년 농무부의 자금 지원을 받은 인터내셔널 하비스터가 제대로 된 기계식 면화 선별기를 개발했고, 이 기계는 빠르게 모든 곳으로 퍼져 나갔다.[23] 예상대로 농무부는 더는 면화를 따는 일을 구할 수 없게 된 수백만 명의 실향민을 재교육하고 재배치하고 지원하기 위한 어떠한 조치도 취하지 않았다. 1960년대 동안 흑인 농부의 3분의 2가 다른 직업으로 옮겨 가게 되었다. 이 감소세는 백인 농부의 경우보다 3배 더 가파른 것이었다.

남부의 농업이 내리막길을 걸으면서 백인과 흑인 농부 모두 새로운 지평을 찾아야만 했다. 대부분은 북부로 갔지만 황금빛 서부로 간 사람들도 있었다.

모두가 알고 있다시피 캘리포니아의 기후와 풍요로운 자연의 결합은 타의 추종을 불허하는 것이며, 스페인인이 정착하기 훨씬 전에도 캘리포니아는 원주민의 안식처였다. 하지만 미국의 일부가 된 뒤 이곳에서 일어난 첫 번째 호황은 농업이 아니라 광업을 중심으로 이루어졌다. 미국 역사의 한 순간 동안 (늦게 합병된 캘리포니아와 미국 남서부라는 더 큰 지역에서) 금은 제왕이었다.

그러나 금의 채굴은 힘들고 위험했으며 복권 같은 확률을 갖고 있었다. '땅의 채굴'(미국식 농업)이 이보다 안정적으로 더 많은 돈을 벌 수 있다는 사실을 새로운 캘리포니아 주민 대부분이 깨닫기까지는 그렇게 오랜 시간이 걸리지 않았다.

캘리포니아 농지 대부분은 이미 거대한 사유지가 되었다. (캘리포니아가 멕시코의 일부였던 시기 동안인) 1821년과 1846년 사이에 주지사의 친구들과 가족들이 이곳의 땅을 나눠 가졌다. 캘리포니아 전체 토지 10% 이상의 엄청난 면적을 차지하는 이들 대규모 농장은 당시의 주도州都인 몬터레이에서 샌디에이고까지 해안을 따라 뻗어 있었고, 대부분이 소를 기르는 용도로 사용되었다. 이곳에서는 기름과 가죽을 얻기 위한 용도로 소를 기른 다음, 이 소를 남미 끄트머리의 케이프혼을 돌아 항해하는 배에 실어 동쪽으로 보냈다. (고기 형태로 신선도를 유지하기에는 너무 긴 여정이었다.)

이러한 토지 소유 경향은 대체로 지속되어 19세기 후반까지 부동산은 토지개발업자, 투기꾼, 철도 회사의 손에 집중되었다.[24] 마크 아랙스Mark Arax가 『꿈의 땅The Dreamed Land』에서 적은 것처럼, "1871년까지 [캘리포니아의] 가장 비옥한 땅 900만 에이커는 516명의 확고한 손아귀 안에 있었다." 1889년 무렵에는 소규모 가족 농장이 이미 무의미해진 상태였다. 가치로 측정하자면 주 농장의 6분의 1이 농작물의 3분의 2를 생산했다.

사실 백인 정착민은 도착하자마자 여기저기 습지와 숲이 흩어져 있는 다채로운 자연 초원인 센트럴밸리를 먼지가 풀풀 날리는 단일 재배에 집중하는 방대한 공간으로 바꾸는 작업에 착수했다. 이렇게 해서 얻어진 것은 생산과 파괴의 기괴한 조합이었다. 20세기 공학의 경이로움, 그리고 자연과 인간 삶을 유지시켜주는 자연의 균형을 모르는 무지의 악몽이었던 것이다.

캘리포니아의 주요 작물은 다른 곳처럼 밀이었으며, 대부분은 유럽으로 곧장 운송되었다. 그리고 다른 곳처럼 그곳에서도 밀은 토양을 고갈시켰다. 캘리포니아에서는 모든 환금 작물이 전성기를 맞고 있었고, 밀의 전성기는 일반적으로 짧았다. 1884년 밀의 생산량은 5,400만 부셸이었지만 1900년에는 600만 부셸로 떨어졌다.

그러나 캘리포니아 농부들에게 가해진 이 잔인한 타격도 개발업자에게는 승리였다. 아랙스는 "밀이라는 성공 신화가 무너지게 되자 이제 개척지의 야만성이 진정한 문명에게 자리를 내주게 되었다"고 적었다. '진정한 문명'의 유일한 장벽은 물밖에 없었다. 상업적인 수요가 증가하면서 지하수, 비, 그리고 눈이 녹아서 생긴 물로는 충분하지 않다는 사실이 분명해졌다. 남아 있는 농지가 단일 재배에 의존하게 되면서 물의 부족 현상은 더욱 심해졌다. 단일 재배는 다양한 작물을 재배하는 농사보다 물을 더 많이 필요로 하고 낭비하는 경향이 있기 때문이다.

전례 없었던 캘리포니아의 농업 규모를 유지하기 위해서는 새로운 긴급 대책이 필요했다. 결국 컨 강, 샌와킨 강, 새크라멘토 강의 물을 캘리포니아의 마른 들판으로 끌어오게 되었고, 아랙스는 이를 "가장 광범위하고 집중적인 농업 실험"이라고 했다. 캘리포니아 토지의 비옥도도 "관개와 캘리포니아 대학 농대의 과학으로 더욱 강력해졌다."

연방 정부의 지원 의지도 확고했다. 1902년 개척소(이후의 명칭인 개척국으로 더 잘 알려져 있다)가 설립되었다. 사실 '개척'한 바는 거의 없기 때문에 좀 더 적절한 명칭은 '전환국'이 아닌가 싶다. 이 기관은 미국 서부 지역의 많은 곳에 물을 가져다준 대규모 관개 프로젝트를 지휘했다. 이 중 가장 유명한 것은 바로 후버 댐이다. 1931년에 건설을 시작한 이 댐 덕분에 임피리얼밸리의 농업이 안정되었다. 이전에 사막이었던 이곳을 이제 이곳 사람들은 '세계의 겨울 정원'이라고 일컫게 되었다.

대규모 관개 계획은 수메르인부터 시작된 모든 농업 권력의 일부였으며, 대규모 농업을 가능하게 해주는 대규모 관개가 필요했던 곳이 캘리포니아뿐만은 아니었다. 그러나 생태계를 주요 사업의 요구에 맞춰 바꾸는 규모 면에서는 그 어느 곳도 캘리포니아에 대적하지 못했다. 20세기에 캘리포니아에서 관개된 땅은 전체적으로 7배 늘어났다.[25]

오늘날 캘리포니아에서 경작 가능한 땅은 켄터키와 거의 비슷한 면적인 2,500만 에이커이며, 그 밖에도 1,500만 에이커가 방목지로 사용되고 있다. 캘리포니아는 전국의 과일과 채소 절반을 재배하고 있으며, 아몬드, 무화과, 올리브, 그리고 그 밖의 지중해 작물 대부분도 키우고 있다. 또한 이곳은 미국에서 가장 많은 유제품을 생산하는 주이기도 하다. 이러한 생산물 중 그 어느 것도 관개 없이는 이루어질 수 없는 것이다.

관개는 농경지의 최고 핵심 요소이며, 이는 베이커즈필드에서 레딩까지 이어지는 450마일 길이의 캘리포니아 농업의 심장부인 센트럴밸리에서 특히 두드러진다. 이곳은 1등급 토양, 즉 최고의 토양이 세계에서 가장 많은 곳이다. 낮과 밤의 온도 차이가 25도 정도인 일교차는 식물을 기르는 데에 이상적이며, 1년에 거의 300일 동안 맑은 날이어서 일조량도 풍부하다. 주 정부가 이곳을 세계에서 가장 생산적인 땅으로 만들기 위해서는 관개에 더해 단 하나의 요소가 더 필요했다. 바로 노동력이다.

감귤류, 핵과류, 견과류, 일반적인 채소같이 부가 가치가 높은 노동 집약적인 환금 작물을 기르는 것은 풍부한 토양을 가장 수익성 있게 사용하는 것이었다. (대마초는 나중에 등장했다.) 그러나 트랙터가 지배했던 중서부 농업과는 달리 이들 작물은 특정 계절 동안 많은 육체노동의 유입이 필요했다. 이런 필요성 때문에 혁신적이고 억압적이고 정교하고 현대적인 임시 고용 체계가 개발되었다. 예상대로 이러한 체계는 계절에 따른 이주민과 외국에서 온 노동자의 착취에 의존하는 것이었다.

19세기를 거쳐 20세기로 들어서면서 이전에 서부의 철도를 건설한 적이 있었던 중국인 노동자들은 캘리포니아의 새로운 농장, 운하, 배수로, 댐에서 일하기 위해 이주했다. 1890년대 어느 시점이 되자 이들은 캘리포니아 농장 노동자의 절반을 차지하게 되었다. 더스트볼 시기 오클라호마와 아칸소 이주민들이 그랬던 것처럼 일본과 필리핀 이민자도 이곳에서 중요한 역할을 담당했다. 에르네스토 갈라르자Ernesto Galarza의 말대로, "앞으로의 농업관련산업을 예비하듯 미시시피 하류의 평원을 뒤덮는 재난의 바람이 불기 시작했다."[26] 인류학자 월터 골드슈미트Walter Goldschmidt에 따르면, 더스트볼 이주민은 "캘리포니아의 산업화된 농업이 지속적으로 기능하는 데에 필요한 값싼 노동력 군단"[27]에 백인 가족이 최초로 합류하게 된 사례였다.

미국에서 농업을 발전시켜온 노동자들은 기업형 농업이라는 빤한 소리에 오랫동안 의지해왔다. 하지만 이들은 이러한 농업에서 아무런 혜택도 받지 못했다. 특히 노예 제도가 사라진 이후의 미국에서 기업형 농업이 믿고 실행해온 성공 비결은, (더스트볼처럼) 끔찍한 상황에 처하게 된 바람에 가장 극악무도한 노동 조건이라도 기꺼이 감내하겠다고 덤비는 노동자들을 찾아내 일을 시키는 것이었다.

흑인 미국인과 원주민은 각기 자신들만의 고통을 겪어왔지만, 계급 분열과 박탈은 인종을 초월한 것이었다. 대부분이 백인이었던 급증하는 중산층은 계속해서 늘어나는 하층 이주자들에게 의존했다. 캘리포니아로 온 최초의 엑소더스터뿐만 아니라 필리핀, 멕시코, 중국, 일본에서 온 이민자들은 고향에서의 기근과 죽음은 피했다 하더라도 미국에서의 더 나은 삶은 거의 보장받지 못했다. 미국에서는 토지를 소유할 수 없었고, 먼 곳의 시장으로 운송될 작물을 키우며 재난에 취약한 대량 생산의 통치 아래에서 고통받게 된 것이다. 대부분의 경우 필사적으로 이곳까지 왔다고 해도, 엄청난 착취를 당하게 된다는 사실을 깨달은 뒤에는 떠나버렸다. 설사 머물렀다 해도 더 낮은 임금을 기꺼이 감내할 새로운 노동력이 생긴다면 결국은 쫓겨나게 될 운명이었다. 다른 주에서 왔는지 다른 나라에서 왔는지의 여부는 적어도 처음에는 그렇게 큰 문제가 되지 않았다.

이러한 상황은 제2차 세계대전이 시작되면서 바뀌었다. 전쟁으로 발생한 전반적인 노동력 부족 현상은 캘리포니아에서 특히 심각했는데, 이곳에 있었던 일본계 미국인(그중 3분의 2가 미국 시민이었다)이 수용소에 수감되었기 때문이다. 작가이자 활동가인 에르네스토 갈라르자의 말에 따르면 이는 "누구보다 부지런한 현장 노동자를 쫓아내고 특정 작물에 중요한 기여를 한 농가 가족을 추방하는 이중의 결과를 낳았다."[28] 100만 명 이상의 멕시코인(그중 많은 사람들이 캘리포니아 출신이었다)이 19세기 말부터 전쟁 초기까지 북부로 이주했음에도 불구하고 여전히 부족했던 노동력 덕분에 나머지 농장 노동자들에게는 약간의 협상력이 생기게 되었다. 업계 입장에서는 반갑지 않은 일이었다. 이에 대한 해결책을 모색하던 업계는 연방 정부에서 동맹군을 찾았고, 연방 정부는 필요할 때만 농장에서 일하겠다고 계약할 사람들을 모으는 방식으로 흔쾌히 이주 노동자들의 수요를 조절해주었다.

따라서 미국과 멕시코 정부의 합의로 브라세로Bracero 프로그램(브라세로라는 말은 '무기를 사용하는 사람', 혹은 그냥 '노동자'라는 뜻이다)이 시작되었다. 1947년 농업관련산업 자본가들은 캘리포니아 주지사에게 자신들이 생각하는 이상적인 세계는 어떠해야 하는지에 대해 다음과 같은 권고안을 제출했다. "멕시코 노동자들은 (…) 작물을 구하는 데에 일손이 부족해진 지역을 따라 이곳저곳으로 쉽게 이동이 가능한 유연한 집단으로 구성되어야 합니다. 이들 노동자는 귀중한 생산물의 손실에 대비한 보험처럼, 비상시에만 투입되는 일종의 '기습 부대'여야 하는 것입니다."[29] 다시 말해서 일손이 필요한 계절에 필요에 따라 노동자를 고용했다가 필요가 없어지면 고향으로 보내버린다는 뜻이었다.

아무런 감독 없이 임금 착취가 일상화되었고, 구타, 성희롱, 중노동같이 실제 노예 제도와 별반 다르지 않는 거의 모든 학대가 일어났다. (이것이 바로 브라세로 프로그램을 "노예 임대"[30]라고 일컫는 이유다.) 다시 말해 기존의 상황이 계속 이어진 것이다. 일이 능숙한 브라세로들도 불러줄 때에만 가서 끔찍하게 낮은 임금을 받으며 일했고, 필요가 없어지면 떠나야 했다. 일하는 동안은 사회로부터 분리되어 있었고, 일이 끝나면 다시 멕시코로 보내졌다. 이 프로그램은 1964년까지 이런저런 형태로 계속되었고, 거의 45만 명의 노동자가 있었던 1959년에 정점을 찍었다.

브라세로 프로그램이 종료되고 이주 노동이 사실상 불법이 되었을 때도 별다른 변화는 없었다. 유럽 이민자들이 주도한 노동자 권리 운동 전반에서도 농장 노동자들을 배제하는 경향이 있었는데, 이는 이들 노동자가 고립되어 있었기 때문이기도 했고 운동가들의 인종 차별주의 성향 때문이기도 했다. 1950년대 후반에 구성된 농장 노동자 조직이 전미자동차노동조합과 미국노동연맹산별노조협의회AFL-CIO 같은 전국 노동조합과, 블랙 팬서와 전미흑인지위향상협회 같은 인종 정의 구현 단체들의 관심을 끌면서 진전이 이루어졌다. 이러한 진전은 여러 다른 조직 단체의 합병과 변화로 이어졌다. 세자르 차베스Cesar Chavez와 돌로레스 우에르타Dolores Huerta가 이끄는 필리핀농업노동자조직위원회와 전국농장노동자연맹 같은 단체의 합병이 대표적인 경우다. (현재의 명칭인 미국농장노동자연합UFW은 1972년에 공식적으로 채택되었다.)

떠돌이 노동자를 조직하는 일은 누구나 상상할 수 있듯이 어려운 일이었다. 산발적인 성공을 거둔 수년간의 투쟁 끝에 우에르타는 먼저 식용 포도 생산에서 노조 차원의 파업을 제안했고, 그다음으로는 그 유명한 소비자 불매 운동을 제안해 1970년 성공적인 계약을 이끌어냈다. 하지만 UFW가 가장 큰 승리의 일부를 거둔 지 50년이 지난 지금까지도, 농장 노동자들과 음식 노동자들(우리가 먹는 음식을 만들고 가공하고 조리하고 배달하는 사람들)은 여전히 굶주리고 있는 경우가 많다.

한편 캘리포니아 농지 대부분은 값싼 노동력 덕분에 계속해서 높은 수익을 내고 있으며 앞으로도 그럴 것으로 보인다. 캘리포니아에서는 [센트럴밸리에 있는 수천 에이커 규모의 로메인(상추의 일종) 농장을 본 사람이라면 누구나 알 수 있듯이] 방대하게 펼쳐진 곳에서 한 번에 한 가지씩의 작물을 기르지만, 그곳 전체를 보았을 때 다양한 작물을, 즉 상상할 수 있는 거의 모든 식용 작물을 생산하고 있기 때문이다. 수백 종류의 작물을 재배하면 캘리포니아의 농업을 기계화하는 일은 더욱 어려워지게 되고 이러한 농산물을 판매하는 일도 어려워지게 된다. 해외 모든 나라에 밀을 배로 실어 판매하는 것은 그렇게 어려운 일이 아니다. 그러나 토마토, 복숭아, 호두, 쌀, 브로콜리, 양상추 등을 여기저기 흩어져 있는 국내의 개별 시장에 파는 것은 전혀 다른 문제다.

캘리포니아의 농업 문제에 대한 해결책도 마찬가지로 복잡했다. 모든 사람들은 살구, 아몬드, 브로콜리, 당근을 팔아 부자가 되고 싶어 했다. 그리고 이에 대한 가장 좋은 방법은 이런 작물을 얼리거나 금속 캔에 밀봉하는 것이었다. 그 결과 새로운 산업('식품' 산업)이 만들어졌고, 여기서 필수적인 요소는 기술 혁신이었다.

8장
음식과 브랜드

수확량을 유일한 척도로 삼는다면 미국의 농업은 엄청난 대성공을 거두었다. 미국의 농부가 많이 재배한 작물은 밀, 옥수수, 설탕, 쌀, 면화였고 나중에는 콩이 포함되었다. 하지만 이러한 잉여를 생산하고 있었음에도 불구하고 농부는 여전히 엄청난 위험을 감수하는 상태였다.

풍부한 잉여로 무엇을 해야 하는지에 관한 질문이 제기되었다. 이 정도 수준의 잉여는 값싼 음식값을 거의 보장해준다. 그러나 이 잉여는 새로운 형태의 음식을 개발하는 데 사용되는 일이 점차 많아졌다. 식품업계는 버터, 치즈, 케첩에서부터 아침 식사용 시리얼, 빵과 햄버거에 이르기까지 거의 모든 것을 가공하고 제조하는 방법을 알아냈다. 일단 돈을 번다는 점에서는 새롭고 혁신적인 방법이었고, 식탁과 식사 방식을 근본적으로 바꾸어놓는 것이었다.

음식을 먹는 사람들에게 새로운 음식 문화의 결과는 복합적이었다. 단기적 측면에서 새로운 음식은 시간을 절약해주었다. 새 시대인 20세기에는 농부도 거의 없었고 피클을 만들거나 소젖을 짤 시간도 거의 없었지만 상점에서 구입한 음식은 저렴하고 편리했다. 하지만 장기적인 관점에서 보면 이런 가공식품은 건강을 해쳤고, 오염과 자연 고갈 같은 숨겨진 비용을 지불하게 함으로써 절약의 효과를 상쇄했다. 늘 그러했듯 이러한 시스템은 중간에 있는 사람들, 다시 말해 상인, 제분업자, 장비와 비료 판매인, 가공업자, 도매업자, 소매업자에게 가장 큰 혜택을 주었다.

그럼에도 불구하고 잉여와 이에 따른 생산 기술로 놀라운 새 제품이 다량 생산되었다. 20세기 미국 음식의 상징, 즉 치즈버거를 생각해보라. 품질을 낮추고 흰 색소를 더한 우유 페이스트('미국식' 치즈)를 위에 올리고, 과도한 단맛을 지닌 토마토 잼(케첩)을 듬뿍 뿌린 다음, '크러스트'를 듬뿍 칠해놓은 통탄할 가짜 빵(번) 사이에 끼워 넣은 순 소고기 패티는 미국 음식의 상징이 되었다.

모두들 "햄버거만큼 좋은 음식은 없다"고 말했다(최소한 그런 말은 들었다). 어렸을 때 내가 먹은 햄버거는 25센트짜리였다. 55센트를 내고 햄버거 (신선한 패티를 육즙이 많게 그릴로 바삭하게 구운 것) 두 개와 감자튀김, 콜라를 먹으면 더할 나위 없이 좋았다. 그 당시 먹었던 화이트캐슬의 세트 메뉴도 기억난다. 몇 년 뒤 고등학교를 다닐 때 친구들과 오래된 포드 자동차를 타고 AM 라디오에서 나오는 비치보이스의 노래를 들으며 90마일 떨어진 곳에 있는 맥도날드를 처음 가보기도 했다.

여러분도 비슷한 이야기가 있을 것이다. 최고의, 그 동네의, 가장 기억에 남는 이야기 말이다. 햄버거는 미국 생활의 중심이었던 '엄마표 애플파이'를 대체했다.

하지만 햄버거는 본질적으로 멋진 것과는 거리가 멀다. 오히려 많은 면에서는 역겹기까지 하다. 그러나 이런 사실이 햄버거의 중요성을 감소시키지는 않는다. 햄버거는 미국 국민 의식의 근본, 즉 아름답고 물이 풍부하고 거의 처녀지나 다름없는 거대한 땅의 구현이다. 이 땅은 계속해서 늘어나는 생산량, 발견, 발명, 교활함, 그리고 무자비하고 무지한 자원 착취를 가능하게 해준다. 이러한 자원으로 미국에서만 연간 50억 개의 햄버거가 생산된다. 1인당 약 150개에 해당하는 양이다.

이 모든 일이 일어나게 된 경위에 관한 이야기는 미국산 소고기 그 자체에 대한 이야기다.

19세기 중반에 소를 몰고 가는 것은 더디고 위험한 일이었다. 가뭄과 겨울은 치명적인 장애물이었다. 1880년대에 이르러 철도가 연장되고 철조망 울타리를 치게 되면서 철도 '수송' 차량으로 소를 운송할 수 있게 되었고, 직접 소를 몰고 가는 일도 줄어들기 시작했다.

이러한 운송으로 철도는 큰돈을 벌었지만 그 과정은 비효율적이었다. 살아 있는 소의 생산량은 40% 정도였는데, 이는 소 100파운드를 차에 실어 운송해도 도살하고 도축한 뒤에는 40파운드의 고기만 팔 수 있다는 의미다. 더구나 각각의 소를 돌보고 먹이면서 끝까지 살아 있도록 만들어야 했고, 이는 항상 쉬운 일만은 아니었다. 소가 가득 찬 열차 안에는 질병이 빠르게 퍼지기 때문이었다.

처음에는 다른 방법이 없었다. 도축된 고기는 운송 중에 보관이 힘들었고, 덕분에 전체 소고기 정육업 사업에 수갑을 채운 듯한 제약을 안겨주어 이 사업은 지역에서 소규모로만 유지할 수 있었고 이윤도 제한이 있었다. 신선한 돼지고기를 보관하는 일은 소고기보다 용이했다. 햄과 베이컨 같이 인기 있는 여러 돼지고기 가공품은 이미 보존 식품으로 자리 잡은 상

태였다. 이러한 상황에서 소고기가 전체 정육 산업에서 차지하는 비중은 3%에 불과했다.[1]

이들 난제는 심각했지만 수요와 수익 잠재력은 거의 무제한이었다. 해결책이 나와야만 했다. 돌파구는 1880년에 나왔다. 구스타부스 스위프트Gustavus Swift가 냉장 열차를 만들어 도축된('요리용으로 준비된') 소고기를 신선하게 시카고에서 뉴욕까지 안정적으로 운송할 수 있게 된 것이다. 예전에는 지역적·개별적으로 분산되어 독립적으로 운영되던 소고기 산업은 성장에 제한이 없는 통일된 국가적 사업이 되었다.

스위프트는 시카고, 세인트루이스와 중서부의 여러 중요한 철도 분기점에 자신이 소유한 사육장과 도축 시설을 신속하게 건설했고 전국에 새로운 유통센터 망을 구축했다. 1900년이 되자 단 몇 개의 회사가 관리하고 있던 정육 사업[2]은 철강 다음으로 미국에서 두 번째로 큰 산업이 되었다.[3] 이 일을 주도하는 사람들은 가격과 운임 모두를 담합하는 트러스트를 맺었고 철도업계는 독점적인 우대 가격을 제공했다.

시어도어 루스벨트Theodore Roosevelt는 이 트러스트를 무너뜨리려 한 것으로 유명했지만, 육류 산업은 너무 많은 자본과 기반 시설을 기반으로 하고 있었기 때문에 새로운 경쟁자가 나타날 희망은 없었다. 그 결과 1900년부터 이들의 이름은 바뀌었지만 아직도 미국에서는 주요 육류 가공업체 네 곳만이 남아 있다.

당시(20세기 초)의 호황으로 미국의 소는 20년 동안 2배로 늘어나 인구 10명당 9마리의 소가 있을 정도에 이르렀다. 우리가 이제껏 보아온 것 중에서 가장 높은 비율이었다. (오늘날의 3배 정도에 해당한다.) 고기 중 일부(아마도 10% 정도이고 그 이상은 아니다)가 수출되었고, 이는 국내 소비를 위해 1인당 1주일에 1파운드(약 450그램) 정도나 되는 고기를 남겨두었다는 뜻이다. 그리고 대체로 소에서 나온 고기의 40% 정도는 분쇄육이었다.

이는 햄버거가 그만큼 많았음을 의미한다.

햄버거가 언제 어디서 발명되었는지 추측하는 것은 어리석은 일이다. 수천 년 전 빵과 고기가 처음 교차하는 곳에서, 양념한 다진 고기를 빵에 넣고 먹었을 가능성이 있기 때문이다. (확실히 함부르크는 아니었다.) 미국 최초의 햄버거 전문점은 1885년에 코네티컷 주 뉴헤이븐에 설립되어 아직도 그곳에 있는 루이스런치다. 이곳의 햄버거는 19세기 후반 뉴욕과 기타 지역에서 큰 인기를 얻었다. 시대상을 반영하는 이것은 제1차 세계대전 직후 사람들을 사로잡았다.

화이트캐슬은 1921년에 설립되었고, 이곳의 첫 번째 장애물은 다진 쇠고기가 안전하다는 것을 소비자들에게 확신시키는 일이었다. 업튼 싱클레어Upton Sinclair의 소설 『정글The Jungle』은 1906년에 출판되었는데, 독살된 쥐가 고기 분쇄기에 던져졌다는 이 소설 속 이야기는 사람들에게 불안감을 안겨주었다.

그러나 다진 고기는 『정글』 이전에도 의심받았다. 실제로 다진 내용물이 무엇인지는 아무도 알지 못했고, 일반적으로 사람들은 다진 고기는 금방 상할 것이라 생각했다. 화이트캐슬의 설립자 에드거 '빌리' 잉그램Edgar 'Billy' Ingram은 신선한 소고기를 고객들 바로 앞에서 가는 방법으로 이 문제를 해결했다. 또한 그는 스테인리스스틸과 하얀색 에나멜로 건물을 만들었고, 가게 이름의 선택도 하나의 전략이었다. 하얀색은 인종 차별로 얼룩진 사회에서 순수함과 청결함을 상징했기 때문이다.

잉그램은 건축, 메뉴, 품질의 표준뿐만 아니라 테이크아웃의 표준도 만들었다. 바로 세트 메뉴다. 이러한 여러 전략은 햄버거 한 개당 5센트의 가격과 결합하여 그가 만든 첫 번째 식당에 즉각적인 성공을 가져다주었다. 화이트캐슬은 채 2년도 되지 않아 위치토 지역의 시장을 접수했고 10년 뒤에는 전국적인 성공을 거두었다. 수익성은 어땠을까? 관리자들이 방대한 영역을 관리하기 위해 회사 복엽기●를 타고 다닐 정도였다.[4]

기업가 수백 명의 모방이 이어졌다. 작은 흰색 건물을 짓고 햄버거를 만들어 팔면서 화이트타워, 레드캐슬, 화이트팰리스 같은 이름을 붙였다.[5] 그러는 동안에도 잉그램은 혁신을 계속했다. 베티 크로커Betty Crocker 같은 가상의 인물을 누구보다 먼저 만들어낸 것이다.[6] 그는 어느 여성을 고용해 줄리아 조이스Julia Joyce라고 이름 지은 뒤 여성들의 모임에 화이트캐슬의 홍보를 위해 파견했다.

또한 그는 〈슈퍼 사이즈 미〉●●에 앞서서, 버나드 플레셰Bernard Flesche라는 의대생이 13주 동안 햄버거만 먹는(하루 평균 20개 이상이었다) 실험에 자금을 지원해주기도 했다.[7] 플레셰는 이 실험이 끝난 뒤 건강 상태가 양호하다는 진단을 받았다. 하지만 그는 이 식단에 물려 다시는 햄버거를 즐겨 먹지 못했다고 한다. 그는 54세에 심장병으로 사망했다.

치즈가 햄버거 토핑의 최고봉으로 부상한 것은 여러 가지 이유로 피할 수 없는 일이었다. 얇은 소고기 패티는 건조해질 수도 있었고, 어떤 경우

● 복엽기(複葉機) : 동체의 아래위로 두 개의 앞날개가 있는 비행기.
●● 슈퍼 사이즈 미(Super Size Me) : 30일 동안 하루 세 끼를 맥도날드만 먹으면서 몸에서 일어나는 변화를 관찰하는 내용을 담고 있는 2004년 다큐멘터리 영화.

건 부드럽고 짭짤한 토핑에 이의를 제기할 사람이 거의 없을 것이기 때문이다. 치즈는 소금 이외의 방부제를 따로 첨가하지 않아도 보존이 용이하다. (작가 클리프턴 패디먼Clifton Fadiman은 치즈를 가리켜 "불멸을 향한 우유의 도약"[8]이라고 지칭했다.) 파마산 같은 천연 치즈는 몇 년씩 보존해도 변질되지 않는다.

그리고 당연한 일이겠지만 소가 많았던 덕분에 우유는 남아돌았다. 우유의 생산량은 남북 전쟁이 끝나고 제1차 세계대전이 시작될 때까지 약 50년 사이에 10배 증가했다. 세계대전 동안 우유는 (통조림, 농축, 분말의 형태로) 해외로 운송되었다. 그리고 밀과 마찬가지로 우유도 수요가 공급을 촉진했다. 1914년부터 1918년까지 통조림 우유의 생산량은 6억 6,000만 파운드에서 15억 파운드 이상으로 증가했다.[9] 시장은 무한한 것처럼 보였다. 농부들은 습관대로 우유를 점점 더 많이 생산하는 방법으로 대응했다.

전쟁이 끝나면서 수요가 줄어들자 최초의 대규모 유제품 잉여가 뒤따랐다. 가격이 하락하면서 과거 그 어느 때보다 많은 사람들에게 많은 우유를 제공했고 수지를 맞추지 못한 가공 공장은 매일 문을 닫았다. 우유 산업도 오래지 않아 통합되었다. 하비 리벤스테인Harvey Levenstein의 저서 『식탁의 혁명Revolution at the Table』에 따르면, "보든[의 유제품 회사]는 일주일 동안에만 52개의 회사를 매입했다."[10]

그다음 차례는 창의적인 마케팅이었다. 세계에서 유제품을 가장 많이 생산하는 나라의 낙농 수도 위스콘신에서는 우유를 파는 일이 무엇보다 중요했다. 1919년 전국유제품위원회(1915년 구제역 발생 뒤 대중에게 우유의 안전성을 확신시키기 위해 설립되었다)는 아동 영양에 대한 첫 번째 책자인 『우유: 성장과 건강을 위해 필수적인 식품 Milk: The Necessary Food for Growth and Health』을 발간했다. 이 책자는 그 시대에 가장 잘 알려진 우유 옹호자인 위스콘신 대학 농업실험소의 생화학자 엘머 매콜럼Elmer V. McCollum이 쓴 것이다.

1918년 매콜럼은 그보다 20년 전 윌리엄 크룩스의 '위대한 밀 연설'에서처럼, 우유를 더 많이 마시도록 설득하는 캠페인의 일환으로 대중에게 우유의 복음을 선포했다. "우유를 많이 마신 사람들은 (…) 우유를 마시지 않은 사람들보다 더 활동적이었고 문학·과학·예술 분야에서 훨씬 더 많은 성취를 이루었습니다."[11]

오래지 않아 아이들은 매일 4잔(1리터에 가까운 양이다!)을 마시도록 '교육'받았다.[12] 그리고 저온 살균(1909년까지 광범위한 의무화가 이루어졌다), 냉장, 저질 제품 감소 덕분에 전국적으로 신선한 우유를 쉽게 구할 수 있게 되었다. 우유는 아이스크림과, 네슬레가 완성한 초콜릿 우유가 도입되고 대량 마케팅을 펼치면서 더욱 높은 인기를 끌게 되었다. 그리고 1940년 시카고의 학교에서 학생들에게 우유를 제공하기 시작했고, 전국 대부분의 지역도 그 뒤를 이어 우유 한 잔을 1센트에 팔았다.

농무부는 원가와 비용 간의 차액을 유제품 회사에게 보상해주었고, 이 보상에는 수익도 포함되어 있었다. 1946년 전국학교급식 프로그램이 시작되면서 정부는 급식에 우유를 포함하라고 요구했다. 이 요구는 계속 이어졌고, 유제품에 대한 정부의 다른 지원 형태도 마찬가지였다. 여기에는 광고도 포함되어 있었다.

지금 우리는 이 모든 것을 당연시하고 있다. 그러나 탄산음료보다야 우유가 건강에 좋겠지만, 수유를 하지 않는 대부분의 사람들에게는 우유보다 물이 더 좋다. 소젖은 아기, 어린이, 혹은 다른 사람들에게도 그리 이상적인 음식이 아니다.

사실 우유는 필수적인 음식이 절대 아니다. 단백질 함량은 높지만 거의 모든 미국인은 단백질의 충분량 이상을 별다른 노력 없이도 섭취한다. 또한 우유에는 포화 지방이 많이 함유되어 있는데, 불행하게도 미국인들의 식단에는 포화 지방도 풍부하다. 해롭든 이롭든 간에 전반적으로 우유는 필수적인 음식과는 거리가 먼 것이고, 초기 마케팅 캠페인이 퍼뜨렸던 기적의 음식과는 더더욱 거리가 먼 것이다.

게다가 65%에 달하는 대다수의 사람들은 유당분해효소 결핍증을 앓고 있다. 우유는 장에 문제를 일으키거나 이 문제를 더 심하게 만든다. (나도 이 병을 앓는 아이였다. 하루에 우유를 몇 잔씩 마시도록 강요받거나 격려받았고, 덕분에 만성적으로 장이 불편한 상태였다. 자라서 우유를 실질적으로 그만 마시게 되자 그 고통도 사라졌다.)

그럼에도 불구하고 전국유제품위원회의 마케팅 계획은 성공적이었고, 이 밖에도 많은 노력이 있었다. 1925년까지 미국인은 일주일에 평균 약 1갤런(약 4.5리터)의 우유를 소비했다. 하지만 정부와 업계가 우유 소비를 아무리 촉진했어도 잉여는 언제나 존재했다. 일반적인 젖소는 매년 400갤런 이상의 우유를 생산하기 때문에, 이 나라에 2,000만 마리 이상의 젖소가 있는 상황에서는 소비되어야 할 우유가 수십억 갤런이 생긴다. 이 문제에 대한 해결책은 치즈를 더 많이 만드는 것이었다.

여분의 우유를 보존하는 가장 좋은 방법인 치즈 제조는, 남는 우유가 있는 한 낙농 지역에서는 흔한 일이었다. 게다가 20세기 이전에도 치즈는 많은 농부들에게 꾸준한 수입원이었다. 브루스 크레이그Bruce Kraig가 『풍요롭고 비옥한 땅: 미국의 음식사A Rich and Fertile Land: A History of Food in America』

에서 기술한 바에 따르면, 1900년대 이전에는 평균적으로 낙농 가구 1가 구당 젖소 5~6마리의 젖을 짜고 있었다.[13] 19세기 초까지 이들 가구가 매년 1억 파운드의 치즈를 생산한 것으로 추정된다.

결국 이들은 힘을 합해 공동 치즈 제조가를 고용하고 중앙 집중식 시설에 우유를 모아놓기 시작했다. 이 시설 중 일부는 공장이 되었고, 지역 가구(어떤 때는 수백 가구였다)에서 우유를 사들여 그 규모에 따라 치즈를 생산했다.

마침내 치즈 공장은 치즈를 만들 때 사용하는 천과 두 사람이 돌려야하는 거대한 바퀴를, 강철통과 기계식 프레스로 대체했다. 처리 시간을 줄이고 수익을 늘리기 위해 치즈를 숙성시키는 기간을 줄였고, 그에 따라 맛이 떨어지게 되었다. 차례차례 다른 재료를 첨가했고 물론 착색도 했기에 맛이 떨어지는 경우는 더욱 잦아졌다. 이에 따라 치즈 제조 장인은 사라졌고 미국인이 만든 좋은 치즈도 사실상 사라졌다.[14]

빠르게 대량 생산할 수 있고 거의 영원히 보존할 수 있는 이 제품에 대한 수요가 늘어나자 이에 대응해 제임스 크래프트James L. Kraft는 가공 치즈, 즉 오늘날 우리가 미국산 치즈라고 생각하는 것의 특허를 받았다. 빠르게 만들어지고 품질은 낮은, 치즈 비슷한 다양한 페이스트를 갈아서 소금과 기타 성분을 첨가해 그 결과물을 저온 살균하는 것이 그의 기술이었고, 긴 유통 기간과 균일한 저온 융해점을 가진 치즈가 그 결과물이었다.

다른 많은 회사와 마찬가지로 그의 회사도 전시의 정부 계약으로 기회를 잡았다. 1920년대 말에 이르자 크래프트의 판매량은 미국 치즈의 40%에 달했다. 한 장씩 따로 포장되어 있는 크래프트 싱글즈를 개발하는 기술적 어려움도 극복하면서 수치는 훨씬 더 높아졌다. 이 공정으로 치즈 판매량은 천정부지로 올랐다. 크래프트는 현대의 치즈버거를 표준화하는 데 일익을 담당했다.

그러나 치즈가 있다고 해도 햄버거에는 다른 첨가물도 필요하다. 헨리 하인즈Henry J. Heinz와 그가 만든 놀라운 소스인 케첩을 살펴보자.

하인즈는 사업에서 우위를 점하기 위해 인디애나 출신의 의사이자 화학자이며 카리스마 있는 열성분자 하비 와일리Harvey Wiley의 도움을 받았다. 그는 1883년 농무부의 화학부서 책임자로, 해로운 화학 물질과 가짜 식품으로부터 미국인을 구해내는 임무를 맡은 사람이었다.

이러한 식품은 상당히 많았다. 철도가 건설되기 전에는 보통 현지에서 음식을 조달했다. 그러나 19세기 말이 되자 전례 없는 규모로 가공, 보존, 포장, 운송이 이루어지게 되었다. 제조업자, 유통업자, 판매업자들은 정부의 규제 없이, 대부분은 암암리에 어디든 음식을 운송하고 판매할 수 있었다.

사기는 흔하고 수익성 높은 일이었으며, 소비자들은 식품이 '순수'하다는 보장이 거의 없다는 사실을 알고 있었다. 공식적인 추정에 따르면 오염된 식품이 전체 시장의 약 15%를 차지하고 있었다. 예를 들어 우유는 물을 타고 전분이나 석고로 걸쭉하게 만든 뒤 최종적으로는 포름알데히드로 보존성을 높인 경우가 많았다. 버섯은 표백하여 판매했다. 완두콩은 녹색을 유지하기 위해 살충제인 황산구리를 사용했다. 밀가루에는 모래를 섞었고 빵은 톱밥을 섞어 구웠다.

소고기에도 이물질이 섞여 있거나 부패된 것은 아닌지 모두가 의심했다. 『정글』이라는 소설은 1898년 미국-스페인 전쟁에서 있었던 '방부 처리된 소고기 파동' 직후에 출간되었다. 이 책에는 전염병의 원인이 된 고기가 부식으로 나왔다고 군인들이 주장하는 내용이 들어 있었다. 문제가 커지자 시어도어 루스벨트 대통령은 싱클레어에게 다음과 같은 편지를 썼다. "당신이 지적한 이러한 병폐는 사실이 입증된다면, 그리고 제게 힘이 있다면 근절될 것입니다."

하비 와일리도 이 이슈에 동참했다. 그의 추종자 중에는 "독극물 부대"[15]라는 이름의 젊은 직원들의 모임이 있었는데, 이들은 "용감한 자만이 제대로 된 음식을 먹는다"는 모토로 긴밀한 유대를 갖고 있었다. 이들은 새로운 식품 첨가물을 금지하는 증거를 제공하기 위해 황산, 포름알데히드, 황산구리 같은 화학 물질을 직접 섭취하기까지 했다. 그러나 와일리에게는 다른 동맹도 있었고, 이들은 시어도어 루스벨트에게 독극물 반대 투쟁에 동참해줄 것을 호소하는 데에 그렇게까지 극단적이지는 않았다. 마침내 헨리 하인즈도 전투에 뛰어들었다. 물론 뛰어든 동기는 정의로운 것이 아니라 상업적인 것이긴 했다.

하인즈는 케첩을 만들고 있었던 2,000명의 제조업자 중 한 명이었다. 케첩은 아시아의 진한 발효 생선 소스를 모방한 영국의 제품을 조악하게 따라 만든 것이다. 미국에서 케첩은 통조림 제조 과정에 쓰이지 못한 토마토 조각을 활용하는 효율적인 방법으로 자리 잡았다. 너무 작거나 너무 익었거나 충분히 익지 않았거나 썩었거나 벌레 먹었거나 어떤 식으로든 쓸 수 없는 토마토를 처리할 수 있게 된 것이다. 공장 바닥에 떨어져 있는 토마토 조각까지 모아서 끓이고 걸어내고 양념해 병에 담았다.

케첩을 맛있게 하는 데는 기술이 필요했고, 이 기술에는 "코치닐, 카민, 에오신, 애시드 마젠타, 다양한 아닐린 콜타르 염료 등의 다양한 식용 색소"를 사용하는 방법이 있었다. 이 밖에도 식품 보존을 위해 붕산 등의 방부제(독일이 붕산을 포함한 제품의 수입을 금지하기 전까지 계속 사용되었다)나 미량일 때에만 안전한 살리실산(버드나무에서 만들어진 것으로, 아스피린의 원료이지만 피부를 손상시키기도 한다) 등을 사용하는 방법도 있었다.[16]

거의 모든 케첩 회사들은(케첩은 이미 어디서나 볼 수 있는 소스였다) 케첩을 만들 때 효과적인 방부제이자 별다른 맛이 없는, 그리고 (아마도) 무해한 벤조산나트륨을 사용했다.

하인즈는 자신의 케첩에 벤조산나트륨을 넣지 않고, 정부에서 이 화학 물질을 금지하게 만들 수만 있다면 자신만이 유일한 합법적인 케첩 제조 업자가 될 것이라고 생각했다. 하지만 이는 생산 공정의 개편을 의미했다. 하인즈는 위생적인 공장 환경과 안정적인 운송 네트워크뿐만 아니라 새로운 제조법(합성 보존료 없이 어느 정도 오랫동안 케첩을 보존할 수 있는 방법)도 필요했다.

그가 행한 가장 중요한 변경은 설탕의 양을 2배로 늘린 것이었다. 이런 방법은 이 혼합물을 더 자연스럽게 보존할 수 있게 해주었고, 지금 우리 모두에게 익숙한 더 진한 내용물을 안겨주었다. 새로운 케첩 한 스푼에는 일반적인 과자만큼이나 많은 설탕이 들어 있다. 그리고 이상한 일이지만 하인즈는 케첩을 훨씬 진하게 만들면서도 목이 좁은 병의 디자인을 바꾸지 않았고, 덕분에 사람들은 수십 년 동안이나 손바닥으로 병 바닥을 두드려야만 했다.

하인즈는 벤조산나트륨을 불법으로 만들려는 노력을 계속했다. 식품 안전 법률은 의회에서 10년 이상 계속 상정되었으며, 대부분은 와일리의 요청에 따른 것이었다. 그러나 식품 가공업자들은 위스키 제조업체, 그리고 치명적인 가짜 약을 만드는 제약 회사들과 손을 잡고 자신들의 속임수와 독극물을 계속해서 법의 관할 밖에 두려고 했다.

하지만 루스벨트는 두 번째 임기에 식품 규제를 우선순위로 삼았고, 마침내 와일리는 (세부적인 작업을 맡은 하인즈의 지원을 받아) 1906년 순수식품의약법안이라는 법안을 작성했다. 이 법안은 『정글』이 막 출간되었을 때 하원에 상정되었고, 덕분에 상황이 바뀌었다.

그러나 이 법은 와일리와 하인즈가 꿈꾸던 정책에는 미치지 못했다. 새로운 법은 어떤 식품 성분도 완전히 금지하지는 않았기 때문이다. 하지만 이 법안은 정보 표기의 투명성을 의무화했기 때문에 제조업체는 화학 물질을 포함해 생산 공정에 사용되는 모든 성분을 공개해야만 했다. 하인즈에게는 충분한 조치였다. 하인즈가 원한 것은 자신과 기타 대형 제조업체들이 더 작은 업체들을 비방하고 파산시킬 수 있는 '순수 식품'이라는 마케팅 용어를 정부가 승인해주는 것뿐이었다.

이 법안은 방부제의 위험성에 맞서 혁신적인 '공공 정보' 캠페인을 벌인 하인즈의 승리였다. 광고 하나를 읽어보자. "음식에 약물을 넣어야 할까요? 아니면 넣지 말아야 할까요? 벤조산나트륨은 콜타르 약물입니다. 케첩에 사용해서 좋은 점이 하나라도 있다면, 이 약물을 사용하는 제조업체는 어째서 이를 라벨에 커다란 글씨로 장식하지 않고 찾기 힘든 곳에 아주 작은 글씨로 적어놓는 걸까요?"[17] 결국 하인즈 케첩이 시장을 장악했다.

대중을 보호하려는 목적의 법은 위험한 선례를 낳았고, 이는 오늘날까지도 이어지고 있다. 가공식품에 들어 있는 모든 성분의 이름을 알린 뒤 무엇이 좋고 무엇이 나쁜지 결정하는 일을 소비자에게 떠넘기면서 정부는 '선택의 자유'라는 미명 아래 모든 책임을 회피했다.

이후 일부 성분은 금지되었지만, 수천 가지 이상의 성분이 '안전하다고 일반적으로 인정Generally Recognized As Safe, GRAS'(이 기준은 1958년에 만들어졌으며, 제조업체의 보증을 기반으로 식품의약국FDA의 승인을 받았다는 의미를 가지고 있다)을 받았거나 규제 당국에 의해 그냥 무시되었다. 이 범주로 인해 기업은 허위 정보와 기만적인 마케팅을 전파하는 권한을 갖게 되었다. 또한 이는 제조업자들이 사실상 모든 음식에 설탕을 첨가하기 시작했음을 알리는 것이기도 했다. 설탕은 거의 대부분의 음식에서 맛을 부각하고, 적어도 제조업체의 입장에서는 사람들이 이러한 맛에 습관을 들이게 유도한다는 추가적 이점도 있다.

19세기에 전국적인 브랜드가 여럿 등장했다. 네슬레는 1866년에, 하인즈와 캠벨은 1869년에, 코카콜라는 1892년에, 유나이티드 프루트(나중에 '치키타'로 이름을 바꿨다)는 1899년에 설립되었다. 그러나 케첩의 축복을 받아 성공한 하인즈야말로 다른 어떤 회사보다도 브랜딩˙의 중요성을 내세운 곳이었다. 수십여 개의 제조업체가 수백 가지의 식품을 대량 생산하고 있었고, 이들 제품은 이전에는 존재하지 않았거나 새로운 형태로 모습을 바꾼 것이었다. 자연과 거리가 멀고 영양가도 적었지만, 상온에서 보관이 용이하다는 점에서는 확실히 뛰어났다. 어떻게 하면 이들 제품을 더 눈에 띄게 만들 수 있을까?

경쟁이 전국으로 확산되고 지역 제품이 대부분 설 곳을 잃는 상황에서 브랜딩은 필수적인 것이었다. '수프'와 '빵'과 '녹두' 등 그 자체로 구별되는

˙ 브랜딩(branding) : 제품의 이미지를 만들어내는 일.

정체성이 전혀 없었던 식품은 올즈모빌이나 콜게이트처럼 '브랜드 매력'이 있는 켐벨, 원더 브레드, 버즈 아이에 밀려나게 될 운명이었다.

성공적인 브랜딩은 좋은 이름을 붙이는 것 이상이지만, 그렇게 많은 것을 담고 있는 것도 아니다. 본질적으로 브랜딩이라는 것은, 무의미할 때가 많은 어떤 특성(색, 포장, 눈에 띄는 슬로건이나 CM송 등이며, 품질이 좋다고 주장하는 경우도 있다)을 제품에 추가하는 것에 지나지 않는다. 신제품에 대한 성공적인 브랜딩과 마케팅 캠페인을 기획하는 것만으로도 제품 자체를 만들 수 있다.《하버드 비즈니스 리뷰Harvard Business Review》의 기사를 인용하자면, "브랜드가 전부다. 핵심은 브랜드다."[18]

마케팅, 광고, 홍보, 판매에서 승리하기 위해서는 최고의 브랜드를 가지고 있어야 한다. 이는 운의 문제, (하인즈 케첩의 경우와 같은) 조작의 문제, 브랜드를 만드는 전문가를 고용하는 문제, 혹은 기존의 브랜드를 그냥 구매하는 문제일 수 있다. 바로 이것이 브랜드가 부상하는 기간 동안 가장 성공한 회사가 제너럴 푸즈나 스탠더드 브랜즈 같은 복합 기업이었던 이유다.

식품 가공업자에게는 브랜드를 개발하는 일이 필수적이다. 이는 내용물이 완전히 숨겨져 있는 상자나 캔이나 봉지를 고객이 선택하기 시작한 100년 전부터 분명해진 일이었다. 이런 포장 용기 안에 있는 제품의 품질은 집으로 가져가기 전까지는 판단할 수 없었기 때문에 고객은 이들 제품의 고유한 특징에 대해 '교육'을 받아야 했다. 이러한 교육은 마케팅과 광고를 통해 이루어졌다.

생산자는 브로콜리를 판매할 수 있다. 아름다운 모양(작은 나무 같지 않은가!)에 매력적인 색깔과 강렬하면서도 좋은 향을 지니고 있다. 심지어 암을 예방하기도 한다. 그러나 생산자는 브로콜리를 소유할 수 없다. 내가 파는 브로콜리는 남이 파는 브로콜리와 별반 다르지 않다. 내가 기막힌 새 품종(보라색이거나 풍미가 뛰어나거나 암 예방 효과가 더 뛰어난 것)을 개발하더라도 누구나 그 품종을 재배할 수 있다. 브로콜리를 얼려서 내 브랜드(그린 자이언트가 그런 종류다)로 라벨을 붙일 수도 있지만 그렇게 한다고 해도 이윤이 크게 늘어나지는 않는다.

하지만 보관성을 높이고 섬유질이 추가된 브로콜리 칩을 만들어 콩 단백질과 설탕 약간을 넣고 특별한 맛을 내기 위해 화학 물질을 첨가한다면 이를 브랜드화할 수 있다. 이것이 바로 비티스 브로콜리 바이츠 같은 제품이다!

특색 있는 여러 브랜드가 전국으로 진출했다. 20세기가 되자 사람들은 시러큐스에 있는 친척이나 디모인에 있는 친구가 먹는 것과 똑같은 브랜드의 빵을 먹기 시작했다. 이들은 잡지와 신문에서 같은 광고를 보았고 라디오에서 같은 광고를 들었다. 수십 년 뒤에는 똑같은 일이 텔레비전에서 일어났고, 반세기 뒤에는 인터넷에서도 일어났다. 사람들은 이들 브랜드에 충성심을 갖게 되었고 어디를 가더라도 찾아 나서게 되었다. 그리고 이들 브랜드를 쉽게 발견했다.

브랜드가 대세가 되면서 어떤 작물을 심고 어떻게 가공하고 파는지는 브랜드가 결정했다. 실제 식량 자원이 아니라 파생 상품으로서의 잠재력에 따라 작물을 재배하는 일이 그 어느 때보다 심해졌다.

이제 미국 식단의 실질적인 표준화가 이루어졌다. 1920년대에 등장한 식품 가공 대기업과 그 브랜드를 시작으로 스탠더드 브랜즈와 제너럴 푸즈 같은 기업(이들 기업은 이후 나비스코와 크래프트 계열사로 들어갔고, 나비스코는 몬덜리즈 인터내셔널과, 크래프트는 하인즈와 합병되었다)은 과학적으로 설계된 '간편 조리' 제품들로 이루어진 조제식의 신전을 세우고 마케팅으로 생명을 부여했다.

캠벨 수프는 대담한 광고의 수익 잠재력을 보여주면서 이러한 임무를 이끌었다. 크고 화려하게 잡지의 지면을 장식하고, 토마토 같은 빨간색과 하얀색의 상징적인 라벨을 눈에 띄는 서체와 함께 선보인 것이다. (그때까지만 해도 색상이 마케팅 비용을 들일 가치가 있는 것이라고는 아무도 생각하지 못했다.) 회사는 주부도 겨냥했다. "캠벨의 토마토 수프 없이는 식탁을 차릴 수 없죠"나 "직접 수프를 만들 필요가 있을까요?" 같은 슬로건을 내세운 것이다. 1899년에서 1920년 사이에 캠벨의 마케팅 예산은 100배나 늘어나 100만 달러가 되었다.[19] 대공황 기간 동안에는 350만 달러로 불어났다.

1904년 캠벨은 주요 산업 분야에서 어린이를 대상으로 하는 마케팅 기술의 선구자가 되었고, 통통하고 붉은 뺨을 가진 사랑스러운 아이들이 수프를 먹은 덕분에 튼튼하고 건강하게 자라는 내용의 만화 시리즈를 만들기도 했다. 몇 년 뒤 이 회사는 작은 요리책도 출판했는데, 이런 식의 광고는 순식간에 유행했다. 심지어 별다른 준비 없이 먹는 통조림 식품까지도 캐서롤● 같은 요리를 하려면 (캠벨의 머시룸 크림수프●● 같은) 가공식품을 재료로 써야 한다고 광고하면서 기업 가치를 높였다.

물론 캠벨의 머시룸 크림수프 같은 간편식은 '가공'된 것이거나 심지어

● 캐서롤: 가금류 등의 딱딱한 고기를 야채와 양념과 함께 삶는 요리.
●● 머시룸 크림수프: 통조림에 들어 있는 걸쭉한 액상 수프로, 물이나 우유를 넣어 끓여 먹는다.

초가공된 것이다. 지금부터 나는 알아볼 수 없을 정도로 변형된 식품을 지칭하기 위해 '초가공'이라는 용어를 자주 사용할 것이며, 이는 일반적으로 쓰이는 용어이기도 하다. 초가공식품Ultra-Processed Foods, UPFs은 (마케팅적인 의미가 아니라 실제 의미에서) 자연 그대로의 재료를 유지하는 경우가 거의 없고 영양가도 거의 없다. 프루트 룹스*나 코카콜라 같은 일부 제품은 영양분의 흡수를 차단하기까지 한다. 식품 제조업체는 "가공을 거치지 않은 식품은 거의 없습니다" 같은 문구로 이러한 진실을 가리고 있다. 이런 말은 많은 사람들에게 충분히 설득력이 있었다. 통곡물 가루도 갈고 정제할 수밖에 없고, 자연에는 빵 같은 것이 존재하지 않기 때문이다. 무엇이 진짜이고 무엇이 진짜가 아닌지 구매자가 어떻게 알겠는가?

마이클 폴란Michael Pollan은 19세기 조상들이 음식으로 인식하지 못할 만한 것은 먹지 말라는 유명한 권고를 한 것으로 유명하다. 올바른 조언이다. 대법원 판사인 포터 스튜어트Potter Stewart가 외설물에 대해 말한 것처럼 초가공식품에 대해서도 다음과 같이 간단하게 말할 수 있다. "보면 금방 안다." 플레인 오트밀은 모든 아침 식사용 시리얼처럼 '가공' 식품이다. 그러나 프루트 룹스와는 한참 거리가 멀다는 것을 알아채는 데 천재적인 두뇌가 필요한 것은 아니다.

공식적인 급여도 없이 사실상 정규직으로 집안일을 해야 하는 여성들에게 지름길을 이용하지 말라고 강요할 수는 없다. 그런데 맛을 상품화하고 인공 영양소에 의존하고 전통을 무시하는 식단을 받아들이도록 많은 여성

- 프루트 룹스(Froot Loops): 켈로그에서 생산하는 과일 맛이 나는 달달한 시리얼 브랜드. 실제 과일이 들어가 있지는 않다.

들을 설득하기 위해서는 속임수가 필요했다. 최초의 사기꾼 중 한 사람은 사랑스러운 베티 크로커로, 1945년《포춘Fortune》이 '음식의 영부인'이라고 이름 붙인 인물이었다. 또한 이 잡지는 베티 크로커를 엘리너 루스벨트 다음으로 미국에서 두 번째로 인기 있는 여성이라고 말하기도 했다.

물론 베티는 실존 인물이 아니다.

베티는 1921년 워시번 크로즈비(이후 제너럴 밀스로 이름을 바꿨다)의 직원이 전적으로 만들어냈거나 아이디어를 제공해 생겨난 가상의 인물로, 가정경제학자 마저리 허스티드Marjorie Husted가 발전시킨 캐릭터다. 허스티드는 베티의 라디오 원고를 쓰고 목소리를 담당하기도 했다. 아름다운 외모, 카리스마 있는 성격, 모든 것을 다 아는 꼭두각시 베티는 새로운 초가공식품을 널리 알리고 찬양했다. "병에서 곧바로 꺼낸 초콜릿 아이스크림과 마시멜로 토핑을 곁들인 화이트 케이크보다 더 좋은 걸 누가 먹을 수 있겠어요?"[20] 곰곰이 생각하는 투로 베티가 묻는다.

베티는 청혼을 받은 적도 여러 차례 있었고 조언도 제공하는 캐릭터였다. 시대가 변하면서 주부 베티는 비즈니스우먼 베티로 역할을 옮겼다. 앞서 언급한《포춘》이 음식의 영부인은 존재하지 않는다는 사실을 밝혔을 때도 베티의 인기는 줄어들지 않았고, 매력적인 마스코트에 지나지 않는 가상의 인물을 내세워 지구에서가 아니라 상자나 캔에서 나온 음식을 널리 퍼뜨리는 업계의 능력도 위축되지 않았다.

그러나 모든 브랜드 구축이 새로운 음식이나 가짜 사람을 만들어낸 뒤 엄청난 마케팅을 쏟아붓는 방식으로 이루어진 것은 아니었다. 음식과 관련된 정치적·군사적 조작을 통해 이루어진 경우도 있었고, 이는 세계 음식 시스템뿐만 아니라 국가 전체의 주권에도 엄청난 영향을 끼치는 행동이었다. 가장 좋은 예는 바나나이며, 바나나의 영원한 상징인 미스 치키타는 어디서나 볼 수 있는 '과일의 영부인'이다. 동일한 이름의 농산물 제국은 라벨 외에는 경쟁 제품과 전혀 구별할 수 없는 제품을 유명하게 만든 놀랍고 전례 없는 브랜딩의 사례였다.

유나이티드 프루트(바나나 업계에서 스탠더드 프루트와 함께 가장 중요한 회사로, 스탠더드 프루트는 이후 돌Dole로 이름을 바꿨다)는 19세기 말 어느 진취적인 과일 운송업체와 글로벌 철도 재벌의 합병으로 탄생했다.* 이 회사는 '엘 풀포El Pulpo'(문어라는 뜻이다)라는 이름으로도 알려지게 되었는데, 유나이티드 프루트가 중앙아메리카 거의 모든 나라에 촉수를 뻗고 그보다 남쪽으로도 영향력을 확대했기 때문이다.

유나이티드 프루트는 아무런 규제 없이 운영되었다. 미국 정부가 이 회사를 보호해주었고, 특히 CIA는 선동가들에게 자금을 지원하고 정교하게 은폐하고, 엘살바도르, 콜롬비아, 온두라스의 내전을 부추기고, 이들 나라의 정권 교체까지 설계함으로써 이 회사가 행사하는 식민지 권력에 힘을 실어주었다. 1954년에는 CIA와 유나이티드 프루트가 힘을 합쳐 과테말라 정부를 전복하기까지 했다.

1929년이 되자 유나이티드 프루트는 전 세계적으로 약 350만 에이커의 땅(코네티컷 지역 정도의 크기다)과 주요 철도를 소유하게 되었다. 바나나는 사과보다 값이 저렴해졌고 이는 지금도 여전히 그렇다. 사실 바나나는 오늘날 밀, 쌀, 옥수수에 이어 세계에서 네 번째로 많이 키우는 작물로, 매년

• 마이너 케이스(Minor C. Keith)가 운영하던 철도 회사와 보스턴 프루트의 합병으로 유나이티드 프루트 컴퍼니가 만들어졌다.

수천억 개가 출하된다.

국제적인 범죄자들이 유나이티드 프루트의 명성을 갉아먹자 이 회사는 마케팅과 홍보의 선각자인 에드워드 버네이스Edward Bernays를 찾아갔다. 제1차 세계대전 동안 어떤 프로파간다*가 가능한지 확인했던 그는 평시의 사업에도 그 영향력을 시험해보고 싶어 했다. 프로파간다라는 말이 지닌 기만적이고 때로는 사악하기까지 한 의미를 피하고자 했던 그는, 사람들의 마음을 바꾸는 행동에 '홍보Public Relation, PR'라는 이름을 붙였다. 비누나 담배를 파는 일이건 사악한 기업의 이미지를 바꾸는 일이건 개의치 않았던 버네이스는 '목표를 정하고 자원을 할당하고 전략을 세우고 마지막으로는 최선의 행동 방침을 결정하는' 검증된 작업을 수행했다.

103세까지 살면서 20세기 동안 홍보의 아버지로 알려진 버네이스는 프록터 앤드 갬블P&G과 전미흑인지위향상협회NAACP 같은 다양한 조직과 함께 일했다. 그는 식품 산업과 관련해서 별다른 업적을 남기지는 않았지만 그래도 몇 가지 주목할 만한 승리를 거두었다. 그중 하나가 바로 유나이티드 프루트의 영리한 리브랜딩 작업이다. 그는 이 회사에 세뇨리타 치키타 바나나(처음에는 미스 치키타였다)의 얼굴을 붙여주었고, 중앙아메리카에서의 완전한 통제권을 유지하기 위해 잔인한 시도를 거듭하는 동안에도 치키타는 이 회사의 평판이 떨어지지 않도록 해주었다.

남북 전쟁 당시 미국 전체 인구의 5분의 1이 도시에서 살았지만 50년이

• 프로파간다(propaganda) : 사상이나 교의 등의 선전. 처음에는 중립적인 의미로 쓰였으나, 20세기에 두 차례의 세계대전을 겪으면서 거짓과 선동이라는 부정적인 의미를 갖게 되었다.

지난 뒤 도시민 비율은 2분의 1까지 늘어났다. 많은 사람들이 농장을 떠나면서 대다수의 미국인은 자신들이 먹을 음식을 남에게 의존하게 되었다.[21] 따라서 브랜드 지배 퍼즐의 마지막 조각은 빠르게 혁신 중이었던 식품 접근성이라는 기술이었다. 철도는 어디에 있는 음식이든 거의 모든 사람들에게 가져다줄 수 있었지만, 음식 보존과 요리의 발전도 똑같이 중요했다.

20세기가 시작될 무렵에는 석탄이나 나무를 때는 거대한 주철 화로에서 요리를 하는 경우가 대부분이었다. 이런 화로는 무겁고 다루기도 힘들었다. 화로는 많은 유지 보수와 관리가 필요한 기구였고, 화상을 입히는 일도 잦았고 아주 끔찍한 상처를 남기는 경우도 많았다. 또한 화로는 주위의 표면에 그을음 자국을 만들었고, 때로는 집을 전부 태워버리는 화재를 일으키기도 했다.

여유가 있는 사람들은 다들 화로를 가스레인지로 바꿨다. 불 조절이 쉽고 자동으로 온도가 조절되는 오븐을 갖춘 새로운 주방 기구인 가스레인지는 엄청난 개선이 이루어졌고, 지금까지도 별달리 바뀐 것이 없을 정도다.

통조림도 흔해졌다. 1795년 프랑스 정부(프랑스는 나폴레옹이 "군대는 잘 먹어야 잘 싸운다"는 유명한 말을 남긴 나라다)는 군대의 식량을 더 오래 보존할 방법을 현상 모집했다. 우승자는 1804년에 병조림 제조 기술을 발명한 니콜라 아페르Nicolas Appert였다.

아페르는 병조림의 원리를 이해하지 못했지만 이제는 알려져 있다. 뜨거운 물이 있는 통은 박테리아를 죽인 뒤 밀폐된 용기 안에 증기를 만들어낸다. 증기가 식으면 응축되고 내부 압력이 감소한다. 그러면 더 큰 외부 압력이 뚜껑을 밀봉한다. 내용물과 병의 내부는 살균되어 있고 새로운 박테리아의 유입은 봉인이 막아주기 때문에, 밀봉만 되어 있다면 음식 자체는 언제 먹어도 안전하게 된다. 부패를 일으키는 것은 시간이 아니라 박테리아이기 때문이다.

통조림은 1860년대 남북 전쟁 당시 독자적인 산업으로 발전했고, 북부와 남부 병사들은 모두 통조림 음식을 먹을 수 있었다.[22] (남부에는 통조림 제조 시설이 거의 없었고 이는 큰 문제였지만, 남부군은 연방군의 보급품 창고를 자주 습격하곤 했다.) 1890년대에는 중산층 미국 가정에서 통조림을 흔하게 볼 수 있게 되었다. 미국 가정 입장에서 도시화라는 것은 가정에서 음식을 재배할 땅이 작아지거나 없어진다는 의미였다. 먹는 사람과 음식 사이의 거리가 점점 더 멀어지면서 음식의 질도 전반적으로 나빠지고 있었다. 음식의 보존을 위해 통조림 제조 과정에서도 설탕이 자주 첨가되었다.

가정용 냉장고와 냉동고로 상황은 큰 변화를 겪었다. 냉장고의 등장 이전에 얼음은 산에서 가지고 내려오거나 얼어붙은 호수에서 잘라내 가능한 한 오랫동안 저장해놓는(묻어두는 경우도 있었다) 것이었다. 19세기 미국 북부 대부분의 마을에서는 업소용 대형 냉장고 같은 대형 단열 얼음집이 있었고, 사람들은 그곳에 음식을 보관하거나 그곳에서 음식을 구입하곤 했다. 최초의 가정용 냉장고는 이러한 얼음집을 작게 만든 아이스박스 같은 것이었다. 이런 아이스박스를 둘 정도로 춥지 않은 곳에는 얼음이 운송되기도 했다. 음식을 차갑게 유지하는 것은 아주 중요한 일이었다.

20세기 초에 기계식 냉장고가 등장했다. 19세기 후반 정육 공장과 양조장에서 처음 일반화되었으며, 제1차 세계대전이 끝난 후에는 가정에서도 볼 수 있게 되었다. '신선'하게(최소한 전보다는 더 신선하게) 식품을 보관할 수 있게 되면서 매일 장을 보러 갈 필요성이 줄어들었다.

보존이라는 측면에서 보면 차가운 것도 좋았지만 더 차가운 것은 더욱 좋았다. 1910년대에 래브라도에서 재기의 기회를 엿보고 있었던 뉴욕 출신의 파산한 박제사 클래런스 버즈아이Clarence Birdseye는 막 잡은 물고기를 얼음 위에서 얼리는 이누이트 족의 냉동법에서 영감을 받았다.

버즈아이는 추운 북극이 아닌 곳에서도 음식을 얼릴 수 있는 방법을 개발하기로 결심했다. 그는 녹색 채소를 얼리는 실험을 시작했고 1920년대에 새로운 방법을 개발했다. 암모니아 기반의 냉매를 사용해 금속판 두 개 사이에 음식을 눌러놓고 계속 차갑게 유지하는 방법이었다. 이후 그는 금속판을 벨트로 바꾸고 암모니아를 염화칼슘 스프레이로 바꿨다. 이런 방식으로 더욱 신속하게 음식을 얼릴 수 있었고 음식의 보존도도 높아졌다. 천천히 얼리면 세포가 파괴되기 때문이다.

1929년 제너럴 푸즈의 소유주인 마저리 포스트Marjorie Post는 냉동 뒤에 해동한 거위를 먹어보고 그 맛에 감탄해 버즈아이의 회사를 인수했다. 이 합병으로 버즈아이는 기술을 더욱 발전시킬 수 있었고, 덕분에 더 작아지고 저렴해진 냉동고는 상점, 버즈아이, 가전제품 제조업체라는 3자 동맹의 지원하에 슈퍼마켓에 설치되었다.

기술 변화의 속도는 놀라웠다. 전등, 세탁기, 진공청소기가 갑자기 등장했고, 옷에서 비누에 이르기까지 이전에는 집에서 만들었던 수많은 물건이 공장에서 쏟아져 나왔다. 그 결과 사람들은 필요한 것을 사는 일에 점점 더 익숙해졌다.

혁명의 다음 단계는 구매 과정 그 자체였다.

제2차 세계대전이 끝날 무렵 통조림, 냉장 식품, 가공식품, 냉동식품은 미국 어디서나 볼 수 있는 상품이 되었다. 생산, 마케팅, 운송이 죄다 현대화되면서 고객과 직접 소통하는 시설인 상점의 변화는 불가피했다.

20세기 전까지만 해도 도시와 마을의 사람들은 거의 매일 이 가게 저 가게를 돌아다니면서 이곳에서는 채소와 과일을 사고 저곳에서는 고기를 샀으며 또 다른 곳에서는 건조식품을 구입했다. 더 많은 선택권이 있었던 식료품점도 당시에는 셀프서비스가 아니었다. 고객은 점원에게 살 것을 말하거나 목록을 건네준 뒤 점원이 주문한 물건들을 건네주면 가져가거나 집에 가서 배달해주는 물건을 받을 때도 있었다.

고객의 입장에서 귀찮은 일이었다. 전체 서비스는 좋았지만 과정은 느렸다. 할인이라는 것은 들어본 적도 없었고 물건의 공급은 불규칙했다. 식료품점 입장에서는 매우 비효율적인 일이었다. 식료품점은 재고를 채우기 위해 수많은 도매상, 판매원, 중개인에게 의존했다. 그리고 각각의 고객을 개인적으로 상대하는 과정에서 많은 인건비가 발생했다.

자동차(1930년에는 1920년보다 3배가 많았다)와 냉장고(매일 시장에 가는 수고를 사실상 없애주었다) 사이에서 식료품 쇼핑은 변화할 운명임이 분명했다.

이러한 변화를 이끈 선구자 중 하나가 바로 그레이트 애틀랜틱 앤드 퍼시픽 티 컴퍼니A&P다. 이 회사는 1859년 차tea 소매업으로 설립했는데 2세대 소유주가 식료품 체인으로 전환했다. 흰색과 빨간색 A&P 로고로 표준화된 새 상점의 수는 늘어났고 그만큼 서비스는 줄어들었다. 이 체인은 매장 브랜드 상품을 공급하는 자체적인 공장을 만들고 타사 상품은 중앙 집중식 주문을 했으며 창고는 짓거나 매입했고 트럭을 도열해두었다.

얼마 지나지 않아 쇼핑은 셀프서비스의 방향으로 옮겨 갔다. 외상은 더는 선택지가 아니었고 배달은 밀집된 도심 지역에서만 제공되었다. A&P는 큰 규모를 활용해 중간 상인의 수를 줄이고 비용을 절감해 안정적인 공급망을 구축했다. 당시의 월마트라 할 수 있는 A&P는 순식간에 큰 성공을 거두었다. 제1차 세계대전 직전에는 650개의 매장을 소유하고 있었지만 불과 10년 뒤에는 거의 1만 개의 매장을 갖게 되었다.[23] 1930년에는 1만 6,000개로 늘어났다.[24] 오늘날 가장 큰 식료품점 체인 두 곳인 월마트와 크로거의 수를 합친다고 해도 당시 A&P 수의 절반밖에 되지 않는다.

그러나 이러한 패러다임은 1916년 클래런스 손더스Clarence Saunders라는 멤피스 출신 사업가가 첫 번째 피글리 위글리 매장을 열고 전쟁 중의 부풀려진 가격에 따른 할인율을 내세워 광고하면서 또 다시 바뀌었다. 수익성을 유지하기 위해 손더스는 인건비를 무자비하게 줄였다. 그는 점원이 고객들을 돕게 하는 대신 근로자 몇 명만 고용해 재고를 관리하고 계산대를 맡게 했다. 또한 고객이 상품 진열대를 자유롭게 돌아다니는 대신 한쪽 방향으로만 다닐 수 있도록 경로를 짰다. 그 탓에 고객은 밝은 색깔의 상품 상자를 죄다 보면서 다닐 수밖에 없었다.

점원의 설명 없이 음식과 포장지만 보고 물건을 사야 하는 셀프서비스는 고객과 브랜드 사이에 새로운 연결 고리를 만들었고, 이 연결 고리는 사람들에게 둘러보고 구매하기를 장려하는 전국적인 광고 캠페인을 통해 만들어졌다. 이제 고객은 가지고 온 목록에 적혀 있는 물건을 사는 것이 아니라 진열대에 있는 멋져 보이는 물건을 사게 된 것이다.

이는 엄청난 변화였다.[25] 한때 쇼핑이라는 것은 지역에서 소유하고 운영하는 여러 사업체를 도와준다는 의미도 갖고 있었다. 이런 사업체는 사람들과 관계를 맺고 서비스를 제공하면서 여러 일자리를 만들어냈다. 이러한 서비스와 일자리는 식품 가격에 포함되어 있었기 때문에 상대적으로 상품이 더 비쌀 수밖에 없었다.

슈퍼마켓이 등장하면서 무한 저가 경쟁이 시작되었다. 판매하는 식품의 품질과 실제 가치가 저하되듯 서비스도 저하되었고, 이후의 세대는 모든 식품이 브랜드화되는 것을 당연하게 받아들였고 부자연스러운 음식까지도 당연시하곤 했다. ('린 퀴진의 간편한 장작구이 스타일 BBQ 레시피 치킨 냉동 피자'라고 하는 냉동물의 존재를 잠시 생각해보라.) 사람들은 슈퍼마켓의 존재도 당연하게 여겼다. 그곳은 마케팅 담당자들이 자신들의 제품을 가져다두는 영혼 없는 장소일 뿐이었다. 많은 사람들에게 진짜 음식, 실제로 먹어야 하는 음식은 브랜드명이나 상표 이후에 떠오르는 것에 불과해졌다.

9장
비타민 열풍과
'농장 문제'

20세기에 들어서면서 경제는 점점 더 전국적인 규모로 커졌고 상품에 기반을 둔 성격을 띠게 되었다. 대부분의 흑인 남부 농부와 소작농은 빈곤해졌다. 이들은 돈을 벌기 위해 계속해서 필사적으로 면화만을 재배하고 있었다. 이들은 음식을 구입해야 했고 그 대부분은 옥수수였다. 중서부에서 전례 없이 많은 생산량을 보이고 있었던 옥수수는 거의 흙만큼이나 값이 저렴했다.

옥수수는 1498년 콜럼버스가 메소아메리카에서 스페인으로 가져가면서 거의 미친 듯이 퍼졌다. 옥수수는 재배하기 쉽고 수확량이 풍부하며 오래가기까지 한다. 돈에 굶주린 농부 모두가 원하는 장점이다.

그러나 옥수수는 닉스타말화(건조 옥수수를 가성석회를 사용해 처리하는 과정) 없이는 통밀이나 현미만큼이나 먹기가 힘들다. 스페인인을 통해 옥수수가 유럽 전역에 퍼졌고, 최종적으로 미국인으로 자리 잡은 유럽인들과 노예가 된 사람들에게도 옥수수가 널리 퍼졌지만, 이들은 영양상의 이

점을 극대화하는 과정을 포기하다시피 했다. 남부 농부는 다른 음식 없이, 닉스타말화하지 않은 옥수숫가루(남부에서는 이를 '모래'라고 했다)로 만든 죽에만 의존했고, 이는 나이아신 결핍으로 이어졌다. 이런 상황은 결국 펠라그라Pellagra와 이에 따른 '네 가지 D', 즉 설사diarrhea, 피부염dermatitis, 치매dementia, 사망death의 광범위한 확산으로 이어졌다.

20세기 초 미국 남부에서는 8만 7,000명이 펠라그라로 사망했다.[1] 그중 절반 이상이 아프리카계 미국인이었고, 3분의 2 이상이 여성이었다.

식단은 건강에 중심적인 역할을 하는 것이고 음식을 다양하게 먹으면 여러 질병을 예방할 수 있다는 사실은 수천 년 동안 알려져왔다. 마야와 베다(아유르베다 의학을 발전시킨 인도 문화권) 등 많은 문화권에서는 질병의 종류에 따라 '더운 성질'의 음식과 '찬 성질'의 음식(온도가 아니라 신체에 미치는 영향을 의미한다)을 섭취했다. 이집트인들은 5,000년 전에 괴혈병을 발견했고, 영국 선원들을 '라이미limey'라는 별명으로 불렀는데 이는 괴혈병을 예방하기 위해 이들에게 라임을 주었다는 사실에서 유래한 것이다. 하지만 이집트도 영국도 괴혈병과 관련된 핵심 영양소에 대해서는 알지 못했다. 그것은 바로 비타민 C다.

미국 남부에서 펠라그라 사태가 일어난 것과 거의 같은 시기에 지구 반바퀴 정도 떨어진 자바에서 크리스티안 에이크만Christiaan Eijkman이라는 네덜란드인이 영양 결핍 뒤에 숨은 과학을 발견했다. 에이크만은 각기병의 원인을 찾기 위해 닭으로 여러 실험을 한 끝에 가공 과정에서 많은 영양소가 제거된 백미 식단이 각기병과 관련되어 있다는 사실을 발견했다. 영양학적으로 온전한 현미를 닭에게 먹이자 병이 나았다. 인간도 마찬가지였다. 통곡물의 미강층에 존재하는 티아민(비타민 B_1)의 결핍이 각기병을 일으킨다는 사실이 나중에 밝혀졌다.

비타민은 하나씩 분리되고 이름이 붙었으며, 1948년까지 비타민 13종이 필수 영양소로 여겨지게 되었다. 여기서 '필수'라는 말은, 건강에 필요할 뿐만 아니라 인체에서 생성되지도 않는다는 뜻이다. 비타민으로 간주되지 않는 다른 필수 영양소도 그 이후 확인되었다. 군인에게 적절한 배급량을 정하기 위해 협동 연구를 하고 있었던 국립과학아카데미와 전미연구평의회는 1941년 처음으로 일일 권장 섭취량을 발표했다. 칼로리와 필수 비타민과 미네랄의 최적 섭취량을 정량화하려는 계획의 일환이었다.

같은 해 설립 초기였던 식품의약국은 흰 밀가루의 영양소 강화 표준을 발표했다. 일반 식품에 합성 영양소를 첨가해 펠라그라와 각기병 같은 비타민 결핍 관련 질병을 거의 없애준 이 조치는 이후 '조용한 기적'이라는 말로 알려진다. 밀가루에는 철분과 비타민 B군을, 오렌지 주스 농축액에는 비타민 C를, 마가린에는 비타민 A를 첨가했다.

영양분을 첨가하는 일은, 갈색 빵 시대에는 없었던 문제에 대한 좋은 해결책처럼 보였다. 이는 구조적인 변화라는 번거로운 작업 없이 개발 중인 식품 가공 시스템의 문제점에 대한 신속하고 놀라운 해결책을 제공해주는 것처럼 보였다. 그러나 음식과 영양의 본질은 그렇게 간단한 것이 아니다.

여러분은 식물 영양의 삼위일체 '질소, 칼륨, 인'을 정의한 유스투스 폰 리비히를 기억할 것이다. 리비히는 식물에 세 가지 주요 영양소만이 필요하기에 인간의 신진대사 법칙에도 이와 마찬가지로 세 가지 주요 영양소만 필요하다고 잘못 생각했다. 그의 추론에 따르면, 우리는 우리가 먹는 식물, 그리고 우리가 먹는 동물이 먹은 식물의 총합이다. 환원주의자의 격언을 상기해보라. 모든 것은 그 구성 요소를 합한 것으로 이해될 수 있다.

당시 사람들은 영양에 대해 거의 이해하지 못했기 때문에 리비히의 확증 편향*을 가로막는 것은 그렇게 많지 않았다. 그래서 그는 19세기 중반 『식품화학과 동물 체액의 움직임에 대한 연구Reseaches on the Chemistry of Food, and the Motion of the Juices in the Animal Body』를 통해 인간 영양의 "식단 삼위일체"[2], 즉 단백질, 탄수화물, 지방을 규정했다.

1900년 직전 독일의 학자들은 인간에게 필요한 이상적인 식품의 양과 종류를 측정하기 시작했다. 독일에서 많은 활동을 했던 웨슬리언 대학교 교수 윌버 올린 애트워터Wilbur Olin Atwater는 '열량계 방'이라고 하는 밀폐실을 만들 생각을 했다.[3] 피험자들은 완전히 막혀 있고 잘 정돈된 28평방피트(약 2.6m²)의 방에서 며칠 동안 거주하면서 일상적이라고 간주되는 모든 활동을 수행했다. 소비된 에너지는 열 교환으로 측정되었고, 이를 통해 애트워터는 수천 가지 음식의 칼로리 값을 측정할 수 있었다. 또한 그는 인체가 주 영양소(지방, 탄수화물, 단백질)의 칼로리를 다르게 대사**하고 있으며 이 세 가지 모두 영향학적 균형에 필요하다는 주장을 확인했다.

그러나 칼로리는 음식을 열량으로 환원한 것이고, "칼로리는 칼로리다"(모든 음식은 본질적으로 동일하다는 뜻이다)라는 동어 반복적 진술이 권위를 얻게 되었다. 열역학적으로 말하자면 이 말은 사실이다. 칼로리는 물

● 확증 편향(確證偏向): 자신의 가치관, 신념, 판단 따위와 부합하는 정보에만 주목하고 그 외의 정보는 무시하는 사고방식.

●● 대사(代謝): 생물체가 몸 밖으로부터 섭취한 영양물질을 몸 안에서 분해·합성하여 생체 성분이나 생명 활동에 쓰이는 물질이나 에너지를 생성하고 필요하지 않은 물질을 몸 밖으로 내보내는 작용.

1그램을 섭씨 1도 높이는 데 필요한 에너지의 양(4.2줄^{joule})으로 정의되며, 칼로리가 어디에서 어떤 음식에서 나오든 아무 상관이 없다. 그러나 영양의 관점에서 볼 때 이는 불완전한 진술이며 유해하고 냉소적이기까지 한 데다가 영양이 전무한 식품을 생산하는 자들이 주장하는 비도덕적 프로파간다를 위한 핑계이기도 하다.

리비히와 애트워터의 연구 결과는 음식의 복잡성을 일부 영양 성분으로 단순화하고 영양분을 음식보다 중시하게 만드는 것으로, 이러한 편견은 오늘날 우리가 저지르는 근본적인 실수이기도 하다. 토양이 칼륨, 인, 질소보다 많은 것을 필요로 하는 것처럼, 인간의 영양도 단백질, 지방, 탄수화물 속에 들어 있는 칼로리보다 복잡한 것이다. 그리고 여기에는 우리가 분석하려고 해왔던 미량 영양소도 포함된다.

하지만 이러한 단순한 접근법이 주류로 떠올랐다. 영양학자들과 다른 학자들은 영양실조의 원인이 아니라 증상을 다루기 시작했다.

예를 들어 현미를 먹으면 각기병을 예방할 수 있지만, 유통 기간은 백미가 더 길고 합성 티아민(비타민 B_1)을 복용한다면 백미만으로도 각기병을 피할 수 있다. 하지만 현미는 백미에 티아민을 더한 것 이상이다. 이러한 복잡성(그리고 미스터리)을 인식하지 못하는 바람에 생산자들은 식단의 질을 저하시켰다. 영양학자들이 제대로 이해하지 못한 방식으로 말이다.

영양 관련 주장은 편의성과 상대가 되지 못했다. 미량 영양소를 화학적 형태로 첨가해 결핍 문제를 해결하는 것이 더 용이했고 수익성도 높았다. 게다가 비타민은 마음의 평화를 제공한다는 새로운 장점도 지니고 있었다. 예컨대 오렌지 주스에 비타민 C가 있다는 말이 얼마나 오래 이어져 내려왔는지 생각해보라. 사람들은 비타민에 대한 새로운 마케팅 집착을 '비타민 열풍'이라 했다. 비타민 열풍은 절대 끝나지 않는 유행이 되었다. 1942년 비타민 시장은 연간 2억 달러의 가치를 기록했다.[4] 오늘날에는 무려 300억 달러에 달한다.

20세기 초에 비타민 열풍이 가장 근본적으로 바꾼 전통적인 음식은 바로 빵이다. 그때까지만 해도 흰 밀가루는 생산하기가 어려웠다. 흰 밀가루는 부와 관련이 있는 것이었으며, 다들 흰 밀가루가 더 순수하다고 믿었다. 실제로는 통밀 가루가 더 순수한 것이었지만 말이다. (미국에서 흰 밀가루가 더 순수하다는 생각은 인종 차별적인 의미를 갖고 있는 것이었다. 흰 빵은 '순수'하고 검은 빵은 '오염'된 것이라는 식이었다.[5]) 그러나 영양소를 추가하지 않은 흰 밀가루에는 칼로리 말고는 들어 있는 영양소가 거의 없다.

'곡물'은 사실상 열매의 하위 범주다. 곡물이라는 범주에는 쌀, 퀴노아, 포니오 등 세계에서 가장 널리 소비되는 음식이 긴 목록을 이루고 있다. (옥수수는 엄밀히 따지면 채소이기는 하지만 곡물에 포함되어 있다. 이러한 분류법 중 그 어느 것도 현대의 분류법의 시조라 여겨지는 18세기 스웨덴인 린네Linné의 분류법만큼 정확한 것은 없다.) 통곡물은 농업의 탄생 직후부터 인간에게 대량의 칼로리를 제공해왔다. 모든 문명에서 가장 신뢰할 수 있는 영양 공급원이었던 것이다. 그리고 문명을 지탱해주는 곡물 목록 가장 위쪽에는 밀이 있다.

통밀의 겨(단단한 겉 부분)에는 우리에게 항상 부족한 섬유질이 있고, 여기에 더해 비타민 B와 미네랄도 들어 있다. 낟알에서 가장 영양분이 풍부한 부분인 싹은 비타민 E, 엽산, 인, 아연, 마그네슘, 티아민을 가장 많이 함유하고 있다. 이 부분을 제거하면 곡물의 대부분을 구성하고 탄수화물 대부분을 포함하고 있는 녹말성 배젖만 남게 된다. 좋은 칼로리 공급원이기는 하지만 전체적으로 영양분이 많은 음식은 아니다.

하지만 겨와 싹에는 영양분 외에도 기름이 들어 있고, 이 기름은 시간이 지나면서 산패되어 밀가루를 상하게 만들 수도 있다. 이러한 성가신 요소를 제거해서 만든 흰 밀가루는 거의 영원할 정도로 보관이 가능하다. 이런 이유로 밀 생산자들은 선택에 직면했다. 높은 품질의 영양을 갖고 있으면서도 빠른 판매와 소비가 요구되는 제품의 현지 생산이냐, 아니면 열등한 영양과 긴 유통 기한을 갖고 있는 제품의 대량 생산이냐의 선택이었다. 대규모 생산자들에게 이 선택은 전혀 어려운 일이 아니었다.

배젖에서 겨와 싹을 분리하는 것은 언제나 어려운 일이었다. 단순한 제분법을 사용할 때에도, 말린 밀알(때로는 조약돌처럼 단단할 때도 있다)을 잘게 갈아야 한다. 물과 섞었을 때 입맛에 맞도록 만들기 위해서 말이다. 이것이 바로 '맷돌에 가는' 방식이다. 전통적으로는 사람, 동물, 수력이나 풍력으로 움직이고 회전하는 두 개의 돌 사이에서 곡물을 분쇄하는 방식이 사용되었다.

역사적으로 겨와 싹을 제거하기 위해서는 여러 단계와 많은 시간을 들여 더 많이 일해야 했고 낭비되는 부분도 많았다. 따라서 흰 밀가루는 제한적으로만 사용되었고, 이는 곡물을 제분한 뒤에는 밀가루가 부패되기 전에 현지에서 판매되는 경우가 일반적이었다는 뜻이다.

19세기 중반 부다페스트에서 증기로 구동되는 강철 제분기(나중에는 전기를 사용했다)가 발명되면서 흰 밀가루 생산은 엄청난 속도로 늘어났다. 특히 미국에서는 생산된 밀가루의 엄청난 양과 시장까지의 먼 거리 때문에, 절대로 상하지 않는 흰 밀가루가 급속히 표준으로 자리 잡았다. 대량으로 제조하는 흰 빵이 곧 그 뒤를 이었다.

100년 전까지만 해도 상업용으로 만들어진 빵의 가장 큰 문제는 빵에 무엇이 들어 있는지 구매자가 모른다는 점이었다. 영양가 없는 재료로 밀 가루의 양을 부풀리는 경우가 흔했다. 잘게 썬 잎, 짚, 모래, 석고, 정체불명의 가루 등 위험한 재료가 들어 있기도 했다. (19세기에는 톱밥을 '나무 밀가루'라고 하기도 했다.)

흰 밀가루가 널리 보급되자 업계는 하인즈의 모델을 따라, 자신의 이익을 위해 대중의 두려움을 이용해 흰색이 보장하는 '순수성'을 판매했다. 흰 밀가루는 염소, 과산화벤조일(오늘날 여드름 치료제의 성분이다), 과산화칼슘, 이산화염소로 표백하면서 더욱 흰색을 띠었다. EU에서는 이 모든 성분을 식품 가공에서 금지하고 있지만 미국에서는 여전히 허용하고 있다.

새로운 기계, 초강력 효모, 다양한 촉진제 덕분에 빵 한 덩어리는 그 어느 때보다 훨씬 더 빠른 생산이 가능해졌다. 공장에서 만든 새 흰 빵은 훼손이나 오염에서 보호하기 위해 '위생적인' 왁스지로 밀봉되었다. 포장 기계가 비쌌기 때문에 이러한 추세에 발맞추려고 애쓰던 작은 동네 빵집은 문을 닫을 수밖에 없었다.

그리고 이 포장은 빵을 보거나 냄새를 맡지도 못하게 만들었기 때문에 여러 브랜드에서는 부드러운 빵이 더 신선한 것이고 따라서 더 나은 것이라고 사람들이 생각하도록 홍보했다. 그러나 부드러운 빵은 손으로 자르기가 거의 불가능했고, 덕분에 빵 자르는 기계가 생겨나 대량 생산의 또 다른 이점을 제공했다. (빵 자르는 기계는 너무도 성공적이어서 많은 사람들이 이를 '위대한 것'이라고 칭하기까지 했다. 제2차 세계대전 중에 빵 자르는 기계가 금지되었지만 전국적으로 항의가 들끓으면서 금지 조치는 신속하게 철회되었다.)

'생명의 양식'인 빵은 밀을 재배하는 문명에서 줄곧 중요한 칼로리 공급원이었다. 정점에 달한 20세기에는 미국인 칼로리 섭취의 25%를 차지했다.[6]

'원더 브레드Wonder Bread'라는 패러다임은 1929년에 시작되었다. 그리고 원더 브레드와 수백 개의 복제품은 부족한 영양분에도 불구하고 농무부의 지원을 받았고 미국의사협회도 지지를 표명했다.

많은 전문가들은 다른 생각을 가지고 있었다. 심지어 비타민의 선구자이자 우유의 보급을 추진했던 엘머 매콜럼까지도 흰 밀가루에는 영양소가 부족하다고 분명하게 말했다. "미국 대중은 교묘한 광고를 통해 흰 빵과 흰 밀가루를 좋아하도록 교육받았다."[7]

매콜럼은 이후 제너럴 밀스에 매수되었다.[8] 제너럴 밀스는 베티 크로커 라디오 쇼에서 흰 빵의 건강함을 홍보하는 대가로 매콜럼에게 돈을 지불했다. 그러자 그는 의회 위원회에 출석해 "음식에 유별난 사람들이 사람들로 하여금 흰 밀가루 빵에 두려움을 갖게 하려는 목적으로 퍼뜨리고 있는 유해한 가르침"[9]을 비난했다. 일관성 따위가 무슨 상관이랴.

하지만 미국의 식단에 문제가 있다는 사실은 누구도 부인할 수가 없었다. 제2차 세계대전에 참전하기 위한 입대자의 신체검사에서 괴혈병 같은 비타민 결핍, 비타민 B와 관련된 다양한 문제, 비타민 A의 부족에 따른 야맹증 등이 드러났다.[10] 지난 몇 년간 펠라그라로 죽어간 사람들을 제외하고도 많은 문제가 있었던 것이다.

10년 동안의 우울증과 굶주림을 겪은 뒤 이런 문제에 대해 아주 충격적인 조치는 아닐지라도 무언가는 해야 한다는 인식이 생겨났다. 펠라그라로 죽어가는 흑인 여성들이야 정부가 무시할 수 있었지만, 이제까지의 식단이 군사적으로 '중요한' 문제가 되면서 공식적인 우려가 제기된 것이다. 이에 따라 과학계, 식품업계, 정부, 특히 군대는 흰 밀가루에 화학 영양소를 첨가하는 방법으로 이 문제를 '해결'했다. 1942년 군대는 강화 밀가루만 구매할 것이라고 발표했다.

이것이 전부였다. 마케팅으로 사람들의 취향이 바뀌면서 업계 대표들과 정책 관계자들은 이상적인 빵을 만들기 위해 협력했다. 설탕을 더 많이 넣고 화학적으로 강화된 글루텐이 추가되면서 더 달고 부드럽고 베개 같은 빵을 만들 수 있게 된 것이다. "튼튼한 몸을 만드는 열두 가지 방법"에 도움을 주었다고 자처한 원더 브레드는 여전히 표준으로 남아 있다. 튼튼한 몸을 만드는 열두 가지 방법은 모두 합성 영양소를 통해 이루어진 것이었다.

빵은 스펀지케이크 형태의 비타민 알약으로 변했다.

빵을 굽는 일은 대부분의 가정에서는 잊힌 작업이 되어 있었다. 1900년대 초 공장 노동이 보편화되고 가사 노동을 할 수 있는 노동자가 줄어들면서 '하녀 문제'가 발생했다. 게다가 도시가 더욱 비좁아지면서 가사 고용인을 집에 데리고 있기도 힘들어졌다.

헬렌 조이 바이트Helen Zoe Veit가 『근대적 음식, 도덕적 음식Modern Food, Moral Food』에서 말하듯, 그때까지의 "집안일은 예속 상태일 뿐만 아니라 노예 상태라는 사실도 내포하고 있었고, 집안일을 하는 중산층 여성은 자신들의 사회적 지위를 어느 정도는 망칠 위험성을 갖고 있었다." 당시 가정경제학자의 말에 따르면 가사일은 고단하고 끝이 없는 "속박의 상징"[11]이었다. 그럼에도 불구하고, 곧 수백만 명의 중산층 여성과 상류층 여성(노예나 가사 고용인과 함께 자란 여성)이 가사 노동 대부분을 직접 하게 되었다. 요리는 집안일 중에서 가장 중요하고 시간이 많이 걸리는 일에 속했다.

새로운 요리사들은 급성장하는 대중 시장 경제에서 일익을 담당했다. 이들은 고객이면서 관리자였고, 이들이 일하고 있는 집은 농장과 공장에 적용되었던 것과 동일한 효율성을 갖추며 진화하는 중이었다. 집안일을 분석하기 위해 시간−동작 연구까지도 이루어졌다.

주부는 관리자면서 노동자였고, 신문, 라디오, 잡지에서 제공하는 정보를 받아들일 책임이 있었다. 이들 정보는 주부에게 새로운 음식을 준비하고, 좋은 '영양'을 알려주는 새로운 과학적 규칙을 따르고, 가족의 건강과 생활에 전적인 책임을 져야 한다고 촉구했다. 이러한 정보를 분석하고 이를 기반으로 행동하는 것은 주부의 몫이었다.

이 진정한 가장에게는 새로운 종류의 훈련이 필요했다. 가정경제학자를 살펴볼 순서다.

'가정경제학'은 1873년 MIT에서 화학 학위를 받은 엘런 스왈로 리처즈Ellen Swallow Richards가 만든 학문 분야다. 리처즈는 과학 대학에 입학한 최초의 여성이었다. 여성이 등록한 경우는 없으니 대학이 거부할 수 있도록 등록금을 내지 말아달라는 요청을 받았지만 리처즈는 이를 무시했다. 1884년 교수진에 합류할 당시 위생, 세균, 영양에 대한 많은 최첨단 과학이 있었지만, 여성에게 열려 있는 길은 주로 가정생활과 관련 있는 분야뿐이었다. 리처즈의 초기 저서 중에는 『요리와 청소의 화학The Chemistry of Cooking and Cleaning』이 있다.

1899년 리처즈는 레이크플래시드에서 학회를 주최했다.[12] 여성 생물학자, 화학자, 위생 전문가, 그리고 '가정과학' 분야에서 일하는 사람들 대부분이 모였고, 자신들 분야와 기술의 발전이 가정과 주부의 삶을 어떻게 개선할 수 있는지를 논의하기 시작했다. 가정경제학자가 바로 그 결과였다. 집안일은 사랑과 지성의 표현일 뿐만 아니라 효율적이고 능숙하게 이루어질 수 있는 진정한 직업이라는 사실을 선언하기 위해 존재하는 전문가들이 바로 가정경제학자였다.

최초의 가정경제학자들은 선의를 가지고 있었다. 그러나 이들이 영향력을 갖게 되자 거대 기업은 이를 활용하기 위해 급습하여 가정경제학을 미국 가공식품을 위한 마케팅 기계로 만들었는데, 이는 농업경제학자가 농부에게 했던 역할과 같은 것이었다. 두 학문 모두 작물을 키우거나 요리하는 일을 더는 중시하지 않는 경제 변화에 적응하는 법을 가르쳐주기 위한 존재였다. 하비 리벤스테인이 적었듯, "가장 중요한 고려 사항은 여성들에게 생산보다는 소비 훈련을 시키는 일이었다."[13]

통조림을 여는 것은 어려운 일이 아니었으며 냉장고 사용법도 마찬가지였다. 하지만 새로운 '식품' 브랜드를 구별하는 법과 이를 사용하는 법은 전문가가 도와줄 수 있는 부분이 조금 있었다. 여성들은 대량 생산이 낳은 새로운 열매를 다루는 방법을 배우는 데 조언이 필요했다. 이 모든 것을 팔기 위한 핵심은 효율성이라고 알려진 것, 즉 가족의 건강과 영양을 최대화하면서 쓰는 돈을 최소화하는 일이었다.

가정경제학자들이 첫선을 보인 시기는 제1차 세계대전 중으로, 대통령에 취임하기 이전에 식량행정가로 일하고 있었던 허버트 후버가 "음식으로 전쟁에서 승리를 거둘 것이다"라는 캠페인을 이들에게 의존하면서부터였다. 이 캠페인에서는 팸플릿, 신문과 잡지 기사, 그리고 정부의 승인을 받은 기타 자료를 통해 가정경제학자들을 조리법, 주방의 모범 사례, 장보기의 권위자로 내세웠다. 이들은 현대 핵가족 상황에 놓인 여성들의 조련

사가 되었다.

가정경제학은 1923년 농무부가 가정경제국을 설립하면서 더 많은 지원을 받게 되었다. 의회는 가정경제국에 농산물 시장을 만드는 일에 도움을 줄 것을 지시했고, 협동지도국('농업·가정경제 협동지도국 서비스'를 개명한 것이다)에서 일하는 가정 시범 요원에게 농촌의 가정생활을 개선하는 방법을 제공해줄 것을 명했다.[14] 비공식 모임에서부터 요리, 육아, 농장 경영의 '과학적' 방법의 훈련에 이르기까지 모든 것을 포괄해야 했다. 얼마 지나지 않아 연방의 지원을 받은 대학에서는 주부에게 현대식 음식 시스템에 대해 가르치는 훈련을 받은 강사를 배출하기 시작했다.

가정경제국은 정체성 문제가 있었다. 이곳에서는 젊은 소비자들에게 영양에 대해 교육하면서도 건강하지 못한 탈농산물도 지원하고 있었다. 이는 가정 요리사에게 영양가 있는 진짜 음식을 무시하라고 부추기는 셈이었다. 이렇듯 상충되는 임무는 농무부 전체의 임무를 잘 보여주는 것이었다. 이 기관은 건강한 음식을 홍보하는 동시에 식품 품질을 체계적으로 저하시키는 산업을 지원하기 위한 곳이었다.

농무부가 이렇게 상충되는 임무에 똑같이 헌신했다고 여긴다면 안이한 생각이다. 이 기관이 가장 중요하게 여기는 바는 농업/식품 산업이었고, 이러한 산업의 이익을 위태롭게 하는 지식을 파괴하는 일이었다. 그리고 이러한 방향은 제2차 세계대전으로 강화될 운명이었다.

제2차 세계대전에는 이전 전쟁보다 3배 많은 미국인이 군 복무를 했다. 대부분의 남성들은 전투를 위해 떠난 상태였기에 여성들이 농장, 공장, 사무실에서 일하게 되었다. 그럼에도 불구하고 생산량은 계속해서 증가했고, 대부분의 유럽과 아시아 국가들에 비해 미국은 별다른 어려움을 겪지 않았다.

오히려 산업은 번창했다. 전시 생산은 대공황을 종식시켰고, 미국의 재량권은 사실상 제한이 없었다. 화석 연료의 채굴이 급증했고, 공장 생산품, 특히 군수품과 무기도 마찬가지였다. 전쟁이 한창이었고 모든 것은 승리를 위한 일에 동원되었다.

제2차 세계대전의 원인은 너무 복잡한 탓에 역사학자들은 아직도 이에 대한 논쟁을 계속하고 있다.[15] 그러나 일본, 이탈리아, 독일의 영토적 야심에 음식이 했던 역할은 도외시되는 경우가 흔하다.

이는 놀라운 일이다. 배고픔이 이데올로기를 주도하기도 한다는 사실은 비밀이 아니기 때문이다. 늘어나는 인구를 먹일 수 있는 능력에 대한 독일과 일본 정부의 우려는 자연스러운 일이었다. 무엇보다도 이들 국가는 식민지를 가지고 있는 서유럽의 여러 제국, 그리고 엄청난 영토를 가지고 있는 미국과 소련과는 다른 상황이었다.

당시 홀란트(지금의 네덜란드)는 인도네시아를 통치하고 있었다. 벨기에령 콩고는 벨기에 자체보다 77배나 더 컸다. 프랑스는 동남아시아 상당 부분을 지배했고, 대영 제국은 100년 전의 광대한 식민지가 많이 줄어든 상태에서도 여전히 인도를 식민지로 지배하고 있었다. 유럽인들은 아프리카의 거의 100%를 통치했고, 이들 식민지는 본국에 땅, 식량, 시장을 제공했다.

한편 추축국들은 자국 이외의 영토는 거의 통치하지 못하는 상황이었다. 이탈리아는 에티오피아를 식민지화했지만 이 식민지를 유지하는 데에 어려움을 겪고 있었고, 독일의 아프리카 식민지는 제1차 세계대전의 승자에게 양도되었다. 비유럽 후발국인 일본은 고립되어 있는 상태였고, 일본의 지위도 1929년 월스트리트 대폭락에 따른 보호주의 이후로 악화되었을 뿐이다. 석유를 구하기 어려운 상황이었던 일본은 연료 부족과 늘어나는 인구의 와중에 중공업으로의 전환을 위해 노력하고 있었다. 식민지 지배를 준비하기 위해 군대를 강화하는 것이 정답으로 보였다.

영국인이 세계의 무역 대부분을 통제하고 있었다. 많은 독일인들은 전쟁이 시작되기 전에도 번 돈의 절반을 음식에 지출해야 했고, 이는 높은 수입 가격 때문인 경우가 대부분이었다. 제1차 세계대전 때와 마찬가지로 봉쇄의 여파, 손상되고 징발된 철도 노선, 전반적으로 혼란스러운 사회는 식량 공급에 치명적이었다.

제2차 세계대전 동안 전 세계적으로 약 2,000만 명의 민간인이 기아와 관련 질병으로 사망했고 그 대부분은 중국인이었다.[16] 소련도 엄청난 손실을 입었다. 독일의 레닌그라드 포위전 기간 동안 100만 명이 굶어 죽었다. 일본군은 전투보다는 굶주림으로 더 많은 사망자를 낳았고,[17] 나치 수용소에서의 굶주림은 수많은 유대인, 집시, 동성애자, 좌익의 사망으로 이어졌는데, 이들의 배급량은 생존 가능 수준의 10분의 1 정도에 불과했다. 다른 수백만 명은 독가스로 죽었는데, 나치 입장에서는 죄수들에게 식량을 배급하는 일보다 더 용이하고 저렴한 조치였다.

영국에서는 전시 배급제가 큰 진척을 보이고 있었는데, 확실히 불편하고 어려움도 있었지만 대영 제국의 풍요로움 덕분에 아무도 굶어 죽지는 않았다.[18] 이와는 달리 식민지는 고통을 겪었는데, 그곳의 민간인이 굶주리고 있는 동안 영국인이 보낸 식량과 군대는 본국에서 온 사람들만을 위한 것이었기 때문이다. 영국 통치하의 벵골에서 일어난 전시 기근으로 300만

명으로 추산되는 사망자가 발생했으며, 베트남에서는 모두 100만 명 이상이 죽었다.[19]

이 모든 일을 고려해볼 때 긍정적인 면을 지적하기가 조금 어색하기는 하지만 그래도 몇 가지는 언급할 수 있다. 미국에서는 사람들이 '승리의 정원'(제1차 세계대전과 제2차 세계대전 중 대영 제국과 미국에 만들어진 개인 정원)을 진지하게 받아들였다. 이 정원 덕분에 배급이 충분한 편이었기 때문이다. 승리의 정원은 약 2,000만 개가 있었다. 전체 가구의 절반 정도가 뒤뜰, 동네 부지, 근교 시골에 승리의 정원을 만들어 작물을 키웠고(보스턴 코먼이나 내셔널 몰 같은 공원과 백악관의 마당에도 승리의 정원을 만들었다), 전쟁이 끝날 때까지 모든 채소의 약 40%가 그곳에서 생산되었다.

민간인의 자제와 규율 덕분에 미군은 가장 풍족한 전시 식단을 누릴 수 있었다. 미군은 프랑스군이나 영국군보다 20% 정도 더 많이 먹었을 정도였다. 이들이 본국으로 돌아왔을 때 미국은 제1차 세계대전 당시 덴마크가 경험한 것만큼의 극적인 혜택을 보지는 못했다. 그러나 심혈관 질환으로 인한 사망률은 전쟁 중에 대략 1935년 수준으로 떨어졌다. 평화가 오면서 사망률은 곧바로 다시 오르기 시작했다.

전시의 트랙터 생산량은 탱크와 기타 장갑차의 생산량 증대로 감소했지만, 이러한 상황 덕분에 트랙터와 유압 장치의 혁신도 일어났다. 예컨대 매시-해리스라는 회사는 수확 기계인 신형 자주식自走式 콤바인을 도입하면서 할당량보다 500대 많이 만들어 전시 '수확 여단'을 만들 것을 허용해주도록 연방 정부를 설득했다. 이 발명으로 그 회사는 업계의 선두 자리를 차지하게 되었고 1947년에는 자주식 콤바인의 수가 10배 증가했다.

전후 유럽의 농업은 많이 손상된 상태였다. 농지는 폭격당하고 황폐해지고 방치되고 제대로 사용되지 못하고 있었다. 많은 농부들이 전쟁터에서 죽거나 도시로 이주했고, 남아 있는 경우에도 그냥 농사를 포기하곤 했다. 그러나 미국 농부들은 풍부한 연료, 기계, 땅 덕분에 전례 없이 많은 상품 작물을 생산하고 있었다. 사실 1945년에는 역사상 가장 큰 밀 수확량을 기록하기까지 했다.[20] 세계의 수요도 매우 높았고, 하비 리벤스테인이 『풍요의 역설Paradox of Plenty』에 썼듯, "전체 식량 생산량은 전쟁 이전의 해보다도 3분의 1이 더 많았다. [미국은] 이제 전 세계 식량의 10분의 1을 생산하게 되었다."[21]

미국은 세계를 지배할 태세를 갖추고 있었다. 정치·군사·경제·농업 면에서 말이다. 업계의 주요 질문은 이러한 풍요로운 산물을 어떻게 계속 판매하느냐였다.

농부들은 진퇴양난에 빠졌다. 어떻게 새로운 삶으로 전환할 수 있느냐는 딜레마였다. 농장 수를 줄이려는 추세가 심화되었을 때, 그리고 귀향한 제대 군인이 새로운 일자리를 찾을 때, 스테파니 앤 카펜터Stephanie Ann Carpenter는 "1940년 4월과 1942년 7월 사이에 200만 명 이상의 남성이 농장을 떠났고, 전쟁이 끝날 무렵 농업 인구는 600만 명이 감소했다[22]고 보고했다." 제대 군인에게 대학 진학을 장려한 것은 제대군인원호법만으로 이루어진 일이 아니었다. 이제는 일반적인 추세가 된 농장 통합도 대학 진학을 장려했다.

우리가 믿도록 장려받은 바와는 달리 가족 농장의 부는 미국인의 삶에서 근본적인 부분이 아니었다. 전쟁이 끝날 무렵에는 5%의 농장이 모든 농작물의 3분의 1을 팔고 있었다. 전쟁의 여파로 서유럽에서도 이러한 경향이 자리 잡게 되었다. 농장, 농부, 농장 노동자의 수는 줄어들었고 기계와 수확량은 급격히 증가하고 있었다.

기계와 화학 산업 모두가 화석 연료에 크게 의존하고 인간의 노동력은 점점 필요 없어지면서 우리가 '석유 식품'•이라고 하는 것의 생산자가 핵심으로 부상했다. 웬델 베리가 1977년에 주장했듯, "우리가 토양 기반의 농업만큼이나 석유 기반의 농업을 해야 한다는 사실(우리에게는 음식만큼이나 석유가 필요하고, 음식보다 먼저 석유를 확보해야 한다는 사실)은 터무니없는 일처럼 보인다. 사실 터무니없는 일이다. 그럼에도 불구하고 사실이다."[23]

석유 식품 산업은 기록적인 속도로 신제품을 계속해서 발명했다. 1938년 농무부는 네 곳의 지역에 있는 '작물 활용 연구소'에 자금을 지원했다. 이들 연구소는 선의를 지닌 과학자들이 모든 작물의 전체 부분을 어떻게 활용할지 연구하는 곳으로, 경제와 공익을 위해 잉여를 사용하는 방법을 알아내기 위한 목적을 가지고 있었다. 이들은 수백 가지의 제품을 개발했고, 그중에는 유익한 것도 많았지만 그렇지 못한 것도 많았다.[24] 고과당 옥수수 시럽과 페니실린(이것 역시 옥수수 제분의 부산물이다)이 그 예다. 몇 년 동안 이들은 산업 자원으로서 식품의 역할을 점차 늘려나갔다.

이러한 변화는 종자를 포함한 농업 시스템의 전 단계를 뒤흔들었다.

잡종, 즉 두 종류의 식물이나 동물 사이의 교배는 새로운 것이 아니었다. 19세기 중반 그레고어 멘델Gregor Mendel이 완두콩의 유전과 형질 패턴

• 석유 식품: 석유에 함유되어 있는 노멀파라핀(normal paraffin)을 효모 같은 미생물에게 먹여 번식시킨 후, 그 미생물에서 단백질을 추출하여 만든 인공 식품. 현재는 가축 사료로 사용하고 있지만, 앞으로는 인공육(人工肉) 등 사람이 먹을 식품에도 사용하기 위해 연구하고 있다.

을 관찰해 현대 유전학을 확립할 때까지 교배(혹은 이종 교배)는 생물학 자체만큼이나 오래된 무작위 과정이었다. 노새가 그 전형적인 예로, 이 동물은 수컷 당나귀와 암컷 말을 짝짓기해서 생기는 것이다. 식물의 이종 교배는 동물의 이종 교배보다 극적인 면이 덜하기는 하지만 역사적으로는 훨씬 더 중요했다. 최초의 교배는 비잡종 식물('자연 수분'이나 '종'이라고도 하며, 오늘날에는 '원종原種'이라 하기도 한다)이었다. 그러나 잡종도 교배될 수 있고, 잡종의 잡종도 마찬가지다.

번식할 수 있는 잡종도 있고 번식하지 못하는 잡종도 있다. 정확하게 번식하는 것은 거의 없다. 이는 부모 유전자의 모든 특성을 유지하는 것은 거의 없다는 뜻이다. 다시 말해 식물이든 동물이든 동일한 잡종 두 개를 번식시키면 다른 잡종을 얻게 된다. 이러한 잡종 교배로 바람직한 특성이 더 많아질 수도 있고 더 적어질 수도 있다. 확률은 반반이다. 그러나 그 결과가 이상적이라 하더라도 그 자체가 다시 복제되지는 않는다. 동일한 결과를 얻으려면 동일한 두 개의 원래 잡종을 번식시켜야 한다.

힘든 과정이지만 힘을 들일 만한 가치가 있을 때도 있다. 노새는 말이나 당나귀보다 어떤 일을 하는 데 더 적합하고, 어떤 잡종 닭은 비잡종 닭보다 알을 더 많이 낳거나 더 빨리 자랄 수도 있다. 어떤 잡종 옥수수는 더 생산적이고 더 크고 곧게 자라서 수확하기가 더 쉬운 경우도 있다. 가뭄이나 해충에 강하고, 비료와 살충제 같은 화학 물질에 내성이 있고, 더 맛있고, 더 오래 키울 수 있고, 단백질과 다른 영양소가 풍부하고, 쉽게 말릴 수 있고, 고과당 옥수수 시럽이나 옥수수유나 에탄올을 만들기 더 좋은 경우도 있다. 합리적인 범위 내에서 생각할 수 있는 거의 모든 장점을 가질 수 있는 것이다.

만약 부모나 이웃이 몇 세대 동안 키우던 것과 같은 씨앗을 심고 있는 중에 누군가 와서 "이 씨앗은 당신이 지금 갖고 있는 것보다 2배나 더 생산적이고 수확하기도 더 쉽고 비가 내리지 않아도 일주일은 더 오래갈 것입니다"라고 말한다면 아마 두 번 생각할 것도 없이 그 씨앗을 구입할 것이다.

이런 일은 실제로 일어났다. 1924년 헨리 윌리스Henry Wallace(이후 농무부 장관과 상무부 장관과 프랭클린 루스벨트의 부통령을 거쳤고 1948년에는 대통령 후보가 되기도 했다) 같은 혁신가들은 평생 종자를 구입한 적이 없었던 농부들이 돈을 지불할 정도로 뛰어난 특성을 가진 종자를 이종 교배해 판매할 수 있을 정도로 잡종에 대한 높은 이해도를 갖고 있었다. 같은 시기 전국의 농업 실험소에서는 다른 여러 잡종이 개발되고 있었다.

잡종 옥수수 종자로의 전환은 매우 신속하게 이루어져 1935년부터 4년 만에 아이오와 시장의 10%에서 90%를 차지하게 될 정도였다. 전국적으로 옥수수 작물의 잡종 비율은 1930년 1%에서 1940년 30%로 증가했다. 현재는 약 95%가 잡종이다.

이런 현상은 농장이 상업화되고 독립성을 잃게 만드는 과정을 가속화할 뿐이었다. 잡종 종자 분야 덕분에 예측 가능하면서 바람직한 특성을 갖는 작물을 생산할 수도 있겠지만, 잡종 작물의 종자는 열등한 인자가 발현되는 결과를 거의 확실히 낳게 된다. 그뿐 아니라 일단 잡종이 특허를 받게 되면 허가 없이 심는 일은 사실상 불법이므로 종자를 심는 일에는 비용이 든다.

단일 재배가 지배적인 세상에서는 작물의 바람직한 특성에서 제일 중요한 덕목이 높은 수확량인 경우가 일반적이므로, 전체 농업은 수확량이 가장 많은 몇 가지 잡종 품종에만 의존하게 되었다. 한때는 글자 그대로 수백만 개의 옥수수 조합이 있었고 이 조합의 모든 개별 식물은 꽃가루 매개체의 자체 조합에서 생겨났지만, 미국 옥수수 산업은 유전적으로 균일한 소수의 잡종들만 키우면서 다양성이 줄어들었다. (정확한 종의 수는 독점적인 성격이 너무나 강해 업계도 모른다. 하지만 1,000개 미만인 것은 확실하다.)

(옥수수뿐 아니라) 모든 잡종은 이러한 패턴을 따르고, 많은 잡종은 인간을 위한 음식이 아닌 다른 것을 생산할 수밖에 없다. 이런 작물은 자연 환경에 적응하지 못하거나, 자연 수분을 하는 식물들이 종종 그러하듯 수확할 때마다 더 경직된다. 정체된다는 표현이 더 맞는 것 같다. 지역 조건에 적응하는 유연성과 회복 탄력성의 부족은 식량 안보를 위협한다. 무엇보다도 몇몇 잡종만 광범위하게 심으면 극단적으로 취약한 작물이 나오기 때문이다.

잡종의 임무는 생산량을 늘리는 것이다. 그리고 1945년 수확 당시 세워진 기록은 금방 깨졌다. 다음 15년 동안 옥수수, 밀, 면화, 우유의 생산량은 50% 이상 증가했고, 이후 수십 년 동안도 꾸준히 증가했다. 1960년까지 정부는 거의 20억 부셸의 옥수수 저장량을 확보했고 가격은 전쟁 초기만큼이나 낮았다.[25] 이것은 진정한 의미에서의 잉여가 아니었다. 잉여 작물이란 원래 비상시를 대비해 저장해두는 작물을 의미한다. 하지만 저장해놓기에도 초과분은 지나치게 많았다. 잉여가 아니라 초잉여, 과잉 생산이 낳은 초잉여였다.

농업 분야는 가격이 하락하더라도 공급이 계속 증가한다. 많은 농부가 손실된 소득을 되찾기 바라며 작물을 더 많이 심기 때문이다. 이런 일은 연방 정부가 농업의 수익성을 유지하기 위해 전쟁 뒤에도 지원 가격을 연장한 이후 더욱 흔한 관행이 되었다. (농무부의 윌러드 코크레인이 지적했듯)

기계는 많아지고 노동자는 적어지며 수확량은 높아지고 가격은 낮아지는 일이 쳇바퀴 돌듯 지속되었다.

(일반적으로 '농장 문제'라고 언급되는) 초잉여의 처리는, 가격을 올리면 농장 소득도 올라갈 것이라는 생각에 생산을 제한하고 '과잉 공급을 줄이는' 계획을 포함하는 경우가 많다. 완벽하거나 조금이라도 더 나은 세상이었다면, 농업 계획에 참여하고 새로운 연구에 자금을 지원하고 가격을 감시하고 관리하는 것이 농무부의 업무였을 것이다. 그러나 이후 텍사스의 농무부 장관이 된 짐 하이타워Jim Hightower가 1972년 보고서에서 지적한 바에 따르면, 농촌 소득을 유지하거나 개선하는 데 투지한 시간은 작물 성장의 효율을 개선하는 데 투자한 시간의 2% 미만에 불과했다.[26]

민간 기업이 모든 일을 지휘하고 있었기 때문에 모든 일은 민간 기업에 유리한 쪽으로 착착 진행되었다. 농부가 적어지고 기계가 많아지고 가격이 낮아지는 것은 이들에게 유리한 일이었다. 농부는 심지어 하찮기까지 한 존재였다. 경제개발위원회가 지적한 바에 따르면, "농업에서 긴요한 사항은 농업 분야 종사자의 수를 감소시키는 것이다."[27] 이 위원회는 1946년 상무부가 설립하고 제너럴 푸즈, 퀘이커 오츠, 호멜, 코카콜라 등을 회원으로 둔 사업 기획 단체다.[28]

우리의 환상 속 농부(자신과 지역 시장을 위한 음식을 생산하기 위해 그 땅에서 일했던 가족)는 그 어느 때보다 빠르게 사라지고 있었다. 한때 미국 전체의 절반을 차지했던 농장 인구는 1960년까지 10% 아래로 떨어졌다. 그리고 소규모 농부도 계속 번영할 수 있게 보장하겠다는 거듭된 약속에도 불구하고('번영'이라는 말은 상대적 개념이다. 1950년대 중반의 전업 농부 중 20%가 연간 1,200달러, 오늘날의 돈으로는 약 11,000달러를 벌었기에 '번영'이라는 말이 무색할 지경이다.) 농부들이 시장에서 경쟁자로 생존하는 데 필요한 종류의 성장을 촉진하거나 지원하는 정책은 전혀 없었다.

모든 사람이 농사를 지어야 하는 것은 아니다. 하지만 어떤 농부들을 지원하고 그 농부들이 무엇을 기르는지는 사회가 선택한다. 농부는 더 큰 체제의 일부다. 한 세기가 넘는 기간 동안 어떤 공무원들은 농부들과 먹는 사람들에게 더 좋은 시스템을 만들기 위해 노력했고 상황을 개선하기 위한 구체적인 정책을 제안해왔다. 기계가 지배하는 '쳇바퀴'를 처음으로 진단했던 코크레인은, 정부가 농부들에게 땅을 사서 상품 작물의 재배보다 더 나은 수단으로 활용할 것을 제안했다. (이는 당시도 좋은 생각이었고 지금도 좋은 생각이다.) 변호사이자 뉴딜 시대 농무부 출신으로 해리 트루먼 Harry Truman의 농업 보좌관이 된 찰스 브래넌Charles Brannan은 농장의 2%가 다른 농장 3분의 2의 생산량을 합친 것보다 더 많은 판매량을 가지고 있다는 사실을 인정하면서, 2%의 농장에는 "가격 지원을 하지 말아야 한다"고 제안했다.[29] 그가 세운 계획 중에는 토양 보존의 지원도 있었고, 상품 작물 대신 진짜 과일과 채소에 보조금을 주려는 계획의 전조도 있었다. 풀뿌리 농부들은 이에 대해 광범위한 지지를 보냈지만, 거대 농업 회사의 이익과 그 배후의 돈과 맞서게 될 때 결국 실패할 수밖에 없는 운명이었다.

풀뿌리 농부를 지원하는 대신 아이젠하워Dwight D. Eisenhower 집권기의 창의적 계획이 도입되었다. 잉여 농산물을 정치적 도구로 이용하기까지에 도달한 계획이었다. 유럽 외부의 지역에는 식량과 물자가 필요하면서도 돈이 없어 사지 못하는 사람들이 사는 여러 국가가 있었다. 미국은 이들 국가를 돕는 원조("세상에 식량을 공급한다"는 것이었다)에는 합의했지만 조건이 있었다. 예상대로 이러한 조건은 실제 식량 유통보다는 시장의 개발과

정치적 권력에 더 큰 비중을 두는 계획이었다.

그 첫 번째가 바로 마셜 플랜*으로, 유럽 국가들에 식량과 물자를 제공한 전시 패턴을 따른 것이었다. 전형적인 차관 형태인 경우도 있었고, 이보다 드문 편인 무상 원조 형태인 경우도 있었다. 미국은 1947년 또 다시 밀을 초잉여 상태로 생산했고, 그 대부분을 유럽에 대한 초기 원조품으로 쏟아부었다. 비료, 연료, 동물 사료는 당시 귀하다는 이유로 원조품에서 제외되었다.

처음에 이 계획은 미국과 가장 가까운 동맹국에 주로 초점을 맞췄다. 영국, 프랑스, 서독은 이 원조의 절반 이상을 받았다. 이는 유럽 재건을 돕는 핵심 요소로 많은 주목을 받았다. "공산주의의 확산을 막는다"는 말은 1940년대 후반부터 1960년대 초반까지 흔한 문구였다. 사실 150억 달러가 안 되는 정도(정확한 액수를 산정하기는 어렵다)로는 어느 정도 자극이야 되겠지만 큰 차이를 만들지는 못했을 것이다. 그러나 소련의 영향력에 맞서기 위한 트루먼 독트린**이 수반되었기 때문에, 이러한 지원은 미국 상품을 제공하는 대가로 상대국에 영향력을 행사하고 특혜 무역*** 대우를 요구하고 시장을 개척하고 상대국의 국가 경제에 대해 권고할 수 있는 특권을 누리는 선례를 만들었다.

---

* 마셜 플랜(Marshall Plan): 제2차 세계대전 후 1947년부터 1951년까지 미국의 원조로 이루어진 유럽의 경제 부흥 계획.
** 트루먼 독트린(Truman Doctrine): 1947년에 미국의 트루먼 대통령이 선언한 외교 정책의 새로운 원칙. 자유주의 진영에 대한 공산주의 세력의 위협에 힘으로 대항한다는 의사를 명백히 하여 냉전을 공식화했다.
*** 특혜 무역(特惠貿易): 한 나라를 특별히 대우하여 비교적 낮은 관세를 적용하는 무역.

마셜 플랜의 영향을 가장 많이 받은 나라는 의외로 미국이었다. 1940년대 중반 4년 동안 밀 수출이 10배나 늘었기에 밀 수요는 다시금 무한한 듯 보였다.[30] 거의 모든 밀(그리고 다른 종류의 많은 식품)은 연방 정부가 구입해 수출했다. 정부와 기업의 영향력 있는 인사들이 영향력과 농업의 힘을 중심으로 하는 세계 식량 체제의 가치를 십분 인식하고 있었기 때문이다.

곧이어 공법 480조[PL480], 즉 농산물무역진흥원조법이 제정되었다. 통상적으로 이 법을 '평화를 위한 식량 계획'이라 칭했다. 1954년부터 할부 판매 계획으로 상품이 해외로 운송되었고 미국 정부는 상품을 받는 국가들이 돈을 지불할 수 있도록 차관을 제공해주었다. 이 프로그램은 상품을 키우는 농부들에게 과잉 생산을 계속할 수 있게 보조금을 지급하고, 개발 도상국에는 잉여를 제공하면서(다시 말해 잉여를 떠넘기면서) 밀, 옥수수, 콩, 기타 곡물과 가공식품에까지 얽매이게 만드는 것이었다. 카길과 콘티넨털 같은 친숙한 이름이 포함된 곡물 무역업체와 선박업체는 전례 없는 매출과 이익을 신속히 얻게 되었다.[31]

이러한 조치 배후에 깔린 이데올로기는, 이러한 조치가 자본주의 국가가 얼마나 기능적이며 관대한지를 개발 도상국에 보여줌으로써 소련이 '사회주의 인민 공화국'의 기능성과 관대함을 보이지 못하도록 미연에 막는 방법이었다. 그러나 라즈 파텔이 『식량 전쟁』에서 말했듯, 정작 이 조치에 접근 가능한 국가는 개발 도상국보다는 "노동자 주도 조직과 좌파 성향의 야당과 전투를 벌이고 있던 미국의 동맹 국가 정부들이었다. 사회주의 세력과 인접한 국가들은 식량 지원의 앞 대열에 설 수 있었다."[32] 한국, 대만, 남베트남이 식량 조달의 주요 대상이었다. 곡물은 인도에도 쏟아졌다. 당시 인도는 '공산화' 위험에 처해 있었기 때문이다.

공법 480조가 체결된 지 2년 만에 미국의 원조는 세계 밀 무역의 3분의 1을 차지했다. 아마도 캐나다를 제외한 그 어떤 나라도 가격 면에서는 미국과 경쟁할 수 없었고, 전 세계 소규모 농부들은 정부 지원 없이 상품 곡물을 기르는 일이 헛수고임을 인식했다. 과거의 농산물 순 수출국들은 이제 순 수입국이 되었다. 미국이 짜놓은 거미줄 때문에 과거에 식민지였던 국가와 그 밖의 '저개발' 국가가 미국의 농산물에 계속 의존하게 되었기 때문이다. 수입 곡물은 단기적 곡물 부족 상황에서는 도움이 되었을 수 있었지만 자급자족 농업을 위축시켰다.

관세무역일반협정GATT은 이러한 무상 원조와 차관을 제도화해, 세계를 지배하는 강국들이 다시 한 번 가난한 나라의 사람들을 자국의 상품 시장으로 만들 수 있는 길을 보장해주었다. 표면상으로 GATT는 '덤핑'(생산 비용보다 낮은 가격으로 상품을 거래하는 것)을 방지하고 농업과 산업을 발전시키기 위해 설계된 것이었지만 효과는 정반대로 나타났다. 원조의 형태든 무역의 형태든 덤핑은 일반적인 관행이 되었고 농업 자급률은 전 세계적으로 감소했다. 미국은 전 세계 농업을 옥죄고 있었고 그 장악력은 강화되고 있었다.

10장

콩, 닭고기, 콜레스테롤

미국이 공법 480조와 기타 프로그램을 통해 수천만 톤의 곡물을 수출하는 동안에도 미국 국내에는 이와 동일한 양이 아직 남아 있었다. 그리고 그것만으로는 충분하지 않았던 듯, 곡물 생산을 더욱 촉진하고 미국인의 식단을 바꾸는 데 도움을 줄 또 다른 재료가 등장하고 있었다.

판도를 바꾼 것은 바로 콩이었다.

콩은 생산성이 높고 비교될 것이 없을 정도로 영양가가 높으며 질소 고정도 잘된다. 다른 작물과 윤작으로 기르면 토양을 살리는 데에도 도움이 된다. 섬유질과 미량 영양소뿐 아니라 단백질도 다른 씨앗이나 곡물 대부분보다 2배에서 심지어 3배까지 많고, 대부분의 육류만큼, 혹은 그 이상으로 많다. 지속 가능하게 자란다면 전 세계 인구 4분의 1 정도의 건강에 크게 기여할 수도 있다.

그러나 콩과 가축이, 잉여를 먹이고 단백질을 농축시킨 고기로 이익을 낳는 이상적인 조합이라는 사실을 생산자들이 알게 되면서 콩은 새로운 생명력을 얻게 된다. 이제 콩은 20세기 농업의 토대로서 옥수수 옆에 자리를 차지하게 되었다. 콩은 정크푸드로 가공되는 용도뿐 아니라 도축용 가축을 살찌우는 용도로 재배되었다.

가축의 본격적인 대량 생산은 전후戰後에 이루어졌다. 1970년대까지 미국 경작지의 절반에는 가축에게 먹일 곡물을 심었고 옥수수, 귀리, 콩 대부분이 동물 사료로 사용되었다.[1]

이 혁명을 주도한 것은 닭이었다.

대량 생산이 이루어지기 전까지 닭고기는 오늘날처럼 자주 먹는 음식이 아니었다. 원래 닭은 노예가 된 사람들에게 주로 인기가 있었는데, 닭은 이들이 고기를 얻기 위해 길러도 되는 유일한 동물이었기 때문이다.[2] 이들의 후손이 이 요리 전통을 이어갔고, 닭고기를 먹는 이민자들, 특히 돼지고기를 먹지 못하는 종교를 가진 이민자들이 이 대열에 합류했다.

닭은 일반적인 육상 동물 중에서 전환율이 가장 높다(사료 1파운드당 가장 많은 고기가 나온다는 뜻이다). 하지만 20세기 중반까지 대부분의 닭은 알을 낳기 위한 용도로 산 채로 판매되었고, 수십만 명의 미국인은 자신과 이웃을 위해 닭을 직접 길렀다.

영리용 육계 산업('육계'는 고기를 먹기 위해 사육하는 닭이고, '산란계'는 알을 얻기 위해 키우는 닭이다)은 1923년 델라웨어에서 세실 스틸Cecile Steele이라는 여성이 병아리 500마리를 길러 1파운드당 62센트에 팔면서 시작된 것으로 알려져 있다. 2020년 화폐 가치로는 1파운드당 10달러 정도다. 1926년 스틸은 언제라도 1만 마리의 닭을 수용할 수 있는 '윌머 스틸 부인의 육계용 양계장'을 지었고, 델라웨어 주는 연간 100만 마리의 닭을 생산하고 있었다.

하지만 루 앤 존스Lu Ann Jones가 『엄마가 우리에게 일을 가르쳐주셨다Mama Learned Us to Work』에서 지적했듯, 적어도 1919년 초에는 닭의 대량 생산에 불을 붙이는 다른 경쟁자들이 있었다. 이들은 모두 여성이었다. 가금류를 기르는 것은 주로 '여성의 일'이었기 때문이다.[3] 하지만 육계업이 주요 산업이 되면서 기업과 양계장을 운영하는 남성들이 그 자리를 이어받았다.

1930년까지 랠스턴 퓨리나와 기타 중요 사료 생산업체는 농부에게 외상으로 사료를 직접 공급했다. 닭을 기르는 데 가장 비용이 많은 드는 부분은 닭에게 먹이를 주는 것이었기 때문에 양계 산업에 종사하는 사람들은 대부분 빚에 시달렸다. 이는 상인과 지주가 농작물의 일부를 받기로 하고 면화 농부들에게 외상이나 토지를 제공하는 제도인 소작과 다르지 않았다.

대공황 기간 동안 닭고기 생산과 관련된 구호는 차고 넘쳤다. ("냄비마다 닭고기를"이라는 구호도 있었는데, 이는 허버트 후버의 취임사로 널리 알려졌지만 300년 전에도 프랑스의 앙리 4세가 비슷한 말을 했다.) 곧이어 이 산업은 제2차 세계대전 동안 호황을 누렸다.

다른 고기와는 달리 닭고기는 배급되지 않았기 때문에 수요가 많았고 수익도 대부분 보장되었다. 사실 정부 프로그램인 '자유를 위한 음식'에서는 해외에 있는 부대가 먹을 붉은 고기를 확보하기 위해 민간인들에게는 닭고기와 달걀을 먹을 것을 장려하기도 했다. 그 결과 육계의 수는 전쟁 기간 동안 거의 3배로 늘어났다.

동시에 연방 정부는 자체 구매를 하면서 생산 비용보다 훨씬 많은 돈을 지불했고, 게다가 대량으로 구입했다. 육군은 생산이 집중된 델마바(델라웨어, 메릴랜드, 버지니아) 반도에서 구할 수 있는 거의 모든 닭을 빨아들이

다시피 했다.[4] 이는 남부의 생산자에게 큰 힘이 되었고, 덕분에 제시 주얼Jesse Jewell과 존 타이슨John Tyson 같은 사람들은 사업을 크게 키울 수 있었다. 이들은 닭고기 생산 과정의 거의 모든 단계를 통제하고 수백 명의 농부를 독립 하청인으로 활용하는 첫 번째 '총괄 업체'였다.

현대 양계업의 아버지라고도 할 수 있는 주얼은 사료 회사의 선례를 따라 외상으로 사료를 제공하면서 농부에게 병아리를 키우게 했다.[5] 처음에는 플로리다에서, 그리고 나중에는 조지아(이곳의 언덕 지대를 '닭 삼각 지대Chicken Triangle'라고 하기도 했다)에서 사업을 펼친 주얼은 사료와 병아리와 물자를 농부에게 공급하고 닭을 시장으로 가져가기 위해 트럭을 대량 구입했다. 또한 냉동고를 갖춘 가공 공장도 지었다.

퓨 위원회의 2008년 보고에 따르면 그 후 반세기 동안 이 산업이 팽창하고 통합되면서 "미국에서 매년 생산되는 닭의 수는 (…) 1,400% 이상 증가했고, 닭을 생산하는 농장의 수는 (…) 같은 기간 동안 98% 감소했다."[6]

이러한 길을 닦은 것은 약물이었다. 1940년대 후반 토머스 주크스Thomas Jukes라는 연구원은 닭 사료에 오레오마이신이라는 항생제를 섞기 시작했다.[7] 그는 이 항생제가 닭을 대규모로 빽빽하게 가득 채운 환경에서도 닭의 질병을 예방하고 성장도 촉진했다는 사실을 발견했다. 비슷한 시기에 농무부가 후원하는 '내일의 닭' 대회가 열렸다. 이 대회에 출품된 어떤 닭은 전쟁 이전보다 절반의 사육 기간(사료의 절반만 사용하게 된다!) 동안 무게가 2배는 더 늘어났고 가슴살의 비율은 더 높았다. 더 많은 닭을 더 작은 공간에 밀어 넣으라고 업계를 설득하는 데에는 많은 시간이 걸리지 않았고, 소매 가격이 정체되거나 하락할 때에도 수익은 증가했다.

저렴한 닭고기의 시대가 도래했다.[8] 1950년대 중반까지 전국의 생산량은 10억 마리를 넘어섰고, 얼마 지나지 않아 가금류 농장의 수는 50년 전의 10% 미만으로 줄어들었다.[9] 남아 있는 농장은 10배 더 많은 닭을 생산했고, 판매 가격은 인플레이션을 감안해도 떨어지기만 했다.

1980년대('인수 합병의 시대')를 규정했던 규제 완화와 통합은 양계 산업의 통제성을 촉진했다. 지배자는 홀리 팜스, 퍼듀, 타이슨이었다. 이들 회사는 닭고기 부위 각각을 브랜드화하기 시작했고, 무엇보다도 각 부위를 더욱 수익성 있는 제품으로 만들고 전환하기 시작했다. 1960년대에는 전체 닭의 83%가 통째로 판매되었고, 2%만이 스트립, 텐더, 햄버거, 혹은 기타 가공품 등 부가 가치 제품을 만드는 데 사용되었다.[10] (나머지는 조각 단위로 판매되었다.) 오늘날에는 통째로 판매되는 닭은 10%에 불과하며 50%는 부가 가치 제품으로 만들어진다. (다시 말하지만 나머지는 조각 단위로 판매된다.) 이 경이로운 가공품 중에서 가장 눈에 띄는 것은 닭고기에서 파생된 정크푸드의 진정한 본보기, 즉 맥너겟이다.

맥도날드는 음식의 결함을 대표하는 상징이 되었지만, 그 탄생만큼은 아메리카의 '발견'이나 모델 T●의 발명만큼이나 불가피한 일이었다.

1960년대에 이르러 상당수의 여성이 노동 인구로 재진입하는 일이 많아졌다. 대부분의 남성은 요리를 해본 적이 없었고 요리를 시작해보려는 기미도 보이지 않았다. 여성은 그 어느 때보다도 혹사당하고 있었고 업계의 마케팅 기계가 '편리'한 음식을 판매하는 데 주력하면서 요리는 점점 더 성

● 모델 T: 포드 자동차 회사에서 만든 자동차 모델. 세계 최초의 대량 생산으로 미국의 자동차 대중화를 이끈 역사적인 자동차 모델이다.

가신 일로 치부되기에 이르렀다. 파멸로 가는 내리막길은 과자, 텔레비전을 보면서 먹는 저녁, 케이크 믹스에서 시작되었을 수도 있지만, 가족들이 패스트푸드 음식점으로 가게 되면서 밑바닥에 이르게 되었다.

맥도날드 이야기의 자세한 내용은 에릭 슐로서Eric Schlosser의 그 유명한 『패스트푸드의 제국Fast Food Nation』과, 이보다는 덜 유명하지만 존 러브John Love의 『맥도날드: 두 개의 아치 이면McDonald's : Behind the Arches』에 잘 정리되어 있다.[11] 여기서는 간략한 개요만 설명하겠다. 1940년 딕 맥도날드Dick McDonald와 모리스 '맥' 맥도날드Maurice 'Mac' McDonald 형제는 자신들이 차린 두 번째 식당 '맥도날드의 바비큐'를 열었다. (첫 번째 식당은 핫도그 가판대였다.) 드라이브인 서비스, 풀드 포크, 햄버거, 음료수를 제공하는 이곳은, 로스앤젤레스 바로 동쪽에 있는 성장하는 마을 샌버너디노에서 가장 인기 있는 명소가 되었다. 몇 년이 지나자 이들은 성공했지만 지루함을 느꼈다. 사업을 간소화하는 방법을 찾기 위해 3개월 동안 문을 닫고 식당을 재설계했다.

새로운 개념인 맥도날드의 '스피디 서비스speedee Service'는 가격을 낮추고 서빙을 없앴으며 메뉴를 햄버거, 감자튀김, 셰이크, 탄산음료, 커피, 우유만으로 줄인 것이었다. 존 러브는 딕 맥도날드의 다음과 같은 말을 인용한다. "우리는 가격을 낮추고 고객이 직접 서빙을 하도록 만들어 대량 판매를 이루고자 했습니다. (…) 드라이브인의 미래는 분명 셀프서비스였죠."[12]

그 결과로 나온 조립 라인은 자동차왕 포드도 자랑스러워할 만한 것이었다. 고객은 카운터에서 주문을 했고 그곳에서 음식을 받았다. '주방'에서는 한 사람이 햄버거 패티를 구웠다. 다른 사람은 케첩, 겨자, 다진 양파, 피클 두 개(다른 옵션은 없었다)를 얹고, 주문이 들어오는 경우에는 치즈를 추가해 햄버거를 조립했다. 한 사람은 햄버거를 포장하고 다른 사람은 세이크를 만들고 또 다른 사람은 감자튀김을 만드는 식으로 그 밖의 일이 이루어졌다. 세척하는 작업을 실질적으로 없애기 위해 모든 용기와 식기는 일회용을 사용했다. 이 아이디어는 직원의 학습 곡선과 급여를 최소화하고, 음식을 최대한 단순하고 균일하게 만들고, 고객들이 서비스 부담을 많이 짊어지게 하는 것이었다.

10센트짜리 감자튀김에 20센트짜리 셰이크나 10센트짜리 소다를 곁들인 19센트짜리 치즈버거는 차 안에서 먹기에 완벽한 식사였고, 서막을 올릴 준비는 완벽하게 끝났다. 도로가 있었고 차가 있었고 아이들이 있었으며 값싼 흰 밀가루와 기계적으로 빵을 생산할 수 있는 수단이 있었다. 치즈, 우유, 설탕, 콜라, 소고기도 이와 다르지 않았고 머지않아 닭도 같은 운명을 맞이할 예정이었다.

몇 년 되지 않아 맥도날드 형제는 매장의 세련된 외관과 상징적인 황금빛 아치를 개발했고 20개 이상의 지역 프랜차이즈 매장을 냈다. 1954년 레이 크록Ray Kroc이라는 밀크셰이크 기계 판매원은 맥도날드가 이 기계를 왜 그렇게 많이 구입하는지 궁금한 마음에 이곳을 방문했다. 크록은 사업 전체를 인수하기로 결심했다. 그는 1961년에 거래를 완료한 뒤 신속하게 전국에 체인점을 냈다.

역사상 가장 가공할 만한 패스트푸드 체인이 탄생했다. 1970년까지 3,000개의 프랜차이즈가 생겼고 전례 없는 성장을 이루었다. 오늘날 수십만 개의 패스트푸드 프랜차이즈가 있다. 매장 수는 서브웨이가 제일 많지만, 연간 매출이 300억 달러에 이르는 맥도날드가 가장 높은 가치를 지니고 있다.

원래 패스트푸드는 통근하는 교외의 중산층 백인 가족을 주요 표적으로 삼았다. 그러나 식단에 대한 우려가 증가하고 유가 상승에 따른 비용 증가 같은 여러 요인이 합해지면서, 패스트푸드 기업의 성장을 위해서는 새로운 시장 확보가 절박해졌다. 결국 패스트푸드는 도시로 옮겨 갔다. 도시는 보행자를 유인할 수 있고 도심에 있는 유색 인종에게도 판매가 가능한 곳이다.

20세기 중반 남부에 살던 미국 흑인이 북부 도시로 이주하면서 도시에 모여 사는 흑인 인구 비율은 국가 전체의 12%보다 높아졌다. 그러나 이들은 같은 일을 하면서도 여전히 더 적은 임금을 받았고 전체 사업의 2%만을 소유하고 있었다. 민권 운동이 가져온 정치적 자유의 확대는 경제적 정의 실현에는 별다른 도움이 되지 않았다.

누구에게나 권리가 있고 국내 기관 및 세계 기관은 모든 시민의 권리를 보호할 의무가 있다는 것은 대부분의 백인과 이들의 기관에는 새롭고 낯선 개념이었다. 1960년대에 미국의 여러 민권 단체가 경제에 초점을 맞추기 시작하면서 미국 주요 도시에서 봉기가 일어나 백인 권력 구조를 뒤흔들었다. 이런 시위에 대한 냉소적인 반응 중 하나는 당시 대통령 후보였던 리처드 닉슨Richard Nixon이 1968년에 했던 공약이다. 그는 "민간 기업을 빈민가에 유치해" 아프리카계 미국인에게 "이제까지 없었던 선택의 자유"를 주겠다고 약속했다.[13]

중소기업청은 회사를 창업하거나 매출을 올리려는 미국인에게 도움을 주는 것이 표면상의 목표였지만, 충격적이게도 설립된 뒤 10년 동안 흑인 기업주에게 이들이 해준 대출은 고작 17건에 불과했다. 닉슨은 이를 알고 있었고, 흑인 사회와 대기업 모두의 지지를 얻을 수 있는 방법을 모색하며 '기회균등 대출' 프로그램으로 소수 집단에게 대출 우선순위를 주도록 중소기업청에 지시했다. 자금이 흘러들어갔다. 모두 2,500만 달러였다.[14]

신규 사업주에게 자금이 분배되었다면 의미가 있었겠지만, 자금의 대부분은 주유소, 자동차 딜러, 패스트푸드 체인 등 미국의 25대 프랜차이즈 사업주에게 돌아갔다. 정부 기관만 그런 것도 아니었다. 1996년 버거킹은 아예 보건복지부와 힘을 합쳐 '종합적인 도시 재개발'을 장려한다는 아이디어를 내세우면서 워싱턴, 시카고, 디트로이트 등의 도시에 새로운 프랜차이즈를 열었다. 친 주Chin Jou의 『슈퍼사이징 도시 아메리카Supersizing Urban America』에 따르면, 이러한 프로그램을 통해 만들어진 사업 중 '가장 좋은 몫'은 사실상 패스트푸드 체인의 도심 프랜차이즈가 가져갔다.[15]

이는 소수 집단 거주지를 위한 경제 개발 프로젝트가 아니라 패스트푸드 회사를 위한 보조금에 가까웠고, 결국 거대 농업 회사에 큰 혜택을 안겨주었다. 기업의 입장에서 더욱 좋았던 점은 이러한 조치 덕분에 흑인 소유의 프랜차이즈를 수익성 높은 도심 시장에 더 많이 진입시킬 수 있는 길이 닦였다는 사실이다. 도심은 대부분의 교외보다 수익성이 높은 곳이었기 때문이다.

패스트푸드는 1970년 60억 달러에서 2015년 2000억 달러 이상의 규모로 가치가 급증했다. 1인당 식당 수는 2배 이상, 패스트푸드의 칼로리 소비량은 4배 증가했다.[16] 또한 미국인이 집 밖에서 음식에 쓰는 돈도 2배로 올려주었다. 패스트푸드는 2018년에는 전 세계에서 5,700억 달러 이상의 수익을 거두었다. 대부분의 국가가 지닌 경제적 가치보다 큰 수치다. 오늘날 미국인의 3분의 1은 매일 패스트푸드를 먹는다.

아프리카계 미국인이나 도시 전반에는 이익이 되었을까? 그렇지는 않았다. 성공한 새로운 사업이 프랜차이즈 주인에게 준 이익은 제한적이었다. 프랜차이즈 주인은 자신의 사업을 어떻게 운영할지, 메뉴와 가격을 어떻게 정할지, 재료를 어떻게 공급할지, 직원들에게 급여를 어떻게 지급할지에 대해 발언권이 거의 없었다. 그리고 모두가 알듯이 패스트푸드 직장은 개인의 성공이나 번영하는 건강한 지역 사회에 이르는 핵심과는 거리가 먼 곳이다. 사실 맥도날드는 연방 기금으로 성장했음에도 불구하고 최저임금법 적용 대상에서 10대를 제외시키기 위해 적극적으로 투쟁하면서, 자신들이 만든 새로운 일자리에 제대로 보수를 지급하지 않았다.

식단 면에서 패스트푸드의 확장은 재앙이었다. 1965년 아프리카계 미국인은 지방, 섬유질, 과일, 채소에 대한 권장 지침을 충족하는 식단을 먹을 가능성이 백인들보다 2배 이상 높았다.[17] 그러나 패스트푸드의 성장은 모든 곳, 특히 취약한 지역 사회의 식단을 잠식했다. 이런 곳은 돈이 부족하고 안전한 공공 모임 공간도 부족한 곳이었다. 가당 음식과 음료는 부정적인 영향을 끼친다. 지방이 많은 붉은 고기와, 맥너겟을 비롯한 여러 초가공 유사 식품은 또 다른 부정적인 영향을 끼친다.

이러한 요소가 결합되어 식단 관련 사망의 증가와 많은 조산으로 이어졌고, 다른 인종보다도 특히 BIPOC^{Black, Indigenous, People Of Color} (흑인, 원주민, 유색 인종) 지역 사회에 더 많은 악영향을 끼쳤다. 오늘날 패스트푸드는 현대 미국인의 식단을 상징하지만, 그 팽창은 21세기 동안 전 세계적으로 확산된 음식 트렌드의 패턴 중 하나일 뿐이었다.

전쟁 전의 식품 가공은 간단하고 이해하기 쉬웠다. 대체로는 세척, 분류, 절단, 분해, 퓌레, 분쇄의 조합에 통조림화, 냉동, 포장으로 이어지는 과정이었다.

음식을 구성 요소로 분해하는 작업은 1930년대에 시작되었고 전쟁 중에 가속화되어 1950년대에 인기를 끌었다. 음식은 열, 화학 물질, 압력의 조합을 이용해 분해되어 새로운 형태로 다시 결합되었다. 이들 중 일부(예컨대 트릭스 같은 시리얼이나 치토스 같은 과자)는 명백한 발명품이었다. 그 밖의 것도 익숙한 음식을 모방한 것이었다. 우유와 반반 섞어 먹으라는 크레모라, 그리고 버터와 구별할 수 없다고 광고하는 "이게 버터가 아니라니 놀랍죠!"라는 마가린의 광고 문구를 떠올려보라.

잉여를 거래하기보다 변형시키는 방법은 완전히 새로운 것이 아니었다. 치즈도 이런 방식으로 가정의 필수품이 되었기 때문이다. 그러나 정부의 새로운 지원과 신기술은 이러한 처리 과정을 한 단계 끌어올렸다. 농무부 과학자들은 상온에서 거의 영원히 보관할 수 있는 치즈를 개발하고 있었다. 나중에 벨비타 같은 상표로 판매될 이 '저온 살균 가공 치즈 식품'은 법적으로 52% 이상의 진짜 치즈가 들어 있어야 한다. 나머지는 인공 색소, 향신료, 유제품 성분, 물, 소금, 곰팡이 억제제 등이다. 이것을 다양하게 변형시킨 것을 재료로 치토스, 크래프트 디너, 치즈이츠, 도리토스 등 이전에는 볼 수 없었던 '간식'이 만들어졌다.

양조, 절임, 포도주나 치즈 제조와 같이 수확한 것을 보존하는 유서 깊은 기술로 시작된 음식은, 알아볼 수 없을 정도까지 변형되었다. 이러한 새로운 생산 방식은 설탕과 지방을 첨가하여 칼로리를 높이는 경우가 많았다. 그리고 옥수수와 콩에서 추출한 지방이, 튀김에 사용되는 화학 가공 기름의 주요 공급원이라는 사실은 우연한 일이 아니다.

여기서의 도전 과제는 미국인들이 이 새로운 음식을 먹게 만드는 일이 아니었다. 설탕, 소금, 지방은 모두 우리가 필요로 하는 음식에서 발견되고, 우리는 이런 것을 갈망하도록 타고났다. 이보다는 미국인들이 이러한 음식을 점점 더 많이 먹게 하는 것, 즉 많은 양을 먹게 강요하여 과잉 잉여 문제를 해결하도록 하는 데에 있었다. 해결책은 질병을 일으킬 수도 있는 과식을 계속하도록 미국인들을 설득하는 것이었다. 마케팅 기계의 임무가 바로 그것이었다.

'가용 칼로리'(총생산량에서 총수출량을 뺀 것)는 20세기 후반 1인당 30%씩 증가했다.[18] 우리는 그 칼로리 대부분을 먹었고, 그 결과 미국 남성의 평균 체중은 1960년보다 25파운드(약 11킬로그램)가 늘었고, 여성의 평균 체중은 50년 전 남성의 평균 체중과 같아졌다. 정크푸드 마케팅은 인간 집단의 건강을 조직적으로 공격하기에 이르렀다.

전후의 거의 모든 변화는 산업적 음식 시스템을 지원했다. 자동차 산업(특히 주와 주를 연결하는 고속 도로 시스템)과 새로운 교외 주택, 그리고 쇼핑센터를 비롯한 신규 사업 건설의 가속 감가상각이 결합되어, 초기 패스트푸드 시스템과 월마트 같은 초대형 쇼핑센터가 성장할 수 있는 자연스러운 발판이 되었다. 이 시기 어디에나 존재하게 된 텔레비전과 함께 발전한 정교한 광고는, 마케팅 담당자가 한 번에 수백만 명에게 즐겁고 행복한 메시지를 전달할 수 있는 기회를 제공해주었다.

대형 식품 가공업체 입장에서 이러한 행운이 믿기 힘들 정도였다는 사실은 쉽게 상상할 수 있다. 텔레비전에 어떤 제품을 선보이면서 형형색색의 슬로건이 있는 다채로운 패키지를 제공해주면, 진짜 음식과 아무리 떨어져 있더라도 실질적으로 무엇이든 팔 수 있었다. 그리고 브랜드 마스코트가 만들어지면서 텔레비전의 방송 시간은 아이들에게 물건을 파는 데에 점점 더 많이 할애되었다. 콘푸로스트를 만든 천재를 생각해보라. 더 고소하고 바삭해진 콘플레이크, 상자 위에 있는 호랑이 토니는 시리얼을 가리키며 아이들에게 "좋았어!"라고 말한다. 이제 호랑이 토니, 그리고 토니가 그려져 있는 상품을 텔레비전이라는 새로운 매체를 통해 역사상 가장 많은 수의 아이들 세대에게 내놓는 모습을 상상해보라. 이제 아이들은 아침 식사로 위장한 이 디저트를 사달라고 엄마에게 졸라댈 만반의 준비가 되어 있다.

1970년 무렵에는 이미 많은 식품이 탄생했다. 고과당 옥수수 시럽, 치즈 위즈, 프리토스, 프링글스, 네 살짜리 아이에게 아침 식사용 사탕('시리얼')이나 아이스크림 수준의 설탕이 들어간 요구르트를 강요하는 수많은 텔레비전 광고, 미리 소스를 발라둔 칠면조, 텔레비전을 보면서 먹는 저녁 식사, 탱(설탕과 '향료'만 들어 있는 오렌지색 아침 식사용 음료)과 네스퀵, 냉동 와플, 팝 타르트, 포장된 도넛donut(진짜 '도넛doughnut'이 아니다), 호스티스 트윙키와 스노볼스, 버터가 아닌 마가린(그리고 마가린 속에 들어 있는 트랜스 지방. 현재 트랜스 지방은 사실상 불법이다), '다이어트' 탄산음료, '즉석' 밥, '인스턴트' 오트밀, '인스턴트' 아침 식사, 프루트 룹스와 럭키 참스, 케이크 믹스와 통조림 반죽, '크리머', 게토레이 등, 이 밖에도 수천 가지가 더 있다.

수익 면에서 옥수수는 1954년 1부셸당 1.44달러였다. 콘플레이크 한 상자 전체가 더 저렴한 재료 없이 옥수수로만 만들어졌다고 가정하더라도 8온스의 콘플레이크는 0.0089부셸, 즉 약 1.3센트로 만들 수 있었다. 설탕을 넣어도 원재료는 2센트밖에 되지 않았다. 소매가격은 그것의 10배 이상이었다. 그리고 물론 옥수수를 재배한 농부에게 돌아가는 돈은 이 수익의 1%도 안 되는 액수뿐이었다.

이제 칼로리의 양도 살펴보자. 옥수수는 1온스당 25칼로리가 들어 있다. 콘플레이크는 100칼로리 이상이다. 비교를 위해 덧붙이자면 전통적인 아침 식사용 시리얼인 그리츠(굵게 빻은 옥수수)는 1온스당 17칼로리가 들어 있다.

전체적으로 고려해볼 때 새로운 음식 시스템은 이전에는 상상할 수 없었던 양의 동물성 제품과 더불어 패스트푸드와 정크푸드를 중심으로 구성되었다. 이러한 시스템은 생산된 음식의 질이나 세상과 사람들에게 미치는 영향을 무시하면서, 이전에는 볼 수 없었던 형태의 영양실조를 일으켰다. 이 영양실조는 미국 전역에 전염병처럼 퍼졌고, 이러한 추세는 전 세계에서 진행되고 있다. 죄다 농무부 잘못이라고 할 수는 없다. 그러나 농무부가 한 일은 지속적이고 명백했으며 해로운 것이었다.

1916년 농무부는 음식을 다섯 가지 그룹으로 나누었다. 곡물, 과일과 채소, 고기와 우유, 지방과 지방이 많은 음식, 설탕과 설탕이 들어간 음식이다. 20년 뒤 농무부는 현재 '영양 섭취 기준'이라고 일컫는 것을 발표했다. 이는 '일반적인 성인이 건강을 유지하기 위한 기준'으로 여겨지는 평균 요구량에 50%를 추가한 것으로, 처음부터 과식을 정부 표준으로 설정한 것이었다. 농무부는 섭취 상한선을 무시한 채 최소 영양 요구량만을 정했고, 이는 판매를 방해하지 않기 위해서였다. 공급이 증가함에 따라 과식(일반적으로는 초가공된 곡물의 과식이었다)은 공식적인 정책이 되었다. 그리고 가공업자는 자신들의 음식을 시장에 자유롭게 내놓을 수 있게 되었다.

반세기 동안 농무부는 설탕을 완전히 무시한 채 '4대 식품군', 즉 고기, 유제품, 과일과 채소, 빵과 시리얼에 동일한 비중을 두었다. 이러한 방침으로 거대 식품 세 종류를 취급하는 기업들(우유, 육류, 곡물 관련 기업들)은 미국인들이 세 가지 각각을 많이 섭취하는 일이 중요하다는 것을 이해하게 되리라 자신하게 되었다. 정부는 우리에게 (세계에서 가장 중요한 단백질 공급원인) 콩류를 섭취하라고 권장하지도 않았고, 탄수화물 간의 차이를 살펴보라고 하지도 않았다. 통곡물, 과자, 흰 빵은 그저 실질적으로 동일한 영양 공급원이라고 여겨졌다.

현대 영양학에 대한 가장 중요한 연구는 생물학자이자 영양학자인 매리언 네슬Marion Nestle이 2002년에 출간한 『식품 정치Food Politics』이다. 이 책에서 네슬은 농무부의 1923년 간행물이 과식의 발판을 마련했다는 점에 주목했다.[19] 이 간행물에는 다음과 같이 적혀 있다. "사용 가능한 다양한 식재료의 수가 (…) 농업 방법 개선의 결과로 계속 증가하고 있다. (…) 이 모든 식품 중에서 건강을 증진시키는 방식으로 식단에 도입할 수 없는 것은 하나도 없다."

이는 새빨간 거짓말이다. 글자 그대로 굶주리고 있는 게 아닌 이상 설탕은 유용한 영양소가 아니며, 열량이 없거나 해로운 수천 가지 다른 20세기 음식도 마찬가지다. 정부가 이러한 음식을 규제하지 않는 것은 과실죄에 해당한다. 과잉 생산과 마케팅의 결합으로 가공식품의 과다 섭취가 일상이 되면서 식단으로 말미암은 만성 질환이 증가했다. 심장병만 해도 2배로 늘어났다.

당시 심장병은 자연스러운 노화 과정으로 여겨졌다. 부검 결과 동맥경화라고 알려진 관상동맥 죽상경화증이 사인死因으로 밝혀지는 경우가 자주 있었다. 그런데 왜 이러한 질병이 유행병 수준에 이르렀을까? 이 질문은 의학계의 관심을 끌었다.

초기 연구자 중 한 명은 K 레이션* 개발을 도운 생리학자 안셀 키스Ancel Keys였다. K 레이션은 적절한 칼로리와 긴 유통 기한을 지닌 음식이다. 일반적으로 통조림으로 된 고기, 통조림으로 된 과일이나 채소, 초콜릿 바, 그리고 껌, 담배, 분말 수프 같은 다양한 품목으로 구성되어 있었고, 군복 주머니 크기와 꼭 맞는 상자에 포장되어 있었다. 여기서 'K'는 개발자 이름인 '키스Keys'의 머리글자일 수도 있고 아닐 수도 있다. 누구도 정확하게 아는 것 같지는 않다.

전쟁이 끝난 뒤 키스는 기아 관련 연구를 진행하면서, 풍부한 음식을 먹고 있었던 미국의 사업가가 그렇지 못했던 유럽의 사업가보다 심장병 발병률이 높다는 사실을 발견했다. 역학 조사 결과도 동일했다. 유럽인은 음식이 부족한 상황을 겪어왔지만, 배급만 적절히 이루어진 경우라면 풍족하게 살던 때보다 건강 상태가 오히려 더 좋았다는 사실을 발견했다. 제1차 세계대전 시기의 덴마크를 기억해보라.

키스는 심장마비 증가율에서 식단의 역할을 조사했고, 병의 원인이 결국 '자연사'가 아니라고 주장했다. 그리고 다음과 같은 사실도 발견했다. "동맥경화의 두드러진 특징은 동맥벽에 지방 침전물, 주로 콜레스테롤이 쌓인다는 사실이다. 인간과 동물 모두에서 혈중 지질 농도에 영향을 미치는 가장 분명한 요인은 식단이다."[20] 19세기 중반부터 높은 콜레스테롤 수치의 위험성을 암시하는 여러 연구와 증거가 있었지만 의학계 대부분은 이를 무시했다.

---

* K 레이션(K ration): 미국 육군의 전투 식량.

거의 같은 시기였던 1948년 트루먼 대통령은 국민심장법에 서명했고, 심장 연구를 시작할 예산 지원이 시작되었다. 예산을 받은 곳은 보스턴 근처의 작은 도시에 근거를 두고 있는 연구소였으며, 이후 프레이밍햄 심장병 연구소로 알려진 곳이다. 머지않아 비슷한 연구가 미국의 다른 지역에서도 진행되었다.

오늘날까지도 질병의 원인에 대한 과학적 근거를 마련해주는 결정적인 영양학적 연구는 시행하기가 어렵다. 정확한 통계에 필요한 수의 사람들의 식단을 조작하고 기록하는 일은 불가능하기 때문이다.

콜레스테롤 수치가 올라간 사람이 왜 그렇게 되었는지를 놓고 다음 질문의 답을 찾아내려고 애쓰는 연구자를 상상해보라. 콜레스테롤을 많이 먹었는가? 콜레스테롤을 높이는 음식을 많이 먹었는가? 어떤 음식이었는가? 콜레스테롤을 감소시키는 음식을 적게 먹었는가? 그냥 나이가 들어서 그렇게 된 것인가? 콜레스테롤이 올라간 시기에 체중도 늘었는가? 그 이유는 무엇인가? 운동을 했는가? 운동을 중단했는가? 예상치 못한 다른 요인이 연관된 것인가? 콜레스테롤 수치가 눈에 띄게 높아졌는가? 심장병이 심해졌는가? 심장마비가 있었는가? 죽었는가? 이 밖에도 많은 질문이 있다.

1940년대 후반에는 이와 같은 질문들을 분리해 답하려고 하는 무작위 비교 시험Randomized Controlled Trials, RCTs이 일반적으로 시행되었다. 대부분 약물 관련 시험이었다. 한 그룹에만 약물을 투여하고 다른 그룹('대조군')에는 투여하지 않은 뒤, 누가 병에 걸렸는지, 혹은 누가 병에 잘 걸렸는지, 누가 병에 걸리지 않았는지를 측정했다. 음식은 시험하기가 훨씬 더 까다롭다. 위에서 언급한 요인(그리고 더 많은 요인이 있고, 사실상 수없이 많은 요인이 있다)을 통제하거나 제거하는 것도 어렵지만, 통계적으로 유의미하기 위해서는 대규모 인구를 대상으로 이 작업을 수행해야 한다는 사실이 무엇보다 어려운 점이다. 다른 많은 요인을 안정화('통제')하면서 수백 혹은 수천 명의 사람들에게 동일한 식단을 정확하게 공급해야만 한다. 그리고 이러한 시험은 100년은 아니더라도 적어도 50년은 지속되어야만 확정성이 생긴다.

게다가 무작위 비교 시험은 우리가 제기하는 질문에만 답할 수 있다. 나쁜 저탄수화물 식단(예를 들어 포화 지방이 높은 식단)과 아주 좋은 저지방 식단(과일과 채소에 대부분을 의존하는 식단)을 비교하는 질문을 던질 수도 있고 그 반대로 질문할 수도 있다. 또는 비건 식단이 건강에 미치는 영향에 대한 질문을 던질 수도 있다. 그러나 이 식단의 질을 결정하는 것은 이 연구의 설계자들이다. 예를 들어 식물성 식단을 최상의 것(가공을 거의 하지 않았거나 전혀 하지 않은 식물로 대부분이 구성되는 식단)으로 구성할 수도 있고, 코카콜라, 감자튀김, 비건 컵케이크를 중심으로 구성할 수도 있다.

프레이밍햄의 연구(아직도 진행 중이다)에서 볼 수 있듯이 광범위한 '관찰' 방법이 더 유용하다는 사실이 밝혀졌다. 이는 식단을 포함해 자연적으로 발생하는 사건에 대한 많은 데이터를 수집하고, 이들 데이터로부터 패턴을 알아내려고 하는 방식이다. 때로는 뜻하지 않은 엄청난 성과를 거두기도 한다. 1957년 미국의 의무총감은 영국 의사들의 연구가 흡연과 폐암 사이의 인과 관계를 발견했다고 결론지었다.

그러나 관찰 연구에는 난점이 있다. 무엇보다 통제가 불가능하다. 피험자의 식단을 원하는 방식으로 정할 수도 없고, 다른 어떤 것도 통제할 수 없다. 이런 점 때문에 연구 결론이 애매모호해진다. 이와는 반대로 표본의 크기가 방대하다는 사실과 실험의 형태를 만들어내기 불가능하다는 사실 때문에, 제약 회사가 가끔씩 무작위 비교 시험으로 실험 결과를 조작하듯이 원하는 결론을 뒷받침하는 의도된 결과를 도출해내기도 어려워진다.

1950년대 초반 키스는 식단, 높은 콜레스테롤 수치, 심장병 사이의 연관성을 파악하기 위해 7개국 관찰 연구를 시작했다. 이 연구는 거의 1만 3,000명의 남성을 대상으로 식단과 생활 방식 모두를 살펴보았다. 현재 널리 받아들여지고 있는 가장 핵심적인 발견은 북유럽인과 미국인이 남유럽인과 일본인보다 질병 발생률이 훨씬 높다는 사실이다. 키스는 이탈리아 남부의 병원을 방문했을 때 자신이 올바른 길을 가고 있다는 사실을 처음으로 확인하게 되었다. 동료에 따르면 그곳은 "관상동맥 질환이 존재하지 않는 곳"[21]이었다.

점차적으로 여러 연구에서 고혈압, 심장병, 뇌졸중 사이의 명백한 연관성이 밝혀지기 시작했다. 프레이밍햄 연구소에서 연구를 시작하고 20년이 지난 뒤 콜레스테롤과 심장병 사이의 복잡한 관계가 밝혀지기 시작했다는 사실도 마찬가지로 중요한 일이다. 마침내 특정 콜레스테롤(HDL, 고밀도 지질 단백질)은 좋은 것이라는 사실이 실제로 밝혀졌고, 다른 콜레스테롤(LDL, 저밀도 지질 단백질)의 수치가 높으면 심장병과 관련이 있다는 사실도 밝혀졌다. 프레이밍햄은 비만과 고혈압, 당뇨병, 심장병 사이의 연관성도 발견했다.

이러한 정보가 존재한다고 해도 유익한 음식이 무엇인지는 사람들에게 제대로 알려지지 않았다. 그 대신 수십 년 동안 혼란스러운 식단, 해로운 조언, 잘못된 정보가 이어졌다(모두가 우연히, 그리고 고의적으로 확산된 정보다). 이러한 혼란의 대부분은 식품업계가 씨를 뿌리고 정부가 지원해준 결과였으며, 그중에는 규정량 내의 콜레스테롤과 모든 지방을 먹는 것조차 반대하는 캠페인도 있다. 그러나 프레이밍햄과 기타 연구에서 나온 정보는 포화 지방(간단하게 정의하자면 상온에서 고체 상태인 지방이다), 그리고 가장 결정적으로는 트랜스 지방의 위험성에 대한 인식으로 이어졌다. 트랜스 지방은 마가린, 크리스코, 그리고 많은 제빵 제품에서 발견되는 실험실의 창조물이며, 현재 사용이 거의 금지되었다. 만약 이들 연구가 충분한 지원을 받았다면, 그 연구 결과가 매 단계마다 업계와 그 옹호자들에게 방해받지만 않았다면, 그 결과로 나온 과학이 더욱 진지하게 받아들여졌다면, 진즉에 과학자들은 무엇이 건강한 식단을 구성하는지에 관해 자유롭게 의견을 나눌 수 있었을 것이다. 하지만 너무나 크고 많은 장애물이 있었다. 지금도 마찬가지다.

11장
정크푸드 강요

초가공식품과 육류가 과다한 식단의 영향에 대해 고의적으로 눈을 감고 있는 미국인도 있다. 그리고 (많은 수는 아니겠지만) 당연히 정말 모르는 사람들도 있다. 하지만 대부분의 사람들은 지방, 동물성 제품, 정크푸드 등을 많이 먹을 때의 위험성을 인지하고 있다. 건강에 해로운 음식을 널리 접할 수 있게 도와주는 거대 식품 회사의 마케팅 기계와 정부 정책의 거짓말에도 불구하고 이들은 모르지 않는다. 이러한 거짓말과 정책에 대응하는 일은 공중 보건을 지지하는 사람들이 겪는 가장 큰 어려움에 속한다.

1957년 미국심장협회는 혈관 벽에 침전물이 쌓여 동맥을 좁히는 동맥경화의 발병에 식단이 중요한 역할을 할 수도 있다고 결론 내렸다.[1] 게다가 식단의 지방 함량과 총 칼로리가 주된 기여 요인일 수도 있고,[2] 지방의 종류, 혹은 포화 지방과 특정 불포화 지방 사이의 균형도 중요할 수 있다는 사실을 발견했다.[3]

그러나 선의를 갖고 있던 미국심장협회는 몇 가지 중대한 실수를 저질렀다. 첫 번째 실수는 순수한 환원주의 전통에 따랐던 탓에 음식 전체에 대해 이야기하지 않았다는 점이다. 이들은 이보다는 지방, 포화 지방, 다불포화 지방, 탄수화물 등 개별 영양소로 나누어진 음식에 대해 이야기했다. 육류를 이야기하거나 차라리 모든 포화 지방의 원천인 '동물 제품'에 이야기하는 것이 더 간단하지 (그리고 더 정확하지) 않았을까 싶다.

두 번째 실수는 만성 질환 증가에 기여하는 요인은 '지방' 외에도 다른 것이 더 있었다는 점이다. 그중 중요한 것은 설탕이었다. 설탕은 미국심장협회의 개요에서 누락되어 수십 년 동안 과소평가되거나 무시되었다. 치명적인 실수였다.

우리는 설탕이 좋지 않다는 사실을 오랫동안 알고 있었다. 아리스토텔레스는 설탕이 충치를 유발한다는 사실을 발견했고, 그 뒤로도 우리는 설탕이 인슐린 저항성과 비만, 당뇨, 심장병, 과잉 행동 등을 일으킨다는 사실을 알게 되었다.

미국의 음식 공급에서 1인당 연간 설탕 소비량은 1821년 10파운드 정도에서 1931년 108파운드로 끊임없이 증가했다. 그러나 제2차 세계대전 동안 설탕에는 영양이 부족하다는 의학적 합의와, 군부대에 설탕을 꾸준히 공급해 병사들의 만족감을 유지하는 한편 민간인에게는 설탕을 배급하자는 의지가 맞아떨어지면서, 공식적으로 설탕은 후방에서는 불필요한 것으로 간주되기에 이르렀다. 미국의사협회는 "설탕을 상당량 줄이더라도 미국인들의 영양에 해가 되지는 않을 것"[4]이라고 조언했다. 정부는 이를 더욱 잘 표현했다. 한 공식 소책자에서는 다음과 같이 외쳤다. "설탕은 얼마나 필요할까요? 전혀 필요 없습니다!"[5]

설탕은 '전혀' 필요 없는 것이지만 1970년대에 이르자 고과당 옥수수 시럽High-Fructose Corn Syrup, HFCS(맛, 습관성, 인체에 미치는 작용에서 사실상 설탕의 등가물이다)의 개발로 설탕 소비가 크게 늘어났다.

고과당 옥수수 시럽은 아처 대니얼스 미들랜드ADM가 대규모로 투자한 새로운 습식 제분 공정(대부분의 곡물은 건조 상태에서 제분된다)으로 만들어졌다.[6] 이 생산의 결과 에탄올이라는 부산물이 나왔다. 이는 시럽과 더불어 상호 보완적이고 쓸데없는 산업의 산물이다.

알코올의 한 형태인 옥수수 에탄올은 모델 T 같은 초창기 자동차 일부에 동력을 공급했다.[7] 그러나 옥수수 에탄올이 진정으로 관심을 끌기 시작한 시기는, 석유수출국기구OPEC의 금수 조치* 이후 유가가 오르고 닉슨, 포드Gerald Ford, 카터Jimmy Carter 행정부가 에너지 자립을 추구하는 동안 ADM이 고과당 옥수수 시럽을 대량 생산하면서부터였다. 결국 ADM 경영진 세 명이 1990년대에 사료 첨가제 가격 담합 혐의로 감옥에 들어가자, 회사는 셰브론의 전직 임원을 고용해 에탄올을 중심으로 사업을 재건했다.[8]

에탄올은 휘발유보다 에너지를 적게 낼 뿐만 아니라, (복잡하면서도 논란의 여지가 있는) 특정 계산에 따르면 생산하는 데 에너지가 더 들어간다. 터무니없는 일이다. 그럼에도 불구하고 ADM은 강력한 로비를 통해 이 연료의 가치를 의회에게 확신시켰다. 그러자 에탄올은 가공업계에는 노다지가 되었고, 1갤런당 51센트(현재는 45센트 수준이다)의 직접적인 보조금도 받았으며, 이 산업에서 나오는 모든 옥수수를 판매할 시장을 사실상 보장

---

* 금수 조치(禁輸措置): 특정 국가로의 선박 운항이나 특정 국가와의 직간접 무역, 투자, 금융 거래 등 경제 교류를 중단하는 일.

받았다. 현재 미국 옥수수 작물의 40%는 연간 160억 갤런의 에탄올을 생산하는 데 사용된다. 이는 아이오와(산업형 농업이 시작된 곳이다) 면적에 가까운 3,500만 에이커 정도를 비효율적인 연료가 될 옥수수를 재배하는 데에 집중해 쓰고 있다는 뜻이다. 다시 한 번 기업과 정부의 연합은 대형 농장의 농부, 그리고 이들에게 의존하는 산업에만 이익이 되는 상품을 생산하는 데에 세계 최고의 농지 중 일부를 사용하는 새로운 방법을 찾아낸 셈이다.

고과당 옥수수 시럽 산업은 더욱 심각하다. 1981년 보호 무역 가격 지원으로 미국 내 설탕 가격이 3배 올랐을 때, ADM은 설탕의 저렴한 대안으로 고과당 옥수수 시럽(설탕과 동일한 가격 지원을 받으려는 로비가 있었다[9])을 본격적으로 홍보하기 시작했다.[10] 1인당 소비량은 1970년의 미미한 수준에서 시작해 지금은 연간 약 40파운드(약 18킬로그램)까지 늘어났다. 백설탕 소비량이 약간 떨어진 정도이므로 우리가 섭취한 전체 감미료의 양은 증가한 셈이다.

소리 소문 없이 고과당 옥수수 시럽은 다양한 초가공식품 속에 첨가되었고, 그중에는 '달다'는 생각이 들지 않는 음식도 포함되어 있었다. 병에 든 토마토소스, 식당에 있는 감자튀김, 생각나는 거의 모든 구운 음식, 샐러드드레싱에 고과당 옥수수 시럽이 들어 있다. 어떤 것이든 말해보라. 무엇이건 거기에도 들어 있다. 엄청난 양이 탄산음료에 들어갔고, 탄산음료의 소비량은 1인당 연간 50갤런(약 200리터) 이상이었던 1999년에 정점을 찍었다. 이는 하루에 1파인트(약 0.5리터) 이상의 양이다. 탄산음료는 언제나 수익성이 높았고 제조 비용도 거의 들지 않았다. 생산업체에 물은 거의 무료나 다름없었고 가격 보호 대상인 설탕도 저렴했기 때문이다. 그런데 고과당 옥수수 시럽은 이를 훨씬 더 저렴하게 해주었다.

'특대 사이즈'가 그 뒤를 이었다. 원래 맥도날드는 7온스(약 210밀리리터)의 탄산음료를 제공했는데, 이는 오늘날의 영양 성분표에서 1인분이라고 규정하고 있는 것보다 1온스(약 30밀리리터) 적은 양이다. 지금 12온스(약 350밀리리터)는 '어린이 사이즈'이고, 15온스(약 440밀리리터) 컵(공식적으로는 2인분이다)은 '스몰 사이즈'다. '라지 사이즈'는 42온스(약 1,240밀리리터)로, 1리터가 훨씬 넘는 양이다.

아무런 규제 없이 고과당 옥수수 시럽을 팔아 벌어들이는 이익이 증가했고, 커피라기보다는 디저트에 가까운 음료[스타벅스의 여러 음료에는 콜라보다 설탕이 100그램 더 많다. 이는 약 20티스푼, 즉 4온스(약 120밀리리터)에 가까운 양이고 컵의 절반 정도. 아무리 생각해봐도 소름 끼치는 일이다]를 파는 경향까지 더해지면서 감미료 소비는 25% 이상 증가했다.

이 결과는 다음과 같다. 사람들은 병에 걸렸다. 병이 너무 심했기에 설탕 소비를 줄이는 것이 공중 보건의 최우선 과제가 되었고, 설탕은 21세기의 담배로 여겨질 정도였다.

충분히 예견할 수 있는 일이었고 일부 사람들은 실제로 예견했다. 이미 전후에 지방 섭취가 심장병의 유일한 원인이라는 키스의 주장에 의구심을 품은 의사 존 유드킨John Yudkin은 설탕이 하는 역할을 연구하기 시작했다. 유드킨은 인간이 영겁의 세월 동안 육식을 해온 반면 설탕은 비교적 최근에 먹기 시작했다는 점에서 출발해 질문을 던졌다. 이제까지 먹어왔던 고기가 갑자기 인간을 죽이기 시작한 이유는 무엇일까? 새로운 요인 때문이 아닐까?

그의 추론이 전적으로 타당하지는 않았다. 문제점은 하나 이상일 수도 있었고, 실제로도 확실히 그랬다. 그러나 유드킨은 자신의 분석을 확신하면서 사람들에게 설탕을 아예 피하라고 조언하기 시작했고, 그렇게 한다면 "뚱뚱해지거나 영양 결핍이 생기거나 심장마비, 당뇨병, 충치, 십이지장 궤양에 걸릴 가능성이 낮아지고, 어쩌면 통풍, 피부염, 일부 형태의 암에 걸릴 확률도 줄어들며 수명도 늘어난다"고 주장했다. 그의 말은 대부분 옳은 것으로 밝혀졌다.

유드킨의 책 『설탕의 독Pure, White and Deadly』은 1972년에 처음 출판되었다.[11] 이 책은 어느 정도 영향력이 있었지만 그의 이론은 키스의 책이 지녔던 정도의 견인력은 없었다. 이는 키스가 미국심장협회와 국립보건원에서 일하고 있었기 때문이기도 하다. 이들 기관의 지원으로 키스의 여러 이론이 표준으로 자리 잡았고, 키스는 유드킨의 연구를 "터무니없는 헛소리"[12]라고 비웃었다. 과학은 다른 어떤 분야보다 영역 다툼의 연속이었고 지금도 그렇다.

같은 시기 유드킨은 설탕연구재단Sugar Research Foundation, SRF으로부터 고의적인 방해도 받고 있었다.[13] 설탕의 문제점이 계속 발견될 것을 두려워한 설탕연구재단의 부회장 존 힉슨John Hickson은 과학계가 설탕에서 멀어져 포화 지방에 다시 집중하도록 만들려는 노력을 강화하기로 결심했다. 그는 "우리의 비방자를 반박하는" 데에 유용하거나 최소한 이와는 반대되는 의견을 내는 것을 목표로 심장병 연구에 자금을 지원했다. 그는 문헌 조사를 의뢰하고 설탕연구재단의 관상동맥 질환 초기 연구 프로젝트의 책임자였던 하버드 영양학 교수 마크 헤그스테드Mark Hegsted에게 논문을 의뢰했다. 헤그스테드는 논문을 써서 《뉴잉글랜드 의학 저널New England Journal of Medicine》에 발표했다.

이 논문에서는 콜레스테롤과 포화 지방이 심장병의 유일한 원인이라는 결론을 밀어붙였다. "순환성 지방이 전반적으로 감소하면 동맥경화성 혈관 질환의 위험도 감소한다." 설탕을 복합 탄수화물로 대체하는 것은 "실질적으로 전혀 중요하지 않다."[14]

다른 말로 하자면 이렇다. 설탕은 걱정 안 해도 된다. 지방이 범인이다.

설탕연구재단이 연구를 부탁하고 자금을 지원했다는 사실을 숨긴 이 논문은, 미묘하지만 심각한 결함과 편견이 있었으며 비과학적이기까지 했다. 이것은 의학 저널이 속아 넘어간 첫 번째 거짓말도 아니었고 마지막도 아니었겠지만 성공적이었다. 실제 과학은 다량의 설탕과 포화 지방이 모두 건강에 나쁘다는 사실을 보여주고 있지만, 설탕 산업은 포화 지방을 관상동맥 질환의 단독범은 아니더라도 주범으로 꾸미려는 노력을 성공시켰다. 관상동맥 질환에서 설탕의 역할은 과소평가되었고 완전히 무시되었다. 하지만 일은 거기에서 끝나지 않았다. 포화 지방이 유일한 악당으로 자리 잡은 가운데, 완전히 똑같지는 않더라도 설탕만큼 해로운 초가공 탄수화물이 주목의 레이더망을 피하고 있었다.

소금은 피하지 못했다. 설탕과 마찬가지로 소금은 거의 모든 음식을 더 맛있게 만들며, 소금에 대한 갈망은 우리 몸에 아로새겨져 있다. 하지만 설탕과 달리 나트륨(나트륨은 염화물과 결합해, 우리가 식탁 위 소금으로 알고 있는 분자를 구성한다)은 필수 영양소다. 우리는 소금을 직접 만들 수 없고 소금 없이는 살 수 없다. (음식 속의 설탕은 우리에게 필요하지 않다. 우리의 몸은 탄수화물, 그리고 다른 영양소까지도 우리가 사용할 수 있는 당분으로 바꿀 수 있기 때문이다.)

소금을 구하기 어려웠던 시절이 있었다. 따라서 값도 무척 비쌌다. (고등학교에서 배웠듯이 '급여salary'는 '병사에게 주는 소금 돈'이라는 뜻의 라틴어 '살라리움salarium'에서 유래했다.) 지금도 저나트륨혈증이 없지는 않다. 물론 다른 조건의 결과(지구력을 요하는 운동을 하는 선수가 물을 너무 많이 마시면 이 문제를 악화시킨다)이거나 약물의 부작용인 경우가 대부분이긴 하다. 적절한 식단을 유지하는 건강한 사람은 저나트륨혈증을 겪을 가능성이 지극히 낮다.

그러나 산업적 소금 채굴 덕분에 소금은 저렴하고 흔해졌고, 설탕처럼 소금도 대부분의 공중 보건 전문가들이 건강에 해롭다고 생각하는 양으로 대부분의 가공식품에 들어가기 시작했다. 소금을 너무 많이 섭취하면 건강했던 사람도 고혈압이 생길 수 있고, 고혈압이 있는 사람은 증상을 악화시킬 수 있다. (약 4,500년 전 중국에서는 소금을 너무 많이 먹으면 "맥이 뻣뻣해지거나 굳어진다"는 사실을 알고 있었다.) 대략적으로 말하자면 소금을 적게 먹으면 혈압이 떨어진다.

패스트푸드와 정크푸드가 주식으로 자리 잡기 시작한 1970년대 이후 미국의 나트륨 소비량은 권장량을 조금 웃돌던 정도에서 권장량 2배 정도로 꾸준히 증가했고, 이에 따라 고혈압 발병률도 높아졌다. 이는 우리가 식탁 위의 소금통을 더 많이 썼기 때문이 아니다. 우리가 먹는 나트륨의 4분의 3은 식당에서 제공되는 음식을 비롯해 여러 초가공식품에서 오는 것이다. 음식을 더 많이 팔려고 하는 사람들이 우리에게 소금을 먹이고 있는 것이다.

이는 소금이 독이라는 뜻이 아니며 이는 설탕도 마찬가지다.

천연당은 어디에나 있다. 모유의 유당도 설탕이고, 채소와 여러 과일 한

입 한 입마다 과당이 있고, 다양한 음식이 우리의 혈액에 흐르는 포도당으로 전환된다.

설탕은 본질적으로 나쁜 것은 아니지만 양은 중요하다. 약간은 해롭지 않을 수도 있고, 많으면 해를 끼치기도 한다. 설탕의 형태도 중요하다. 과일에 있는 과당은 흡수를 늦추는 섬유질과 결합하기 때문에 거의 문제가 없다. 콜라에 들어 있는 설탕은 혈류를 강타하는 스트레이트 샷이다. 신체의 반응에도 차이가 있다.

이를 처음으로 설명한 사람은 유드킨이었고, 덕분에 그의 책은 다시금 주목을 받고 있다. 『설탕의 독』은 2012년 다시 출간되었다. 그의 근본적인 주장은, 설탕이 간에서 처리된 뒤 에너지 저장 형태인 글리코겐으로 먼저 전환된다는 것이다. 글리코겐 수치가 최대를 기록하는 시점에 추가로 섭취하는 설탕은 지방으로 전환된다. 이는 이제 널리 우려하고 있는 사항이다.

관건은 단순 탄수화물과 복합 탄수화물의 차이다. 이는 간과되거나 오해되거나 완전히 무시되고 있는 경우가 흔하다. 단순 탄수화물은 정제 설탕, 흰 밀가루, 흰 쌀, 초가공된 여러 곡물에 들어 있는 것이며, 복합 탄수화물은 과일, 채소, 콩류, 통곡물에 들어 있는 것이다.

단순 탄수화물이나 정제된 탄수화물은 혈당의 급증을 유발하고, 이는 인슐린의 분비를 즉시 상당한 정도로 자극한다. 인슐린의 역할은, 적절한 양의 포도당이 혈류에 있게 되면(많은 양이 필요하지는 않다) 먼저 그 당을 글리코겐으로 저장하고 특정 시점에 지방으로 변환하는 것이다.

그러나 저장된 지방의 문제는 시작에 불과하다. 우리 몸은 당을 글리코겐으로 전환하기 위해 인슐린을 더 자주 사용하게 되고, 이 일을 수행하기 위해서는 인슐린이 더 많이 필요해진다. 더 많은 인슐린이 필요해지는 것을 '인슐린 저항성'이라고 하는데, 이는 반드시 체중 증가를 초래하지는 않지만 당뇨병과 간 질환의 전조가 된다.

반면 소화가 오래 걸리는 복합 탄수화물은 췌장(인체의 인슐린 모니터)에 부담이 적고 필수 영양소를 제공하며 포만감이 오래가도록 해준다. 가공식품에 있는 정제된 탄수화물 때문에 심장병과 당뇨병의 위험에 빠진다는 사실이 점점 더 명확해지고 있다.[15] 통곡물, 과일, 채소의 고섬유질 식단은 대부분의 경우 이러한 질병을 예방하고 심지어 역전시킬 수 있다는 사실도 마찬가지로 명확해지고 있다.

바로 이것이 탄수화물을 제한한다고 말할 때 정제된 탄수화물을 제한하는 것을 의미하는(최소한 의미해야 하는) 이유다. 데이비드 카츠David Katz 박사가 『음식의 진실The Truth about Food』에서 다음과 같이 말한 것처럼 말이다. "비만이나 당뇨병이 당근이나 수박을 많이 먹어서 생긴 것이라고 탓하는 사람이 있다면 나는 하던 일을 그만두고 훌라춤을 추는 댄서나 될 생각이다!"

식단을 바꾸기 얼마나 어려운지는 누구나 안다. 진실과 거짓의 차이를 알 수 있을 정도로 나이가 들기 전에 형성된 식습관은 약물 의존만큼 바꾸기가 힘들고 어쩌면 더 어려울 수도 있다. 데이비드 케슬러의 『과식의 종말The End of Overeating』과 마이클 모스Michael Moss의 『배신의 식탁Salt Sugar Fat : How the Food Giants Hooked Us』에 묘사된 것처럼 초가공식품은 최대한의 중독성을 발휘하도록 만들어졌기 때문이다.[16] 아버지 부시George H. W. Bush 와 클린턴Bill Clinton 대통령 시절 식품의약국 국장으로 재직한 케슬러는 흠잡을 데 없이 정직한 사람이다. 모스는 《뉴욕 타임스》에서 나와 함께 일한

적이 있으며, 찬란한 업적으로 퓰리처상을 수상한 바가 있다.

농무부의 추정치에 따르면 1950년부터 반세기 동안 미국이 추가로 생산한 잉여는 1인당 하루 700칼로리에 달했다.[17] 미국인의 식단에는 하루 200칼로리가 추가되었다고 알려져 있다. 따라서 진실은 중간 어딘가에 있을 것이다. 그럼에도 불구하고 과잉 생산은 과다 섭취의 기회를 제공했고 마케팅은 이를 실현시켰다.

정제된 탄수화물(영양소를 제거하고 20세기 이전에는 상상조차 할 수 없었던 방식으로 가공한 곡물)이 초가공식품의 대부분을 차지하고 있다. 20세기 후반 실험실에서 만들어지고 과학적으로 설계되었으며(그냥 쓰는 표현이 아니라 실제 묘사다) 고도로 만족스러운 고칼로리 음식의 즐거움을 알게 된 거의 모든 미국인은 소금, 지방과 함께 이 고도로 정제된 탄수화물을 거부할 수 없게 되었다.

식품 산업은 정크푸드 산업이 되었다. 우리가 먹는 칼로리의 60%는 초가공식품에 들어 있다.[18] 설탕, 소금, 지방은 수프, 탄산음료, 크래커, 피자, 페이스트리, 빵, 과자, 요구르트, 치킨 텐더, 그리고 수천 개의 다른 식품 등 모든 가공식품에 첨가되어 최대한 사람들을 끌어당기도록 설계되었다.

20세기 4분기에 간식으로 섭취하는 칼로리의 양은 2배로 증가했고, 저녁 식사로 섭취하는 칼로리는 3분의 1이 감소했다. 음식의 50%를 집 밖에서 먹을 정도로 집에서 요리하는 일이 줄어들었고, 먹는 음식 대부분도 초가공된 것으로 바뀌었다. 그 결과 1970년과 2000년 사이의 평균 체중은 20파운드(약 9킬로그램) 가까이 증가했다.

케슬러의 책에 따르면 기업이 만들려고 한 음식은 "에너지 밀도가 높고 매우 자극적이며 목으로 쉽게 넘어가는 것이었다. 이들은 이런 음식을 거리 구석구석에 놓아두었고, 가지고 다니기 쉽게 만들었으며, 언제 어디서 먹어도 사회적으로 용인할 수 있도록 만들었다. 이들은 음식 축제를 창조해냈고, 바로 그곳이 우리가 살고 있는 곳이다."

식품공학자는 사람들을 알고리즘의 대상으로 만들었고, 모스가 말한 '지복점'●을 찾으려 노력했다. 단맛, 짠맛, 기름진 맛이 정밀하게 보정된 최적의 만남의 장소, 즉 희열의 상태를 낳는 설탕, 소금, 지방, 그리고 '향신료나 양념'의 조합을 찾으려 한 것이다. 이 지복점은 우연히 이루어지는 것이 아니라, 다양한 성분 조합에 대한 인간의 반응을 기록하는 MRI 데이터 등 일련의 시험과 측정을 통해 결정된다.

오늘날까지도 공학자들은 피험자들에게 끝없는 변형물을 맛보도록 요구하면서 이 신경학적 반응을 수집하고 분석한다. 그런 다음 해당 데이터를 사용해 재료의 구성을 바꾸고 이 과정을 통해 갈망을 극대화하도록 설계한 제품이 나오며, 또 다른 데이터를 사용해 제품에 맞는 최적의 고객을 결정한다. 마케팅과 과학의 완벽한 결합이다.

일반적인 정크푸드, 특히 설탕에 대한 전술은 담배와 거의 동일했다. 두 분야 모두 젊은 층에 초점을 맞춘 광고 전략을 사용했다. 두 분야 모두 자기 제품이 인간의 건강에 미치는 영향에 관한 연구를 방해했다. 두 분야 모두 가능할 때마다 연구 결과에 대해 거짓말을 하거나 결과를 숨겼다. 두 분야 모두 인구 전체를 중독시킨 책임을 회피하면서 건강에 대한 개인의 책임을 강조했다. 그리고 두 분야 모두 개선 정책의 입안을 막거나 방해했다.

● 지복점(至福點): 소비자의 선호 서열에서 가장 만족도가 높은 '소비점'. 욕망이 충족된 상태를 나타낸다.

에드워드 버네이스(세뇨리타 치키타 바나나를 배후 조종한 인물이다)는 여성 흡연에 대한 부정적인 인식을 없앤 1929년 '자유의 횃불' 캠페인으로 가장 유명한 인물이다. 그의 핵심적인 전략 (그리고 유산) 중 하나는 '동의 조작engineering of consent'으로, 제품을 바꾸는 것이 아니라 제품에 맞춰 문화를 바꾸는 것이었다. 이에 대한 사례로는 제너럴 밀스가 베티 크로커라는 캐릭터를 이용해 부모의 가공식품 수용과 가족에게 영양분을 공급하고자 하는 욕구를 결합시킨 것을 들 수 있다.

과학계의 합의가 거대 담배 기업을 위협하기 시작하자 가공식품 기업은 사람들을 걱정하는 척하며 다음과 같이 주장하는 광고를 내보냈다. "우리는 우리가 만드는 제품이 건강에 해롭지 않다고 믿고 있습니다. 우리는 공중 보건을 보호하는 임무를 맡고 있는 사람들과 항상 긴밀하게 협력해왔으며 앞으로도 그럴 것입니다."

동시에 이들은 (마치 누군가 모든 사실을 고려해서 결정을 내린 적이 있는 것처럼) "우리가 모든 사실을 알고 있는 것은 아닙니다"라는 식의 난독화*로 사람들의 대화에 고의적으로 논란을 불러일으키고 의심을 불어넣었다. 이들은 오도誤導되고 환원주의적인 과학에 자금을 지원해 업계를 지지하는 내용의 반론을 제공하도록 조치했다. 이러한 반론은 훈련받지 않은 눈에는 과학적으로 보이는 것이었다. 설탕연구재단은 설탕이 질병을 유발한다는 합의를 흐리게 하려는 목적으로 '과학'에 자금을 지원했고, 코카콜라는 하버드의 영양학과 학장에게 자금을 지원해 콜라의 충치 유발 특성에 대한 명백한 증거를 조롱하게 했다.[19]

• 난독화(obfuscation): 혼란스럽고 모호한 언어로 메시지를 이해하기 어렵게 만드는 것.

설탕이 카페인이나 니코틴과 정확히 같은 중독성을 가지고 있는 것은 아니라 해도, 설탕을 섭취하면 코카인, 니코틴, 알코올에 의해 유발되는 것과 똑같이 보상 확인 신경 전달 물질인 도파민을 자극한다.[20] 우리는 음식을 맛있게 해준다는 이유로 설탕을 좋아하지만, 설탕은 그 이상의 역할을 한다. 많은 사람들은 설탕을 알코올의 대체물(금주법 기간 중에 사탕 판매가 급증했다)로 사용하며, 설탕 섭취를 실제로 그만두려고 노력한 사람이라면 누구라도 설탕이 나쁜 습관이나 "그냥 좋아" 이상임을 알고 있다. 설탕의 의존성은 뚜렷하다.

실험실 연구 결과 동물이 설탕에 중독될 수 있다는 사실이 확인되었다. 따라서 인간도 그럴 수 있다고 생각하는 것도 무리는 아니다. 게다가 샌프란시스코의 의학 박사이자 『단맛의 저주Fat Chance』의 저자인 로버트 러스티그Robert Lustig의 주장에 따르면, "도파민은 (보상 신호를 발생시키는) 자체 수용체를 하향 조절한다. 이는 다음번에 도파민을 더 많이 생성하기 위해 설탕을 더 많이 섭취해도 보상은 적어진다는 뜻으로, 설탕을 많이 섭취해도 아무것도 얻지 못할 때까지 이런 일이 이어지게 된다. 이것이 바로 내성이다."[21] 내성은 중독의 징후다.[22]

칼로리 없는 감미료라도 우리로 하여금 더 먹고 싶게 만들고 단것을 먹는 이빨을 더욱 날카로운 송곳니로 바꾸어(이 비유를 만드신 데이비드 카츠 박사님, 감사합니다) 단것에 대한 욕망을 극대화시키고 결국 체중을 증가시킨다. 게다가 설탕은 다른 영양상의 문제와 공존하고 있다. (나를 포함해) 미국인의 90%는 매일 카페인을 섭취한다. 탄산음료, 아이스티, 다양한 '스포츠' 음료와 에너지 드링크같이 설탕이 들어간 음료, 지방과 설탕 폭탄이 되어가고 있는 커피를 마신다. 심지어 카페인과 감미료가 들어 있는 생수도 있다.

모든 정크푸드가 신체적으로 중독성이 있는지 여부는 중요한 것이 아닐 수도 있다. 중요한 것은 정크푸드가 어디에나 있다는 점이고, 그것을 먹도록 우리가 끊임없이 강요당하고 있다는 점이다. 중요한 것은 그것이 우리에게 좋지는 않지만 사실 만족스럽다는 점, 그것을 먹는 일이 고치기 어려운 습관이라는 점이다. 그 정도 사실은 논란의 여지가 없으며 또한 중요한 일이다.

초가공식품의 제조 비용은 낮아졌고, 남아 있는 가장 큰 비용은 마케팅·광고·판매 비용이었다. 불가피하게 이러한 일들은 점점 더 전문적이고 냉소적이며 도덕을 초월하는 성격을 띠게 되었다. 표적은 모든 사람들이었지만 주로 초점을 맞춘 대상은 아이들이었다.

음식에 대한 기호는 자궁에서 형성되기 시작한다. 다양한 식단을 갖고 있는 어머니가 모유를 먹이고 젖을 뗀 뒤에는 정상적인 음식을 먹인다면, 서양식 식단*을 갖고 있는 어머니가 분유와 이유식에 의존하여 기르는 경우와는 전혀 다른 식성을 갖게 된다. 하지만 20세기에 우리는 마케팅 담당자들의 지시에 따라 아이들을 먹이기 시작했고, 마케팅 담당자들은 수익성이 높은 음식을 지목했다. 모유가 분유만큼 수익성이 높았다면 거의 모든 산모가 모유를 먹였을 것이다.

모유 대용품의 필요성은 정당한 것이었다. 이런저런 이유로 모유 수유를

---

* 정제된 설탕, 기름, 밀가루로 만든 가공식품이 주된 식단. 과일이나 채소는 충분한 양이 포함되지 않는다.

할 수 없는 여성이 언제나 약간씩은 있었다. 전통적인 해결책은 유모(어머니 대신 젖을 먹이는 사람으로, 전통적으로는 가족 구성원이나 고용인, 하녀, 노예였다)였고, 물이나 우유에 적신 빵이나 시리얼 이것저것을 먹일 수도 있었다. 유리젖병과 고무젖꼭지는 19세기에 발명되었는데, 집안일을 하는 하인이나 하녀가 줄어든 것과 같은 이유로, 젖을 먹일 수 있는 유모도 드물어졌기 때문이다.

유스투스 폰 리비히(식물의 영양 성분을 분석하는 데에 아주 중요한 역할을 담당한 인물이다)는 소의 우유, 탄산수소칼륨, 밀 맥아분을 혼합한 최초의 상업용 분유의 특허를 받았다. 거의 같은 시기에 스위스의 약사 앙리 네슬레Henri Nestlé는 러스크(비스코티처럼 두 번 구운 빵)와 가당연유로 만든 분유를 만들었는데, 이것이 아기에게 소화 문제를 일으키는 정도는 곧바로 짜낸 소의 우유 정도에 지나지 않았다. 이에 따라 실험실에서 만든 것들이 점차 광범위하게 모유의 자리를 대체하기 시작했다.

여러 가지 이유로 모유 수유는 (호흡만큼이나) 필수적이다. 하지만 리비히에 따르면 모유도 다른 음식과 마찬가지로 탄수화물, 단백질, 지방의 조합에 불과하기 때문에 '분유'로 쉽게 복제될 수 있었다. 인간 자체보다 소가 젖을 생산하는 기능이 오래되었다는 사실이 마케팅을 펼칠 기회로 이용되었다. 소의 우유는 모유보다 영양가가 높다는 식이었다. 모유는 인간의 아기를 위해 만들어지는 것임에도 말이다!

모성애를 가진 젊은 산모들은 연장자들에게 모유 수유법을 배워왔다. 그러나 이러한 시대는 지나가고 분유와 마케팅 모두가 빠르게 발전하고 있었다. 다양한 지방과 설탕이 첨가되었고, 모유를 모방한 칼슘과 비타민 같은 영양소도 추가되었다. 한편 산모들은 산파를 대체하고 있었던 (남성) 의사들과 광고로부터 육아를 '교육'받았다. 무지, 무관심, 부끄러움, 여성 혐오, 분유 회사의 부추김이라는 조합을 통해 이들 의사는 모유 수유를 무시하고 '현대적' 대안을 내세웠다. 가장 중요한 자연적 영양분인 모유를, 제조된 물질인 분유로 바꾸는 산모들이 점점 더 많아졌다.

하지만 모유는 어떤 '분유'로도 복제할 수 없는 것이다.[23] 모유는 산모마다 다르고 아기마다 다르며 심지어는 수유할 때마다 다르기 때문이다. 아기는 자기에게 필요한 것을 타액 등의 방법을 통해 '알리기' 때문이다. 분유가 이후의 식성을 어떻게, 그리고 얼마나 많이 결정하는지는 명확하지 않다. 그러나 많은 분유에 설탕이 들어 있기 때문에, 그 영향이 긍정적인 방향이라고 생각하기란 불가능한 일이다.

20세기 들어서 많은 사람들은 태어나면서부터 영양과 건강을 위한 싸움에서 패배하기 시작했다. 모유에 세 번째로 많이 들어 있는 물질은 올리고당이다.[24] 아기는 올리고당을 직접 소화하지 못한다. 오히려 올리고당은 비피도박테리움 인판티스라는 유익한 박테리아에 영양을 공급한다. 이 박테리아는 질 분만을 통해 아기에게 생겨났다가 항생제로 없어지며, 현재 대부분의 미국 아기에게는 없는 것으로 알려져 있다.

비피도박테리움 인판티스는 우리의 신진대사 작용을 프로그래밍하는 데에 필수적인 것이다.[25] 건강한 박테리아 개체군을 유지하는 사람들은 과체중이 되거나 알레르기가 생기거나 제1형 당뇨병에 걸릴 가능성이 적다. 그러나 그것을 유지하지 못하는 대부분의 사람들은 수많은 자가 면역 질환, 결장암과 직장암, 알레르기, 천식, 제1형 당뇨병, 습진에 걸리기 쉽다.[26] 모유 수유가 감소함에 따라 이 모든 질환이 증가했다.

이 밖에도 모유 수유가 좋은 여러 이유가 문서에 기록되어 있다. 국제

인도주의 기구인 세이브 더 칠드런Save the Children은 모유 수유가 "5세 미만 아동의 사망 예방을 위한 가장 효과적인 단일 요소"[27]라고 정리하고 있다. 대부분의 산모에게 모유는 실제로 더 편리하고 위생적이다. 확실히 저렴하기도 하다.

하지만 분유 제조업자들은 전 세계 젊은 여성들을 교육하고 보살피는 과정을 인계받았다. 산부인과 병동에는 분유 용품, 쿠폰, 샘플이 비치되어 있었다. 간호사 복장을 한 분유 외판원들은 여성들에게 자연을 무시하라고 격려했고 매수된 의사들은 분유를 권유했다.

마케팅은 불안해하는 산모들도 대상으로 삼았다. 네슬레는 새로운 산모들에게 "수백만 명의 아기가 네슬레의 식품 덕분에 치아가 나기 전까지 아무 문제 없이 자연스럽게 자라났다"는 점을 상기시켰다. 분유 회사인 카네이션도 "세대를 거듭해 유명 아기 전문가들이 카네이션을 추천해왔으며 미국 최고의 병원에서 사용되고 있다"[28]고 여성들을 안심시켰다.

1950년대까지 미국 아기의 절반 이상이 분유를 먹었지만, 많은 분유에는 설탕이나 이에 상응하는 물질이 주요 성분으로 들어 있었다.

이 마케팅은 우리의 국경 내에서 끝난 것도 아니었다. 전 세계 가난한 어머니들에 대한 이 강요와 조작은 식민지 시대 이후 민간 기업이 저지른 최악의 범죄 중 하나다. 분유가 전 세계적으로 퍼지면서 영양과 지역 경제가 악화되었고, 특히 개발 도상국에서 젖병 수유와 영아 사망률 사이에 직접적인 상관관계가 발견되기도 하면서 어느 정도의 저항이 일어났다.

1970년대 네슬레는 영아용 분유행동연합Infant Formula Action Coalition, INFACT이라는 미국의 활동가 단체가 시작한 국제적인 불매 운동과 싸워야 했다. INFACT의 운동가들을 "그리스도 깃발 아래 행진하는 마르크스주의자"[29]라고 적은 《포춘》의 기사는 어느 우익 정책 연구소가 네슬레의 의뢰를 받아 쓴 것이었고 다시 소책자로 발간되기도 했다. 네슬레는 이 정책 연구소에 남몰래 많은 금액을 기부하고 있었다. "네슬레가 아기를 죽인다"는 슬로건은 가까스로 막을 수 있었지만 그때는 이미 INFACT가 전 세계의 주목을 받은 뒤였다. 1981년 세계보건기구는 규제에 상응하는 조치를 취하고자 했다.

이 문제에 대한 해결책은 모유 대체품 판촉에 관한 국제 규약, 즉 '규약'으로도 알려져 있는 일련의 국제 마케팅 권고안이었다. 이 권고안 중 하나는, 모든 공식적인 마케팅은 "모유 수유의 좋은 점과 우월성"에 대한 정보, 그리고 수유의 방법과 분유의 단점을 "제공하기를 권고한다"('제공해야 한다'라는 강제 조항이 아니라는 점에 주목하라)는 것이었다.

이 규약을 받아들이지 않은 국가는 미국뿐이었다.[30] 국제법이 제정되었다면 이 규약은 무책임한 마케팅 캠페인을 단속하는 데 효과적이었을 수도 있었다. 그러나 이 규약은 일련의 권고 사항이었을 뿐이기에 예상대로 계속 무시당했다. 이는 정부 기관(혹은 이 경우처럼 국제 기관)이 지시 대신 '권고'를 할 때마다 나타나는 패턴이다. (파리 협정도 기후 위기를 늦추는 데에는 거의 도움이 되지 않았다.) 제조사들은 무료 분유 샘플을 병원에 배포하고, 자사 분유를 판매하는 국가에서 쓰지 않는 언어로 분유 라벨을 붙이고, 분유를 추천하는 대가로 의료 전문가에게 돈을 지급하고, 규약 지침에 어긋나는 권장 사항을 광고하는 행동을 중단하지 않고 있다. 세이브 더 칠드런은 이러한 규약 위반으로 하루에 4,000명 가까운 아이들이 죽는다고 추정한다. 규약이 시행되었다면 막을 수도 있던 사망이라는 것이다.

문제는 유아가 분유를 끊고 나서도 끝나지 않는다. 20세기 전까지는 아이들이 젖을 먹다가 점차적으로 부모가 먹는 음식을 같이 먹었다. 그러나 또 다른 새로운 초가공식품 형태인 상업적인 '이유식'이 발명되면서 부모는 아이들에게 주는 음식을 바꾸기 시작했다. 병에 담겨 판매되며 으깨서 섞어놓은 데다가 종종 달기까지 한 음식이었다. 크리스틴 롤리스Kristin Lawless가 『음식으로 알려졌던 것Formerly Known as Food』에서 적었듯, 어린이가 "부드럽고 하얀 음식"을 좋아한다는 우리의 믿음까지도 "역사적 전례나 과학적 근거가 없다. (…) 우리는 아이들이 편식하는 이유에 대해 제대로 고민해보지도 않는다."[31]

아이들은 분유에서 이유식으로 옮겨 가면서, 다시 말해서 어떤 초가공식품에서 또 다른 초가공식품으로 옮겨 가면서 평생 동안 설탕이 많이 들어 있는 식단으로 식사할 준비를 하는 셈이다. 다음 순서는 상자에 담긴 아침 식사용 시리얼이었고, 아이들을 위해 특별히 만들어진 새로운 설탕 식품의 제국이 곧 뒤를 잇게 될 운명이었다. 하지만 이에 대한 저항도 이어지고 있었다.

유드킨 이후 과학계 대부분은 설탕에 대해 침묵했다. 그러나 소수의 독불장군이 이 침묵의 땅에 발을 들여놓았다. 그중 한 명이 바로 심장 전문의 로버트 앳킨스Robert Atkins로, 1972년 앳킨스 다이어트를 추진하기 시작한 인물이다. 이 식이 요법은 처음으로 등장한 극단적인 저탄수화물 다이어트로, 정크푸드를 피하는 목적에서만 의미가 있는 것이었다. (거의 모든 음식에 탄수화물, 단백질, 지방이 들어 있다. 사람들이 '탄수화물'을 끊는다는

- 랠프 네이더(Ralph Nader : 1934~) : 미국의 변호사, 소비자 보호·반공해(反公害) 운동의 지도자. 시민의 대변자로서 젊은 변호사들의 그룹인 '네이더 돌격대'를 이끌고 대기업과 정부의 부정을 잇달아 적발하여 많은 성과를 올렸다.

이야기를 할 때 이들이 의미하는 것은 진짜 음식이 아니라 초가공 곡물이다. 원더 브레드 같은 초가공식품을 밀알이나 감자와 동일시하는 것은 어리석고 무지한 일이거나 고의적으로 오도하는 일이다.)

아침 식사용 시리얼을 반대했던 네이더* 스타일의 십자군 로버트 초트Robert Choate처럼, 앳킨스는 설탕이 만성 질환과 관련이 있다고 확신했다. 오늘날 앳킨스의 이름은 친숙하지만('구석기' 다이어트나 '키토keto' 다이어트 대부분은 앳킨스 다이어트를 기반으로 한다) 초트를 기억하는 사람은 거의 없다.

하지만 자신을 '시민 로비스트'라고 지칭한 초트는 당시 많은 영향력을 끼쳤다. 단맛이 나는 시리얼은 '빈 칼로리'에 불과하고 그렇기 때문에 위험한 모방품일 뿐이라고 주장했다. 인기 있는 여러 시리얼에는 영양가가 전혀 없다고 의회에서 증언하면서, 잘게 썬 판지 상자에 우유, 설탕, 건포도를 섞어 먹인 쥐가, 시장에서 인기를 끌고 있는 시리얼 절반을 먹인 쥐보다 영양소를 더 많이 섭취했다는 위스콘신 대학의 연구를 인용했다.[32] 연구 결과에 따르면 이러한 시리얼 상당수는 "성장을 거의 혹은 전혀" 촉진하지 못했고, 비타민과 미네랄을 보충해도 "생명을 유지시키지 못한다"고 한다.

초트는 1970년에 했던 증언에서 주요 아침 식사용 시리얼 60개 중 40개에서 영양 함량이 비참할 정도로 낮다는 사실을 정리한 도표도 제출했다. 시리얼을 먹을 때 우유도 같이 먹지 않느냐는 반론에 초트는 곧바로 우유를 포함한 실험을 한 뒤 1972년 상원에서 다시 증언했다. 결과는 여전히 암울한 것이었다.

판매량이 감소되기 시작하자 제너럴 푸즈는 시리얼에 비타민을 잔뜩 넣기 시작한 것 외에도 아이들은 싫어하는 것을 먹지 않을 것이라고 간단하게 말하는 식으로 대응했는데, 이는 오늘날까지도 반복되는 대사다. 여러 해 동안 애플 잭스의 슬로건은, 어린이가 말하는 "우린 우리가 좋아하는 걸 먹어"였다. 하지만 진실은 다르다. 우리는 먹는 것을 좋아하게 되는 경향이 있다. 초트는 마케팅이 아이들을 대상으로 하고 있으며 아이들에게 "영양학적 지식과는 반대의 교육을 시키고 있다"고 반박했다. 그는 광고주를 장사치라고 규정짓고, 광고는 성인 남자와 아직 커가는 중인 아이들 간의 전쟁이라고 묘사했다.

에드워드 버네이스 같은 광고의 대가 레오 버넷Leo Burnett도 성공적인 마케팅이 소비자의 욕구를 불러일으킨다는 사실을 알고 있었다. 버넷은 그린 자이언트, 호랑이 토니, 말보로 맨을 만들었고, 모두가 산타클로스만큼이나 성공적이었다.

상상 속의 친구를 내세워 아이들에게 음식을 판매하는 것은 쉬운 일이었다. 그 당시 아이들은 학교에 앉아 있는 것과 거의 같은 시간, 즉 일주일에 25시간 정도를 텔레비전 시청으로 보내고 있었다. 이 수치는 미취학 아동의 경우 더 높기까지 했고, '텔레비전'을 '화면'이라는 말로 바꾼다면 지금 모든 아이들은 전보다 더 시청 시간이 많다.

게다가 아이들에게 광고하는 것은 비용이 적게 들었다. 1972년 토요일 아침의 30초 광고 비용은 4,000달러밖에 되지 않았다. 초트의 말에 따르면 켈로그, 제너럴 밀스, 제너럴 푸즈의 텔레비전 광고 예산은 GM이 자동차 광고에 쓰는 것과 거의 같은 금액인 4억 2,000만 달러였다. 따라서 많은 어린이들이 1년에 2만 개 이상의 광고를 보았다는 결론이 나온다. 1977년과 1978년 공익과학센터, 소비자연맹, '어린이의 텔레비전 시청을 위한 행동'은 연방통상위원회에 어린이를 대상으로 하는 마케팅을 통제해줄 것을 청원했다. 연방통상위원회는 이 청원을 받아들여 어린이를 대상으로 하는 텔레비전 광고에 대한 새로운 규정을 만들 계획을 세웠다.

연방통상위원회는 용감한 트레이시 웨스턴Tracy Westen 부국장의 주도 아래 어린이를 대상으로 하는 광고에는 기만적이고 치명적인 효과가 있다는 전문가의 증언을 수집했다. 어린이가 광고를 어떻게 보는지에 관한 어느 심리학자의 묘사는 특히 주목할 만하다. "안녕, 난 호랑이 토니이고 네가 좋아. 난 네 친구야. 네가 콘푸로스트를 먹었으면 좋겠어. 네가 나처럼 크고 튼튼해졌으면 좋겠거든."[33]

한편 반대 측에서는 이 캠페인에 대응하기 위해 3,000만 달러(연방통상위원회 전체 예산의 절반이 넘는 액수다)를 모금해, 이 기관이 관할 구역 업무를 침범하고 있다고 고발했다. 거대 설탕업체는 연방통상위원회를 무력화시킨 하원 세출 소위원회를 통해 수정안을 밀어붙이면서 논란의 중심에 섰다.[34] 하원은 '불공정하다'는 것을 보여줄 수 있는 광고에 대한 조치를 취하면서도, 이러한 광고를 금지하기 전에 '허위와 기만'을 입증해야만 한다고 금지 기준을 높여주었다.

거대 설탕업체의 캠페인으로 《워싱턴 포스트Washington Post》는 연방통상위원회에 '국민 보모'라는 딱지를 붙여주었다. 마지막 일격은 1981년에 있었다. 레이건Ronald Reagan 대통령이 연방통상위원회 의장을 새로 임명한 것이다. 새 의장은 전 의장이 "입법부의 전두엽 절제술"[35]이라고 일컬은 조치를 의회가 취하도록 도와주었던 인물이다. 그것으로 끝이었다. 연방통상위원회는 이렇게 무너져 다시는 회복하지 못했다.

물론 어린이를 대상으로 하는 마케팅은 시리얼뿐만이 아니었다. 맥도날드의 해피 밀(어린이를 대상으로 하는 세트 메뉴)은 가장 유명한 사례다. 레이 크록은 애초부터 맥도날드가 새로운 매장을 만들 때면 지역 사회를 누비며 학교를 찾아다녔다고 말한 것으로 유명하다. 그러나 거대 식품 회사의 존재는 어린이를 대상으로 하는 모든 매체에서, 그리고 미국의 거의 모든 학교에서 감지된다. 거대 식품 회사는 학교에서 스포츠 팀에서 인쇄물, '교육' 프로그램까지 모든 것을 후원하고 있으며 이들 모든 곳에 전체 광고는 아닐지라도 적어도 회사의 로고가 포함되어 있다.

지나고 나서 생각해보면 호랑이 토니나 로널드 맥도날드는 우스꽝스러운 상징처럼 보일 수도 있다. 그러나 이들 빛나는 마스코트 덕분에 마케팅 담당자는 디저트를 아침 식사로 바꿀 수 있다는 사실을 발견했다. 대부분의 시리얼 1인분에는 과자 여러 개나 트윙키보다 많은 설탕이 들어 있다. 이들은 완벽한 지복점에 도달하는 음식을 만들어내고, 아이들의 관심을 끌도록 고안된 광고를 내보내고, 이 아이들(그리고 대부분의 성인들)에게 사실상 거의 모든 것을 먹으라고 설득했으며, 결국 정크푸드가 진열대에 널려 있는 것을 목격하게 되었다.

마케팅 기계에 대적하는 것은 현대 영양학의 가장 큰 도전 중 하나다. 열등하고 유해한 경우가 많은 제품인 분유를 '의사의 추천'으로 합법적으로 팔 수 있다면 앞으로 어떤 일이 벌어지게 될까? 설탕이 첨가된 시리얼이 '선택'의 문제라고 여러 브랜드가 주장하고, 해로운 식품을 선택하라고 미디어가 아이들을 훈련시키고 있는 상황에서 우리가 어떻게 건강한 공동체를 만들 수가 있을까? 그리고 앞으로 보게 되겠지만 우리를 죽이는 음식 시스템에 진입한 지 이미 서너 세대가 지났기에, 올바르게 먹는 방법에 대해 부모를 '교육'하기보다는 어떻게 궤도를 수정할 것인지 큰 그림을 고치는 편이 더 나을 것이다.

12장
녹색 혁명이라는 것

녹색 혁명은 개발 도상국에 주는 미국의 선물, 즉 기아를 줄여주고 부(특히 농부들의 부)를 증대시키는 농업 시스템의 도입으로 포장된다. 그러나 앞에서 보았듯 산업형 농업은 대부분의 미국인에게 거의 이득이 되지 않았고, 산업형 농업의 전 세계적 확산 역시 복잡한 문제였다.

1949년 혁명이 일어나 중화인민공화국이 탄생하자 서구의 통치자들은 두려움에 떨었다. 다른 곳에서도 유사한 반란이 일어나지 않을까 우려했던 것이다. 제2차 세계대전 이후 예전 식의 식민주의가 사라지면서 새롭게 독립한 국가들은 동구와 서구 중 하나를 선택해야만 하는 상황에 직면했다.

전 세계 대부분의 농민은 자신들이 일하는 땅에 대한 통제권을 원했을 뿐이었다. 그러나 토지의 재분배는 드문 일이었다(지금도 그렇다). 서구 국가들이 토지 재분배가 바람직하다고 여기는 경우에도 부유한 지주에게서 농민에게로 토지를 이전시키는 일반적인 민주적 메커니즘은 없었다. 이 '일반적인 민주적 메커니즘'의 운영 방식에서 큰 발언권을 갖고 있던 사람들은 부유한 지주였기 때문이다.

특이하고 역설적이게도 더글러스 맥아더Douglas MacArthur 장군이 이끄는 전후 미국의 일본 점령군은 경작하는 사람들이 토지를 소유하도록 해주는 7개년 계획을 설계하고 실행했다. 한국과 대만에서도 비슷한 프로그램이 수립되었고, 미국이 시작한 이 개혁이 1950년대부터 1990년대까지 일본, 한국, 홍콩, 대만, 싱가포르의 원활하고 비교적 평등한 산업화 시기였던 첫 번째 '아시아 기적'의 경제적 토대가 되었다고 많은 사람들이 주장했다.

또 다른 종류의 토지 개혁은 중국에서 일어났다. 이곳에서는 1950년까지 지주들이 사라졌다. 글자 그대로 사라진 것이다. 국가는 토지를 분할하고 스탈린 모델을 통해 집단화를 밀어붙였다. 이득이 없는 것은 아니었다. 3억 명의 중국 농민에게 토지, 농기구, 가축, 기반 시설이 제공되었고 지대地貸가 면제되었다. 다른 곳에서는 매력적으로 보일 수밖에 없는 측면이 있었다. 마오쩌둥이 수백만 명을 죽이고 또 다른 수백만 명을 도시로 이주하도록 강요하기 전까지는 말이다. 채 10년도 지나지 않아 인류 역사상 가장 파국적인 기근이 이어졌다.

상황은 복잡했다. 수 세기 동안 농민들은 억압적인 환경에서 살아왔고, 모든 농민은 가족을 부양할 만큼의 땅을 가질 자격이 있다는 주장은 설득력 있는 것이다. 사실 이 개념은 오늘날 일반적으로 '식량 주권'이라고 하는 인권으로서 점점 더 많이 받아들여지고 있다. 그 어떤 시스템도 이념적으로는 순수하지 않다는 사실을 인정하는 것 또한 중요한 일이다. 서구와 동구 모두 평등주의적인 수사를 쏟아냈지만, 편의적으로 민주주의 운동을 지지하기도 했고 진압하기도 했다. 일관성은 거의 없었다.

서방은 개발 도상국 정부와 국민을 설득하고 싶어 했고, 이에 따라 마오쩌둥과 스탈린과는 다르게 산업적 규모의 농업을 통해 번영으로 가는 비폭력적인 길을 제시했다. 엄청난 부와 비할 데 없는 잉여를 생산하는 미국 농업 시스템이야말로 인간의 독창성이 이룬 현대적 기적이라는 사실은 아무도 부정할 수 없었다.

그러나 개발 도상국들이 식민주의로 해체된 식량 생산 자율권을 다시 확립하는 데에 도움이 될 원조를 요구했을 때조차도, 미국은 기계, 화학 물질, 씨앗을 공격적으로 팔아댔다. 호의적인 조건일 때도 있었고 그렇지 않은 조건일 때도 있었다.

1968년 미국국제개발처의 처장인 윌리엄 가우드William Gaud는 미국이 지원하는 산업형 농업의 확산에 새로운 이름을 붙였다. "농업 분야의 이 발전과 그 밖의 발전은 새로운 혁명의 결과물을 포함한다. 소련의 폭력적인 붉은 혁명도 아니고, 이란의 샤 같은 백색 혁명도 아니다. 나는 이것을 '녹색 혁명'이라 하고자 한다."[1]

녹색 혁명은 세계의 기아를 종식시키고 가난한 농부를 해방시키는 동시에 수확량도 늘려주면서 전후 미국의 모든 부와 즐거움을 약속하는 길로 나아가게 해주는 기적 같은 기술이었을까? 진짜 대답은 녹색 혁명 지지자들이 열심히 설파하고 있는 것과는 다르다.

녹색 혁명은 (이 이름을 붙이기 전인) 1940년대 잡종 종자의 개척자인 헨리 월리스, 록펠러 재단, 멕시코 정부가 멕시코 농업 프로그램을 설립하면서 시작되었다. 이 노력에 동참한 사람은 미국의 젊은 농학자 노먼 볼로그Norman Borlaug였다. 그는 멕시코에서 전통적으로 길러왔던 것을 사실상 무시한 채 세계 시장에 판매할 환금 작물을 생산하자는 생각으로 수확량이 높은 잡종 종자를 개발하고 화학 비료와 살충제를 함께 들여왔다.

이러한 전략의 결과로 나오게 된 수치만 놓고 본다면 녹색 혁명은 정말로 기적처럼 보인다. 전반적으로 개발 도상국의 식량 생산량은 1960년대 초반부터 1980년대 후반까지 2배 (때로는 그 이상) 많아져 인구보다도 빠르게 증가했다.[2] 멕시코는 밀 수입국에서 수출국으로 진입했다.[3] 더 높은 수확량 덕분에 인도네시아의 쌀 생산량은 거의 300%가 증가했다.[4] 라틴 아메리카의 옥수수 생산량은 3분의 1이 늘어났다.[5]

1990년대에는 아시아 쌀의 약 75%와 아프리카, 라틴 아메리카, 아시아의 밀 절반이 새로운 잡종 품종으로 재배되었다.[6] 녹색 혁명으로 아시아의 식량 공급량은 불과 25년 만에 2배로 늘었다.[7] 이는 인구 증가를 크게 앞지르는 것으로, 2000년까지 세계 식량 공급량은 1961년보다 1인당 20% 증가했다. 굶주리는 사람들의 수는 1970년과 1990년 사이에 16% 감소했다.[8] 녹색 혁명가들은 쌀, 옥수수, 감자의 전 세계 수확량은 2배가 늘어났고 밀은 3배가 늘어났다는 수치를 내세우곤 한다.[9]

녹색 혁명은 어마어마한 성공으로 보였고, 덕분에 수장인 볼로그는 1970년 노벨 평화상을 받았다. 그는 다음과 같이 말했다. "오랜 절망 속에 살아온 수많은 사람들에게 녹색 혁명은 미래에 대한 새로운 희망을 만들어낸 기적과도 같습니다."[10]

하지만 녹색 혁명은 기아를 종식시키지 못했다. 그리고 주류의 분석조차 분위기가 바뀌었다. 다음의 기사 제목으로 확인할 수 있다. 「보조금의 역효과로 시들어버린 녹색 혁명」[11] (《월스트리트 저널》), 「붕괴로 향해 가고 있는 인도의 농업 '혁명'」[12] (내셔널 퍼블릭 라디오), 「녹색 혁명의 치명적 결과」[13] (《US 뉴스 & 월드 리포트》).

이런 결과가 나온 것은 수확량 증가가 반드시 더 나은 삶으로 이어지는 것은 아니기 때문이다. 시장에 더 많은 식량이 있다고 해도 식량 때문에 어려움을 겪는 사람들이 줄어드는 것은 결코 아니었기 때문이며, 화학, 자본, 부채에 기반을 둔 농업 때문에 헤아릴 수 없는 피해가 발생했기 때문이다.

진실은 다음과 같다. 녹색 혁명은 '세계에 식량을 공급하는 것'이 아니었다. 선전 활동이었을 뿐이었고 지금도 마찬가지다. 이는 오히려 미국의 농기계, 화학 제품, 종자 판매를 위한 전선이었다. 다시 말해 토지나 장비를 구입할 수 있는 자본을 가진 농부들이나 투자자들을 주요 대상으로 하는 판매였던 것이다.

인류학자 글렌 데이비스 스톤Glenn Davis Stone이 《지리학 저널The Geographical Journal》에 게재한 2019년 글에서 가장 잘 요약한 바와 같이, 실제로 세계의 수확량 증가는 다음과 같은 여러 요소들이 조합된 결과에서 비롯되었다고 보아야 한다. "밀밭에서 거둔 전설적인 승리는 보조금, 관개, 그리고 다시 내린 비에서 비롯된 것이었고, 더 중요한 식량 작물을 희생하면서 이룬 것이었다. 식량 생산과 1인당 식량 생산의 장기적 성장세는 변하지 않았고, [또한] 녹색 혁명의 시기를 분리해서 보면 오히려 성장세는 둔화되었다."[14]

예를 들어 녹색 혁명은 인도에서의 높은 생산량으로 많은 찬사를 받았다. 그러나 인도에서 미국의 기적적인 밀과 벼 품종을 심기 전 몇 년 동안은 가뭄이 있었고, 따라서 기준치가 내려가 있었던 상태였다. 그리고 이들 새로운 작물의 수확량이 증가하고 있는 동안 보리와 병아리콩 같은 전통적인 작물의 수확량도 증가했다. 담배, 황마, 면화, 차(그중 어느 것도 녹색 혁명 작물이 아니다)도 1967년부터 1970년까지 수확량이 증가했다.[15] 사실 장기적으로 인도의 곡물 생산량은 새로운 종자나 기술 없이도 꾸준히 증가하던 상태였고, 새로운 종자나 기술은 이러한 추세와는 아무런 상관이 없는 것이었다. 밀 생산량은 증가했지만, 밀이 콩류를 대체하는 경우가 많았기에 토양과 식단 모두에 해를 끼쳤다. 훨씬 더 많은 사람들이 먹었던 쌀의 수확량 증가세는 사실상 둔화되었다.

밀 생산의 증가는 멕시코 농부나 음식을 먹는 사람들 대부분에게 도움이 되지 못했다. 다른 작물 대신 밀을 재배하게 된 땅은 자급자족 농부들에게서 빼앗은 것이었기 때문이며, 전통적인 식단을 구성하는 옥수수, 호박, 콩을 많은 사람들에게서 빼앗은 것이나 다름없었기 때문이다.

생산량을 늘린 요인은 과학의 기적이 아니라 막대한 가격 보조금이었다. 라즈 파텔이 지적했듯 필리핀에서는 "쌀 가격 지원이 50% 증가했다. 멕시코에서는 정부가 국내산 밀을 세계 시장 가격보다 33% 높은 가격으로 구입했다. 인도와 파키스탄의 밀 수매 가격은 100% 더 높았다."[16]

영국의 과학자이자 록펠러 재단의 전 이사장인 고든 콘웨이Gordon Conway는 다음과 같이 설명한다. "1980년대 중반까지 보조금은 세계 시장 가격을 기준으로 살충제는 68%, 비료는 40%, 물은 거의 90%였다."[17] 그리고 역사학자 카필 수브라마니안Kapil Subramanian은 인도 시골 전역에 민간 우물을 만들기 위한 정부의 대규모 투자가 쌀 생산에 무엇보다 큰 도움이 되었고 새로운 종자 자체는 별다른 차이를 만들어내지 않았다는 설득력 있는 주장을 하고 있다.[18]

분명히 전 세계 굶주린 사람들의 비율은 1960년대 이후 감소했지만 현저하게 줄어든 것은 아니었고, 이는 녹색 혁명의 개입이 전혀 없었던 중국도 마찬가지였다. 중국에서 이루어진 합리적인 토지 개혁, (자국에서 개발된) 잡종 종자의 보급, 관개에 대한 투자, 그리고 농촌 농민들에게 직접적으로 지급된 많은 가격 보조금은 내부적인 농업 혁명을 가져왔고,[19] 서구에 빚을 진 부분은 거의 혹은 전혀 없었다.

중국은 개별 가족이 자신의 음식을 생산하는 일과 어느 정도 개방적이지만 통제되고 있었던 시장에 판매하는 일을 허용했고, 사회 정책을 통해 식량 안보와 지역 생산을 보호했다. 목표는 수확량을 늘리는 것뿐만 아니라 빈곤을 줄이고 생활을 향상시키는 것이었다. 그리고 이는 효과가 있었다. 생산량도 마오쩌둥 이후 3배로 늘었지만, 더 중요한 것은 세계에서 가장 극적으로 빈곤이 줄어들었다는 사실이다. 2016년 세계은행 통계에 따르면 중국 농촌의 빈곤층(하루 1달러 미만으로 사는 사람들이라 정의된다)의 수는 1979년 약 4억 9,000만 명에서 2014년 약 8,200만 명으로 감소했고,[20] 이는 인구의 50%에서 시작해 6%를 약간 넘는 정도로 줄어든 것이다.

녹색 혁명의 전성기 동안 수확량은 증가했지만 전 세계 굶주린 사람들의 수는 중국을 제외하면 오히려 늘었다. 예를 들어 남아메리카에서는 1인당 식량 공급량이 거의 8% 증가했지만 굶주린 사람들의 수는 19% 늘었다. 마찬가지로 남아시아에서는 1990년까지 1인당 식량이 9% 증가했지만 굶주린 사람들도 9% 늘었다.[21] 녹색 혁명의 결실은 현장에서 사람들을 먹이기 위한 것이 아니라 세계 시장에 팔기 위한 것이었다.

완벽한 모델과는 한참 거리가 먼 다른 문제도 있었고, 이는 중국에서도 마찬가지였다. 잡종 종자는 이를 보호해줄 살충제를 구입할 여유가 있을 때에만 가치가 있었다. 예를 들어 인도에서는 20세기 후반 살충제 사용이 20배 늘어났다. 더 나아가 매년 100만 명이 살충제 중독으로 죽거나 수명이 단축되었다는 추정치가 있다.[22]

녹색 혁명 방식의 농업은 새로운 장비와 더 넓은 부지가 필요했고, 이는 신용이 요구되는 일이었다. 그러나 대부분의 농민은 이에 대한 자격을 얻지 못했고, 이러한 사실은 20세기 초 미국에서처럼 새로운 기술에 따른 혜택은 거의 전적으로 부유한 농부만 누렸다는 사실을 의미했다. 대부분의 소규모 이해 당사자는 녹색 혁명에 참여할 땅이 없었고 아무리 노력해도 장비에 투자할 수 없었으며, '현대적' 기술로 전환하기 위해 돈을 빌린 많은 사람들도 파산했다. 그 결과 인도와 기타 지역에서 농부의 자살이 급증했다. 게다가 새로운 방식의 농업은 노동력을 최소화하는 것이었다. 이 때문에 농민들은 도시로 내몰렸지만, 도시에서 이들 대부분을 기다리고 있는 것은 실업이었다.

녹색 혁명 옹호자들은 지역 농부 중심의 경제가 시대에 뒤떨어진 것이고 심지어는 불가능한 것이라고까지 보았다. 이런 오만함과 안이함 속에서 자연이라는 것은 우리를 섬기기 위해 존재하고 자연을 적절하게 이용한다면 과학이 공정성과 불평등의 문제를 해결할 수 있다고들 믿었다.

결과가 불을 보듯 뻔했음에도 불구하고 이러한 믿음은 지속되었다. 화학 농업은 토양, 대기, 물, 기타 자원을 오염시키고 수백만 명의 생계를 파괴하고 예상치 못한 해로운 방식으로 식단을 바꾸었으며, 이 모든 일을 하는 와중에도 기아를 줄이기 위한 일은 거의 혹은 전혀 하지 않았다. '녹색 혁명가' 중에는 이상주의에 경도된 경우도 있었을 것이다. 잘못된 판단이었다 해도 말이다. 그러나 대부분의 경우 원동력은 돈이었다.

가난한 농부는 스스로 일을 하는 방법을 알고 있었던 것이 분명하다. 전 세계 음식의 대부분은 소규모 농부로부터 나온다. 이들에게는 마음대로 쓸 수 있는 자원이 부유한 농부보다 훨씬 더 적다. 에너지, 과학적 연구, 정부 보조금이 산업형 농업을 촉진하는 대신 농민 농업을 개선하고 빈곤을 줄이고 토지 이용을 더 공정하게 만드는 데 투입되었다면 더 뜻 깊은 진보를 이루었을 것이고, "우리는 세계에 먹을 것을 공급해줄 수 있다"는 녹색 혁명의 과대광고보다 훨씬 더 실질적인 진보를 이루었을 것이다.

미국이 뒷받침을 해주었을 경우 지속 가능한 농업 전략이 얼마나 효과가 있었을지 지금 와서 가늠하기란 불가능하다. 합리적인 토지 개혁을 촉진하고 전통적인 농업을 지원·개선하는 방법을 연구하는 일은 전혀 중요하지 않았다. 지속 가능한 농업의 지원은 산업형 농업만큼의 수익 잠재성이 없었기 때문이다.

그리고 녹색 혁명이 예고한 곡물 수확량 증가의 혜택은 지역 농부들이 아니라 무역업자들에게 돌아갔다. 이들에게는 이 시스템이 훌륭하게 작동했다.

1970년대는 유럽이 전쟁에서 회복된 지 오랜 시간이 지나고 브라질, 아르헨티나, 중국, 남아프리카공화국 등지에서 농업의 산업화가 시작되던 시기였다. 석유수출국기구의 활동과 통화 가치의 변화, 기업 영향력의 증대로 세계 무역 현장은 점점 더 난해하고 불가사의해졌다. 이 점을 가장 잘 파악했던 곳은 대부분 민간 소유의, 수직 및 수평적으로 통합된 회사들로, 지금은 ABCD로 알려져 있는 아처 대니얼스 미들랜드Archer Daniels Midland, 번지Bunge, 카길Cargill, 루이 드레퓌스Louis Dreyfus였다. 이들 회사는 시장을 통제했고 비밀리에 운영되었으며, 상품의 가격과 위치에 대해서는 전 세계의 모든 정부보다 더 많은 것을 알고 있었다. 이런 상황은 마사 맥닐 해밀턴Martha McNeil Hamilton이 '소련발 곡물 파동'이라고 지칭한 극적인 순간으로 이어졌다.[23]

매년 수억 톤의 곡물이 제분·가공·판매되고 있었다. 그리고 미국의 수출 프로그램은, 무역업자들이 미국산 곡물을 사는 경우 낮은 세계 가격과 높은 국내 가격의 차액을 농무부가 보조금으로 지급해준다고 보장해주었다. 이러한 보조금으로 무역업자는 이익을 보장받았다.

따라서 미국은 다른 나라들로 하여금 미국의 식량에 의존하게 함으로써 일종의 지정학적 안정성을 유지하게 되었고, 이러한 식량 대부분은 '덤핑'을 통해 수출이 이루어졌다. 즉 보조금을 받고 저렴한 상품을 세계 시장에 판매하면서 현지에서 생산된 상품의 판매가 줄어들게 만든 것이다. 덤핑은 관세무역기본협정에서 공식적으로 금지했지만, 농업 분야만큼은 허점이 많았고 금지 조치도 거의 이루어지지 않았다.

1972년 여름, 소련은 곡물 수확량이 부족해질 것을 예상하고 다른 나라 모르게 무역업자와 대량 구매를 계약했다. 미국 밀 수확량의 3분의 1에 달하는 양으로, 역사상 가장 큰 곡물 거래였다.[24] 이로 말미암아 농무부는 약 3억 달러의 수출 보조금을 지급해야만 했고 그 결과 곡물 공급이 급감했다.[25] 이 거래를 사전에 통보받은 농무부는 여기서 생긴 이익의 일부를 농부들에게 제공해줄 수도 있었고 이에 따른 식량 위기의 영향을 줄이기 위해 가격이나 비축량을 조정할 수도 있었지만, 경고 신호를 무시하고 의회에 거짓말을 했다.[26]

1974년까지 미국 내 밀 비축량은 3분의 2 정도로 줄어들었고, 가격은 거의 3배 가까이 올랐다. 말할 필요도 없는 일이지만 농부들은 혜택을 받지 못했다. 하지만 카길의 수익은 1년 사이에 7배 이상 증가했다.[27]

곡물이 줄어들었다는 것은 소도 줄어들었다는 뜻이었다. 소고기는 상대적으로 부족해졌고 값도 올랐다. 이는 농무부 장관 얼 버츠Earl Butz에게 보존 프로그램을 삭감할 구실을 주었고, 그는 농부들에게 "심을 수 있는 땅마다" 작물을 심으라는 유명한 지시를 내렸다.[28] 이 말은 작물을 싼 가격에 사서 '새로 책정된' 높은 가격에 팔 수 있다는 가정하에 이루어진 것으로, 이러한 높은 가격은 그의 농업관련산업 친구들에게 승리를 안겨주는 것이었다. 버츠는 다음과 같이 말했다. "농사 규모를 크게 키우지 못할 거라면 아예 그만두라." 10년 뒤 소련이 아프가니스탄을 침공하자 지미 카터는 곡물 선적을 중단시켰고 그 결과 국내 시장은 다시 한 번 침몰했다. 가격은 급락했고 금리는 20%로 정점을 찍었다. 이는 새로운 빚을 갚아야 하는 농부들과 그 밖의 여러 사람들에게 재앙이었다. 결국 1980년대의 농장 압류가 이어졌다. 이는 가족 농장에 대한 마지막 일격이었을 것이다. 정부도 동정적이지 않았다. 레이건 대통령은 시골 출신의 상원의원들 앞에 나타나 농담조로 "곡물은 가지고 있으면서 농부는 수출해야 할 것 같습니다"라고 말했다.

쾌활한 레이건은 가장 탐욕스러운 사업가까지도 놀랄 정도로 가격 지원을 줄이고 독점 금지 정책을 없애면서 자신의 소망을 거의 이루게 되었다. 인수 합병의 큰 물결이 뒤따랐고, '자유 시장'이라는 미사여구에도 불구하고 기업의 힘은 늘어나고 경쟁은 줄어들었다.

미국 농업과 농촌 지역의 쇠퇴에 대한 최근의 이야기는 여기서 시작된다. 농가 위기가 있었던 1980년대가 특히 암울한 시기인 것은 맞지만 예외적인 시기는 아니었다. 지리, 날씨, 트랙터 같은 혁신으로도 무너지지 않았던 소규모 농장들도 통합 앞에서는 무릎을 꿇었다. 농장은 압류당했고 그 결과 도축장도 문을 닫았으며, 식료품점과 철물점, 그리고 종자·사료·장비 상인들이 뒤를 이었다. 월마트 때문에 도심 전체 상점은 문을 닫아야 했고 패스트푸드 체인점은 동네의 작은 식당을 죽음으로 내몰았다. 통합은 100만 명의 시골 사람들로 하여금 고향을 등지게 만들었고 한때 번성했던 지역 사회는 유령 도시가 되었다.

위대한 미국의 작은 농장 실험은 사실상 막을 내렸다. 하지만 큰 농장은 여전히 성장할 여지가 있었다. 그러나 다음과 같은 통상적인 질문이 남아 있었다. 이 모든 작물(이 시대에는 무엇보다도 옥수수다)은 어디로 가게 될 것인가? 우리는 대답의 일부를 보았다. 그것은 에탄올과 고과당 옥수수 시럽이었다. 나머지는 대부분 이 땅을 떠났다.

멕시코는 미국 잉여 농산물을 처리할 수 있는 주요 표적이었다. 이는 멕시코가 미국에게 완전히 독립적인 이웃은 이미 아니었기 때문이기도 했고, '비교 우위'라고 알려진 최신 경제 이론을 입증하는 근거 역할을 할 수 있는 곳이었기 때문이기도 했다. 여기서 '비교 우위'라는 개념은, 어느 한 당사자가 다른 당사자들보다 더 효율적으로 특정 상품을 생산할 수 있다면 열등한 생산자가 그 상품의 생산을 포기하고 그 대신 그 상품을 구입하는 것이 최선이라는 개념이다. 간단히 말해 모든 국가는 자신들이 가장 잘 기르는 것을 길러야 하고 다른 필요한 것은 사 와야 한다는 의미다.

논리적인 말로 들리지만 농부과 일반인, 그리고 토양, 탄소 배출량 및 기타 여러 가지 요인과 관련해서는 끔찍한 생각이었고 지독한 실패이기도 했다. 우리는 미국과 멕시코 사이의 옥수수 무역에서 이러한 실패의 냉혹한 사례를 볼 수 있다.

멕시코는 정부가 자급자족 농민에게 주요 작물을 구입하고 이를 저렴한 가격으로 판매하는 과정 등을 통해 농업 인구를 지원해왔다. 그러나 브라질에서 인도에 이르는 여러 국가처럼 멕시코도 어떤 선택에 직면하게 되었다. 산업적 방식을 시골에 적용하고, 최대한 생산량을 늘리고, 소농을 없애고, 식량 수출 기계가 될 것인가? 아니면 소규모 토지 소유자들이 건강한 경제의 핵심으로 남을 수 있도록 힘을 실어줄 것인가?

국제적인 압력과 불안하고 부패한 멕시코 정부를 고려해볼 때 선택권이 있다는 생각은 환상에 불과했다. 미국, 다국적 기업, 멕시코의 엘리트층, 세계은행과 국제통화기금 같은 대출 기관으로 이루어진 느슨한 연맹은 새로운 지배 형태를 도입했고, 이는 아편 전쟁, 아프리카에 대한 노골적인 식민지화, 중앙아메리카 정부의 전복과는 달리 알아차리기가 훨씬 힘든 것이었다.

이에 따라 북미자유무역협정North American Free Trade Agreement, NAFTA이 탄생했다. 이 협정은 가능한 한 많은 관세와 규제를 철폐해 나라 간에 부의 흐름을 용이하게 만들어 공정한 경쟁의 장을 마련하겠다는 목적을 가지고 있었다.

하지만 한 나라가 다른 나라보다 15배나 더 강하다면 공정한 경쟁의 장은 존재할 수 없다. 이 숫자는 1994년 미국과 멕시코의 GDP 비율이다. 부는 더 자유롭게 흘러갔지만 두 나라 사이를 오가는 것이 아니었다. 부는 북쪽으로만 흘러갔다. (캐나다도 NAFTA의 일부이지만, 이 경우는 캐나다를 미국의 경제적 하위 집단으로 생각할 수 있다.)

그럼에도 불구하고 NAFTA는 보호무역법과 다른 규칙을 유명무실하게 만들기 시작했다. 일단 이러한 규제가 사라지자 미국 기업의 투자가 늘어났고, 자급자족을 하던 농부는 공장 노동자가 되기 위해 살던 땅을 떠나는 수밖에 없었다.

그전까지 화학 물질과 화석 연료 인프라가 거의 필요 없었던 멕시코의 소규모 농업은 옥수수, 호박, 콩, 녹색 채소를 기반으로 하는 영양가 있는 식단을 생산했다. 아주 적은 운송 비용과 작은 탄소 발자국*으로 작물 재배, 가축 사육, 소규모 식품 시장, 제분업자와 그 밖의 가공업자를 통해 사람들을 부양했다. 이들 농촌 지역에서 농부가 아닌 사람들은 작은 공예품을 만들고 가게를 운영했다. 완벽하게 안정된 상황은 아니었지만 그 이후에 발생한 재앙과는 확실히 거리가 멀었다.

하지만 녹색 혁명의 패러다임, 비교 우위와 자유 무역의 교리 아래에서 멕시코인이 서로를 위해 옥수수를 키우는 일은 아무 의미도 없게 되었다. 2004년 알리시아 갈베스Alyshia Gálvez가 『나프타 먹기Eating NAFTA』에서 말한 바에 따르면 "옥수수 1톤을 생산하려면 멕시코에서는 17.9노동일이 걸리지만 미국에서는 1~2시간이 걸린다."[29] '효율적인' 경제에 입각하여 각 나라가 가장 적합한 것을 생산한 뒤 국제 무역을 통해 다른 요구를 충족했기 때문에 (그리고 미국보다 옥수수 생산에 더 적합한 나라는 없었기 때문에) 멕시코는 미국의 잉여 중 일부를 가지고 와야 했을 뿐만 아니라 세계 시장에 기여할 새로운 상품도 찾아야만 했다. 이제 농부들에게는 지역 시장이 없어졌고 땅도 급속히 잃게 되었기에 이들이 팔 수 있는 '상품'은 값싼 노동력뿐이었다.

어느 멕시코 농부는 다음과 같이 말했다. "미국이 보조금을 지원받은 옥수수를 멕시코로 보내려면 긴 의자가 있는 기차에 옥수수를 실어 보내

---

* 탄소 발자국: 사람이 활동하거나 상품을 생산·소비하는 과정에서 직간접적으로 발생하는 이산화탄소의 총량.

라. 일자리가 필요한 멕시코 농부들이 다시 타고 갈 수 있게 말이다."[30] 긴 의자는 없었지만 이 말은 그대로 이루어졌다. 200만 명의 농부는 일자리를 잃었고 실업률은 증가했고 이주는 급증했고 소득은 정체 상태였다. 한편 멕시코의 미국 옥수수 수입량은 NAFTA 시행 후 20년 동안 6배 증가했다. 그 이후로 이 수치는 다시 2배 더 늘어났다.[31]

25년 뒤 미국은 멕시코 음식의 42%를 공급하게 되었다. 예컨대 멕시코로 가는 미국산 돼지고기 수출은 9배 증가했다. 멕시코 산업 농장은 이제 지급자족 생산 대신 북미인을 위해 딸기와 토마토를 생산하게 되었고, 북미인 대부분은 이를 생산하는 인적 비용, 즉 노동자와 아동 학대, 임금 체불과 강탈, 전반적으로 끔찍한 생활과 노동 환경을 무시하고 있다.[32] 게다가 미국에 있던 고임금 제조업 일자리도 임금이 낮은 멕시코로 옮겨 가면서 미국 노동조합을 마비시켰다.

NAFTA는 멕시코에 정크푸드도 가져다주었다. 고과당 옥수수 시럽의 수입은 900배 정도 증가했고 탄산음료 소비는 거의 2배가 되었다. 멕시코는 현재 세계 4위의 1인당 탄산음료 소비국이다. 생계의 파괴, 환경적 영향, 권력 이양(미국에서는 이것을 '개발'이라고 한다)이 일어났지만, 무엇보다 가장 큰 피해는 NAFTA가 일으킨 건강의 악화일 것이다. 현재 멕시코는 비만 인구가 세계에서 가장 많은 나라로 손꼽히고 있으며, 당뇨병(현대적인 서구식 식단으로 인해 거의 항상 발생하는 질병이다)은 이 나라의 주요 살인자 중 하나다.

멕시코는 그 이후 다른 곳에서 일어난 많은 변화의 전형적인 사례이며, 기업이 국경을 짓밟도록 허용해주는 세계 경제를 고려해볼 때 달라질 조짐은 찾아보기 힘든 형국이다. 그럼에도 불구하고 세계화된 경제의 혜택을 가장 많이 받은 나라들(가장 눈에 띄는 곳이 바로 미국이다)까지도 건강 악화(대부분 잉여에 따른 식단의 결과다), 불평등 심화, 환경 오염으로 고통 받고 있다.

녹색 혁명이 화학 살충제를 전 세계에 퍼뜨리기도 전에 환경 파괴의 첫 번째 징후 몇 가지가 나타났다.

살충제는 새로운 것이 아니다. ('살충제'라는 단어는 곤충, 잡초, 균류, 곰 팡이, 흰가루균을 없애는 것이라는 의미다. 즉 의도한 작물을 노리는 것 모두를 없애는 것을 뜻한다.) 수메르인은 약 4,500년 전에 유황을 살충제로 사용했다. 고대 중국인은 최초의 전용 살충제인 제충국除蟲菊을 개발했다. 이것은 국화에서 파생된 것으로, 오늘날에도 유기농 살충제로 사용되고 있다.

비슷한 시기 혹은 얼마 지나지 않아 아시아 전역의 농부는 유익한 포식 곤충을 사용했다. (서구에서 이루어진 절박하고 기이하고 효과는 별로 없었을 것 같은 관행 중에는 거세미와 애벌레를 교회에서 파문하는 방식도 있었다.) 결국에는 비소와 수은 같은 명백한 독극물이 인기를 끌게 되었고 20세기에 들어와서도 계속해서 일상적으로 사용되었다. 이후 수은은 살충제로 사용하지 않게 되었지만, 비소는 미국과 유럽에서 사용이 금지된 상황에서도 다른 곳에서는 여전히 사용 중이다.

농부가 해충과 병충해를 심각하게 받아들여야 할 이유는 충분하지만, 생물 다양성 농장은 치명적인 화학 물질 없이도 농사를 짓고 있다. 물론 피해가 없도록 통제하기 위해서는 노동력이 더 많이 필요하고, 어떤 토지가 작물을 키우는 데 가장 적합한지에 대한 이해도 필요하다. 그리고 다양한 종은 토양 건강에 필수적인 것이다.

그러나 단일 재배는 주요 작물을 제외한 거의 모든 것을 죽이는 방식으로 이루어진다. 살충제 없이는 거대한 옥수수 작물을 건강하게 유지할 수 없기 때문이고, 무엇보다도 살충제로 옥수수를 키워왔을 때는 이런 측면이 더욱 심해진다. 수확량이 많을수록 화학 물질이 더 많이 필요하다.

대부분의 살충제 생산업체가 다른 회사와 밀접한 관련이 있다는 사실은 놀라운 일이 아니다. 바이엘과 몬산토(바이엘이 몬산토를 인수하면서 지금은 같은 회사가 되었다), 듀폰과 다우(두 회사의 합병이 이루어졌다)는 모두 신경 가스에서 에이전트 오렌지(고엽제)까지 전시에 사용되는 화학 무기를 만들었다. 가스실 화학 물질인 치클론 B는 나치의 협력사 IG 파르벤의 자회사에서 만들었고, 이 회사는 제2차 세계대전 이후 바이엘 등 여러 회사로 분할되었다. 그리고 듀폰은 맨해튼 프로젝트*에서 중요한 역할을 했다. (현재 중국화공집단공사中國化工集團公司의 자회사인 또 다른 대형 생산업체인 신젠타는 본래 스위스 회사였기 때문에 성격이 조금 다르다.)

화학 비료가 제1차 세계대전의 무기와 함께 개발된 것처럼, 곤충과 잡초를 죽이기 위해 고안된 새로운 종류의 살충제도 제2차 세계대전 중에 등장했다. 그중 가장 중요한 것은 디클로로-디페닐-트리클로로에틸렌, 즉 DDT다.

DDT는 1874년에 합성되었지만 효과적인 살충제로 밝혀지게 될 때까지 거의 무시되고 있었다. 1939년 미국은 적군뿐만 아니라 말라리아를 옮기는

• 맨해튼 프로젝트(Manhattan Project) : 제2차 세계대전 중에 이루어진 미국의 원자 폭탄 개발 계획. 1942년에 시작하여 1945년에 완성되었으며, 그 결과 일본의 히로시마와 나가사키에 원자 폭탄이 투하되었다.

모기와도 싸우던 태평양 전장에 DDT를 가지고 갔다.

　강력하고 효과적이고 저렴하고 한때 거의 무해하다고 여겨지기도 했던(몸에 기생하는 이를 없애기 위해 분말 형태로 몸에 직접 뿌리기도 했다) DDT는 열대 지방 여러 곳에서 모기와 말라리아를 없애주었다. 1950년대에는 아무 제약 없이 살포되었고, 농업(작물에 DDT를 살포하는 비행기 조종사는 갤런 단위로 비용을 받았다)에서부터 교외의 저녁을 더 즐겁게 만드는 일에 이르기까지 모든 곳에서 인기를 끌었다. 만약 여러분이 특정 연령대이고 남동부에서 여름에 한가한 시간을 보낸 적이 있다면, 해 질 녘 길 한가운데로 DDT의 향긋한 냄새와 연기를 남기며 달려가던 살포 트럭을 기억할 것이다. 전쟁이 끝난 뒤부터 1970년대 중반까지 10억 파운드 이상의 살충제가 살포되었다.[33] 미국인 1인당 7파운드(약 3킬로그램)에 가까운 양이었다.

　그 결과 무슨 일이 일어났는지 말할 필요가 있을까? 해충은 DDT에 내성이 생겼다. 다른 화학 살충제처럼 DDT의 공격도 무차별적이다. 익충과 식물, 심지어는 어류나 포유류같이 더 높은 영양 단계에 있는 동물에게도 독성을 발휘한다. DDT가 뿌려진 식물을 먹으면서 동물의 몸에도 DDT가 쌓인다. 그 동물이 포식자에게 먹힐 때, 그 속에 있는 화학 물질은 생물 증폭이라고 알려진 과정을 통해 포식자에게 훨씬 더 많이 집중된다. 먹이 사슬로 들어간 DDT 때문에 새의 알껍데기는 얇아졌고 인간을 포함한 포유류의 선천적 결함이 유발되었다.

　살충제의 방만한 사용은 DDT로 끝나지 않았으며, 농업과 모기 방제에만 사용되지도 않았다. 거의 400만 에이커에 달하는 베트남과 라오스 지역은 미국이 동남아시아를 침공하는 동안 악명 높은 에이전트 오렌지(고엽제)로 황폐화되었다. 환경적 피해는 차치하고라도 이 살충제는 지역 주민과 미군 병사들 사이에서 수많은 암의 원인이 되었다.

이들 화학 물질의 역할은 죽이는 것이며 당연히 부수적인 피해가 일어나게 된다. 화학 중독은 직접적으로 노출된 사람(오늘날 이는 대부분의 농업 노동자들을 의미한다)에게 가장 해로운 것이지만, 방만한 살충제 사용은 강, 하천, 호수, 지하수, 심지어 만과 바다까지도 오염시킨다. 토양의 미생물 개체군을 손상시키거나 파괴하여, 토양이 화학 비료에 더 많이 의존하게 만든다. 심지어는 대기 오염을 일으키기도 하고, 화학 물질과 접촉하는 비표적 동물과 식물에게도 물론 영향을 미친다. 이러한 비표적 동물 중에서 가장 중요한 것은 인간 소비자다. 우리 모두는 음식의 겉과 속에 있는 살충제를 일상적으로 먹는다.

살충제가 대상을 구별하지 않는다는 점은 중요하다. 살충제는 독극물일 뿐이다. 목표물만 겨냥하는 것이 아니라 산탄총처럼 무차별적이다. 대부분의 경우 접촉한 대상을 죽이거나 손상시키게 된다.

20세기 후반에 나온 거창한 약속 중 하나는 이러한 상황을 바꾸어, 접촉하는 모든 것을 죽이기보다는 목표만을 노리는 살충제를 만든다는 것이었다. 이 약속은 20세기의 거대한 실망 중 하나로 이어졌다. 바로 유전자 조작 종자다.

1970년대에 처음 개발된 유전공학은 유전자를 생성시키거나 변형시킨 뒤 이 유전자를 유기체에 삽입해 특성을 변경하는 작업 등을 하는 것이다. 이 과정을 통해 해충에 강하고, 가뭄이나 홍수를 잘 견디고, 높은 영양과 함께 더 크고 더 빠르게 자라는 식물을 만들게 된다. 이러한 근본적인 수선 방식은 괜찮은 것처럼 보이고 여전히 잠재력으로 가득 차 있는 것이다.

그러나 농업 분야에서는 지금까지 득보다 실이 훨씬 더 많았다. 그리고 새로운 종자를 성공적으로 설계하는 일은 한때 기대했던 것만큼 빠르거나 선풍적이지는 않았던 것이 분명하다.

그러나 그 결과로 수익성은 높아졌다. 변형된 새로운 종자의 기능은 이미 특허를 받은 잡종의 기능을 뛰어넘을 정도로 향상되었고, 최상의 결과를 얻기 위해 함께 사용되는 (특정 살충제 같은) 제품을 농부들이 더 많이 구입하도록 만들었다. 몬산토는 이 게임을 일찍부터 시작했고, 교활하게도 유전자 조작 종자와 관련된 몇몇 중요한 특허를 받아놓았다.[34] 이러한 특허, 그리고 이들 종자의 재배에 필수적인 관련 화학 물질이 수익성의 핵심이다.

이것은 간단한 시스템이다. 유전자 조작 종자는 라이선스 계약을 맺고 판매된다. 이 종자의 뛰어난 특성을, 한 번 재배할 동안만 허가해주는 것이다. 다음 시즌에는 라이선스료를 다시 지불해야 한다. 몬산토는 이러한 계획을 강력하게 밀어붙이면서, 종자를 숨겨놓았던 농부를 고소했으며, 바람에 날려 밭에 뿌리내린 종자를 뽑아 버리지 않은 농부를 찾아 나서기까지 했다.

유전자 조작 종자에서 재배되어 시중에서 최초로 판매된 식품은 1994년에 나온 플래버 세이버 토마토였는데, 이 토마토는 숙성 과정을 늦춰 흔히 보는 녹색이 아닌 빨간색일 때 따서 진열대에 놓도록 만든 것이었다. 그러나 이 토마토는 전통적인 토마토만큼이나 빨리 물컹거리는 상태가 되었고, 많은 홍보 문제를 일으켰다. 사람들은 서로 다른 품종(심지어는 서로 다른 종이나 속)의 유전자를 섞는다면 바람직하지도 않고 통제할 수도 없는 속성을 가진 종자를 만들게 되지는 않을까, 근본적으로는 '프랑켄슈타인 식품'을 만들게 되지는 않을까 우려했다.

유전자 변형 생물Genetically Modified Organism, GMO이 그 자체로 해로운 것이라는 생각은 (현재까지는) 사실로 입증되지 않았다. 그러나 여기서 나온 종자나 작물이 해로운 것은 아니고 GMO가 그 자체로 무서운 것은 아니라 해도, 이 종자를 기르는 데 필요한 화학 물질은 다른 많은 살충제만큼이나 파괴적인 것이다.

이러한 안전성 문제에 대해 FDA는 전통적으로 재배한 작물과 유전자 변형 작물 간의 '실질적인 동등성'을 선언하고(이 실질적인 동등성이 특허를 무효화할 것이라고 생각할 수도 있겠지만 그렇지는 않다), 편집된 유전자가 알레르기나 다른 반응을 일으킨다고 밝혀져 있지 않다면 GMO의 시판 전 안전성 테스트를 반드시 할 필요는 없다고 규정했다. (시판 전 테스트 없이 이러한 부작용을 어떻게 확인할 수 있는지는 그 누구도 알 수 없는 일이다.) 그러나 미국은 새로운 제품이나 과정이 아무런 해를 끼치지 않는다는 사실을 출시 전에 밝히는 과정인 사전 예방 원칙을 절대 우선시하지 않았다. 유럽의 접근 방식은 다르다. 유럽에서는 유전자 조작 농산물은 검사를 받은 이후에만 판매할 수 있다.

GMO는 수만 개나 수십만 개의 식품에 들어 있고, 여기에 더해 이러한 식품은 식별되지도 않는다. (미국에서는 옥수수와 콩이 재료로 들어 있고 유기농 인증을 받지 않은 제품이라면 거의 대부분 GMO가 들어 있는 것이다.) 여론 조사에서 조사 대상 미국인의 90%가 자신들이 먹고 있는 음식이 유전자 변형 종자로 만들어졌는지 알고 싶어 한다고 분명히 밝혔는데도 불구하고 이런 상황이 이어졌다.

플래버 세이버 토마토가 실패한 유전자 조작의 유일한 예는 아니었다.

젖소의 우유 생산량을 증가시키는 유전자 조작 호르몬인 재조합형 소성장 호르몬recombinant Bovine Growth Hormone, rBGH은 젖소에게 질병을 유발한다고 알려졌고, 우유를 마시는 사람들은 이 호르몬을 통해 생산된 제품을 대부분 거부했다.[35] (몬산토는 이 결정적인 증거를 숨기려고 시도했지만 실패했다.[36])

몬산토가 만루 홈런을 치게 되자 이전의 아웃 몇 번은 별다른 문제가 되지 않았다. 제니퍼 클랩Jennifer Clapp에 따르면, 2013년까지 "몬산토라는 하나의 회사가 전 세계 유전자 조작 종자 시장의 90%를 차지했다."[37] 이 중 상당 부분은 이 회사의 제품군인 '라운드업 레디' 종자 덕분이다. 이 종자는 몬산토가 개발한 라운드업('광범위한 효과를 지닌' 제초제)에 면역이 있는 것이다. 라운드업의 주요 성분은 글리포세이트로, 접촉하는 거의 모든 식물의 광합성을 방지하여 죽이는 화학 물질이다.

처음에 라운드업은 정확하게 살포했을 때만 유용한 살충제였다. 덩굴옻나무를 빗맞혀 어제일리어에 뿌렸다면 어제일리어와는 영영 작별하게 된다. 마찬가지로 단풍잎돼지풀을 빗맞혀 옥수수에 뿌렸다면…….

그러나 면역이 있는 종자가 개발되면서 라운드업을 무차별적으로 살포하더라도 주로 옥수수와 콩 등의 재배 작물을 제외한 모든 것을 죽일 수 있다. 적어도 이론상으로는 그렇다.

대규모 농부들에게는 이상적으로 들리는 일이었다. 미국에서 글리포세이트의 사용량은 1992년 1,400만 파운드에서 오늘날 약 3억 파운드로 증가했다.[38] 약 20배가 증가한 것이다. 전 세계적으로는 매년 20억 파운드에 달한다.

그러나 이런 이론이 너무 환상적이라 믿기지 않는다면 그것이 맞다. 진짜라고 믿기엔 지나치게 이상적인 이론이다. 라운드업 초기부터 다양한 식물이 글리포세이트에 대한 내성을 키워왔고, 이는 화학 물질로는 죽지 않는 '슈퍼 잡초'의 발생으로 이어졌다. 몬산토의 여러 대응 중에는 다른 제초제로 글리포세이트를 늘리는 방법과 글리포세이트가 반드시 필요하다고 여기게 만들고 그 안정성을 '증명'하는 연구 자금을 지원하는 방법 등이 있었다.[39]

유전자 조작 종자가 약속한 것 중에는 살충제 사용 감소와 수확량 증가 등이 있었다. 몬산토의 제품들은 어느 약속도 지키지 못했다. 살충제 사용은 증가했으며, 유전자 조작 종자(라운드업에 면역이 있는 종자를 비롯해 그 밖의 여러 종자)가 기존의 종자보다 더 수확량이 많다는 과학적 합의도 없다.[40]

사실 몬산토를 제외한 그 누구에게도 라운드업은 실질적인 장점이 거의 없었다. 농부들은 소득은 그대로인 채 비용만 더 지불하게 되었고, 살충제에 내성이 있는 잡초를 만들어냈으며, 정원사, 농장주, 농장 노동자에게, 심지어는 농사일과 상관없는 사람들에게도 암을 유발한 것으로 보인다.

바이엘은 2016년에 660억 달러를 주고 몬산토를 인수했는데, 모회사는 현재 후회막심한 상황임이 거의 분명하다. 이 글을 쓰고 있는 시점 2020년 7월에도 세 건의 소송에서 몬산토가 암을 유발한 책임이 있다고 인정했다. 배심원들은 20억 달러에 가까운 손해 배상금 지급 판결을 내렸고, 2020년 6월 몬산토는 10만 명에 달하는 집단 소송 원고들과 100억 달러로 합의했다. 이 액수는 "미국 민사 소송에서 최대 규모의 합의"[41]에 해당한다.

이것만으로 유전공학이 농업에서 실패했다고 낙인찍을 수는 없다. 다른 제품은 더 좋은 성과를 냈고, 그래서 언뜻 보기에는 실패하지 않았다고 방어가 가능하기 때문이다. 이들 작물은 바킬루스 투링기엔시스Bacillus thuringiensis, Bt라는 박테리아를 이용하고 있으며, 라운드업에 면역이 있는 종자가 옥수수에서 중요했듯이 면화에서 중요한 역할을 담당했다.

　Bt가 살충제로 적절히 사용된다면 그 효과는 일주일 뒤에 사라진다. (이는 유기농 표준에서도 허용된다.) 그러나 Bt가 들어 있는 작물은 실제로 살충제를 대체할 수 없다. 이들 작물은 살충제를 직접 만들어내어 박테리아를 지속적으로 분무하기 때문이다. 예상대로 Bt가 항상 존재하는 상황은 내성을 증가시켰고 시간이 지나면서 또 다른 살충제를 추가해야만 했다. 추가한 살충제는 대부분 네오니코티노이드였고, 이는 꿀벌 군집을 대규모로 붕괴시키는 주된 원인이 되는 살충제에 속한다.[42] 이런 것들이 유전공학의 '성공'을 막는 요인이다.

　다른 예도 있지만(실망스러운 결과를 보여준 또 다른 농업 '혁명'인 황금쌀을 언급하지 않은 것에 대해 산업형 농업을 비판하는 분들의 이의 제기가 있지 않을까 싶다) 지금까지 있었던 농업 유전공학의 여러 산물은 (무엇보다도 화학 물질의 판매를 증대시키고 단일 작물을 지원함으로써) 산업적 방법을 발전시키고 기존의 문제를 복잡하게 만들면서 새로운 문제를 만든 것 외에는 아무 일도 하지 않았다 해도 과언은 아닐 것이다.

3부

변화

13장
저 항

산업형 농업은 광업의 한 형태라고 생각하는 것이 가장 정확하다. 토양, 물, 여러 성분, 화석 연료 등을 채굴하고, 영겁의 세월 동안 이루어진 풍성함을 짧은 시간 동안 사용한다는 점 때문이다. 따라서 산업형 농업이 오래 갈 수 없다는 사실(오늘날의 언어를 쓰자면 지속 가능하지 않다는 사실)은 쉽게 알 수 있다. 계속 버틸 수가 없다는 뜻이다.

리비히는 19세기에 이러한 사실을 인식하면서, "지구가 무궁무진한 선물을 가지고 있다"는 식으로 행동하는 '어리석음'을 지적했다.[1] 자연의 한계에 대한 우리의 이해는 훨씬 오래전으로 거슬러 올라간다. 뉴턴의 법칙은 물질의 유한성에 대해 논한 것이며, 고대 그리스 철학자 에피쿠로스는 "사물의 총량은 항상 동일하며 앞으로도 그럴 것이다"라고 말했다.

하지만 이러한 자연 법칙에도 불구하고, 주류 경제 사상은 농업 등의 모든 영역에서 이루어진 무한한 경제 성장이 건강한 사회와 동의어라고 믿게 만든다. 심지어 경제 성장이 지독한 환경 파괴를 의미한다고 해도 마찬가지다. 또한 (화석 연료 산업 같은) 농식품 단지가 '외부성'•(환경 훼손이나 질병 등의 의도하지 않은 결과를 가리키는 경제 용어)에 대한 비용을 계속해서 지불하지 않아도 된다는 식으로, 자연을 마음대로 이용할 수 있는 완전한 허가권을 갖고 있다고 믿게 만든다.

이것의 결과는 실재하며 끔찍하다. 자원이 유한하듯, 물리적이고 화학적인 남용을 받아들이는 자연의 능력도 제한적인 것이다. 물론 사람의 몸도 마찬가지다.

1950년대까지는 개발, 불황, 전쟁에 모든 이목이 집중되고 있었기에, 산업형 농업은 사람들이 미처 관심을 갖지 못하고 있는 사이 지배적인 형태로 자리 잡았다. 조금만 생각을 해보아도 산업형 농업은 경이로운 기계였으며 생산성도 높고 편리했다. 게다가 대부분의 사람은 이러한 농업이 어떻게 작동하는지 전혀 알지 못했다. 우리의 부모 세대는 미국인 대부분이 단한 명의 농부도 알지 못했던 최초의 세대였다.

그럼에도 불구하고 20세기 중반이 되자 산업형 농업과 식량 생산이 피해를 끼치고 있다는 징후가 분명해졌다.

확실히 농업에 따른 환경적 피해는 빤히 눈에 보였다. 농업에 따른 피해는 숲이 불타는 모습부터 시작했기 때문이다. 그러나 인구가 적었던 당시에 이러한 손실은 견딜 만한 것이었다. 이 새로운 종류의 농업은 빠르게 땅을 황폐화시켰고[예를 들어 아이오와는 유럽인이 점령한 이후 표토 7인치(약

• 외부성(外部性): 어떤 개인이나 기업이 경제 활동을 하는 과정에서, 대가를 주고받지 않은 채로 그 과정에 참여하지 않은 다른 개인이나 기업의 경제 활동이나 생활에 이익을 주거나 손해를 끼치는 것. 이때 이익을 주는 긍정적 효과를 '외부 경제', 손해를 끼치는 부정적 효과를 '외부 불경제'라고 한다.

20센티미터) 정도가 사라졌다] 심지어 독극물을 주입하기까지 했다.

편견 없는 생각을 가진 몇몇 사람들은 냉혹한 환원주의적 사고(농장, 지역 환경, 음식 시스템, 지구는 단순히 부분들을 더하는 것으로 가장 잘 이해할 수 있다는 생각)가 자연계의 신비를 포착하지 못한다는 사실을 깨닫기 시작했다. 그리고 생태학 같은 학문이 등장하면서 지구의 복잡계를 더 면밀히 살펴볼 수 있게 되었다. 쉽게 설명할 수 있는 여러 힘도 지구의 복잡한 시스템에서 상호 작용을 하게 되면 이해하기 어렵고 복잡하기까지 한 결과를 초래한다.

과학자들은 이를 '창발創發'이라고 했다. 전체가 부분의 합보다 크고, 각각의 요소가 시너지 효과를 발휘해 더 큰 무언가를 만들어낸다는 개념이다. 생명 그 자체는 시스템 간의 여러 상호 작용의 창발이었고, 각각의 시스템은 설명할 수 있지만 이들 시스템이 모이면 알 수 없는 것이 된다.

우리의 '원시' 조상은 인간이 자연의 일부일 뿐이지 자연 위에 군림하는 존재가 아니라는 사실을 알고 있었다. 제2차 세계대전 이후 이 근본적인 진실은 산업 성장을 선동하는 지배 세력에 반대하는 철학의 흐름이 되었다. 생물학자 출신인 배리 카머너Barry Commoner는 '생태학의 네 가지 법칙' [2]을 개발했다. 지금은 자명해 보이지만 당시에는 급진적인 이론이었다. 산업과 정부에 끼친 이 법칙의 영향은 필요한 만큼 크지 못했다. 카머너의 법칙은 간단하고 쉬웠다.

만물은 서로 연결되어 있다. 이 법칙은 모든 작용에 대해 크기는 같고 방향은 반대인 반작용이 존재한다는 뉴턴 제3법칙의 일종이다. 19세기와 20세기의 여러 분석가처럼 카머너도 (인종 차별에서 소득 불평등에 이르기까지) 모든 사회적 정의正義의 원인은 상호 연관되어 있으며 모두 자연과 관련이 있다고 믿었다.

만물은 어딘가로 가야 한다. 이 두 번째 법칙은 질량과 에너지가 형태를 바꿀 수는 있지만 생성되거나 소멸될 수는 없다는 라부아지에Lavoisier의 '질량과 에너지 보존 법칙'을 바꾸어 표현한 것이다. 인간에서 핵에 이르는 폐기물은 사라지게 만들 수 없고, 따라서 항상 환경에 영향을 미치게 된다.

자연은 최상을 알고 있다. 카머너의 가장 단순한 법칙이다. 이 법칙은 자연과 협동하는 것이 이 행성에서 살아가는 가장 현명한 방법이라고 주장한다.

마지막이자 가장 불길한 예감. **세상에 공짜는 없다.** 여기서 카머너는 모든 '이득'에는 비용이 발생한다고 주장한다. 처음 이를 말한 사람은 그리스의 파르메니데스Parmenides였다. "무에서는 아무것도 생기지 않는다 Ex nihilo nihil fit."

이보다는 덜 알려졌지만 마찬가지로 중요한 것이 바로 사회학자 존 벨라미 포스터John Bellamy Foster가 카머너에게서 영감을 받아 주장한 '자본주의의 네 가지 법칙'[3]이다. 이는 현재의 상황이 건전한 생태계에 얼마나 반대되는 것인지를 보여주고 있다.

만물 사이에 지속적으로 존재하는 유일한 연결 고리는 금전 관계다. 모든 관계는 돈에 대한 것이다. 인간과 자연의 관계도 마찬가지다.

무언가가 자본의 순환에 재진입하는 경우가 아니라면 그것이 어디로 가는지는 중요하지 않다. 생산자들은 생산으로 생긴 피해를 항상 무시할 것이다. 예를 들어 산업형 농부는 공해나 당뇨병 같은 자신들의 사업과 생산품의 외부성을 무시한다. 폐기물도 무시할 수 있는 것이다.

자율 규제 시장이야말로 최상을 알고 있다. 이 법칙은, 수익성만 있다면 판매하는 제품(정크푸드, 살충제, 자동 소총)이 무엇인지는 중요하지 않다고 주장한다.

마지막 법칙. **자연의 풍부한 자원은 땅을 소유한 자에게 돌아가는 공짜 선물이다.** 포스터는 이런 상황을 다음과 같이 적절히 표현했다. "기성 경제 모델 중 자연이 기여하는 바를 충분히 설명하는 모델은 하나도 없다."[4]

생태학자들은 자원이 유한하다는 것과 자연이 자원의 책임자라는 것을 인식했다. 이것이 바로 기초 과학이다. 자본가는 자연이 인간에게 착취당하기 위해 존재한다고 믿고 있으며, 이는 서양의 종교와 완벽하게 맞아떨어지는 신조다.

자본주의의 발전과 우리 종족의 생존 위협 사이에 뚜렷한 상관관계가 있다는 점은 우연이 아니다. 자본가는 자원이 유한하다는 사실을 알고 있을 수도 있겠지만, 이 사실을 무시하는 길을 선택하고는(기후 위기를 무시하는 것과 비슷하다) 그 대신 끝없는 성장이 성취 가능한 것처럼 가장한다. 이런 태도가 과거에는 일부 인류에게 기여한 바가 크다고 주장할 수도 있겠지만 모든 인류에게 기여한 바가 크다고 주장할 수는 없으며, 지금은 우리의 존재를 위협하고 있다.

당연한 일이겠지만 산업 혁명과 함께 성장의 한계가 인식되기 시작했다. '생태학'이라는 단어는 1873년에 만들어졌다. 이때는 농업이 산업형 농업이 되어가자 여러 선각자들이 이를 대체할 대안을 논의하기 시작한 시기다. 이들 선각자 중에는 노예의 아들이었던 조지 워싱턴 카버George Washington Carver도 있었다.

1860년대 미주리 남서부에서 성장한 카버는 타고난 천재였던 것 같다.

그의 전기 작가인 크리스티나 벨라Christina Vella는 다음과 같이 적었다. "그가 열 살이 되기 전부터 동네 사람들은 (…) 카버에게 병든 식물을 가져왔다. 그러면 카버는 흙, 물, 햇빛의 양을 바꾸거나 곰팡이나 해충 등 문제점을 진단하는 방법으로 병든 식물을 '치료'해주었다."[5]

카버는 열심히 공부했고, 인종 차별에 기반을 둔 전형적인 어려움을 겪은 뒤 마침내 에임스에 있는 아이오와 농과대학교(현 아이오와 주립대학교)에 입학했다. 그곳에서 그는 자신의 소명을 발견했다. 남부의 흑인들에게 농업과 식단을 개선하는 데 필요한 지식을 제공해주고자 한 것이다.

카버는 전통적인 복작*만을 고집했고, 이는 기계를 최소한으로 이용하고 화학 물질은 거의 사용하지 않는 방식이었다. 그의 방법과 가르침은 농무부의 원래 지향점, 즉 창설자인 링컨이 '국민을 위한 부서'라 일컬었던 것을 상징했다. 카버는 농부를 농업관련산업 제품의 순종적인 소비자로 훈련시키지 않았다. 그는 농부가 더욱 독립적인 존재가 되고 자신들의 토양을 유지하고 가족을 더 잘 먹여 살릴 수 있게 도와주었다.

1894년 아이오와의 첫 번째 흑인 졸업생으로 학교를 떠난 그는 많은 곳에서 스카우트 제의를 받았다. 그는 카리스마 넘치는 유명한 인물 부커 워싱턴Booker T. Washington 밑에서 일하기로 결정했다. 앨라배마에서 워싱턴이 운영하고 있었던 터스키기 연구소는 성장하는 중이었으며, 생물학자가 필요하던 참이었다. 이 연구소에서 카버는 터스키기의 모든 농장 프로그램과 농무부 실험소를 맡아 가난한 농부들을 돕기 위한 연구를 수행했다. (그의

• 복작(複作): 한 토지에서 같은 시기에 두 가지 이상의 곡식이나 채소를 심는 재배 방법. '단일 재배'의 반대말.

전설적인 저서 『땅콩 재배법, 인간이 먹을 수 있도록 땅콩을 조리하는 105가지 방법How to Grow the Peanut, and 105 Ways of Preparing It for Human Consumption』은 아직도 판매되고 있다.)

과중한 업무와 요청에도 불구하고 카버는 농부의 걱정거리를 언제나 해결해주었다. 농부 중 많은 수는 그를 만나기 위해 멀리서부터 찾아왔다. 벨라의 글에 따르면 카버는 이들에게 자신이 연구하고 있는 땅을 보여주었다고 한다. "상업 비료를 전혀 사용하지 않은 땅"이면서 "1에이커당 75달러의 수익을 낼 수 있는 땅"이었다. "현금이 부족한 상태로 15~20에이커 정도의 땅에서 생계를 꾸리려고 애쓰고 있는 소작농에게 75달러는 엄청난 돈이었다."

한편 대략 비슷한 시기에, 세 명의 유럽인이 더 오래된 전통으로 복귀하는 방법이 농업의 지혜로운 지향점이라 주장하고 있었다. 오스트리아인 루돌프 슈타이너Rudolf Steiner는 배설물을 비료와 토양 강화제로 재활용하는 것이 건전한 사용법이라고 주장하면서, 화학 비료를 되풀이해서 사용하면 토양이 파괴될 것이라 경고했다. 그가 주장한 방법은 '생물역학biodynamics' 이라고 하는데, 모든 영양소가 가정 농장의 토양에서 나와야 한다는 주장이다. 그는 토양을 '살아 있는 유기체'라 했는데, 어떻게 보아도 이는 절대 과장이 아니다. 농업에 대한 그의 전체론적인 접근법은 영성 전통에서 나온 기술을 포함하고 있었고, 대부분의 전통적 관행과 마찬가지로 당대의 과학에서는 근거가 없다고 거부당했다.

슈타이너와 거의 동시대인이었던 앨버트 하워드Albert Howard 경은 인도에서 1905년부터 20년 동안 지내면서 제국주의 경제 식물학자로 지역 농부들에게 '현대' 농업을 가르쳤다.

하워드는 가르치는 것보다 배워야 할 것이 더 많다는 사실을 금방 깨달았다. (어느 동료는 하워드가 "교과서나 강의실의 전문가들에게서 배운 것보다 밭에 있는 농부들에게 배운 것이 더 많다"는 말을 항상 했다고 언급했다.[6]) 그는 1940년 저서인 『농업 성경An Agricultural Testament』에서 '반환의 법칙'[7]을 소개했다. 인간의 배설물을 포함한 모든 유기물은 농장으로 돌려보내야 하며, 어떤 형태로 토양에서 꺼낸 것은 다른 형태로 돌려보내야 한다는 주장이다. 생명은 토양에서 시작되는 것이고, 죽으면 그 영양분은 토양으로 다시 돌아간다. 하워드는 다음과 같이 적었다. "버려지는 것은 없다. 성장의 과정과 부패의 과정은 서로 균형을 이룬다."

하워드는 퇴비라는 방법으로 유기물이 재활용될 때 "어떤 종류의 미네랄 결핍도 발생하지 않으며" 질병과 해충은 잘못된 관행의 증상이라고 주장했다. "동식물 여러 종이 모두 함께 [살아가는] 혼합 농업"이어야 한다는 규칙을 준수해야 한다고도 주장했다. 수십 년 뒤 하워드의 생각 전체가 사실임이 입증되었다.

유기농의 경험적 사례를 개척한 사람은 1946년 영국에서 토양 협회를 공동 설립한 이브 밸푸어 부인Lady Eve Balfour이었다. 밸푸어 부인은 1943년 저서 『살아 있는 토양The Living Soil』[8]에 기존 지식을 집대성했고, 유기농과 전통적인 농업을 비교해보기 위해 30년 동안 실험을 수행하면서 토양 건강과 인간 건강 사이의 직접적인 연관성에 초점을 맞췄다. 한때 급진적이었던 그녀의 견해는 오늘날 널리 받아들여지고 있다.

'개발 도상국'에서 지속 가능한 농업(유기농, 재생 농업, 전통 농업)을 하고 있었던 수십억 명의 농부에게는 위의 내용 중 어느 것도 새로운 것이 아니었다고 위스콘신 출신의 프랭클린 히람 킹이 1911년 저서 『4천 년의 농부』에서 주장했다. 개발 도상국의 소규모 농부는 다른 이에게 이 방법으로 개종하라고 강요하거나 마케팅을 하거나 협박하지 않았다.

따라서 이 '새로운' 방식의 지속 가능한 농업(물론 예전 방식이다)에 대한 소문은 덜 공식적인 방법으로 전파될 수밖에 없었다. 해외를 여행하던 실험자나 농부 사이에서 나온 입소문, 나이 든 사람들과의 대화, 그리고 로데일J. I. Rodale이 발간한 잡지 《유기농과 원예Organic Farming and Gardening》(이후 《유기 원예Organic Gardening》로 이름을 바꾸었다)를 통해서 전파가 이루어졌다. 펜실베이니아 주 엠마우스에서 출판사를 운영하고 있었던 로데일은 1940년대 초반에 앨버트 하워드의 책을 읽고 큰 영감을 받아 곧바로 농장을 구입하고 유기농 실험을 시작한 뒤 잡지를 발간했다. 농무부와 농업 기관들의 무시 속에서도 '유기농'이 등장했다. 더 정확히 말하자면 돌아온 것이다.

유기농의 등장과 더불어 산업형 농업을 향해 다양한 형태의 반격이 일어났다. 1957년 생물역학 농업을 하던 농부들의 주도하에 롱아일랜드 사람들은 DDT를 무분별하게 공중 살포했다는 혐의로 정부를 고소하면서, DDT가 자신들의 농작물에 해를 끼쳤다고 주장했다. 한 전문가는 롱아일랜드 살포 소송으로 알려지게 될 이 사건이 '인류의 미래에 관한 것'이라고 증언했다. 원고는 패소했다.

그러나 1958년 1월 해양학자 겸 기자인 레이첼 카슨은 소송 팀의 일원이자 오랜 친구였던 올가 오언스 허킨스Olga Owens Huckins에게서 DDT 살포가 지역 야생동물 보호구역을 황폐화시켰다고 고발하는 편지를 받았다. 허킨스의 편지에는 "발톱으로 가슴을 움켜잡고 고통으로 부리를 벌리고 있는 새들의 끔찍한 죽음"⁹⁾도 적혀 있었다.

카슨은 몇 년 전에 바다와 바다 생물들에게 바치는, 논쟁의 여지 없는 헌사인 『우리를 둘러싼 바다The Sea Around Us』를 출판했고, 비표적 동물에게 미치는 살충제의 영향에 대해 오랫동안 관심을 가지고 있었다. 하지만 농사 분야에서 화학 물질의 위험성은 그 당시 광범위하게 논의되었지만, 대체로 몸을 사리고 있었던 언론이 다루기에 이 주제는 너무나 민감한 것이었다.

카슨은 이후 『침묵의 봄Silent Spring』이라는 제목으로 출간할 책을 쓰기 시작했는데, 만연해 있던 살충제의 유독한 결과를 폭로하는 것이었다.¹⁰⁾ 이 글은 1962년 《더 뉴요커The New Yorker》에 실렸고 연재가 끝나자 곧바로 책으로 출판되었다.

카슨은 이 책을 마치 학술 논문처럼 동료 평가를 거쳤고, 책에 언급된 과학적 사실은 반박할 여지가 없었다. 하지만 이 책은 반反과학적이고 불안을 야기한다는 비난을 받았고, 심지어 벌레 옹호자라는 공격도 있었다. 카슨은 우리 식량 공급의 안녕을 위협한다는 비난을 받았는데 이는 오늘날까지도 산업형 농업을 비판하는 사람들이 받는 일반적인 혐의다. 농무부 장관(그리고 산업형 농업의 매파였던) 얼 버츠는 공식적인 반동의 입장을 대변하듯 카슨을 가리켜 "아마도 공산주의자일 것"¹¹⁾이라고 말했다.

카슨이 살충제의 금지를 주장한 것은 아니었지만 연방 정부의 규제가 없다는 점은 분명히 비난했다. "권리 장전•에 시민이 치명적인 독극물로부터 안전할 것이라는 보장이 없다면 (…) 이는 분명 우리의 조상들이 (…) 이 문

• 권리 장전(權利章典): 1791년에 미국 의회가 개인의 기본적 인권을 보장하려고 합중국 헌법에 덧붙여 통과시킨 헌법 수정안.

제를 생각할 수 없었기 때문일 뿐입니다." 그리고 카슨의 예측대로 오래지 않아 과학자들은 곤충에서 DDT 저항성을 발견했다. 이후 DDT의 효과 감소와 대중의 우려까지 겹쳐 제조업체들은 전략적인 후퇴를 하게 되었다. 이들 업체는 국내 시장에서 DDT를 단계적으로 철수시키면서, 해외 판매에 정부가 개입하는 일은 없을 것으로 예상했던 것이 분명하다. DDT는 1973년 미국에서 완전히 금지되었지만, 아직도 해외에서는 주로 말라리아 통제를 위한 중요한 도구로 광범위하게 사용되고 있다.

우리 시대에 『침묵의 봄』보다 더 큰 영향을 끼친 책은 없었고, 그 시대에 카슨만큼 선견지명을 지닌 작가도 없었다. 카슨은 당대 미국인 중 인간이 자연의 일부라는 사실을, 즉 인간은 동물과 분리된 집단이 아니고 나머지 동물 위에 선 것도 아니라는 사실을 확인하고 이야기한 최초의 인물 중 한 명이다. 전기 작가 린다 리어Linda Lear에 따르면 카슨은 이를 책의 첫 문장에 새겨놓았다고 한다. "이 책은 인간과 자연의 전쟁을 다룬 책이며, 인간은 자연의 일부이기에 필연적으로 인간이 자신과 벌이는 전쟁을 다룬 책이기도 하다."[12] 카슨은 환경에 미치는 인간의 영향은 의도치 않게 일어나는 것이고 예상치 못한 결과를 낳는다는 지혜를 대중화시켰다. 우리는 계속해서 이 지혜를 상기하고 이에 따라 행동해야 한다.

1968년 아폴로 8호 임무로 우주에서 본 지구라는 상징적인 사진('지구 돋이')이 찍히면서 평균적인 미국인의 시야에는 큰 변화가 일어났다. 자연에 대한 이해와 공감이 넓어졌으며 지구를 함께 사는 거주지로 인식하게 된 것이다. 음식의 영역에서 이 새로운 시야는 버클리에 살고 있는 27세의 프란시스 무어 라페Frances Moore Lapp가 쓴 『작은 행성을 위한 식단Diet for a

Small Planet』[13]이라는 책에 투영되었다.

라페는 육용 동물에게 곡물을 먹이는 일은 전 세계 가난한 사람들에게 필요한 귀중한 영양을 빼앗는 일이라고 주장했다. 게다가 라페는 미국인을 위한 정크푸드를 생산하기 위해 그 곡물을 사용하는 것은 우리를 병들게 하고 다른 이들을 굶주리게 만드는 일이라고도 주장했다. 이는 현대 음식 시스템의 실패에 대해 여전히 가장 합리적인 분석이다.

"고기를 적게 먹어 굶주림을 줄이자"는 이 주장은 "땅으로 돌아가 자급자족을 하자"는 운동과 잘 맞았고, 지금은 순진하다고 조롱을 받는 주장일 수도 있겠지만 사실 극명하게 다른 두 집단에서 특별한 중요성을 지니고 있는 것이었다. 하나는 아프리카계 미국인 집단으로, 패니 루 해머Fannie Lou Hamer가 이 집단을 대표하는 인물이다. 또 하나는 '반反문화' 초기를 대변하며 부유하거나 최소한 학력이 높은 중산층 백인 집단으로, 헬렌 니어링Helen Nearing과 스콧 니어링Scott Nearing 부부가 이 집단을 상징하는 인물이다.

제도화된 인종 차별 탓에 미국 흑인(이들의 미국 내 존재는 원주민을 제외한 다른 그 어떤 사람들만큼이나 오래되고 합법적인 것이었다)은 미국에서 소유한 땅이 가장 적은 집단이 되었다. 투표권과 흑백 분리 철폐에 초점을 맞춘 민권 운동은 흑인들의 경제적 정의正義와 토지 정의에는 별로 도움이 되지 않았다.

농부는 장비와 종자 구입에 필요한 신용, 최상의 영농법에 대한 연구와 조언, 정책 결정권, 긴급 지원 같은 지원 없이는 제대로 버틸 수 없었다. 이 모든 필수적인 시스템에서 흑인 농부는 심각한 불이익을 당했고, 농무부 관료제를 상대할 때 무엇보다 큰 어려움을 겪었다.

미국의 흑인 농부에게 전성기라는 것은 없었고, 전망은 점점 더 나빠지는 것 같았다. 흑인이 소유한 토지 면적은 1910년에 정점을 찍었지만 1920년 이후 꾸준히 감소했다.[14] 최고 14% 이상을 차지했던 흑인 농부의 비율은 오늘날 2% 이하로 떨어졌다. (아프리카계 미국인은 미국 인구의 최소 12%를 차지한다.) 흑인은 토지의 1% 미만을 경작하고, 판매되는 모든 제품의 시장 가치 0.25%를 차지하며, 평균적으로 미국 농장의 평균 순 현금 수입의 8%를 벌고 있다.[15]

그러나 흑인과 농업의 관계는 이러한 숫자가 보여주는 것보다 복잡하다. 미국 최초의 흑인 농부는 노예가 된 사람들이었지만, 이들은 헌신적이고 능숙하고 독창적인 실무자이기도 했다. 이들의 전문 지식이 없었다면 예전의 남부는 번성하지 못했을 것이다. 그리고 모니카 화이트Monica White가 「자유의 씨앗: 음식, 인종, 지역 발전의 반영Freedom's Seeds: Reflections of Food, Race, and Community Development」이라는 논문에서 짚었듯, "노예, 병작•, 소작이 모든 것을 말해주지는 않는다."[16]

남북 전쟁 이후 흑인 농부에게는 공정한 기회가 주어지지 않았지만, 화이트는 미국 흑인이 함께 토지를 소유하고 공동 경작을 한 역사를 조사했고, 오늘날의 흑인 농부와 인터뷰를 하면서 "농업이 부여해주는 자율성과 자유 덕분에 (…) 농업 협동조합은 흑인 농부에게 공동의 성공을 이룰 수 있게 해주었다"[17]는 이야기를 들었다.

또한 화이트는 20세기 중반 북부로 이주하던 흐름을 벗어나 남부로 돌아가려는 흑인이 많아지고 있다는 사실도 기록하고 있다. 1970년 무렵이

• 병작(竝作): 지주가 소작인에게 소작료를 수확량의 절반으로 매기는 일

되면 더 많은 흑인이 북부보다 남부로 이동하면서 토지 소유권에 대한 자신들의 정당한 주장을 펼쳤다.[18]

이들은 스스로를 '자유 농부'라고 불렀고, 그중에서 가장 잘 알려진 사람이 바로 패니 루 해머Fannie Lou Hamer였다.[19] 해머는 1960년대에 자유를 '돼지와 정원'을 가질 수 있는 능력이라고 정의한 초기 투표권 운동가다. 돼지와 정원 덕분에 해머는 "괴롭힘을 당하고 신체적인 해를 입을 수 있었다 해도 적어도 굶어 죽지 않을 수는 있었다." 토지와 자급자족을 추구하는 그의 입장은, 거의 100년 전 셔먼 장군과 만났던 노예 출신들이 추구하던 바와 일치했다.

오늘날 우리는 해머의 이념을 '식량 주권'이라고 한다. 토지 소유와 식량 접근성이 자유를 의미한다는 것은 흑인에게 새로운 것이 아니었다. 해머는 다음과 같이 말했다. "토지가 핵심이다. 이것은 선거인 등록과도 관련이 있다."[20]

1967년 해머는 미시시피 주 선플라워 카운티에 자유농장조합을 설립해 남부의 농장 노동자들을 조직했다. 남부 흑인들이 결성한 다른 협동조합들과 함께 이 조합은 지역 경제와 정치 단체를 중심으로 하는 공동체를 만들어 수천 가구의 삶을 변화시켰다. 이러한 목표를 위해 공동으로 농사를 짓고 음식을 나누었으며 학교와 은행을 세우고 저렴한 의료 시스템을 구축했다.

땅으로 돌아가자는 이 스펙트럼의 반대편 끝에는 스콧 니어링이 있었다. 그는 1883년에 태어난 사회주의자, 평화주의자, 반전 운동가로, 뉴욕을 떠나 두 번째 부인인 헬렌과 버몬트로 간 뒤 1950년대 메인에 자리를 잡았다. 이곳에서 니어링 부부는 『조화로운 삶Living the Good Life』 등 여러 책을 쓰고 나무 숟가락으로 생 귀리를 먹으면서, "금권적인 군부 과두 정부"에 대한 저항을 구축하고, "무너지고 있는 사회 질서의 난파선에서 아직 사용할 수 있는 것"을 건져내기 위해 "대안적인 사회 체계의 원칙과 실천을 구체화하고, 많은 문제가 있는 세상에서 분별력 있게" 사는 방법을 보여주면서 "할 수 있는 일을 [했다.]"[21]

물론 이 말은 지나치게 단호한 소리다. 그러나 이 말이 순진하거나 시대에 뒤떨어져 있다는 생각이 든다면 지구 온난화, 계속되는 불평등과 기아, 강제 이주에 대해 생각해보라. 니어링 부부는 동료 인간과 지구에 공정한 삶의 방식을 확립하면서 기존의 시스템을 깨뜨리는 길을 찾기 위해 노력했다. 이들이 자신들의 특권(이들은 주로 상속받은 유산으로 살았다)에 의존했다 해도 이들의 분석이 보여주는 진실의 중요성이 떨어지지는 않는다. 해머를 비롯한 다른 많은 사람들과 마찬가지로 이들 부부는 기아와 사회 정의의 근본적인 문제들을 최소화하거나 안이하게 해결해서는 안 된다고 보았다.

니어링 부부는 백인이고 부유했지만 FBI 이전의 법무부에, 그리고 나중에는 FBI에 계속해서 시달렸다. 하지만 모두의 예상처럼 남부에서 흑인의 공동 농업 문화를 세우려고 했던 사람들과 단체는, 자유 농부의 도달 범위와 영향을 최소화하기 위해 노력한 FBI 등 지역 및 국가 기관에 훨씬 더 심한 핍박을 받았다.

흑인 운동가들은 농무부의 인종 차별과 토지 정의에 대해 수십 년 동안 경종을 울려왔다. 다른 정부 기관들이 이러한 차별 주장이 사실임을 밝혀주었음에도 불구하고 농무부는 형식적이고 권한 없는 양보만을 했다. 농무부가 저지른 인종 차별의 예를 폭로한 미국인권위원회 보고서에 대한 레이건 대통령의 대응은 농무부의 민권청을 폐쇄하는 것이었다. 13년 뒤 클린턴 대통령이 민권청을 복구했을 때는 흑인 농장 인구가 더욱 감소한 상태였다. 그때까지 이루어진 농무부의 내부 조사에서도, 역사에 남을 만하고 변명할 수도 없는 인종 차별을 보여주고 있었다.

1997년 노스캐롤라이나 주에서 옥수수와 콩을 기르던 농부 티머시 피그포드Timothy Pigford는 농무부를 상대로 소송을 제기했다. 피그포드가 겪은 일은 무척이나 암울했다.[22] 그는 농무부에서 운영 자금을 대출받았지만, 농장을 구입하는 데 필요한 돈의 대출을 계속해서 거부당하면서 생계를 이어가기 힘들어졌다. 이러한 차별에 대한 항의를 계속 제출했지만(그럼에도 불구하고 농무부는 미적거리기만 했다) 처음 받은 대출금을 갚을 수 없어 그는 결국 집을 잃었다.

피그포드는 그런 일을 당한 것이 자기 혼자만이 아니라는 사실을 알고 있었다. 그는 수천 명의 흑인 농부를 대변하며 차별에 대한 집단 소송을 제기했다. 자신들이 16년 동안 대출을 거부당했고, 농무부 사무소는 농부들의 적법한 요구를 노골적으로 무시했으며, 많은 청구가 처리되지 않은 채 방치되어 있다고 주장했다. 1999년 농무부는 10억 달러 이상의 합의금을 지급하라는 판결을 받았는데, 이는 역사상 가장 큰 민권 관련 지급액이다. 농부 개개인은 최대 5만 달러를 받았고, 과거에 농무부가 승인했던 얼마 안 되는 대출은 탕감받았다. 오바마Barack Obama 행정부 기간에 두 번째 합의를 통해 청구권자를 여성들과 라틴계 농부들로 확대하는 동안이었음에도 불구하고, 농무부는 "고의적인 사법 방해"[23]를 저지르면서 이러한 주장과 싸우는 데 거액을 썼다.

이런 일들에도 불구하고 농무부는 사람들이 음식을 먹는 데 도움을 주는 일을 오랫동안 맡아온 연방 기관 중 하나였다. 1936년 공법 320조는 이 부서에 "무역과 상업의 일반적인 경로에서 전용하여 특정 농산물(일반적으로는 잉여 공급분이다)의 국내 소비를 장려하는"[24] 자금의 재량권을 승인해주었다.

이 말을 번역하면 다음과 같다. "농무부는 생산자에게서 음식을 구입해 나눠 줄 수 있다." 이에 따라 대공황 7년 뒤 궁핍한 가정과 학교 급식 프로그램에서 잉여 식량 기부를 받기 시작하면서 가공업자는 정부의 지원을 받으며 상품을 판매할 수 있는 또 다른 방법을 보장받았다. 음식 시스템을 어떻게 지원할 수 있는가보다는 어떻게 개선할 수 있는가라는 좀 더 큰 문제를 다시 한 번 회피한 것이다.

푸드 스탬프가 존재하기 전에는 '정부 치즈'(과거에 사용된 이름이고 지금도 종종 사용된다) 같은 음식을 트럭 뒤쪽에서 나눠 주었고, 이러한 관행은 나중에 푸드 뱅크*로 대체되었다. 존 F. 케네디John F. Kennedy는 1961년 취임하면서 '가난한 가정을 위한 식량 배급 프로그램'을 확대하기로 결정했다.

혁명적인 전국학교급식 프로그램을 추진했던 인물인 코네티컷의 식품경제학자 이자벨 켈리Isabelle Kelley는, 좀 더 광범위한 지원 프로그램을 설계하고 시범 운영하는 태스크 포스를 이끌었다. 이곳에서 개발한 모델은 자격을 갖춘 지원자에게 식료품점에서 사용할 수 있는 식권을 농무부가 제공해주는 것으로, 이는 오늘날까지 계속되고 있다. 이것이 바로 1964년 푸드 스탬프 법안으로, 린든 존슨Lyndon Johnson이 확대한 '빈곤과의 전쟁'의

---

* 푸드 뱅크(food bank) : 남는 먹거리를 기부받아 빈곤층이나 복지 시설에 나누어 주는 단체.

일환이었다.

전후 시대의 번영은 주로 백인들에게 큰 혜택을 주었고, 인종 차별 탓에 '빈곤'과 '기아' 같은 단어는 언론에서, 그리고 대부분은 아니라도 많은 백인들 사이에서 '흑인'이라는 단어와 동의어가 되었다. 그러나 사실 1960년대에 '빈곤층'으로 분류된 사람들 중 아프리카계 미국인은 3분의 1도 채 되지 않았다.

1968년 CBS 다큐멘터리 「미국의 기아Hunger in America」에서는 기아를 유발한 것은 인종이 아니라 계급이라고 주장했다. (돈이 없는 사람들은 제대로 먹지 못한다는 당연한 사실이 일부 사람들에게는 무슨 계시 같았던 모양이다.) 이 다큐멘터리에서 주목하는 사람들은 샌안토니오에 사는 멕시코계 미국인, 버지니아 주 라우던 카운티에 사는 백인 소작농, 기계식 수확기 때문에 면화 일자리를 잃은 앨라배마의 흑인 가족, 애리조나의 황량한 고지대 사막에서 영양 있는 식단을 유지하려고 고생하는 나바호 족 등이다.

이 다큐멘터리가 감상적인 것은 분명하지만, 영양 결핍이 인지 능력과 전반적인 건강에 미치는 피해를 설명하면서 의사가 영유아를 쿡쿡 찌르건만 아이가 전혀 반응하지 않는 장면은 지금도 강렬하다. 멍한 눈의 갓난아이, 그리고 가족에게 먹을 것을 줄 수 없다고 말하는 부모의 모습은 많은 미국인에게 낯설고 충격적인 것이었다.

앨라배마의 한 여성은 푸드 스탬프가 있으면 밥 먹을 비용을 아낄 수는 있지만 푸드 스탬프를 살 현금은 없다고 단언한다. 농무부의 푸드 스탬프 시스템은 음식을 살 여유가 없는 사람들의 돈을 빼앗아 예산 흑자를 만들고 덕분에 원조 프로그램 기금 운용이 잘되었다고 주장하는 결과를 내놓았지만 이걸 이상하다고 보는 사람은 없었다. (오늘날 푸드 스탬프는 수혜자에게 쿠폰이나 전자 카드로 직접 지급되며 이걸 사용할 때 현금이 필요하지 않다.)

다큐멘터리 「미국의 기아」[25]는 농무부의 관행을 폭로하면서 "농부가 팔지 못하고 아무도 원하지 않는 음식"이 가난한 사람들의 주요 영양 공급원이 되고 있다는 사실, "필수품을 공급하기보다는 초과분을 덤핑하는" 정책 때문에 "지원 물품이 알맞지 않은 상황"이 생겨나고 있다는 사실, "농무부는 소비자, 특히 빈곤한 소비자가 아니라 농부만 보호하고 있다"는 사실을 고발했다. 「미국의 기아」는 "미국에서 인간에게 가장 기본적으로 필요한 것은 반드시 인권이어야 한다"고 선언했다. (이를 지금 읽고 있자니 아직도 변한 게 거의 없고 이 주장이 아직도 타당하게 들린다. 이 사실은 정말로 충격적이다.)

푸드 스탬프 등록은 이후 4년 동안 거의 5배나 늘어났다. 그러나 1968년 학교 급식 프로그램이 아침 식사와 여름 방학 기간을 포함하는 것으로 확대된 뒤에도, 그리고 1972년 임산부와 미취학 아동에게 더 많은 혜택을 제공하는 '여성, 유아, 아동을 위한 특별영양보충 프로그램Special Supplemental Nutrition Program for Women, Infants, and Children(WIC로 알려져 있다)'이 추가된 뒤에도 배고픈 미국인들은 여전히 사라지지 않았다.

어떤 면에서 가장 효과적인 기아 퇴치 단체는 농무부가 아니라, 인종 차별에 맞서 싸우는 것으로 유명한 서해안 지역 정치 운동 단체였다. 이들은 스스로에게 '블랙 팬서Black Panther'라는 이름을 붙였다.

1966년에 결성된 블랙 팬서는 FBI와 여러 법 집행 기관의 탄압에도 불구하고 많은 면에서 성공을 거두었다. 1969년 1월 오클랜드 교회에서 시작된 블랙 팬서의 무료 아침식사 프로그램은 첫날 11명의 아이에게 제공되었다.[26] 그해 4월이 되자 동쪽으로는 시카고까지 9개 지역에 사는 1,200명의 아이들에게 아침이 제공되었다. 6개월 후 23개 도시에서 블랙 팬서가 주도하는 무료 아침식사 프로그램이 시행되었다. 농무부가 이토록 신속하게 움직인 적은 한 번도 없었다.

가능한 한 많은 사람들에게 무료 아침 식사와 도시락을 제공했던 블랙 팬서는 CBS가 「미국의 기아」에서 주장했던 중요한 일, 즉 음식을 인권으로 여기는 일을 하고 있었다. 블랙 팬서를 약화시키려는 시도가 매번 이루어졌음에도 불구하고 연방 정부는 이러한 프로그램의 영향을 부인할 수 없었다. 이에 대응해 정부는 아동영양법을 개정해 무료 아침과 점심에 대한 접근성을 높였고, 1975년 학교아침식사 프로그램에 항시적으로 자금을 지원했다.

이처럼 농무부가 제 역할을 하도록 유도하기 위해서는 스스로를 혁명적이라고 칭한 단체가 필요했다. 이 사실은, 농무부가 사람들의 요구에 얼마나 무대응으로 일관했는지를 보여준 동시에 식품 산업이 성장하고 마케팅하고 심지어 식품을 정의하고 있을 때 농무부가 얼마나 무력했는지를 입증한 것이기도 했다. 1970년대 들어 농무부의 무력함은 더욱 뚜렷하게 드러났다.

식품 산업에서 퍼뜨린 사탕발림의 미사여구에도 불구하고 미국인[주로 시민권과 반전 운동, 급성장하는 여성 운동, 소위 반反문화 (여기에는 채식주의와 유기농 식품을 향한 추세도 포함되며 이는 작지만 의미 있는 것이다)의 렌즈를 통해 세상을 바라본 미국인이다] 사이에서는 대체적인 불안감이 증가했고, 식품의 질이나 식단과 질병의 관계에 대한 우려도 높아졌다. 「미국의 기아」가 논란을 불러일으키면서 1968년 미 상원은 영양과 인간 욕구에 대한 상원특별위원회를 구성했다.

훗날 대통령 후보가 된 조지 맥거번George McGovern이 위원장을 맡은 이 위원회는 푸드 스탬프와 급식 프로그램의 확대와 WIC의 신설을 지원하기로 결정했다. 이런 프로그램은 식품을 파는 새로운 방법이었을 뿐이었기 때문에 업계는 이 중 어느 것도 문제 삼지 않았다. 정부가 가난한 사람들에게 보조금을 지급한다면, 이는 업계가 더 큰 이익을 보게 된다는 의미에 지나지 않았다.

그러나 음식과 관련된 문제는 기아 문제를 넘어서게 되었고, 1976년 위원회가 '죽음에 이르는 병과 관련된 식단'에 대한 청문회를 시작하면서 업계는 우려하기 시작했다.

근원적으로 '죽음' 청문회에서는 식단으로 만성 질환을 조장하거나 완화할 수 있다고 가정했으며, 질병의 가장 큰 원인이 되는 식단은 한 상원의원의 말처럼 "지나치게 기름지고 지방이 많으며 중독성이 있고 설탕으로 가득 찬"[27] 음식으로 구성되어 있다는 가정도 하고 있었다.

위원회 고문인 마크 헤그스테드(설탕연구재단에서 일했으며 콜레스테롤과 심장병의 연관성을 측정하는 '헤그스테드 공식'을 만든 사람이다)는 전형적인 미국 식단이 "우리의 풍요, 농부의 생산성, 식품 산업의 활동이 관련되어 나타난 우연"[28]이라고 언론에 말했다. 맥거번은 이 보고서가 "보건총감이 제출한 '담배에 대한 보고서'와 유사한 기능을 수행할 것"을 기대했다. 업계는 완전히 다른 결과를 원했고 이를 위해 손을 썼다.

위원회는 자신들도 모르게 잘못된 시각으로 작업에 착수했다. 당시 영양 운동에 참여했던 거의 모든 이들처럼 위원회는 단 하나의 범인만을 찾고 있었다(이는 무지, 습관, 안이함, 환원주의적 과학에 대한 의존, 혹은 업계의 압력 때문일 수도 있고, 앞에서 열거한 요인 전부 때문일 수도 있다). 심장병을 일으키는 것이 어떤 영양소, 어떤 음식인지를 찾고 있었던 것이다. 우리는 괴혈병의 원인을 알아냈고 소아마비의 원인을 알아냈다. 이 경우도 다를 것은 없지 않겠는가?

이 질문에 대한 답은 다음과 같다. 음식은 단일한 물질이 아니고, 먹는 것과 삶은 분리될 수 없는 것이다.

담배는 피우거나 피우지 않거나 둘 중 하나다. 그러나 모든 사람들은 무척이나 다양한 음식을 먹는다. 그리고 만성 질환을 퇴치하는 데에 가장 좋은 (혹은 만성 질환을 가장 잘 일으키는) 식단의 유형은 분명한 것이었지만, 이런 식단에 있는 음식의 특징은 분명한 것이 아니었다. 음식과 질병의 연관성이라는 면에서 우리가 스모킹 건●과 가장 가깝다고 생각할 수 있는 것은 바로 초가공식품이다. 그러나 사람들에게 어떤 일이 일어나는지 알아내기 위해 20년이나 50년 동안 정크푸드만 먹게 하는 것은 윤리적으로 불가능한 일이다. 무엇보다도 정크푸드가 좋지 않을 것이라고 가정하고 있는 상황에서 이런 실험은 절대로 할 수가 없다.

이렇게 합리적으로 물어볼 수도 있다. 우리가 정확한 과정이나 원인을 모른다고 하더라도 그게 무슨 상관이 있겠는가? 우리는 중력을 완전히 이해하고 있는 것이 아니고 대부분의 사람들은 휴대 전화가 어떻게 작동하는지도 모르지만, 여전히 이러한 것들에 의존하고 있다. 마찬가지로 당근은 우리에게 좋은 것이지만 왜 좋은지 정확히 말하기는 어렵다. 그 사실을 정확

● 스모킹 건(smoking gun) : 범죄·사건 따위를 해결하는 데 결정적으로 작용하는 확실한 증거.

히 몰라도 우리는 당근을 계속 먹으려고 한다. 초가공식품은 우리에게 좋지 않다. 다시 말하지만 우리는 그것이 어느 정도 사실인지, 정확히 왜 그것을 피하는 것이 최선인지는 알지 못한다.

위원회는 지금 우리가 보고 있는 것을 보지 못했다. 문자 그대로 20세기에 발명된 음식으로 이루어진 식단보다는 진짜 음식으로 이루어진 전통적인 식단이 더 낫다는 사실을 볼 수 없었던 것이다. 이들이 볼 수 있었던 것은 포화 지방을 비난하는 증거였고, 따라서 식단에서 포화 지방(그리고 설탕)의 양을 줄이도록 미국인에게 권고하는 것은 이들로서는 위험할 것이 거의 혹은 전혀 없는 일이었다.

하지만 결정적인 증거는 없었기 때문에 업계 입장에서는 이러한 결론을 흔들고 의문을 제기할 여지가 생기게 되었다. 업계는 방어를 위해 '공정한' 과학자를 모집했다. 이들 과학자는 설탕과 지방의 위험성에 대한 충분한 증거가 존재하지 않는다고 주장했다. 이를 통해 업계 대표들은 실제로 이루어진 과학적 진보에도 의문을 제기할 수 있었고 "대다수 전문가들의 합의에 이르지는 못했다"와 같은 말을 할 수 있었다. ('지구 온난화'를 보라.)

따라서 1977년 1월 위원회가 (수백 시간의 증언과 과학적 합의를 통해) '미국을 위한 식단 목표'를 발표하면서 지방과 콜레스테롤과 설탕과 소금을 더 적게 넣고 "고기 섭취를 줄여나가야 한다"고 권장하자, 흥분한 업계 대표들은 행동에 나서 정치적 압력을 행사하면서 목표를 수정할 것을 강요했다.

"고기를 줄여야 한다"는 "포화 지방 섭취를 줄여주는 고기, 가금류, 생선을 선택하자"로 대체되었으며,[29] 덕분에 닭고기 업계는 환호성을 지르고 소고기 생산업체는 안도의 한숨을 내쉬게 되었다. 육류와 가금류 로비가 더욱 강력해지면서 정부의 메시지에 대한 이들의 영향력은 꾸준히 커져갔다. 사람들에게 "붉은 고기를 덜 먹어야 한다"고 명시적으로 권고하는 공식 연방 간행물은 1979년이 마지막이었다.

그러나 정부의 개입으로 약간의 진전은 있었고, 매리언 네슬은 『탄산음료 정치학Soda Politics』[30)]에서 다음과 같이 언급했다. "1977년 12월에 나온 수정된 목표에서는 칼로리를 10% 이하로 낮추기 위해 설탕 섭취량을 45%나 줄일 것을 요구했다. 그 방법은 무엇일까?" 보고서에서도 언급하고 있듯이 "정제당과 가공당 소비를 줄이는 방법을 살펴봤을 때 전반적인 감소를 이끌어낼 수 있는 가장 확실한 항목은 탄산음료다. 많은 사람의 식단에서 탄산음료를 완전히 제거한다면 설탕 소비를 줄일 것을 권장하는 양에서 최소한 절반은 줄일 수 있다."[31)] 그 당시 탄산음료는 미국인의 식단에 첨가된 설탕의 가장 큰 공급원이었다.

그러나 여기에는 어려운 부분이 있었다. 대부분의 경우 사람들이 무엇을 먹을지는 생산자가 결정한다는 점이다. 위원회와 다양한 여러 운동은 식량, 농업, 환경 보호에 많은 영향을 미쳤지만 다국적 기업의 반격은 훨씬 더 강력했다. 시간이 흐르면서 식품 회사의 압력하에서 설탕과 지방에 대한 연방 기관의 권고는 점점 더 복잡하고 난해해졌다.

"○○을 먹으면 안 된다"는 간단한 권고는 "○○을 고르고 대비하라"나 "○○의 섭취를 줄이라"는 권고로 바뀌었다. 가장 간단한 권고는 "적당한 양의 진짜 음식을 먹는 것"이었지만 환원주의적 사고로는 이런 전체론적인 조언을 허용하지 않는다. 정부의 지침은 이전의 지침(5년마다 수정된다)을 따랐기 때문에, 각각의 지침은 첨가된 설탕의 위험성에 대해 명확한 진술을 하지 못했다. 2010년이 되면서 설탕에 대한 별도의 지침은 완전히 사라졌고, SoFAS^{Solid Fats and Added Sugar}(고형 지방과 첨가당)라는 어려운 약칭으로 '고형 지방'(트랜스 지방을 비롯해 버터 및 기타 동물성 지방) 항목에 부수적으로 언급되는 정도로 축소되었다.

업계는 영양학계의 공격에서 단순히 살아남는 것 이상의 성과를 거두었다. 적을 물리치고 전투에서 승리한 것이다. 과일, 채소, 곡물을 더 많이 먹으라는 지침은 없었다. 오히려 '빵, 시리얼, 쌀, 파스타'를 먹으라고 부추겼다. 원더 브레드? 프루트 룹스? 라이스어로니? 셰프 보야디? 먹지 못할 이유가 무엇이 있겠는가? '지방'만 줄인다면 원하는 것은 얼마든지 무엇이든 먹을 수 있다.

농무부가 고탄수화물과 저지방 식품이 건강의 핵심이라고 제안하면서 '스낵웰SnackWell 현상'('심장 건강에 좋다는' 저지방 고과당 초가공식품의 급증)이 일어나 전국적으로 체중이 증가하는 상황이 벌어졌다.[32]

향후 수십 년 동안 업계는 농무부, FDA, 그리고 전반적인 영양 연구의 지침을 계속 따를 것이다. 이들 기관이 '당신에게 좋은 것'이라고 말하는 것이 무엇이든 업계는 그것이 들어 있는 가공식품을 쌓아놓을 것이다. 만약 이들 기관이 '당신에게 나쁜 것'이 무엇이라고 말한다면 업계는 그것이 들어 있지 않은 가공식품에서 쌓아놓을 것이다. 항산화제, 귀리의 겨, 섬유질, 다양한 비타민과 미네랄("더 많은 칼슘이 들어 있습니다!"), 단백질 등이 차례로 이에 속하게 되었고, 지방, '탄수화물', 콜레스테롤 등이 빠지게 되었다. '새롭고 개선된' 모든 제품은 식품 제조업체의 꿈이었고, 진짜 음식에서는 멀어진 것이었다.

일반적으로 초가공식품에는 영양에 비해 칼로리가 지나치게 들어 있다. 이러한 칼로리는 옥수수에서 고과당 옥수수 시럽 형태로, 콩에서 단백질이나 기름의 형태로, 밀에서 흰 밀가루 형태로 추출된 것이 대부분이다. 상식적으로 봤을 때 이런 제품이 건강할 가능성은 없지만 업계는 이러한 일을 벌였다.

그럼에도 불구하고 20세기에 발명된 대부분의 음식은 (과장이 아니라 정말로) 온전하지도 않고 영양도 없다는 인식이 늘어났고 투명성에 대한 요구도 늘어나기 시작했다. 1960년대까지도 식품 라벨링에 대한 규정은 케케묵은 1938년 식품의약품화장품법이었다. 이 법에서 가장 엄격한 금지 조항이라고 해도 제품의 성분이 질병이나 증상을 예방하거나 치료한다고 마케팅 담당자가 주장할 수 없다는 것 정도였고, 이를 따르는 것은 그렇게 어려운 일도 아니었다.

1973년 식품의약국은 정확하고 투명한 영양 성분을 라벨에 적어놓는다면 건강에 대한 주장도 할 수 있다고 허용하면서 신중한 걸음을 내디뎠다(이것이 진보인지 퇴보인지는 논쟁의 여지가 있다).

심장병과 암에 관한 건강 정보가 눈사태처럼 쏟아졌다. 이러한 주장 중 많은 수는 입증이 불가능했기에 FDA는 어떻게든 대응해야만 했고, 그 결과 나온 것이 1990년 대부분의 식품에 새로운 라벨을 의무적으로 붙여야 한다는 조치였다. 과일과 채소는 이 조치에서 면제되었다. 사과에 있는 '성분'은 사과일 수밖에 없다. 이 사과가 어떻게 재배되었는지(어떤 살충제가 사용되었는가? 노동자들은 어떤 대접을 받았는가?)는 라벨에 적어놓을 필요가 없었다. 업계의 압력으로 고기도 면제되었다. 고기에는 고기 외에 다른 성분도 들어 있었는데도 말이다.

새로운 라벨은 단백질, 탄수화물, 설탕, 비타민의 양 같은 실제 정보를 제공했다. 그러나 식품의 영양학적 가치를 개별 부분의 합으로 취급하면서, FDA는 화학적으로 처리된 가공식품이 영양학적으로 실제 식품과 동등하거나 심지어는 더 우월할 수도 있다는 터무니없는 추론을 (최소한 간접적으로는) 지지하게 되었다.

예를 들어 라벨에 따르면 바나나와 오레오의 '제공량'이 적어도 설탕에 관한 한 별다른 차이가 없다고 합리적으로 결론 내리게 된다. 그리고 오레오에 섬유질이나 비타민 C가 첨가되어 있다면 심지어 '더 나은 것'처럼 보일 수도 있다.

라벨에서 음식의 질, 생산 방식, 혹은 신체에 미치는 실제 영향은 중요하지 않다. 중요한 것은 구성 성분뿐이며, 이는 우리의 상식과 오늘날의 과학 모두와 모순되는 것이다. 하지만 공중 보건을 책임지고 있는 이 나라 최대의 기관은, "칼로리는 칼로리다"라고 하면서 운동만 충분히 한다면 원하는 만큼 탄산음료를 마셔도 된다고 말하는 업계와 대적할 수 없는 것처럼 보인다.

2009년 라벨에 대한 규정은 바람직한 방향으로 개정되었다. 새로운 라벨에는 첨가된 설탕의 양과 총 설탕의 일일 섭취량에 대한 비율, 트랜스 지방(나중에는 금지되었다)의 양, 포화 지방과 불포화 지방 각각의 양, 눈에 더 잘 띄는 칼로리의 양 등이 추가되었다. 현재는 라벨을 붙일 때 설탕을 1일 칼로리의 10% '미만'으로 구성할 것을 권장하고 있다. 이는 2,000칼로리의 식단에서 50그램 미만을 의미하며, 설탕이 첨가된 12온스(350밀리리터)짜리 음료에 들어 있는 양이다. 미국인은 평균적으로 최소한 그 2배를 소비하고 있으며, 3배라고 추산하는 사람도 있다.

하지만 1906년이나 1970년대와 마찬가지로 이 새로운 라벨은 다양한 마케팅 기회를 제공해주었다. 정부가 인증한 영양 기준 덕분에 광고주 입장에서는 새로운 기회가 열린 것이나 다름없었다. 영양과 관련된 주장은 그 뒤로 수십 년 동안 빠르게 개발되었다. 전립선암을 예방하는 석류 주스, ADHD를 치료하는 아침 식사용 시리얼, 면역력을 높여주는 요구르트, 그리고 심장마비와 암 예방제, 체중 감량제, 콜레스테롤 차단제 및 기타 기적적인 치료제가 끝없이 이어진 것이다.

이러한 주장 중 극소수에 대해 FDA가 이의를 제기했다. 예컨대 다논은 액티비아 요거트에 대해 "2주 만에 소화기 계통의 조절을 도와준다는 사실이 임상적으로 입증되었다"고 자랑한 대가로 3,500만 달러를 지불해야만 했다. 그러나 이들 주장 대부분은 라벨에 적힌 영양 성분으로 정당화되었다. 오늘날까지 업계는 계속해서 혼란스러워하는 사람들의 관심을 끌기 위해 라벨을 무기화하고 있으며 그러는 동안 진짜 음식은 등한시되고 있다.

이러한 문제는, 자연식품으로 이루어진 식단이야말로 진보를 이룰 수 있는 유일하고 건전한 길이라는 사실을 대중에게 확신시켜주는 건전하고 권위 있고 신뢰할 수 있는 목소리가 없었기 때문에 생긴 것이기도 하다. 심지어 '자연'이라는 단어까지도 오래전에 오용되는 바람에 거의 무의미한 지경에 이르렀다.

살충제에 대한 불안감이 커지고 화학 성분이 없는 포장 식품에 대한 수요가 증가하면서, 많은 사람들은 (스스로, 그리고 합리적인 판단으로) 유기농 식품에 눈을 돌리기 시작했다. 유기농 때문에 "영양실조와 기아가 일어나 수억 명의 사람들이 고통스러운 죽음을 맞게 될 것이다"(오늘날에도 계속되고 있는 어리석은 주장이다)라고 얼 버츠가 말한 때로부터 오랜 세월이 지난 뒤, 비교적 온건한 입장을 가지고 있었던 농무부는 유기농 이면에 있는 과학을 인정해야 한다는 압력을 받게 되었고, 반신반의하면서도 이러한 의견을 받아들이기 시작했다.

농무부는 대규모 유기농이 아무 문제가 없다고 보았다. 그리고 20세기 초의 사람들이 '우유'가 우유라는 사실을 알아야 했던 것처럼, 90년대 사람들은 '유기농'이 유기농이라는 사실을 알아야 했다. 유기농 제품에 더 높은 가치를 부여해 비싸게 팔기 위해서는 유기농 개념을 법제화해야만 했다. 따라서 1990년 농업 법안에는 유기농식품생산법, 국가유기농표준위원회, 새로운 '농무부 유기농' 라벨 등의 내용이 포함되었다. 전 세계에서 통용되는 유기농 코드도 만들어졌고, 그중에는 1991년에 시작된 EU 전역의 프로그램과 이후 UN이 주도한 일련의 협정도 있다.

'농무부 유기농' 라벨이 붙으려면 합성 비료나 살충제(일부 예외가 있다)를 사용하지 않고 GMO가 들어 있지 않아야 하고, 식품 안전 기술에서 드물게 사용되는 방사선도 없어야 한다. 유기 축산물은 유기농 식품으로 길러야 하고 항생제나 성장 호르몬도 사용해서는 안 된다. 또한 '자연스러운 활동이 가능한 생활 환경'에서 키워야 하는데, 사실상 이는 동물에게 조금 더 넓은 공간과 축사 밖으로 나갈 수 있는 환경을 조금이라도 제공해주어야 한다는 뜻이다. 유기농 라벨을 붙이기 위해서는 가공식품에 '인공' 성분이 들어 있어서는 안 된다(이러한 성분에 대한 규정이 조금 느슨한 편이기는 하다). 그리고 유기농에도 여러 단계가 있다. '유기농 제품'이라는 표기가 붙어 있으면 최소한 70%의 유기농 성분이 포함되어 있다는 의미이며, 나머지 30%에도 합성 비료나 GMO로 재배한 식품 같은 금지된 성분이 들어 있으면 안 된다.

이렇게 여러 라벨을 붙여놓았다 해도, 이는 하워드, 밸푸어, 그리고 그 밖의 여러 사람들이 알려주고 미국과 전 세계에서 헌신적이고 원칙에 충실했던 수많은 소규모 농부들이 실천했던 유기농의 역사, 정신, 잠재력을 무시한 것에 지나지 않았다. 브라이언 오바크Brian Obach는 『유기농 투쟁Organic Struggle』에서 다음과 같이 말했다. "유기농은 세상이 어떻게 작동하는지, 그리고 그 안에서 인간의 정당한 위치가 어디인지에 대한 광범위한 이해와 관련된 철학이었다." 이처럼 유기농은 언제나 '농사에 대한 단순한 접근법 이상'이었지만, 농무부는 가능한 한 좁은 의미로 '유기농'을 성문화했다.[33]

거대 식품 회사는 '유기농'을 마케팅 도구로 사용하기 위해 산업적 잡종을 설계했다. '유기농 사탕수수 설탕'은 그냥 설탕일 뿐이고, '유기농 풀을 먹인 소고기'는 비좁은 축사에 갇힌 채 수천 마일 떨어진 곳에서 운송해 온 건초를 먹은 소에서 나온 것일 수도 있다. 마케팅 담당자들이 정크푸드, 건강식품, 칠레산 비수기 포도, 고문당하고 있는 젖소의 우유, 그리고 이 밖에 많은 제품(예컨대 샴푸와 의류) 등에서 '유기농'의 가능성을 깨닫게 되면서 유기농이라는 산업은 큰 호황을 맞게 되었다.

전통적인 유기농 농부는 어려움을 겪는다. 유기농 라벨을 붙이기 위한 승인을 받기 위해서는 광범위하게 기록물을 보관해야 하고 신청하는 데도 큰돈이 든다. 소규모 농부 대부분은 인증에 필요한 시간이나 비용을 감당할 수 없는 형편이다. 또한 자신들이 가진 토양을 돌보기 위해 40개의 작물을 번갈아 재배하는 농부들도 있고, 단일 작물을 재배하는 농부와는 달리 이들은 상상을 초월한 엄청난 서류 작업을 해야만 한다. 이들 농부가 대형 시장에서 경쟁하기란 거의 불가능한 일이다.

이 '농무부 유기농'이 '단일 재배 금지'를 의미하지 않는다는 사실은 커다란 문제다. 이제까지 내가 언급한 산업형 농업의 거의 모든 문제가 인증받은 유기농 농업에도 그대로 존재한다. 의미 있는 차별점은 유기농 덕분에 일하는 노동자가 위험한 화학 물질에 많이 노출되지는 않고, 식품에 화학

잔류물이 적게 들어 있고, 유기농 농업은 유전공학 식품을 지원하지 않는다는 사실이다. 이는 모두 좋은 점이다.

그러나 유기농 식품이라고 해도 반드시 좋은 품질이어야 할 필요는 없고 심지어 진짜일 필요도 없다. 매리언 네슬은 "유기농 정크푸드도 정크푸드일 뿐이다"라는 유명한 말을 했다. 거대한 탄소 발자국을 가지고 있고, 노예에 가까운 사람들의 노동으로 재배되고 수확되며, 고문당한 동물로 가공되어도 여전히 '유기농'일 수 있는 것이다.

농무부 유기농 라벨이 부착된 수입 제품은 국내에서 재배된 것과 동일한 기준을 충족해야 한다는 규정조차 지키지 못한 경우까지 있다. 검사 과정은 언제나 허술했고(코로나19 범유행 동안 악화되었을 수도 있다) 그 때문에 인증이 제대로 되었다고 보장할 수가 없다. 이러한 경고 사항들 중 어느 것도 이들 식품을 소비자들에게 판매하는 방식에 영향을 주지 못했다.

그럼에도 불구하고 비싼 가격을 감당할 수 있는 많은 사람들은 모든 상점의 음식이 '좋은 것'(유기농)과 '나쁜 것'(기존의 것)으로 구별된다고 믿으며 '유기농을 구입'했다. 이런 단순한 태도는, 상품을 기반으로 하고 대량으로 이루어지는 유기농 초가공식품의 생산에 힘을 실어주었다. 유기농 초가공식품의 시장 규모는 1990년 10억 달러에서 2005년 150억 달러로 급증했다. 현재는 연간 500억 달러 정도다.

유기농 기준에 대한 논의가 시작되고 10년 동안 거대 식품업체는 스토니필드 팜스(현재는 프랑스 회사 락탈리스가 소유하고 있다)에서 캐스캐디언 팜스, 뮤어 글렌, 애니스(모두 제너럴 밀스의 소유다), 그리고 어니스트 티(코카콜라 자회사다)에 이르기까지 기존 유기농 가공업체 80개 중 68개를 병합했다.[34] 대량 생산 유기농 분야에서 진실성에 대한 약속이 설사 있었다 하더라도 지금은 모두 없어졌다. 이제 유기농 식품 대부분은 더 큰 시스템의 일부이며, 여전히 핵심적인 질문을 던지지 않고 있다. 우리는 무엇 때문에 음식을 재배하는가? 이 질문을 진지하게 던지고 신중하게 대답한다면 필요한 많은 변화를 시작할 수 있을 것이다.

14장
지금 우리는 어디에 있는가

간단히 정리하자면 다음과 같다. 음식의 세계는 엄청난 문제로 가득 차 있으며, 이들 문제 중 일부는 필수 영양 공급원을 주요 글로벌 수익 센터로 전환한 결과다.

여러분은 "음식 시스템은 망가졌다"는 말을 자주 들을 수 있을 것이다. 그러나 사실 이 시스템은 거대 식품 회사를 위해서는 거의 완벽하게 작동하고 있다. 또한 전 세계 인구 약 3분의 1에게는 이 시스템이 충분히 효과적이기도 하다. 이들은 필요한 돈도 있고 실질적으로 세계의 거의 모든 음식을 즉석에서 먹을 수도 있다.

그러나 이 시스템은 인류 대부분에게 영양을 공급할 만큼 제대로 작동하고 있지도 않고, 자원을 절약해 보존할 만큼 제대로 굴러가고 있지도 않다. 사실 이 시스템은 공중 보건 위기(이 위기는 코로나19가 닥치면서 치명적인 결과를 낳게 되었다)를 일으켰고, 무엇보다도 우리 종족에 대한 가장 큰 위협인 기후 위기에 가장 큰 원인을 제공했다. 우리가 음식을 생산하는 방식은 모든 사람들을 위협하는 것이고, 여기에는 가장 부유하고 현명한 사람들도 예외가 아니다.

이 시스템은 부도덕하고 잔인한 것이며 부도덕하고 잔인한 사람들(이들 중 일부만이 가학적인 주모자다)에게 이끌려온 것이지만, 대체적으로 봤을 때는 점진적인 결정의 결과다. 1만 년 전에 이루어진 결정도 있고 최근에 이루어진 결정도 있다. 다른 결정이 가능했을지는 아무도 모르는 일이지만 한 가지만큼은 확실하다. 미래는 정해져 있지 않다는 사실이다. 어떻게 재배하고 무엇을 먹을지 바꿀 수 있는 시간은 있다.

이는 매우 중요한 일이다.

기후 변화 이야기는 이제 지겨울 수도 있겠지만, 지구가 농업에 적합하지 않은 곳으로 변해버린다면 치즈버거를 적게 먹는 일조차 못하게 될 것이다. 다시 말해 그런 고민을 할 만큼 오래 살지도 못하게 된다는 뜻이다. 또한 코로나19의 경우와 마찬가지로 기후와 휴전할 수도 없다. 이에 대응하거나 대응하지 않거나 둘 중 하나다. 우리는 대응하지 않고 있었다.

2020년 초 파리 협정의 소박한 목표를 달성하기 위해 세계는 탄소 배출량을 한 해에 10% 가까이 줄여야 한다. 앞으로 10년 동안 매년 말이다. 시작하는 시간을 미룬다면 줄여야 하는 비율은 그만큼 더 높아질 수밖에 없다. 이런 종류의 변화는 더 큰 변화가 먼저 일어나야만 가능해진다. 그것은 바로 이를 의무화하겠다는 세계의 선진국들 사이의 합의다. 미국의 저명한 기후 저널리스트이자 분별 있는 목소리를 내는 인물인 빌 맥키번Bill McKibben은 다음과 같이 말한다. "75년 후 세계는 아마도 태양과 바람으로 움직이게 될 것이다. 이런 것이 매우 저렴하기 때문이다. 하지만 경제학 혼자서 이 일을 할 때까지 기다리기나 한다면 세상은 이미 망가져 있는 상태일 것이다."[1]

거대 농업 회사는 엄청난 온실가스를 배출하고 있으며, 심지어 석유와 가스 회사에 필적할 정도다. 상위 5개 육류 회사와 유제품 회사의 배출량을 모두 합하면 세계 최대의 석유 회사인 엑손 모빌보다 많으며,[2] 상위 20개 회사는 독일 전체만큼의 탄소 발자국을 발생시킨다.[3] 세계에서 두 번째로 큰 육류 회사인 타이슨 푸드는 아일랜드 전체보다 2배나 많은 온실가스를 생산한다.[4]

화석 연료와는 달리 농업에서 발생하는 온실가스 배출량의 정확한 비율을 알아내는 것은 불가능하다. 휘발유로 구동되는 농기계는 농업 자원일까, 아니면 화석 연료를 사용하는 자원일까? 사실 둘 다. 기계를 작동시키고 식품을 운송하고 비료와 살충제를 생산해주는 화석 연료 없이는 산업형 농업이 불가능하다.

화석 연료 사용을 줄이면 농업은 극적으로 변화할 것이다. 그리고 농업을 개혁하면 업계는 화석 연료 사용을 줄일 것이다.

(이 글을 쓰고 있는 시점인 2020년 7월에도) 기후 변화를 부인하는 환경보호청은 농업에서 발생하는 온실가스 배출량이 총 배출량의 10%밖에 되지 않는다고 주장하고 있다.[5] 반면 월드워치는 이를 50% 이상으로 추정한다.[6] 중요한 것은 정확한 비율이 아니라(이것은 경쟁이 아니다) 식품 생산이 산업 전반에 걸쳐 온실가스 배출량에 크게 기여하고 있다는 사실이다.

동물의 산업적 생산이 이러한 길을 이끌고 있다. 이산화탄소보다 더 강력한 온실가스인 메탄은 소, 양, 염소가 트림할 때 방출된다. 생산자들은 얼음 없는 땅의 4분의 1을 사용하여[7] 전 세계적으로 거의 700억 마리의 가축을 기르고 있으며,[8] 이들 가축은 전체 농업 배출량 대부분(전 세계 총

배출량의 최대 15%다)에 책임이 있는 것으로 보인다.[9]

적절한 조건하에서라면 방목되는 반추 동물은 풍경에 이로울 수도 있다. 땅에 있는 탄소, 표토, 물을 그대로 두고 여기에 영양분을 추가하기 때문이다. 그러나 이들 동물을 가두고 곡물을 먹이면 동물의 건강을 해칠 뿐만 아니라 옥수수와 콩의 단일 재배에 사용되는 토지를 늘려 침식과 유출, 토양 산성화, 탄소 방출을 일으키게 된다. 이런 사실을 모두 고려해본다면 온실가스 배출 면에서 산업적 동물 생산의 책임은 2배로 늘어나게 된다.[10]

19세기 중반부터 평원을 파괴하기 시작한 이래로 토양에 있는 탄소의 70%가 대기 중에 방출되었다.[11] 현재는 동물 사료 재배와 방목을 위한 산림 벌채가 온실가스의 약 8%를 차지하고 있는데, 이는 토양에 저장된 탄소를 방출하고 탄소 흡수원을 파괴하기 때문이다.[12] 빠르게 사라지고 있는 아마존 열대 우림은 스스로를 지탱하는 데에 필요한 비를 충분히 만들어내지 못한 채 더욱 건조한 사바나 지역으로 변하고 있으며, 그 때문에 우리는 가장 큰 탄소 흡수원 중 한 곳을 잃어가고 있다.[13]

일반적으로 우리는 '폐기물'이, 음식을 버리거나 상하게 내버려두어서 생기는 것이라고 생각한다. 밭에서 썩거나 운송 과정에서 분실되어 시장에 나오지 못하게 되는 것도 있다. 문화권마다의 여러 이유 때문에 우리가 생산하는 음식의 최소 30%는 식탁에 오르지 않는다.[14]

그러나 폐기되는 것은 이뿐만이 아니다. 미국에서는 식량 공급에 부정적인 영향을 미치는 작물을 재배하기 위해 엄청난 면적(아이오와에서만 2,300만 에이커다[15])이 사용되고 있다. 이들 작물은 에탄올을 만들기 위한 옥수수, 갇혀 있는 동물에게 먹이고 정크푸드를 만들기 위한 옥수수와 콩 등이다. 이런 이유로 '폐기물'로 발생하는 온실가스의 비율은 엄청나게 과소

평가되고 있다. 코로나19의 혼란 초기에 보았듯이 전 세계 공급망의 병목 현상은 낭비를 일으키기 쉽다. 시장이 붕괴되면서 우유가 버려지고, 많은 작물이 땅에 파묻히고, 동물이 떼죽음을 당해 묻히는 상황이 발생했다.[16]

바나나, 토마토, 그리고 이 밖의 모든 '신선한' 음식을 돈이 있는 사람들이 전 세계 어디서나 1년 중 어느 때나 이용할 수 있도록 하는 일도 환경 비용을 발생시킨다. 냉난방이 갖춰진 운송 수단으로 식품을 운반하는 일은 농업 온실가스 배출량의 약 10%를 차지한다.[17]

쌀농사도 메탄을 배출하고 있으며 이것이 온실가스에 미치는 영향이 전 세계 총량의 3%에 이를 수도 있다[18]는 사실도 언급해야만 공정한 일이겠다 싶다. 그러나 세계에서 가장 널리 재배되는 곡물인 쌀은, 기후 위기에 거의 혹은 전혀 책임이 없었던 수십억 명에게 식량으로 제공되기도 하는 것이다. 쌀 재배가 더 지속 가능한 방식으로 이루어질 수 있는 것은 사실이지만(그리고 일부 지역에서는 그렇게 하고 있다) 그렇다고 쌀에 초점을 맞출 수는 없다. 쌀에 초점을 맞추게 되면 고기를 먹는 사람들에게 주로 책임이 있는 문제를 식물을 먹는 사람에게 덮어씌워 비난하게 된다. 소규모 농부는 기후 변화를 일으키는 데에 가장 책임이 작은 편임에도 불구하고, 기후 변화에 따른 가장 심각한 대가를 벌써부터 치르고 있다. 기후 위기의 모든 측면을 고려해볼 때 이 문제에 대해 누구를 비난해야 하는지, 그리고 누가 문제의 책임을 지고 해결해야 하는지 명확히 규명하는 일은 중요하다.

이것이 농업이 기후에 끼치는 영향이다. 그렇다면 기후 위기가 농업에 의미하는 바는 무엇인가?

과거의 폭염은 이제 일상적인 일이 되었다. 폭염이 급증하면서(기록상 가장 더웠던 해 열 번 중 여덟 번은 최근 10여 년 동안 발생했다[19]) 가뭄, 홍수, 산불이 심각하게 발생했고 해충도 많아졌다.

따뜻한 구름은 물을 더 많이 머금고 있어서 비가 올 때마다 더 많은 강우량을 보이게 된다. 2018년 7월부터 2019년 6월까지 미국에서는 사상 최대의 연간 강우량을 기록했다.[20]

그런데도 물은 고갈되고 있다. 유엔의 예측에 따르면 2025년까지 약 20억 명은 물이 부족해질 가능성을 안고 살아가게 될 것이며[21] 2050년에는 이 수치가 약 50억 명까지 증가하게 될 것이라고 한다.[22] 그리고 물 부족은 사람들이 물을 너무 많이 마시거나 목욕을 너무 많이 해서 생기는 일이 아니다. 전체 담수량의 약 80%가 농업에 사용된다. 오갈랄라 대수층(더스트볼의 물 부족에 대한 '치료제')이 대표적인 사례다.[23] 여기서 끌어온 물의 94%는 농작물의 관개에 사용된다. 몇 년 동안 일어난 기록적인 강우로도 물을 다시 채울 수 없다. 텍사스와 그 밖의 지역에서는 대수층에서 너무 많은 물을 퍼내면서 땅이 가라앉고 있다. 시리아에서는 물을 둘러싼 갈등으로 전쟁이 일어났고, 캘리포니아에서는 시리아보다 덜 극적이기는 하지만 여전히 심각한 결과를 초래했다. 캘리포니아의 만성적인 물 문제는 집약적 농업에 사용되는 땅을 글자 그대로 절반으로 줄여야만 해결될 수 있는 수준이다.[24]

이는 물에만 한정된 문제가 아니다. 물이 부족해지면서 중요한 작물의 수확도 감소하기 시작했고, 이 추세는 증가하게 될 것이다. 컬럼비아 대학교의 공공보건대학원 루이스 지스카Lewis Ziska 교수의 말에 따르면, "탄소가 풍부해지면 광합성을 촉진한다. 하지만 탄소와 다른 영양소 사이의 균형이 깨져, 식물에 탄소는 풍부해지지만 영양소가 부족해질 수 있다."[25] 침식, 식물 다양성의 손실, 따뜻한 날씨로 늘어나는 해충, 땅과 동물(물에서 사는 동물도 포함한다)이 받는 열 스트레스는 모두 작물 수확량을 방해할 가능성이 있다. 산업형 농업은 이에 대응해 더 많은 숲을 태우고 더 많은 화학 물질을 사용하면서 수확량을 유지하려고 노력함으로써 문제를 더욱 악화시킬 것이다. 유엔식량농업기구에 따르면 굶주리는 사람들의 수는 21세기 중반까지 3배 더 많아질 것이라고 한다.[26]

이러한 사례를 더 열거할 수도 있다. 결론은 다음과 같다. 농업을 바꾸지 않고도 탄소 배출량을 크게 줄일 수 있고 이미 배출한 탄소 중 일부를 격리하는 더욱 좋은 방법을 찾을 수도 있지만, 이런 방법 중 어느 것도 음식 시스템을 온전하게 유지시키지는 못할 것이다. 어느 시점에 가면 너무 더워져서 농부는 밖에 나가지도 못하게 되고 동물은 살아남지 못하게 되고 지금의 풍경은 사라질 것이다.[27] 더스트볼 같은 일이 일어나면서 수확은 실패하게 될 것이다.[28] 이는 아마도 2050년 이전에, 적어도 금세기 말에는 수십억 명에게 기근이 닥칠 것이라는 의미다. 데이비드 월리스웰즈David Wallace-Wells가 말했듯, "이 문제는 당신이 생각하는 것보다 훨씬 더 심각한 일이다."[29]

돈이 있으면서도 굶주리는 사람은 없다. 우리의 음식 시스템에서 가장 두드러진 실패는 기아나 경제 시스템의 실패가 아니라 질병을 유발하는 식단이다. 거대 식품 회사는 (라즈 파텔이 쓴 획기적인 책의 제목•으로 표현하자면) "배부름과 굶주림"[30]이 공존하는 세상을 만들었다. 정크푸드는 사람들에게 영양분이 없는 음식을 오랜 기간 동안 너무 많이 먹도록 부추길 수 있다.

• 『식량 전쟁 – 배부른 제국과 굶주리는 세계(Stuffed and Starved)』

이 시스템은 계절과 무관하게 거의 끊임없이 음식을 제공해준다. 전 세계 인구 각각에게 약 2,800칼로리에 해당하는 양을 생산해주며, 이는 2040년의 예상 인구 100억 명에게도 충분한 양이다.[31]

정크푸드는 미국에서 탄생했지만 전 세계로 퍼져 나갔고, 미국식 식단이 가는 곳마다 질병이 뒤따른다. 전통적인 식단과 이를 지탱해주는 전통적인 농업의 진영에 있다가 20세기에 발명된 음식의 진영으로 옮겨 간 사람들은 만성 질환에 더 많이 걸리게 된다. 굳이 통계를 언급하고 싶지는 않지만 이러한 사실에 대한 통계는 한 가득 있으며 모두가 같은 방향을 가리키고 있다. 세계 인구의 3분의 2는, 저체중과 관련된 질병보다는 과체중과 관련된 질병으로 사망하는 사람이 더 많은 나라에 살고 있다.[32] 전 세계 당뇨병 환자 수는 1980년 이후 4배 증가했고,[33] 1990년 이후 당뇨병에 따른 만성 신장 질환으로 사망한 사람은 2배 늘었다.[34] 전 세계 설탕 소비[35]와 비만 모두 지난 반세기 동안 거의 3배 증가했다.[36] 지중해의 성인 인구 절반이 전통적인 (그리고 유익한) 지중해식 식단을 그만두었고 이 식단을 따르는 아동은 거의 없는 형편이다.[37] 미국의 패스트푸드 체인은 2011년부터 2016년까지 해외 매출이 30% 증가했다. 이 매출이 체인 수익의 50%를 차지하고 있으며, 다른 나라의 많은 젊은이들은 미국인보다 패스트푸드를 더 많이 먹는다.[38] 국제 패스트푸드 시장은 2022년까지 7,000억 달러에 이를 것으로 예상된다.[39] 국가의 경우라면 경제적 가치로 상위 20위 안에 드는 셈이다. 이 수치는 향후 10년 안에 다시 2배로 늘어날 것으로 예상된다.[40]

'음식'의 사전적 정의는 영양을 공급하는 것이며, '영양'의 사전적 정의는 건강을 증진시키는 것이다. 하지만 비뚤어진 현실 속에서 우리가 먹는 많은 음식은 건강과는 정반대인 것을 늘려준다. 진짜 음식이라기보다는 독극물에 더 가까운 초가공식품은 비타민 결핍처럼 병에 걸리게 만든다.

42개 나라는 미국보다 기대 수명이 높다. 코로나19까지 감안해도 미국과 세계에서 가장 높은 사망 원인은 만성 질환으로, 우리가 성공적으로 대처한 홍역, 천연두, 소아마비 같은 전염병의 자리를 이어받았다. 미국에서는 대다수 사람들이 적어도 하나 이상의 만성 질환이 있고(인구의 거의 절반이 두 가지 만성 질환이 있다), 전체 사망 원인의 약 70%(연간 180만 명)가 만성 질환이다.[41] 또한 만성 질환자가 코로나19에 걸리면 심각한 합병증이 발생할 위험이 아주 높아진다. 그러므로 식단과 관련된 질병이 미국의 주요 사망 원인이라고 말해도 과언이 아니다.

몇 년 안에 코로나19 사망자는 독감 사망자와 비슷한 정도로 줄어들 것이다. 당뇨병에 대해서는 같은 말을 할 수 없다.

175개국을 대상으로 한 2013년 연구에 따르면, 설탕 섭취가 150칼로리 증가하면 제2형 당뇨병 발병률이 1% 증가한다고 한다. 이는 비만율과 상관없는 일이다. 날씬한 사람이라도 대사 증후군(건강에 해로운 증상이 모여 있는 상태), 고혈압, 제2형 당뇨병, 심장병, 그리고 식단과 관련된 여러 암이 생길 수 있고, 과체중이라도 이러한 질병이 발생하지 않을 수 있다. 비만을 해결해야 할 문제라고 생각하는 우리의 강박 관념은 비만에 대한 문화적 혐오에서 영향을 받은 것이며, 우리 모두가 경험하는 선명치 않은 여러 원인을 조사하기보다는 개인에게 책임을 돌리는 경향에서 비롯된 태도다.

우리는 과체중이 당뇨병과 다른 조기 사망 원인의 위험성을 어떻게, 왜 증가시키는지는 정확히 알지 못한다. 또한 칼로리 섭취, 운동, 지방 축적, 인슐린 저항성 및 식단 관련 질병에 영향을 미치는 기타 요인들 사이의 메커니즘과 그 관계를 완전히 이해하지는 못하고 있다. 그러나 우리는 더 나은 식단이 많은 문제를 해결해준다는 사실은 알고 있으며, 영양상의 좋은 조언을 해줄 만큼 이에 대해 충분히 알고 있다.

그러나 건전한 조언만으로는 부족하다. 널리 퍼져 있는 파괴적인 서구식 식단은 어떤 음식이 우리에게 해롭고 이로운지에 대한 이해나 교육이 부족해서 생긴 것이 아니고, 상황을 바로잡으려는 노력이 부족해서 생긴 것도 아니다. 대부분의 사람들은 '좋은' 식단이 무엇인지 알고 있다.

참고로 사람에게 최적의 식단(식단들이라고 할 수도 있는데, 식단에는 사실 다양한 형태가 있기 때문이다)에 대해 세계에서 가장 간략하지만 중요한 사항들을 정리해두었다.[42] 지중해식 식단이나 오키나와식 식단, 구석기 식단 등 원하는 대로 선택하면 된다. 취향과 기호에 따라 자신만의 것을 찾아낼 수도 있다. 좋은 식단들에는 여러 유익한 요소가 공통적으로 존재한다는 것, 취사선택을 해야 하는 일부 요소, 그리고 가능한 한 멀리해야 하는 일부 요소가 있다는 것은 반드시 유념해야 한다.

바람직한 것: 최대한 섭취해야 할 것	선택 사항: 제한된 양만 먹어야 할 것	바람직하지 않은 것: 되도록 멀리해야 할 것
뿌리와 덩이줄기 등의 채소	채소·견과류·씨앗·과일 에서 추출한 지방	화학적으로 추출한 기름, 설탕, 밀가루 등의 초가공식품(UPFs)
과일	고기	산업적으로 생산된 동물성 제품
(진짜) 통밀 가루 등의 통곡물	유제품	'정크' 푸드, '단 음식' 등
콩류	해산물	가당 음료
견과류	달걀	
씨앗	커피, 차, 술 (논쟁의 여지가 있다)	
물		

이 표에 있는 사항은 모두가 영양학적 연구로 충분히 입증된 것이고 논쟁의 여지도 사실상 없는 것이다. 그리고 크게 바뀔 일도 없을 것이다. 약간의 수정은 있을 수 있겠지만, 바뀐다 해도 대부분은 아주 사소한 부분일 것이다. 예컨대 운동이 중요하다고 말하면서 수영이 나은지 달리기가 나은지 논쟁하는 것 정도가 아닐까 싶다.

어떤 음식도 독립적으로 존재하지 않는다. 슈퍼 푸드라는 것은 없고, 심지어 정크푸드의 경우에도 얼마나 먹는지에 따라 독이 되고 독이 되지 않는지가 결정된다. 나머지 식단에 균형이 잡혀 있다면 와퍼(햄버거의 일종)나 M&M 한 줌에 대한 갈망으로 죽게 되는 일은 없을 것이다.

간단히 말해 우리가 번성할 수 있게 해주는 식단이 무엇인지는 '밝혀졌다'. 우리는 이 식단의 모든 세부 사항을 이해하지는 못하지만 건강과 복지를 위해 어떻게 먹어야 하는지는 알고 있으며, 이는 간단한 일이다. 하지만 우리의 식단은 나쁜 방향으로 바뀌었고, 이를 개인의 선택 탓으로 돌리는 것은 잘못된 일이다. 이런 일이 생긴 것은 재배되고 판매된 것 때문이다.

미국의 식품 광고 예산은 140억 달러 정도다.[43] ('만성 질환 예방 및 건강 증진'을 위한 총 예산은 10억 달러다.[44]) 이 돈은 우리가 지나치게 많이 먹도록, 잘못된 것을 너무 많이 먹도록 설득하는 데에 사용된다. 미국인은 1950년대보다 3분의 1 정도 더 많은 칼로리를 섭취하고 있으며, 총 칼로리의 약 60%는 초가공식품에서 나온 것이다.[45] 그리고 유색 인종과 경제적 취약 계층이 일반적으로 가장 심한 고통을 겪는다.[46]

인간은 음식이 많이 있을 때마다 배불리 먹도록 진화해왔다. 이제 이런 행동은 위험하다. 한 연구에서는 경제적 불안정과 과식 사이의 강한 상관관계를 밝혀냈다.[47] 그렇다면 빈곤이 만연한 곳에는 당뇨병과 관련된 위험

요인도 만연하다는 것이 이치에 맞는다. 예컨대 미국 흑인은 백인보다 당뇨병 발병률이 77% 더 높다.[48]

일반적으로는 건강에 좋은 음식이 부유한 사람들에게 집중되는 반면, 가난한 백인과 (특히) 유색 인종은 건강에 해로운 음식의 목표가 된다. 미국에는 슈퍼마켓 한 개당 아홉 개의 패스트푸드점이 있고, 부유한 지역보다 가난한 지역에서 더 많이 찾아볼 수 있다.[49][50]

'식품 사막'●은 돈의 부족에 관한 것이지 장소의 우연에 관한 것이 아니다. 동네에 슈퍼마켓과 좋은 음식의 선택권이 생기는 것은 돈 때문이다. 슈퍼마켓은 이익을 좇는 곳으로, 동네에서 돈 냄새를 맡는 순간 몰려든다. 마찬가지로 저소득층 동네에 식료품점이 생긴다고 해도 사람들의 소득이 여전히 낮은 상태라면 상황이 별로 나아지지는 않는다.[51]

공중 보건 옹호자들은 흔히들 "좋은 선택을 쉬운 선택으로 만들어야 한다"고 말한다. 이러한 논리에는 일리가 있다. 그러나 현 상황에서 쉬운 선택은 건강에 좋지 않은 선택인 경우가 많다. 인구의 20% 혹은 그 이상의 사람들은 더 나은 선택을 하려고 해도 시간과 지리와 소득상의 이유로 그러기 힘든 경우가 많다.

처음에는 명확하게 보이지 않았지만 결국 이 모든 문제는 산업형 농업과 고수익 단일 재배의 결합에서 비롯된 것이고, 모든 면에서 이는 자연이 만물을 자리 잡게 하는 방식과 어긋난다.

● 식품 사막(food desert) : 몸에 좋은 식품을 제공하는 상점이 없어 건강 유지에 필요한 식품을 구하는 것이 어려운 지역.

숲이나 초원으로 눈을 돌려보자. 상호 의존적인 수천 종을 볼 수 있다. 이러한 자유로운 서식지의 균형과 안정성 덕분에 수많은 세월 동안 이들 동식물이 번성하게 되는 것이다. 자연은 다양성을 좋아하고 혼돈까지도 좋아한다.

이제 현대의 옥수수밭을 생각해보자. 한 가지 종만 있고, 다른 모든 것은 쫓겨나고 학살당한다. 공생하는 유기체까지도 마찬가지다. 옥수수밭은 돌봐주는 손길 없이는 기껏해야 한 달 정도밖에 버티지 못한다. 인간이 마침내 최종적으로 자연을 정복할 수 있다는 19세기의 믿음이 구현된 곳이다.

우리는 이러한 믿음의 어리석음을 보아왔다. 농장의 5%는 미국 농산물의 75%를 판매하고 있으며, 2,000에이커 이상의 농장이 미국 농지의 60%를 관리한다. (이들 농장 각각에는 농작물을 심은 땅이 약 $8km^2$ 있다는 뜻이다. 일을 하는 것은 차치하고 한 바퀴 빙 둘러 걷는 데만도 꼬박 하루가 걸릴 것이다.)

'재래식' 농장에서는 화학 물질 구입에 연간 약 110억 달러, 비료 구입에 약 130억 달러를 사용하는데, 제2차 세계대전 이후 각각 60배나 사용이 증가한 것이다. 전 세계적으로 매년 60억 파운드(272만 톤)의 살충제가 사용되고 있으며, 이는 1인당 1파운드(약 450그램) 정도다. 목표 종에 실제로 도달하는 것은 살포된 살충제의 1% 미만이지만,[52] 이러한 화학 물질은 지구 전체의 땅, 물, 생물을 오염시키고 모든 식품의 약 85%에서 발견된다.[53]

그리고 잡초와 벌레는 내성을 키우기 때문에 화학 물질의 효과는 시간이 지날수록 떨어지게 되고, 이에 따라 훨씬 더 강력하고 위험한 물질이 그 뒤를 잇는 무서운 악순환을 초래한다.[54] 바로 이러한 시나리오에 의해 바이엘(몬산토를 흡수 합병한 곳이다)은 여러 살충제에 동시에 내성을 보이는 종자를 시장에 내놓았다. 언론 보도에 따르면 바이엘은 다섯 가지 화학 물질을 견딜 수 있는 품종을 만들려고 했다고 한다.[55]

현재 세계에서 가장 인기 있는 살충제인 네오니코티노이드('네오닉스') 때문에 무당벌레와 꿀벌 같은 유익한 곤충이 떼죽음을 당했다.[56] 독일에서 30년 동안 곤충의 수를 추적해본 결과, 자연 보호 구역 63곳에서 75% 이상의 개체 수 감소를 확인했다.[57] (네오니코티노이드는 EU에서 거의 금지된 상태다.)

초가공식품을 적게 먹고 유기농 식품을 주로 먹는 방법으로 최소한 부분적으로는 살충제를 피할 수 있지만, 오염이 보편적인 상황이 되면 먹는 일을 완전히 중단해도 중독될 수 있다. 살충제 외에도 우리 환경에는 인간이 만든 수천 가지의 독극물이 있고, 우리는 끊임없이 이들 독극물로부터 폭격을 당한다. (전 세계적으로 만성 질환으로 죽은 사람의 약 4분의 1, 즉 연간 총 1,200만 명 이상이 이러한 독극물 때문에 사망한다.[58]) 이러한 화학 물질은 식품뿐만 아니라 포장, 세척제, 가구, 의류 등에서도 발견된다. 이 중 많은 것은 내분비계 교란 물질이며, 호르몬 관련 암(특히 유방암, 자궁암, 난소암, 전립선암, 갑상선암), 아동의 신경 발달 문제(ADHD 등), 성조숙증, 잠복고환증, 정자부족증, 체중 증가 및 당뇨병 발병을 촉진하는 신진대사 간섭, 우리의 소화 체계를 건강하게 유지시켜주는 박테리아를 망가뜨리는 질병 등을 일으키는 역할을 하는 것으로 보인다.[59]

독소 및 공중 보건에 대한 연구는 충분한 자금을 지원받지 못하고 있으며, 무시되고 억압받고 은폐되고 있다. 테스트는 대부분 임의적이고 비효율적이었으며, 국가가 아닌 업계에서 시행해왔다. 식품의약국도 안정성 테스트를 실시할 수 있지만 일반적으로는 하지 않았다.

1970년대의 낮은 곡물 가격은 현재의 가축 생산을 지배하고 있는 기발하고 끔찍한 발상의 토대가 되었다. 현재의 가축 생산이란 바로 단일 재배의 가장 끔찍한 파생물 중 하나인 집중식 가축사육시설Concentrated Animal Feeding Operation, CAFO이다.

양계업계가 초안 작성에 앞장섰다. 생산은 아이오와(오늘날 CAFO의 시작 지점이다)와 같이 규제가 별로 없는 몇몇 주에 집중되었고, 대형 사업체는 하청업체를 써서 빈약한 임금을 주면서 동물들로 가득 찬 동굴 같은 사육 시설을 유지했다.

닭과 달걀 생산에서 성공적인 효율화(무게로 따져봤을 때 지구상의 조류 4분의 3은 농장에서 키우는 닭이다[60])가 이루어진 뒤, 필연적으로 이어진 다음 단계는 돼지와 소였다. 닭에게 했던 것처럼 돼지와 소도 큰 헛간 안에 쑤셔 넣고 정형화된 음식(대부분이 콩이다)으로 살을 찌웠다. 이전에는 이런 식의 잔인한 '효율성'에 대한 실질적인 제한이 있었지만, CAFO는 예방용 항생제를 일상적으로 투여하면서 이러한 문제를 해결한다.

어린 소는 목초지에서 기르는 것이 여전히 경제적이지만, 살아 있는 마지막 6개월 동안은 사육장으로 옮겨져 곡물을 먹게 된다. 콩은 동물의 주요 단백질 공급원이 되었고, 이는 방목에 적응되어 복잡한 소화 시스템을 가진 소에게 특히 힘겨운 일이었다. ('방목Grazing'과 '풀grass'을 뜻하는 영어 단어는 어원이 같다.) 이 새로운 식단은 소를 병들게 만들었고 약물의 필요성을 더욱 증가시켰다.

미국에 있는 약 900만 마리의 젖소 대부분은 이런 일을 더 심하게 겪는다. 하루에 두 번 우유를 짜내는 젖소는 외양간과 바닥이 질퍽거리는 사육장에서 거의 평생을 보낸다. 이들 젖소는 계속해서 젖이 나오도록 인공 수정되고, 출산 후에는 곧바로 새끼들과 분리된다. 한때 전국에서 소규모 낙농가가 돌보고 있었던 낙농업은 이제 CAFO가 지배하고 있다. CAFO는 소규모 낙농가보다 적은 생산 비용을 들이고 있으며, 소규모 낙농가를 완전히 없애기 위해 꾸준히 노력해왔다.

산란계, 육계, 돼지(햇빛을 거의 보지 못하고 움직임도 제한된다), 육우, 젖소는 단연코 고기와 기타 축산물의 가장 중요한 공급원이다. 우리는 연간 약 100억 마리의 동물을 처리하고 있는데, 이는 미국에 사는 사람 1인당 25마리 정도에 해당하는 양이다. 그리고 여러분이 예상하는 것처럼 이 산업은 집중되어 있다. 돼지 생산자의 17%가 돼지고기의 96%를 판매하고 있으며, 이는 모두 CAFO에서 기른 것이다(평균적으로는 CAFO 한 곳마다 2,000마리 넘게 기르고 있다[61]). 1,000마리 이상의 소를 사육하는 사육장은 5% 미만이지만 시장의 거의 90%를 차지하고 있다. 전체 사육장의 절반 정도에는 3만 마리 이상의 소가 있다.

돼지 CAFO 각각에서는 평균적으로 인구가 약 1만 명인 도시와 동일한 배설물이 나온다. (아이오와에서 사육되는 동물의 배설물은 1억 6,800만 명의 배설물에 해당한다. 이 숫자는 캘리포니아 4개 이상, 아이오와 53개 이상에 해당한다.[62]) 이곳의 분뇨는 거대한 '산화지'●에 저장된다. 이 산화지는 가끔씩 범람해 주위의 땅과 물을 오염시키고, 산화지에서 나온 찌꺼기가 공

● 산화지(酸化池): 오수나 폐수를 흘러들게 한 뒤 자정 능력을 이용하여 오염 물질을 처리하는 연못. 넓은 지역에서 정화 작업을 하기에 적합하다.

기 중으로 계속 퍼져 나가면서 질병을 유발하는 화학 안개를 발생시킨다.

또한 이들 거대한 헛간은 동물이 중독되는 일을 막기 위해 거대한 선풍기를 사용해 그곳에 축적된 암모니아, 메탄, 황화수소를 밖으로 내보낸다. 이는 유독한 안개를 주위에 발생시켜, 눈과 호흡기를 자극하고 암과 천식의 위험성을 증가시킨다. 그러나 '농장에 대한 권리' 법령은 CAFO 운영자에게 이웃의 건강과 복지를 무시할 수 있도록 허용하고 있다.

예상대로 가난한 지역 사회, 소수자가 대부분인 지역 사회가 가장 큰 피해를 입고 있다. 예를 들어 노스캐롤라이나에 사는 유색 인종은 CAFO에서 나오는 냄새를 맡을 수 있는 곳에 살 가능성이 평균보다 50% 더 높으며,[63] 다양한 질병으로 고통받고 일찍 사망할 가능성도 더 높다.

CAFO에 대한 철저한 보안과 기밀 엄수만 없다면(안에서 무슨 일이 벌어지고 있는지는 아무도 보지 못한다) 여론은 산업화된 농업의 팔에 '잔인하고 이례적인 학대'라는 낙인을 찍을 것이다. (철학자 피터 싱어Peter Singer는 CAFO를 강제 수용소에 비유했다.) 실제로 산업적 동물 생산이 막 시작되던 1980년대 대중은 송아지들을 가둬놓는 행동에 격렬히 반발했고, 전국적인 불매 운동으로 소비가 80% 이상 줄었다.

연방 정부는 그 뒤로도 동물 보호 측면에서 한 발자국도 앞으로 나아가지 않았다. 각 주에서는 공통농업면제법으로 알려진 법과 표준을 정했다. 이는 이러한 관행이 일반적으로 이루어진다면 사실상 어떤 것이라도 합법이라는 의미다. 조너선 새프런 포어Jonathan Safran Foer는 언젠가 다음과 같은 글을 내게 보내준 적이 있었다. "다시 말해서 이 산업은 잔인함을 정의할 수 있는 힘을 가지고 있습니다." 수평아리 수억 마리를 분쇄하는 일은 달걀 산업의 안타까운 부산물이다. 합법이다. 매년 6,500만 마리의 송아지와 새끼 돼지가 거세되고, 보통은 마취제도 쓰지 않는다. 합법이다. 수의사의 치료 없이 아픈 동물을 죽게 내버려두는 일, 돌아설 수도 없을 정도로 작은 우리에 동물을 가둬놓는 일, 살아 있는 동물의 가죽을 벗기는 일. 모두 합법이다. (무엇이 불법일까? 애완견을 발로 차는 행동이다.) 이따금씩 범법자들이 예외적인 방식으로 동물을 학대하는 모습을 촬영한 동영상이 퍼지면 사람들은 실제 현실은 보지 못한 채 이 모습만을 한탄한다. 하지만 우리가 당연시하는 일상의 관행도 이 영상 속 모습만큼이나 끔찍한 것이다.

CAFO의 존재는 더욱 '효율적인' 도축장으로 이어지기도 했다. 새로운 방식으로는 한 시간밖에 걸리지 않는 작업을 1년 동안이나 걸려 처리했던 소규모 도축장은 거의 사라졌다. 노동자(주로 유색 인종이고 이민자도 있다)는 더 빨리 일해야 하고 위험을 무릅써야 할 때도 있다. 일부 사업장이 해외로 이전되면서 국내 임금은 더욱 낮아졌다. 2017년에는 소와 돼지 대부분은 미국에서 가장 위험한 작업장으로 손꼽히는 대형 도축장 12곳에서 처리되고 있었다. 도축장이 코로나19 범유행의 치명적인 감염지가 되었을 때 이러한 조건의 불안정성과 폭력성 일부가 주목을 받았지만 실질적인 개혁은 이루어지지 않았다.

소유주는 동물의 감금을 제한하거나 규제하려는 모든 시도를 성공적으로 진압했고, 덕분에 CAFO는 성장하게 되었다. 대규모 낙농장에는 수만 마리의 젖소를 수용할 수 있고, 닭 CAFO에는 수십만 마리를 둘 수 있다. 정부 기관이 정확하게 추적하지 않기 때문에 얼마나 큰 규모로 운영되는지는 아무도 정확하게 알지 못한다. 존재하는 느슨한 규정조차도 제대로 시행되지 않는다. 전국 CAFO의 3분의 1만이 허가를 받은 상태고, 환경보호청Environmental Protection Agency, EPA은 얼마나 많은 CAFO가 있는지도 모르고 있다. 최근 보고서에 따르면 아이오와에서만 5,000개 이상이 허가 없이 운영되고 있다고 한다.[64] (몇 년 전 나는 헬리콥터를 타고 아이오와 중부 상공을 지나면서 독특한 모습의 금속성 CAFO 헛간이 셀 수 없을 정도로 많이 있는 광경을 목격했다.)

사실 EPA는 이 산업을 규제하지 않기 위해 많은 노력을 기울였다. 2004년 이 기관은 새로운 규제의 기초가 될 EPA 연구에 자금을 지원받는 대가로 연구 기간 동안 축산업체를 EPA 소송에서 면제해주었다.[65] 미국 최대 축산 농가의 대다수는 현명하게 이 면책 특권을 구입했다. 15년이 지난 지금도 이 연구는 계속되고 있다. (트럼프Donald Trump 대통령이 이러한 상황을 악화시킨 것은 놀라운 일이 아니다.)

이 시스템에는 동물 사료만 재배하는 수백만 에이커가 있어야 한다. 그중 99%가 산업화된 농업이기 때문에 비료로 인해 생긴 지나친 질산염만으로도 엄청난 문제가 된다. 예를 들어 디모인에서는 시민들이 안전한 수돗물을 마실 수 있게 하기 위해 세계에서 가장 큰 도시 정수 처리장을 지어야만 했다. 동물 배설물의 영향뿐만 아니라 엄청난 양의 성장 호르몬이 유출되어 우리의 고기와 식수에 들어갈 수 있다.[66]

항생제도 마찬가지다. 모든 항생제의 80%가 가축 사육에 공급되고 있으며, 이 때문에 병균은 여러 세대에 걸쳐 변이를 일으켜 내성을 키울 수 있게 되었다. 그 결과 항생제에 내성이 있는 박테리아가 생겨났으며, 이전에는 일반적인 약으로 치료할 수 있었던 감염으로 전 세계에서 매년 70만 명이 사망하게 되었다. 대량 생산된 고기에는 약물에 내성이 있는 박테리아가 있고, 무엇보다도 살모넬라균이 있다. 육류 생산에서 항생제 사용이 가장 많은 곳(미국, 중국, 인도)에는 항생제에 내성이 있는 박테리아도 널리 퍼져 있다. EU처럼 항생제 사용을 제한하는 곳에서는 내성이 훨씬 더 낮다. 전문가들은 이를 한 세대 동안 방치할 경우 항생제에 대한 내성이 일상적인 의료 절차에 치명적인 위험을 안길 것이라는 데에 동의하고 있다.

산업적 동물 생산은 우리가 코로나19 같은 새로운 질병에 취약하다는 사실에 적어도 어느 정도는 책임이 있다. 삼림 남벌과 서식지 파괴로 숲이 사라지고 농부들이 자연 속으로 더 깊이 들어가게 됨에 따라 야생 동물과 인간 사이에 전염되는 위험한 질병이 생겨나기 좋은 환경이 조성된 것이다.[67] 그리고 일단 어떤 종류의 바이러스라도 여러 동물이 갇혀 있는 곳에 유입되면 아무런 저항 없이 퍼지게 된다. 최근 수십 년 동안 많은 새로운 전염병(코로나19뿐만 아니라 조류독감, 사스, 기타 여러 질병)이 이러한 경로를 따랐다.

요컨대 산업적 동물 생산은 생태와 윤리의 혼돈이며, 이는 동물의 삶뿐만 아니라 인간의 영혼을 질적으로 저하시킨다. CAFO는 고기를 위험한 초가공식품으로 만들어, 잔혹성에 대해 끝없는 관용을 가지고 있는 이 산업에 어울리는 끔찍한 종착점을 찍었다.

어류는 10억 명 이상에게 중요한 단백질 공급원이며, 전 세계 동물 소비량의 약 3분의 1을 차지한다. 그리고 인간이 육지와 공중에 있는 동물에게 저질렀던 거의 모든 실수는, 바다에 있는 동물에게도 저질렀거나 저지르고 있는 중이다. 미국의 대평원에서 아메리카들소가 사라지고 하늘에서 여행비둘기가 사라졌듯이 바다에서도 다양한 종이 사라져가고 있다. 낚싯바늘이 자비롭게 보일 정도의 방법으로 말이다. 이제는 물고기를 글자 그대로 진공청소기처럼 빨아들이거나 몇 마일이나 뻗어 있는 그물로 잡고 있다. 이러한 방법에 대한 대부분의 '해결책'은, 야생 물고기를 사료로 사용하는 환경 파괴적인 양식장 같은 것이다.

전체 물고기의 3분의 1은 지속 가능하지 않은 수준으로 잡히고 있고 참치와 황새치 같은 대형 어종은 산업화 이전 개체 수의 10%에 불과하기 때문에, 신뢰할 수 있는 대표적인 전문가 일부는 2050년까지 주요 어업이 붕괴할 것이라고 말하고 있다.[68] 좀 더 지속 가능한 방식으로 경영한다면 이번 세기 중반까지는 전 세계 식용 생산물의 절반'만' 위협받을 거라 우기는 전문가도 있다.

이에 대한 책임으로 많은 요인을 들 수 있지만 결국은 권력과 탐욕으로 귀결된다. 불법 조업이 만연해 있고, 대부분은 중국, 스페인, 대만, 일본, 한국을 거점으로 하는 선단이 수행한다. 정부의 감독 부족도 원인 중 하나다. 미국의 규제는 세계에서 가장 강력한 것이지만, 이러한 규제 대부분은 연안 해역에만 해당되는 것이다.

산업형 어업은 터무니없이 낭비적이고 무차별적이고 비효율적이다. 전체 야생 어류 어획량의 4분의 1 정도가 혼획*으로 버려져 결국 죽게 된다. 여기에 더해 소규모 어업을 오염시키고 교란하는 해안 건설과 개발, 양식 어류를 먹이기 위한 야생 어류의 사용, 세계 해산물 공급망에서 드러난 강제 노동, 아동 노동, 노골적인 노예 제도 등으로 이 산업은 뼛속까지 썩어 있는 상태다.

그리고 해양 환경을 심각하게 파괴하고 있는 기후 변화도 빼놓을 수 없다. 온난화는 이동 패턴과 서식지를 영구적으로 바꾸어 생태계를 혼란에

• 혼획(混獲): 어획 대상종에 섞여서 다른 종류의 물고기가 함께 잡힘.

빠뜨리고 있다. 게다가 기후 변화로 일어나는 해양 산성화는 물고기의 성장을 방해하고 심지어는 죽이기까지 한다. 얼마 안 가서 열대 지방에는 물고기가 전혀 남아 있지 않게 될 것이라고 우려하는 사람들도 많다.

예전에는 잡은 물고기를 거의 모두 사람이 먹었다. 이제는 더는 그러지 않는다. 혼획으로 버려진 4분의 1에 더해, 잡은 물고기의 또 다른 3분의 1이 비료, 혹은 양식 어류와 다른 동물을 위한 사료로 만들어지고, 여러 다양한 산업적 용도로 투입된다. 무엇보다 걱정스러운 점은 이렇게 버려지는 것 대부분이 멸치, 고등어, 청어 같은 작은 물고기라는 사실이다. 여러 전통적인 식단에서 중요했던 이런 물고기는, 이제 가난한 어부와 이들의 가족과 이웃이 사용할 수 없는 것이 되어가고 있다. 동일한 물고기가 부유한 나라에서는 '지속 가능한'이라고 표시되기도 하면서 양식 연어보다 더 나은 선택으로 여겨지는 경우가 점점 더 많아지고 있다. 실제로 이런 어류가 지속 가능한 것은 사실이다. 하지만 문제는 과거에 현지인을 위해 현지 어부가 지속 가능한 양으로 잡았던 물고기가 이제는 공장식 선박으로 포획되어 부유한 사람들을 먹이기 위해 전 세계로 운송되는 일이 또 다시 벌어지면서 식량 안보가 붕괴되고 있다는 점이다. 소규모 자급자족 농업이나 어업에 우호적인 체제에 살고 있던 사람들이 또 다시 세계 현금 경제에 내몰리고 있는 것이다.

한때 '푸른 혁명'이라고 했던 관행(양식 혹은 양어養魚라고 한다)이 오늘날 전 세계 물고기의 약 절반을 생산하고 있다. 이는 발전이라고 여겨질 수도 있지만 양식업은 전 세계 어분魚粉의 약 절반과 생선 기름의 거의 90%를 사용하고 있다.

이 방법이 효율적인 것도 아니다. 양식 연어 1파운드를 기르는 데에 야생 멸치 1파운드 반이 필요하다. 설상가상으로 양식 참치 1파운드를 기르는 데에는 28파운드의 야생 어류가 필요하며, 이는 소고기보다도 더 나쁜 전환율이다. 어류의 전환율은 일반적으로 육상 동물보다는 나은 편이지만, 모든 형태의 축산업과 양식업은 생산하는 에너지보다 더 많은 에너지(식품 칼로리 포함)를 사용한다. 주로 동물성 음식에 크게 의지하는 지역에서 식물 기반 식단을 주장하는 사람들이 말하는 가장 중요한 근거가 바로 이런 것이다.

현재의 양식 기술은 땅과 물 모두를 악화시킨다.[69] 예를 들어 새우 양식업은 태풍의 주된 방어막인 맹그로브 숲을 파괴하고 있으며, 연어 양식장의 물고기 20만 마리는 약 6만 명분의 배설물을 방출한다. 또한 양식업은 양식 연어와 접촉하는 야생 개체군도 위태롭게 만든다.

마지막으로 양식업은, 엄청나지만 확인 불가능한 양의 항생제를 사용하고 있다. 다른 농업과 거의 비슷한 방식이다. 이러한 약물의 약 80%는 소변, 대변, 그리고 사용되지 않은 음식을 통해 결국 생태계로 다시 방출되며,[70] 예상대로 앞에서 논한 내성 위기의 한 원인이 된다.

양식업이 야생 개체군에 대한 압력을 감소시킨다는 잘못된 믿음이 있다. 사실은 압력을 감소시키기는커녕 오히려 증가시키고 있는데, 이는 (자급자족을 하는 지역 주민이 먹기 위해서는 잡을 가치가 없었던) 작은 물고기가 이제는 양식장의 더 큰 물고기를 먹이기 위해 잡히고 있기 때문이다. 그리고 그 더 큰 물고기는 상대적으로 부유한 사람들이 먹는다.

현실적인 관점에서 볼 때 지금 우리가 가지고 있는 농지가 이용 가능한 전부다. 이 한정된 면적으로 세계를 먹여 살리는 모든 식량을 재배해야 한다. 전면적인 단일 재배의 또 다른 결과는 현존하는 소규모 농부들에 대한 전면전이다. 산업화된 서구에서는 새로운 농부를 위한 땅이 거의 없다.

토지는 식량 재배의 용도로만 가치가 있었던 적도 있었지만, 은행이 농업 파생 상품을 팔기 시작하면서 토지는 황금처럼 되었다. 즉, 유한하고 거래될 수 있다는 이유만으로 가치가 생긴 것이다. 금융 시장에서 관심만 가지면 토지는 튤립이나 잡초를 재배하는 데에도 사용될 수 있다.

음식 자체에도 해당되는 이야기다. 금융 상품으로서의 음식 가격은 수요 공급이라는 뒤떨어진 요인보다는 글로벌 금융 시장의 역학과 관련이 있다. 가격은 전 세계 수확량, 그리고 기후 패턴과 유가油價 같은 지정학적 지표의 타이밍에 대한 베팅과 역베팅으로 왜곡되어 있다.

지난 몇 세대 동안 좋은 농지의 가치는 거의 모든 다른 투자를 넘어섰다. 그 결과 미국 농지의 최소 30%는 비사업자들이 매입해 대규모 농부에게 임대하게 되었다.[71] 그리고 나머지 땅도 개별 미국 농부들이 고령화되면서 그 어느 때보다 높은 가격으로 투자자에게 넘어가고 있다. 땅을 판매하는 것이 유일한 목표라면 나쁠 것은 없다. 그러나 투기는 토지를 관리하는 책무를 우스꽝스러운 개념으로 바꾸어놓았고, 가난한 신입 농부들은 땅을 구입할 여유가 없다.

외국인의 토지 점유도 빼놓을 수 없다. 이는 남아메리카와 아프리카에서는 아주 흔한 일이지만 미국에서도 일어나고 있다. 오하이오 크기에 해당하는 토지가 외국인 소유다.[72] 2008년부터 2016년까지 7,400만 에이커 이상의 토지가 식품 생산을 위해 외국인 투자자들에게 팔렸고,[73] 기후가 나빠지고 수확량이 감소하면서 이러한 과정이 가속화되고 있다.

토지 점유는 농지가 부족하지만 현금이 많은 국가들(페르시아 만 인접 국가들, 중국, 인도, 한국, 심지어 일부 EU 국가들)이 가장 많이 하고 있다. 이들은 직접적인 토지 소유가 무역보다 더 안전하다고 보고 있다. 무역은 신뢰할 수 없는 것이고 가격이 변동되기도 하고 세금과 금수 조치도 있지만, 땅은 영원한 것이다.

공정하게 이루어지는 경우는 드물고 착취가 대부분인 토지 점유는 자급자족 농업을 없애버리고 상품 작물을 위한 경제의 성장을 촉진한다. 그러는 동안에도 통합은 소규모 농장을 계속해서 잠식하고 있다. 이 세상에는 경쟁의 여지가 거의 없다. 특히 소규모 이해관계자에게는 그렇다.

여기서 나온 결과는 다음과 같다. 작물의 종류는 줄어들고 농장의 수도 줄어들고 기업의 수도 줄어든다. 거대 식품 회사에서는 노동자 감원이라는 꿈이 실현된다.

노예가 된 사람들이 처음으로 마데이라에서 사탕수수를 기르고 가공한 이후로 서양의 음식은 잔인한 노동 관행에 의존해왔다. 지금도 여전하다. 산업형 농업의 관점에서 노동은 필요악, 즉 골칫거리다.

소규모 농장과 생물 다양성 농장은 여전히 노동 집약적이다. 그러나 대규모 농장은 화학 물질, 종자, 기계에 의존하면서 가능한 모든 방법으로 노동을 최소화한다.

하지만 음식은 항상 노동으로 귀결된다. 노동자가 없으면 아무도 먹지 못하게 된다. 그리고 음식을 식탁으로 가져오는 일에 참여하는 사람은 자신의 식탁에 음식을 놓는 일을 걱정하는 사람이기도 하다. 미국에서 가장 급여가 낮은 직업 10개 중 8개는 음식과 관련이 있다. 우리 경제에서 가장 큰 민간 노동력을 구성하고 있는 2,000만 개의 음식 시스템 일자리 거의 모두는 빈곤선 주변을 맴도는 임금을 받고 있다.[74] 농장 노동자의 적어도 3분의 1은 가구당 연 2만 달러라는 공식적인 빈곤 임금보다 더 적은 돈을 번다. 비현실적으로 낮은 월세를 내고 나면 다른 지출은 꿈도 못 꾸고 4인 가족이 영양 최저치만 가까스로 유지하는 수준의 식비를 낼 수 있을 정도의 연봉이다.

이러한 직업 중 많은 수는 단조롭고 모욕적이고 위험한 것이다. 이들 노동자는 정기적으로 화장실에 가는 시간, 안정적인 스케줄, 학대와 괴롭힘과 임금 착취에서 안전한 상태, 단체를 조직하고 교섭할 권리 등의 기본권을 누리지 못하고 있다.

이것이 음식 시스템이 작동하도록 설계된 방법이다. 공정노동기준법과 전국노동관계법과 같은 뉴딜 관련법은 농업 노동자와 가사 노동자를 의도적으로 배제했는데, 이들 중 상당수는 노예 출신과 이들의 자녀였다. 이와 유사하게 팁 노동자에게는 최저 임금 이하의 기준도 설정되었다. 당시에는 팁 노동자가 주로 기차역의 짐꾼이었지만 지금은 대부분이 식당 노동자다. 노동부는 급여에 팁을 더하면 최저 임금을 충족하거나 초과하는 액수가 보장될 것이라고 생각했지만, 약 85%의 식당이 해당 법률을 위반하고 있는 것으로 추산된다.

외식업에서는 다른 어떤 업종보다 최저 임금 노동자들을 더 많이 고용하고 있다. 약 600만 명의 젊은 여성이 팁을 받는 임금 시스템의 불안정성 속에서 살아가고 있으며, 수백만 명의 젊은 여성은 팁을 받기 위해 신체 접촉과 언어폭력, 그리고 더 나쁜 일까지 참아가며 일을 시작한다. 패스트푸드점에서는 여성의 40% 이상이 괴롭힘을 경험한다.

자동화된 스케줄링(언제든 필요한 최소한의 노동력을 결정하는 전산화된 관리의 결과다)은 마지막 순간에 결정되곤 하는 제멋대로의 일정으로 노동자가 고통을 겪고 있음을 의미한다. 2교대, 분할 근무*, 장기간의 비번 상태도 부담을 가중한다.

농장 일은 아마 그 무엇보다도 최악이 아닐까 싶다. 이 노동은 주로 남반구 출신의 이민자나 시민이 하고 있으며, 계절에 따라 일하는 양이 결정되고, 시간제이고, 복지 혜택이 없고, 고용주가 처벌받지 않을 만큼의 적은 임금만 받는다. 작업 자체가 잔인한 경우도 있다. 등에 묶인 50파운드(약 23킬로그램) 무게의 통을 지고 발암성 살충제를 뿌리거나, 섭씨 40도의 더위 속에서 토마토를 따거나, 무게 단위로 돈을 받는다는 이유로 무거운 바구니를 들고 수거 트럭으로 달려가는 일을 생각해보라. 밀폐된 트럭에서 하루 8시간 동안 서서 상추 잎을 뚜껑 있는 용기에 분류하는 일을 상상해보라. 허술한 아동보호법은 12세 아동이 밭에서 일할 수 있도록 허용하고 있다. 미국에서는 농업이 아동에게 가장 치명적인 산업임에도 불구하고 말이다.[75]

이런 상황을 옹호하는 사람들은 수 세기 동안 많은 이들이 자기가 살던 땅을 버리고 도시에서 일을 해왔다고 주장했지만, 진정한 기회는 제한적으로만 이루어졌다. 지난 10년 동안 생겨난 새로운 일자리의 10% 미만만이 전통적인 상근직이다. 식품 산업에서 이러한 일자리는 고속 도로에서 외롭게 여섯 개 주를 가로질러 제품을 운반하거나, 붐비는 식료품 통로에 냉동식품을 쌓거나, 드라이브스루가 붐비는 동안 헤드셋으로 들리는 시끄러운

---

* 분할 근무(split shift) : 보수가 지급되지 않는 중간 휴식 시간을 갖는 직업. 예를 들어 등교 시간과 하교 시간에만 일하고 그 사이에는 휴식 시간을 갖는 학교 버스 운전사와 같은 직업을 말한다.

주문을 받거나, 하루에 수백 잔의 커피를 준비하는 것을 의미할 수도 있다. 붐비는 도시를 뚫고 자전거로 식사와 식료품을 배달하거나, 학교 급식 라인이나 교도소 식당에서 식판을 채우거나, 반복동작증후군이나 뜻하지 않은 절단 사고 같은 부상을 당할 위험을 무릅쓴 채 섭씨 7도 도축장에서 정신없는 속도로 일하거나, 이 모든 일을 하는 동안 화장실에 갈 시간이 거의 없다는 이유로 기저귀를 차고 있는 것을 의미할 수도 있다.

이것이 바로 식품 노동자가 직면하고 있는 현실이다.

농장 노동자와 식품 노동자에 대한 공정한 대우에 접근하는 법적 조치를 취하려고 할 때마다 고용주는 좀 더 효율적으로 노동력을 착취할 수 있는 다른 곳을 찾아 나선다. 미국의 국경 개방에 대한 호들갑스러운 우려에도 불구하고, 이것이 바로 다국적 기업이 누리고 있는 바다. 이들 기업은 사업장을 옮기기에 실용적인 곳이면 어디에서나 값싼 노동력을 찾아낼 수 있다. 쉽게 국경을 넘지 못하거나 새로운 나라에서 일자리를 구한다 해도 안정된 삶을 꾀할 수 없는 사람들이 바로 노동자다.

대부분의 경우 이민의 '위기'는 식량과 노동의 위기다. 기후 변화, 토지 점유, 자급자족 농업에 대한 지원 부족으로 농부는 일자리를 찾아 고향을 떠난다. 덕분에 이들이 도착한 국가는 값싼 노동력을 공급받게 되며, 이들 국가는 필요할 때만 '이주' 노동자를 받아들인다. 미국에서는 불법 체류 멕시코 노동자가 농업 노동자 인구의 80%를 차지하고 있으며,[76] 이들은 문자 그대로 대체가 불가능하다. 농장노동자연합은 2010년의 역사적인 실업 기간 동안 400만 명의 미국 시민을 대상으로 농사일을 권유했다. 1만 2,000명이 지원했다. 12명이 일하러 왔다. 하루 이상 버틴 사람은 아무도 없었다.

소득과 안전이 보장되지 않은 식품 노동자는 나머지 미국 노동자보다 1.5배 이상의 비율로 푸드 스탬프를 사용한다.[77] 따라서 생활 임금과 수백만 명의 미국인이 실제로 버는 수입의 차이를 충당하기 위해, 미국인 모두의 세금을 활용해 식품 산업의 열악한 노동 관행에 효과적으로 보조금을 지급하고 있는 셈이다. 미국에서 가장 높은 수익을 올리고 있는 (그리고 주로 저임금과 시간제 근로자를 통해 인건비를 줄이는 데 가장 '효율적인' 회사로 유명한) 식료품점인 월마트는 전체 매출의 4%를 영양보충지원 프로그램Supplemental Nutrition Assistance Program, SNAP의 푸드 스탬프로 거둬들이고 있다.[78]

우리의 음식 시스템에서 망가진 부분을 다룬다는 것은 모든 측면을 오래도록 엄중하게 살펴본다는 의미다. 모든 측면이란 화학 물질에 의존하고 이윤에 열광하는 농업 관행에서부터, 우리가 끊임없이 요리하는 환경에서 음식 시스템이 갖는 핵심 역할, 그리고 미국과 해외에서 소득과 부의 불평등을 강화하는 노동 관행에 이르기까지를 말한다. 모두가 상호 연결되어 있다.

그러나 꼭 이런 방식일 필요는 없다. 반다나 시바의 말을 빌려 표현하자면, 단일 재배가 농업의 다양성에 필요한 조건을 파괴하듯 "마음의 단일 재배"[79]도 변화의 의지를 밟아버린다. 주류 문화는 더 건강하고 공정한 음식 시스템이 (그리고 세계를 여전히 먹여 살릴 수 있는 음식 시스템이) 헛된 꿈이라고 믿게 만들 것이다. 사실은 지금의 시스템이 성공할 희망이 있다고 믿는 것이야말로 망상이다. 살아남기 위해 우리는 음식 시스템을 새롭게 만들어나가야 한다.

15장
앞으로 나아갈 길

나는 이 책의 많은 부분이 희망찬 내용을 담고 있지 못하다는 사실을 알고 있다. 그리고 미국은 농업 혁신의 보루이기 때문에, 경로를 바꿔 공정한 시스템을 만드는 면에서는 한참 뒤처진 국가에 속할 가능성이 높다.

그러나 희망을 버리지 않을 근거는 있다. 이 책의 독자들이 일상생활에서 더 나은 음식 시스템의 예를 많이 보지 못했을 수도 있겠지만, 이러한 시스템은 존재한다. 중앙 집권에서 탈피한 상태에서 많은 분배가 이루어지고 있고, 생계형 농업과 소규모 농업이 세계 대부분의 지역에서 번성하고 있으며 심지어 주류를 이루고 있기도 하다. 많은 사람들은 판단력, 경험, 지혜를 갖고 지속 가능한 방법으로 음식을 재배하면서 농업이 하나의 공식으로 정리될 수 없다는 사실을 이해하고 있다.

이러한 사실은 중요하며, 더 나은 음식을 만들기 위한 서구의 중대한 변화와 노력도 마찬가지다. 따라서 이 장에서는 우리의 음식 시스템에서 일어나고 있는 긍정적인 변화, 널리 퍼진 변화, 인간 친화적이고 지구 친화적인 식품 생산 전통을 되살리고 강화하려는 변화에 대해 기술하고자 한다.

'농생태학agroecology'이라는 단어는 약 100년 전에 처음 사용되었고, 이는 우리와 음식의 관계를 재건하려는 움직임을 가장 잘 설명하고 있다. 이 단어와 실천은 세계적인 농민 조직 비아 캄페시나Via Campesina('농민의 길'이라는 뜻이다)가 수십 년 동안 발전시켜왔고, 이러한 움직임은 (농생태학이 농업에 대한 가장 합리적인 접근법이라는 사실에 힘입어) 실천으로 이어졌고, 프랑스, 쿠바 등의 정부로부터, 그리고 2030년 지속가능개발목표의 핵심 구성 요소에 농생태학을 포함시킨 유엔식량농업기구로부터 적어도 부분적인 지지를 받게 되었다.

이러한 이유로 (그리고 "지구 및 지구인들과 조화를 이루는 음식을 생산한다"는 이유로) 나는 '농생태학'이라는 단어를 고수한다. 투박한 용어이지만 매력적이지 않다는 점이 장점일 수도 있다. '자연적'이나 '유기농' 같은 단어처럼 빠르게 오용될 것 같지는 않다. 여러 이상한 일이 일어나기는 했지만 '농생태학적' 에너지바 또는 감자칩을 상상하기는 힘들다.

짐작할 수 있듯이 농생태학은 생태학적 원리를 농업에 통합하는 일련의 실천이다. 자연을 정복해야 할 대상으로 보기보다는 자연이 지닌 힘과 자질 모두를 오롯이 활용하여 일하는 과학적 농사 접근법이기에 농생태학은 산업형 농업의 반대편에 서게 된다. 농생태학은 '유기농'보다 더 진지하고 포괄적인 것이며 농무부의 정의에 의해 제한되지 않는다.

그러나 농생태학은 단순한 여러 기술 그 이상이다.[1] 그것은 철학이자 사회를 개선하려는 폭넓은 헌신인 것이다. 지지자들은 이를 '자율적이고 다원적이고 다문화적이며 사회 정의를 요구하는 정치적인 운동'이라고 정의

한다. 이것이 바로 핵심이다.

전 세계 농부는 '개발'과 '저개발'이라는 전 세계적 규범(도시화, 산업화, '효율화', 대규모화 등을 요구하는 규범이다)을 거부하면서 음식 공급에 대한 통제권을 유지하거나 되찾기 위해 고군분투하고 있다. 2억 명의 농부와 활동가로 구성된 느슨한 연합인 비아 캄페시나는 식량 주권을 위해 조직한 단체다. 이 단체의 목표는 땅이 없는 사람들에게는 땅을 갖게 해주고, 농부들에게는 생계를 유지하고 지구를 관리하면서 자신의 생산물을 통제하도록 해주는 것이다.

농생태학에 대한 서구 최고의 옹호자 중 한 사람이 바로 캘리포니아 대학교 샌타크루즈 캠퍼스의 전직 교수인 스티브 글리스먼Steve Gliessman이다. 앨버트 하워드, 프랭클린 히람 킹, 루돌프 슈타이너의 전통 속에서 글리스먼은 세계를 여행하며 농민 농업의 힘과 분별력이 산업형 농업의 취약성과 무모함과 어떻게 대조를 이루는지 살펴보았다.

글리스먼은 농생태학적 시스템을 발전시킨다면, 먼저 (화학 비료와 살충제부터 시작하여) 산업형 농업에 내재된 독성 기술을 줄임으로써 궁극적으로는 세계의 음식 시스템을 변하게 만들 것이라고 주장한다.[2]

다음 순서는 퇴비, 피복 작물, 윤작, 혼작* 등의 대안적 방법으로 화학 물질과 살충제 같은 물질과 관련 기술을 대체하는 것이다. 그리고 동물과 식물의 유용한 상호 작용을 장려하고 화학 물질을 완전히 제거한다. 여기까지는 유기농법에 대한 이야기이지만, 바로 이 지점부터 농부들이 이 시스템을 재건하기 시작하게 된다. 농장에서 나온 비료를 사용하고 해충과

• 혼작(混作): 섞어짓기. 한곳에 두 가지 이상의 작물을 심는 일.

원치 않는 식물을 줄이기 위해 간작*을 하고 꽃가루 매개체를 장려하면서, 전반적으로는 글리스먼의 말처럼 "일련의 새로운 생태적 과정을 기반으로" 농사를 짓게 되는 것이다. 다음 단계는 음식 공급망을 단축해 재배하는 사람과 먹는 사람 사이의 거리를 줄이면서 사람들에게 음식을 제공하는 새로운 방법을 확립하는 것이다.

마지막으로 (그리고 이는 경제를 포함한 모든 영역의 광범위한 사회적 변화 없이는 일어날 수 없는 일이다) 전 세계적 음식 시스템은 지속 가능해져야 하고 모두에게 평등해져야 한다.

분명히 어렵고 무리한 요구다. 하지만 다른 선택은 재앙과 파멸을 불러올 뿐이다.

"먹는 행위는 농사짓는 행위다"[3]라는 웬델 베리의 말처럼 음식은 그냥 오는 것이 아니라 땅과 사람들에게서 온다. 결국 농업은 정치적 행위다. 사회적으로 결정되는 정책과 투자는 어떤 농업을 행할 것인지를 결정한다.

우리가 땅과 재배하는 음식과 어떻게 관계를 맺고 있는지는, 우리가 지구에서 어떻게 살고 있는지, 그 과정 속에서 누가 혜택을 받고 누가 고통을 받고 있는지와 전적으로 관련이 있는 것이다. 따라서 농생태학은 정상적인 농업 방법에 관한 것일 뿐만 아니라 여성들과 오랫동안 착취당해온 사람들에게 힘을 실어주는 것에 관한 것이기도 하다. 이는 BIPOC(흑인, 원주민, 유색 인종), 토지 개혁, 자원의 공정한 분배와 노동자에 대한 정당한 대우, 저렴한 음식, 영양과 식단, 동물 복지 등을 의미한다.

농생태학은 사회적 잘못을 바로잡는 것을 목표로 한다. 전 지구적 정의

• 간작(間作): 사이짓기. 한 농작물을 심은 이랑 사이에 다른 농작물을 심어 가꾸는 일.

를 위한 움직임과 진정으로 지속 가능한 재배 기술은 서로 얽혀 있는 것이며, 농생태학적 변화는 위에서 설명한 첫 번째나 두 번째 단계에서 그냥 멈출 수 없다. 또 다른 척도로는 음식이 사람들에게 영양을 얼마나 잘 공급하는지, 환경을 얼마나 잘 보호하는지, 농부가 좋은 삶을 살도록 얼마나 잘 도와주는지 등이 있다. 농생태학은 토양의 생태계를 고갈시키기보다는 재생시키고, 탄소 배출량을 줄여주고, 지역의 음식 문화·기업·농장·일자리·종자·사람들을 감소시키거나 파괴하기보다는 유지시킨다.

지금까지 농생태학은 정부의 연구 지원을 거의 받지 못했다. 아마 산업형 농업에 대한 지원의 5% 정도에 불과하지 않았을까 싶다. 하지만 농생태학은 자연과 조화를 이루는 성장에 초점을 맞추는 것이 유익하고 생산적이면서 오래갈 수 있다는 사실을 계속해서 보여주었다. 산업형 농업의 틀 안에서도 화학 물질과 특허 받은 종자의 사용을 줄이면 비용은 크게 절감되며, 토양 건강이 개선됨에 따라 수확량은 안정적으로 유지되고 심지어 증가하기까지 한다.

농생태학은 농사를 존엄한 삶의 방식으로 지원하며, 기초적이고 가족 지향적이며 생명을 주는 일을 만들어낸다. 이를 '농촌 고용', '활성화', '녹색 일자리'라고 할 수 있다. 산업형 농업의 최상의 아이디어와 방법을 더 합리적이고 공평한 시스템으로 들여온다면 농업은 수백만 명이 빠져나가고 싶어 하는 고된 일을 강요할 필요가 없다.

다행스럽게도 필라델피아 시에서 태평양 국가 바누아투까지, 그리고 그 사이에 있는 수십 개의 진보적 정부가 산업적으로 생산된 식품의 파괴적인 본질을 인식하면서 이에 따라 행동하기 시작했다. 이러한 진전은 많은 사람에게 거의 보이지 않는다. 그러나 이는 분명히 존재한다. 이것으로 충분한지는 지켜봐야겠지만, 농생태학은 인류를 괴롭히는 가장 큰 문제의 동인動因이었던 농업을 이러한 문제의 해결책으로 바꾸기 위한 확실한 최선책이다.

처음에는 이러한 농생태학적 해결책 중 일부가 사소하고 극도로 천천히 이루어지는 것처럼 느껴질 수도 있다. 실제로 변화는 천천히 이루어지지만, 결코 사소한 것은 아니다. 이러한 해결책은 농생태학이 제시한 단계에 속하고 단일 경작을 끝내는 출발점일 뿐만 아니라 사려 깊고 공정한 음식 시스템, 더 합리적인 생산 방식이기 때문이다. 산업형 농업이 금방 사라질 것 같지 않다는 사실을 인정하고 받아들이는 일은, 산업형 농업의 가장 끔찍한 영향을 완화하기 위해 취할 수 있는 조치의 가치를 받아들이는 동시에 진정한 대안과 진전을 보여주는 단계를 인식하는 것을 의미한다. 이에 대해서는 뒤에서 다룰 예정이다.

새로운 접근법은 땅과 사람에서 시작해 땅과 사람에서 끝난다. 과거의 실수를 없던 일로 할 수는 없지만 바로잡을 수는 있다. 이는 권력의 변화를 필요로 한다. 권력은 음식 시스템을 정의하는 모든 문제와 맞물려 있으며, 음식 시스템의 윤리적 구조 조정은 토지와 부의 분배에서 이루어진 역사적 잘못을 바로잡고 세계에서 가장 취약한 사람들에게 힘을 실어줘야 한다. 이를 진화나 혁명이라고 할 수도 있지만, 이러한 변화는 세계 대다수의 사람들이 진정한 자기 결정권을 지니게 된다는 것을 의미하게 될 것이다. 이는 전적으로 옳은 길이다.

대부분의 경우가 그렇듯 농생태학의 중심은 음식이고, 음식은 사람이 생산하는 것이다. 음식 시스템을 개선한다는 것은 사람의 참여를 줄이는 것이 아니라 늘리는 것을 의미한다. 땅을 올바르게 다루기 위해서는(단일 재배와 그 병폐를 줄이기 위해서는) 많은 노동력이 필요하다.

노동력이 많이 투입되면 업계의 이윤(부당하게 높은 상태다)을 위협하게 되고 소비자 가격(부자연스럽게 낮은 상태다)은 올라가게 된다. 이러한 경제적 실패는 환경 훼손, 쇠퇴하는 공공 보건, 심지어는 저임금 노동자를 위한 푸드 스탬프의 비용 같은 '외부성'을 무시할 수 있는 업계의 능력 때문이다. 이 모든 비용은 업계가 이윤을 늘리기 위해 역사적으로 회피해온 것이다.

기업이 이러한 비용에 대해 더 많은 책임을 지게 되면, 음식 시스템이 누구에게 봉사하는지에 대한 기본적인 진실은 더 많이 밝혀지게 될 것이다. 누구라도 짐작 가능하겠지만 다음에 일어날 일은 임금이 낮아지는 것이다. 낮은 임금은 산업적 음식 시스템의, 실제로는 경제 시스템 자체의 마지막 보루다.

음식 시스템에서 부당한 대우를 받는 노동자 문제를 해결하기 위해서는 현재 상황에 대한 단계적 변화가 필요하며, 낮은 임금 문제를 해결하는 것은 좋은 출발점이 된다. 그리고 식품 체인점 노동자에 대한 관심은 최근 몇 년 동안 크게 늘어나고 있다. '15달러를 위한 투쟁'(현재의 연방 최저 시급인 7.25달러 대신 15달러의 최저 시급을 도입하려는 운동)이 KFC, 맥도날드, 버거킹에서 시작된 것은 우연이 아니다. 2012년 뉴욕 시 패스트푸드점 노동자 약 200명은 자신들의 일자리를 걸고[4](그리고 많은 사람들은 자신들의 이주 신분을 걸고), 15달러라는 여전히 충분치 않은 시급을 요구했다.

이 글을 쓰고 있는 시점의 추산으로는, 15달러를 얻기 위한 이 투쟁으로 2,000만 명 이상의 노동자들이 700억 달러 이상의 소득을 얻게 될 것이라고 한다.[5] 많은 주가 최저 임금을 인상했으며 몇몇 주는 15달러로 정했다.

어떤 주는 착취적인 팁 임금을 폐지했다. (캘리포니아 주는 이 두 가지 모두를 시행했다.) 다음번에 민주당이 백악관에 입성하고 의회에서 과반수를 차지하게 되면, 국민 최저 임금은 시간당 15달러로 인상될 것이며 팁 임금이 전국적으로 폐지되는 모습을 보게 될 것이다.•

농장 노동자의 경우도 진전을 이루었다. 가장 잘 알려진 예는 플로리다에서 찾아볼 수 있다. 이곳은 미국의 겨울 토마토 대부분을 오랫동안 공급해온 곳이다.6) 수십 년 동안 사우스플로리다 농장주는 노동자에게 저임금을 지급하고 학대했으며 때로는 글자 그대로 감금하기까지 했는데, 이들 노동자 대부분은 이민자였다. 1993년 이모칼리 노동자연합Coalition of Immokalee Workers, CIW (토마토 재배 중심지인 이모칼리에서 이름을 따왔다)이 이러한 상황을 바꾸기 시작했다.

농장주를 악마화하는 것이 학대를 막고 임금을 인상하는 가장 확실한 방법이었지만, 조직 활동가들은 진정한 권력이 어디에 있는지 알고 있었다. 비교적 소규모였던 농장의 소유주가 아니라 이들의 고객들, 즉 계속해서 가격 하락을 요구했던 슈퍼마켓과 패스트푸드 체인이 진정한 권력을 갖고 있었다. 따라서 이 단체는 2001년부터 대기업을 겨냥하기 시작했다.

학생, 노동 운동가, 여러 연합이 참여한 4년간의 투쟁 끝에 타코벨(패스트푸드 체인점)은 토마토 1파운드당 1페니를 더 지불하고, CIW의 공정식품행동강령을 전적으로 따르는 농장에서만 구매하는 데에 합의했다.7) 이

• 2021년 1월 바이든이 대통령에 취임하고 민주당이 상원에서 다수당을 탈환하면서 행정부와 상·하원 모두를 장악하게 되었다. 바이든의 공약은 의회의 반대로 이행되지 못했지만, 코로나19로 노동력이 부족해지자 저임금 노동자들의 시간당 평균 임금이 역사상 처음으로 15달러를 넘게 되었다.

후로도 13개의 주요 식품 브랜드가 추가로 이 합의에 동참했고, 1파운드당 1페니 인상안으로 거의 3,500만 달러의 추가 임금이 이루어지게 되었다. 고용주는 이 강령에 서명하면서 노동자에게 다음 사항을 보장하게 된다. "강제 노동, 아동 노동, 폭력의 희생자가 되지 않을 것이며 (…) 성희롱이나 폭언을 당하지 않고 일터로 가게 될 것이며 (…) 그늘, 깨끗한 식수, 밭에 있는 화장실을 제공받게 될 것이며 (…) 번개, 살충제 살포나 기타 위험한 조건에서는 밭을 떠날 수 있게 될 것이며" 이 밖에도 기타 보호 조치를 받게 될 것이다.[8]

현재 이 공정식품 프로그램에는 여러 슈퍼마켓과 패스트푸드 체인이 구매자로 참여하고 있고, 그중에는 무엇보다도 월마트도 있다. 플로리다와 동부의 다른 여섯 개 주에 있는 토마토 생산자의 90%가 공정식품행동강령에 서명했고, 이 강령의 조건을 이행하지 못한 농장은 이 프로그램에서 제명되어 여기에 서명한 대형 구매자에게는 판매할 수 없게 된다. 개선된 노동 조건으로 약 3만 5,000명의 적절한 대우를 받는 노동자 등 더 안정적인 노동력을 확보하게 되었다.

그리고 이 모델은 다른 곳으로도 확산되고 있다. 현재도 자체 행동 강령을 지닌 우유존엄성표준위원회가 유제품 체인 노동자의 권리를 향상시키기 위해 노력하고 있다.

그럼에도 불구하고 대부분의 농장 노동자(그들 중 많은 수가 서류 미비자이며 추방의 두려움 속에서 살고 있다)는 조직을 구성할 권리, 주당 근무 시간 제한, 위생적인 주거에 대한 규정, 상해 보험, 가족 휴가(육아 및 간호를 위한 휴가), 실업 및 초과 근무 수당 등을 아직도 누리지 못하고 있다. 대부분의 노동자에게는 이러한 보호 규정이 보장되지만 아무도 원하지 않는 일, 즉 우리가 먹는 음식을 생산하는 일을 하는 노동자들에게는 보장되지 않는다.

이 부분의 진전은 2019년 뉴욕에서 이루어졌다. 농장노동자공정노동추진법이 통과되면서 1938년 공정노동기준법에서 농업 노동자를 배제했던 잘못을 바로잡은 것이다. 이에 따라 뉴욕은 거의 10만 명의 농장 노동자에게 좀 더 안전하고 존엄하고 노조 친화적인 곳이 되었다. 이 법에는 단체교섭권, 주당 60시간 근무 이후 1.5배 수당 지급, 주당 1일의 휴무 보장, 그리고 오랫동안 추진해왔던 여러 기타 조항이 포함되어 있다.

캘리포니아도 초과 근무 수당 등 농장 노동자들을 보호하기 위해 법을 개선했고, 이 글을 쓰고 있는 시점에도 워싱턴 주 대법원은 시간 외 근무에서 농장 노동자들을 제외하는 일이 합헌인지의 여부를 결정하는 소송을 심리하고 있다. 이 결정은 향후 연방의 판결에 영향력을 발휘하게 될 것이고 지속적인 변화를 위한 기반도 마련하게 될 것이다.

변화는, 작지만 중요한 방식으로 일어나고 있다. 도시의 정원과 농장은 규모나 외형이나 수확량 면에서 시골의 대규모 농장과 비교할 수도 없는 것이지만, 사람들에게 진짜 음식을 공급하고 도시인에게 권한을 부여하고 음식 시스템을 이해할 수 있게 해줌으로써 전체 퍼즐의 중요한 일부가 된다. 이는 고급 레스토랑에 어린잎 채소를 공급하는 첨단 수직 농장●에 대한 이야기가 아니라, 유색 인종 비율이 높은 도시의 주민들이 자신이 살고 있는

● 수직 농장(vertical farm): 도심에 고층 건물을 짓고 각층에 농장을 만들어 수경 재배가 가능한 농작물을 재배하는 일종의 아파트형 농장.

지역 사회에 먹을 것을 공급하는 집 앞 텃밭에 대한 이야기다.

한때 미국에서 가장 성공적인 도시 농장이었던 밀워키의 그로잉 파워 설립자 윌 앨런Will Allen은 이에 대해 다음과 같이 잘 표현했다. "우리는 단순히 음식을 기르는 것이 아니라 지역 사회를 성장시키고 있는 것입니다."9) 좋은 음식을 모든 사람들이 이용할 수 있게 하는 것(또는 영양가 있고 저렴한 음식의 현지 생산이 가능하다는 것을 최소한 보여주기라도 하는 것)은 체제의 불평등과 싸우는 일이고 진보를 확산시키기 위한 구체적인 동반자다. 오늘날 많은 도시 음식 활동가들이 음식 아파르트헤이트와의 전쟁에 대해 이야기하는 이유도 바로 이런 것이다. 음식은 누구나 누려야 하는 보편적 권리이거나, 혹은 그래야만 한다. 접근성의 부족은 '비극'이 아니라 범죄다. 그리고 도시 농업은 인종 차별에도 불구하고 그리고 농업 체제의 더 일반적인 불공정에도 불구하고 스스로에게 먹을 것을 공급하는 사람들에 대한 것이다.

가장 좋은 예는 디트로이트에서 볼 수 있다. 디트로이트흑인사회식품안전 네트워크Detroit Black Community Food Security Network, DBCFSN에는 디타운 팜D-Town Farm, 디트로이트식량정책협의회, 전국적인 푸드 서밋Food Summit, 피플스 그로서리People's Grocery 프로젝트가 참여하고 있다. DBCFSN은 학교 설립자이자 교장인 말릭 야키니Malik Yakini 등 수십 명이 2006년에 설립한 단체다. 모니카 화이트는 『자유 농부Freedom Farmers』에서 다음과 같이 적었다. "이들은 함께 DBCFSN을 설립하고 교육, 식품 접근, 공동 구매라는 목표를 제시했다. 이런 목표가 디트로이트 흑인에게 생존 외에도 번영에 필요한 것을 갖도록 보장하기 위한 중요한 전략이라고 생각한 것이다."10)

야키니는 디타운 탐방 중에 내게 다음과 같이 말했다. "이러한 생각은 흑인이 자립할 수 있도록 도와주는 것이고, 현실을 창조하는 일이 백인의 전유물이 아님을 보여주는 것입니다. (…) 이 농장은 시민들에게 권한을 부여하고 경제를 추진시키며 탄소 발자국을 줄이고 더 나은 음식을 제공해 줄 수 있습니다. 그리고 우리는 백인 젊은이들에게도 영향을 미치고 있습니다. 그들도 이곳을 보게 되기 때문입니다."

디트로이트에는 현재 1,000개 이상의 지역 정원과 농장이 있으며, 디트로이트식량정책협의회를 비롯해 많은 도시에서 흔히 찾아볼 수 있는 학교 및 병원 급식 서비스 책임자 모임, 푸드 뱅크 경영진, 농부, 유통업자, 식료품점 상인, 우호적 단체 등 여러 사람들의 지원을 받고 있다.

일반적으로 지역의 식품 네트워크는 성장하고 있는 중이다. 1997년과 2015년 사이에 농장 직거래 매출은 5억 달러에서 30억 달러 정도로 급증했다. 농산물 직판장의 수는 거의 3배까지 늘어났고, '농장에서 학교로' 프로그램은 400% 이상 증가했으며,[11] CSA의 수는 2배 이상인 1만 2,000개가 되었다.[12] (CSA는 '지역사회지원농업Community-Supported Agriculture'의 약자로, 지역 주민이 선불을 내고 정해진 날짜에 지역 농장의 농산물 상자를 받는 프로그램이다. 일반적으로는 제철 농산물을 매주 받고 있다.)

미국에 있는 수백만 명에게 가장 눈에 띄고 중요한 프로그램은 농무부의 영양보충지원 프로그램SNAP으로, 일반적으로는 '푸드 스탬프'라고 한다. 이 프로그램은 소득이 너무 낮아 제대로 된 음식을 구입하기 어려운 사람들(미국 가정의 10% 정도다)에게 도움을 주고 있고, (모든 사람을 위한 영양가 있는 식단에 대해 고민하지도 않았고 그런 시늉을 하지도 않았지만) 이 나라가 음식에 대한 보편적 권리를 인정하는 데 가장 근접했다.

이 프로그램이 기아에 대처하고 있는 것은 사실이지만, 자금이 충분히 지원되지 않았고 제대로 운영되지도 못했기에 미국의 수백만 가정은 여전히 건강한 음식을 (때로는 어떤 종류의 음식도 충분히) 구입할 수 없었다. 초가공식품이 아닌 진짜 음식에 대한 접근성 부족은, 내내 지적했듯 스트레스, 빈곤, 건강 악화라는 파괴적인 악순환을 일으킨다.

하지만 농무부의 일부 프로그램은 진짜 음식, 특히 과일과 채소를 쉽게 구매할 수 있도록 해주고 있으며,[13] 작지만 중요한 몇몇 방법을 통해 푸드 스탬프를 긍정적인 방향으로 이끌고 있다.

2009년 디트로이트에서 시범적으로 시행된 더블 업Double Up이 그런 프로그램 중 하나다. 이 프로그램은 농산물 직판장에서 푸드 스탬프의 가치를 2배 높여주면서 구매자와 농부 모두에게 혜택을 준다. 더블 업은 농무부와 홀섬 웨이브Wholesome Wave 등의 여러 비영리 단체에서 자금 지원을 받아 전국으로 확대되었다. 28개 주에 있는 900개 이상의 직판장과 20만 가구가 참여하고 있는 이 프로그램으로 푸드 스탬프 1,500만 달러가 과일과 채소가 있는 농산물 시장에서 사용될 수 있었다. 농무부는 식량불안정 영양 인센티브Food Insecurity Nutrition Incentive, FINI 프로그램에 매년 5,000만 달러를 지원하기로 약속했고,[14] 그중에는 영양보충지원 프로그램에 참여하는 사람을 CSA에 가입시켜주는 글린우드 지역식품농업센터(내 동료인 캐슬린 핀리Kathleen Finlay가 운영한다)의 시범 프로그램도 있다.

이러한 여러 시도가 별것 아니라고 할 수는 없다. 다시 말하지만 미국의 모든 사람에게 좋은 음식을 보장하기 위한 전면적인 시도는 단 한 번도 없었다. 그런 규모로 일이 이루어지기는 힘들겠지만, 농업과 영양 정책을 바꾸려는 정부의 적극적인 행동은 우리가 재배하고 먹는 음식을 바꿀 수 있는 가장 효과적인 방법이다. 우리를 더 나은 음식으로 이끌었던 국내외 수십 가지 개혁, 프로그램, 모델을 찾아볼 수 있다. 가장 쉽게 볼 수 있는 방법(업계가 받아들이기 비교적 쉬운 것)은, 음식에 대한 정보를 제공해 사람들이 초가공식품에서 벗어나 음식을 선택할 수 있게 해주는 것이다. 여기서 가장 중요한 것이 라벨링이다.

초가공식품이 일반적인 음식보다는 바람직하지 않은 것이라고 알려주는, 비교적 논란의 여지가 적은 조치를 취하면서 정부는 사람들을 최소한 올바른 방향으로는 이끌 수 있고, 결국 재배하고 판매되는 것에도 영향을 미칠 수 있게 된다. 현재 50개 이상의 국가가 식품의 라벨링을 의무화하고 있으며, 이 밖의 10여 개국은 법적 구속력이 없다 해도 국가에서 정한 지침을 가지고 있다. 다행스러운 점은 우리는 이전보다 라벨을 많이 보고 있으며, 이해하기 쉬운 '신호등' 시스템(녹색은 "원하는 만큼 먹으세요", 노란색은 "조금만 먹으세요", 빨간색은 "가능한 한 적게 먹으세요"라는 뜻이다)이 대중화되면서 라벨링이 더욱 의미를 갖게 되었다는 사실이다.

그러나 소비자를 초가공식품에서 멀어지게 하는 것만으로는 충분하지 않다. 진짜 음식의 생산을 장려해야만 시장의 임무를 완성시킬 수 있다. 초가공식품이 넘쳐나는 시장에서는 사람들이 정크푸드가 아닌 식품을 구입하기 어려워지고, 건강한 선택을 하라는 권장 사항은 거대 식품 회사의 광고 소음에 묻혀 들리지 않을 때가 많다. 음식에서 공급은 수요보다 강력한 것이며, 업계의 마케팅 담당자는 이러한 상태가 유지되기를 바란다. 거대 식품 회사의 강력한 마케팅 기계를 무너뜨리고 어떻게 무슨 음식을 생산할지를 바꾸는 것은 음식의 풍경을 혁신하는 데에 반드시 필요하다.

우루과이, 프랑스, 터키, 말레이시아, 라트비아, 페루, 한국, 브라질, 대만, 멕시코 등 12개 이상의 국가에서는 이미 아동 대상의 정크푸드 마케팅을 제한하는 규정을 통과시켰다. 이는 효과가 있었다. 캐나다 퀘벡 주는 약 40년 전에 '13세 미만 아동을 대상으로 하는 상업 광고'를 금지했다. 여러 연구에 따르면 퀘벡 주민은 다른 북미인보다 정크푸드를 덜 구매하고 있으며 과체중인 아동도 미국보다 적은 것으로 나타났다.[15]

다른 나라들도 그 뒤를 따랐다. 2012년 6세 아동 절반이 과체중이거나 비만이었던 칠레는 세금, 마케팅 제한, 금지를 전 세계에서 가장 강력하게 결합시킨 '식품 라벨 부착과 광고에 대한 법'을 통과시켰다.[16] 2016년부터 시행된 이 법으로 칼로리, 나트륨, 설탕, 포화 지방이 높은 초가공식품에는 상징적인 정지 신호 모양의 '블랙 라벨'을 붙이게 되었다.

블랙 라벨이 붙은 식품은 14세 미만 아동에게 광고하거나 장난감을 끼워주거나 학교에서 판매할 수 없다. 따라서 칠레의 학교에서는 감자칩이 없고 호랑이 토니도 사실상 사라졌다. 거의 즉각적으로 칠레의 아동들은 1년에 8,500개의 정크푸드 광고를 보던 상황에서 벗어나게 되었다.[17]

그러나 이러한 영향에도 불구하고 마케팅 제한은 퍼즐의 한 조각일 뿐이다. 음식의 풍경에 진정한 혁명을 일으키기 위해서는 정부가 사람들을 대변해 중재하고 초가공식품의 생산과 판매를 억제해야 한다.

칠레는 정크푸드 세금뿐만 아니라 설탕이 첨가된 음료에 18%의 세금을 부과하면서 이러한 일을 해냈다. 여러 연구에 따르면 쇼핑객의 70%가 구매 습관을 바꿨고,[18] 그 결과 탄산음료 구매가 거의 25% 감소했다고 한다.[19]

이보다 극적이지는 않지만 상당히 인상적인 노력이 멕시코에서 진행 중이다. 멕시코는 불과 10년 전까지만 해도 탄산음료 소비와 비만 모두에서 세계 최고 수준이었다. (초가공식품은 멕시코에서 섭취하는 칼로리의 거의

5분의 3을 공급한다.) 탄산음료는 오랫동안 멕시코의 표준 음료였다. 역사적으로 멕시코 시민은 깨끗한 수돗물을 접하기 힘들었고, 생수는 콜라보다 비쌌다. 2014년 멕시코는 탄산음료와 정크푸드에 세금을 부과하는 동시에(100그램당 275칼로리 이상인 정크푸드는 '필수품이 아닌 것'으로 간주되었다) 깨끗한 물을 널리 이용할 수 있게 해주는 프로그램도 시행했다.[20] 이후 탄산음료 소비량은 12% 감소했다.

여러 예상치에 따르면 10년 뒤에는 탄산음료 세금으로 구매가 감소하여 약 20만 명이 제2형 당뇨병에 걸리지 않게 될 것이라고 한다. 다른 연구에서는 뇌졸중과 심장마비가 2만 명 이상 줄어들 것이며 이 나라의 비만율이 3% 감소할 것이라고 추정하고 있다. 이것만으로도 수백만 명의 삶을 변화시킬 것이다. 업계에서는 이 세금의 폐지를 계속해서 시도하고 있지만 사람들의 지지는 늘어나고만 있다.

미국 대부분의 지역에서는 정크푸드 마케팅에 대한 자발적인(이렇게 써놓고 '쓸모없는'이라고 읽는다) 제한만 있어 기업은 원하는 대로 꽤 많은 것을 할 수 있다. 하지만 2015년 버클리에서 처음 제정된 탄산음료 세금은 현재 필라델피아, 시애틀, 볼더, 오클랜드, 샌프란시스코, 올버니(캘리포니아 주)에서도 시행되고 있으며,[21] 초기 연구에 따르면 지금 적용되고 있는 낮은 세율로도 소비를 20% 줄일 수 있다고 한다.

편견 없는 대부분의 공중 보건 옹호자들은 탄산음료 세금을 더 많이 부과하는 것이(현재 일반적으로 1%를 부과하고 있는데 그보다 많은 2%를 부과하는 것이) 더 효과적이지 않을까 생각한다. 2015년 나바호 자치국(애리조나, 유타, 뉴멕시코에 걸쳐 있는 곳이다)에서는 모든 정크푸드에 2%의 세금을 부과했다. '영양학적 가치가 거의 없는 것'은 무엇이든 이 세금의 적용 대상이었다.[22] 여기에 더해 과일과 채소에 대한 판매세를 면제하고, 추가로 걷게 된 정크푸드 세금의 수익을 운동 수업, 농업 및 채소 정원 계획 등의 지역 사회 건강 프로젝트에 사용했다.

올바른 방향으로 움직이는 음식 시스템의 가장 광범위하고 강력한 예는, 브라질에서 세 번째로 큰 도시권인 벨루오리존치에서 일어났다.[23]

1993년 브라질 정부는 식량안보위원회를 설립했다. 이는 어떤 시민도 굶주리면 안 된다고 20년 동안 주장해온 대중 운동에 응답한 것이다. 1년 뒤 브라질 최초의 식량안보회의에 2,000명의 지도자들이 모였다. 같은 시기 벨루오리존치의 시장은 '충분하고 건강하고 영양가 있는 음식'에 대한 모든 시민의 접근성 개선을 목표로 하는 부서 설립을 지원했다. 이 부서에서 시행하는 여러 프로그램 중에는 레스타우란테스 포풀라레스Restaurantes Populares(민중의 식당)도 있었다. 이 프로그램은 모든 사람이 이용할 수 있도록 계층화된 가격으로 양질의 점심을 제공하는 것이었다. 이 프로그램은 전국적으로 확대되었고, 가장 활발하게 시행되던 때에는 100개 가까운 민중의 식당이 매일 10만 번 이상의 식사를 제공했다.

또한 정부는 이 도시에 있는 학생 15만 명에게 매일 직접 요리되는 급식을 제공하기 위해 자금을 지원하여 채소를 더 많이 먹고 가공식품을 더 적게 먹도록 해준다. 이런 조치는 1990년 15%였던 기아 수준을 지금의 2% 미만으로 줄이는 데 기여했다. 2010년에 비슷한 프로그램으로 전국적으로 매일 4,500만 명의 학생들에게 급식을 제공했다.

이들 프로그램 모두는 유기농 농부와 소규모 이해 당사자들에게 우선권을 주면서 현지 식자재 확보에 힘썼다. 궁극적으로는 학교 급식의 30% 이상이 12만 개의 가족 농장에서 조달되었다.

다음 순서로 정부가 개입해 식품 시장 공급 자체를 규제하기 시작했다. 주식主食은 농부에게 공정성이 보장된 할인된 가격으로 판매되었고, 그중 많은 음식이 주변 시골에서 온 것이었다. 이런 시골 지역에서는 소규모 생산자들이 공공 시장에서 소비자에게 직접 판매할 수도 있었다. 어느 국가 기관은 농부에게서 직접 구입해 식량이 부족한 도시 주민들에게 나눠 주기도 했다.

한편 정부는 학교 정원, 지역 사회 텃밭, 용기 재배* 등의 도시 농업에 자금을 지원했다. 그리고 온라인 지원, 정책 지식 센터, 성인 학생을 위한 전문 식품 강좌 등 식품과 영양 교육을 추진했다.

벨루오리존치에서는 기아가 거의 사라졌으며, 여기에 더해 아동 사망률, 영양실조, 아동 빈곤은 급격하게 감소하고 과일과 채소 소비(유기농도 포함된다)와 농부 소득은 증가했다.

벨루오리존치의 성공은 2004년의 전국적인 제로 헝거Zero Hunger 프로그램으로, 그리고 2006년 국가식품영양안전기본법2006 National Food and Nutritional Security Framework Law, LOSAN으로 이어졌다. LOSAN은 식량에 대한 보편적 권리를 인정하고 2010년 브라질 헌법에 식량에 대한 권리를 성문화시킨 법으로, 경제 정책의 방향을 잡는 데에 도움을 주었다. 동시에 토지개혁 계획으로 1억 2,600만 에이커의 땅(캘리포니아 면적보다 크다)을 소농

● 용기 재배(container growing): 박스나 그릇 모양의 용기에 흙을 담아 식물을 기르는 일. 또는 그런 재배법. 뿌리의 생육 조건을 제어하여 지상부의 생육을 조절할 수 있고, 과수에서는 생육기나 생육 정도에 따라 배치를 달리하여 공간을 효율적으로 이용할 수 있다.

에게 분배했다. 이는 브라질의 이전 역사 전체를 통틀어 개혁을 위해 활용했던 땅 전체에 맞먹는 면적이다. 현재 브라질에는 음식 대부분을 생산하는 400만 개의 가족 농장이 있으며,[24] 소농에게 판매 가격을 보장해주는 작물 보험 프로그램이 있다. (브라질은 농업관련산업의 피난처이기도 하고 아마존과 그곳을 지키려는 사람들은 격렬한 포위 공격을 받고 있지만, 이 장에서는 긍정적인 부분에 초점을 맞추고자 한다.) 2014년까지 이러한 프로그램은 인구의 10%(약 3,000만 명)를 빈곤에서 구해냈다. 이 모든 것을 이루기 위해 브라질 GNP의 0.5%만이 필요했다.

벨루오리존치의 성공에서 배울 수 있는 교훈의 함의는 겉으로 드러나는 것보다 훨씬 넓다. 이곳의 성공은 진보적인 지역 정책이 전국적 계획으로 어떻게 커나갈 수 있는지를 보여주었다. 특히 유권자가 지도자에게 압력을 행사하는 경우에 말이다. 또한 조직화를 통해 중요한 변화를 이끌어낼 수 있다는 사실도 입증되었다. 그리고 대중 운동이 힘을 잃으면 이러한 변화가 지속되기 어렵다는 사실 또한 경고하고 있다. 2019년 자이르 보우소나루Jair Bolsonaro 대통령은 제로 헝거 정책을 담당하는 기관을 해산시켰다.

그럼에도 불구하고 국가가 지원하는 계획은 식량 공급을 개선하는 가장 중요한 메커니즘 중 하나다. 5,000만 명이 거주하고 있는 인도 남부 안드라프라데시 주만큼 이를 잘 보여주는 곳은 없다. 주 정부는 농부들이 제로예산자연농법Zero Budget Natural Farming, ZBNF을 받아들이게 하기 위해 20억 달러 이상을 투자하고 있다. ZBNF는 많은 농부에게 빚을 지게 만드는 화학 비료와 살충제 대신, 소 배설물 등 농장에서 나온 영양분을 사용하는 일련의 농생태학적 실천이다.

ZBNF는 자연적 비료 외에도 녹색 피복 작물, 생물 다양성, 토양 건강,

사이짓기에 초점을 맞춘다.[25] 이 농법의 두 가지 기본 원칙은 "자연과 조화를 이루는 기후 회복력 농업을 촉진하는 것"과 "농업을 실행 가능하고 지속 가능한 생계 수단으로 만들기 위해 경작 비용을 절감하는 것"이다.[26]

화학 농업과는 달리 ZBNF는 자급자족이 가능해진다. 비용은 약 3분의 2 수준으로 줄어들고, 대부분의 농부들의 말에 따르면(내가 이야기를 나눈 사람은 몇 명밖에 안 되지만, 이 프로그램 관리자들은 수천 명과 접촉하고 있다) 전체 수확량도 증가한다고 한다. ZBNF에는 사이짓기도 포함되어 있기 때문에 주요 작물의 수확량이 증가하지 않더라도 전체 생산량은 증가하고 관개 수요는 감소한다.

28만 농부가 ZBNF로 전환했으며, 2019년 말까지 3,000개 마을의 50만 농부가 전환할 것으로 추산된다. 토지 없는 가난한 사람 16만 명이 집에 텃밭을 조성했고, 정부는 2030년 이전까지 안드라프라데시 지역에 사는 600만 농부 모두를 대상으로 자연적 농법을 확대할 계획을 갖고 있다. 이는 주 전체의 경작 가능한 면적(2,000만 에이커로, 아이오와의 모든 농지에 가까운 넓이다)이 ZBNF를 사용해 농사를 짓게 될 것이라는 사실을 의미한다.

2018년 나는 인도의 안드라프라데시에 있는 농부들을 만났다. 그중에는 고향의 농장에서 도시로 이주해 소프트웨어 회사에서 일하다가 ZBNF에 참여하기 위해 돌아온 젊은이들도 있었다. "지금이 더 나은 삶이죠." 한 사람이 내게 말했다.

내가 방문한 이후로도 인도 북부 마디아프라데시 주와 구자라트 주에서 정부 프로그램을 지원하기 시작했고, ZBNF를 전국적으로 확대하는 방안이 논의되고 있다. 안드라프라데시의 프로그램을 지원하고 있는 유엔식량농업기구는 세네갈과 멕시코의 유사한 계획도 지원하고 있다. 이들 두 나라는 농생태학으로 전환하려는 전국적인 계획을 추진 중이다.

ZBNF 같은 강력한 농업 프로그램은 강력한 기관과 정부가 있는 국가일수록 실현 가능성이 높아진다. 그러나 이런 조건을 갖추지 못했어도 진보는 가능하다. 아이티에서는 자금이나 정부 지원이 거의 없는 상태에서도 농부가 주도하는 교육 중심의 농민 단체들이 음식과 관련해 활발하게 활동하고 있다. 예를 들어 지역개발을 위한 파트너십 프로그램The Partnership for Local Development program, PDL (현재 2만 명 이상의 농부들이 참여하고 있다)에서 제공하는 5년간의 농생태학 훈련에는 농부 1명당 152달러 정도밖에 들지 않는다.[27]

그리고 산업화된 서구에서도 진전을 보이고 있다. 일반적으로 EU에 속한 국가들, 심지어는 EU 전체가 미국보다 진보적이다. 네오닉스는 야외 사용이 금지되어 있으며, 글리포세이트는 21개국을 비롯해 거의 셀 수 없을 정도로 많은 소규모 정치 단위에서 제한되거나 금지되어 있다.[28]

세계 최고의 돼지고기 수출국 중 하나인 덴마크는 2000년 농장 동물의 질병 치료를 제외하고는 항생제 사용을 중지시켰다. 항생제 사용은 그 이후로 50%나 감소했다. (혹시 걱정할까 싶어 덧붙이자면 덴마크의 돼지고기 산업은 번창하고 있다.) 이러한 사례에 힘입어 2006년 EU는 성장 촉진용 항생제 사용을 금지하기에 이르렀고 질병 예방 차원의 약물 사용도 전면 금지할 계획이다.

농생태학에 대한 EU 및 각국 정부의 지원도 빼놓을 수 없다. 특히 프랑스에서는 "다르게 생산하자"는 구호와 함께 2014년에 '농업, 식품, 임업의 미래에 대한 법률'이 통과되었다.[29] 이 법률의 목표는 2010년대 말까지 전체 농가의 거의 절반에 농생태학적 실천을 시행하는 것이다.

프랑스는 유럽 최고의 농업 국가로, EU 농업 생산량의 5분의 1을 차지한다. 따라서 프랑스가 수확량보다 환경을 더 중요하게 여기는 농업을 우선시한다는 사실은 중요한 일이다. 이는 화학 살충제와 일상적인 항생제 사용을 단계적으로 폐지하고, 생태학적 방법을 촉진하기 위해 인센티브와 교육 자원을 제공하고, 새로운 농부에게 토지를 제공하고, 환경 문제와 사회 문제가 얽혀 있음을 인정하는 것이다.

산업형 농업의 발상지인 (그리고 아직도 그 자리를 굳건히 지키고 있는) 미국은 변화가 매우 어려운 곳 중 하나다. 잘 알려져 있듯이 살충제는 발암물질이지만 이에 대한 규제가 여전히 최소한으로만 이루어진다는 사실은 우리가 이러한 악순환을 반복할 가능성이 높다는 뜻이다. 화학 회사들은 새로운 살충제를 도입하고 그것이 안전하다고 주장할 것이다. 시간이 지나면 동물들(사람들도 포함된다)이 병에 걸려 죽으면서 살충제가 안전하지 않다는 사실이 드러나게 될 것이다. 소송으로 특정 살충제의 사용이 중단되고 새로운 살충제가 그 자리를 대신하게 될 것이다. 이는 트럼프의 책임이 아니라(트럼프 이전에도 이러한 일이 있었고 슬프게도 트럼프 이후로도 있을 가능성이 높다), 사람들의 건강보다 업계의 '혁신'과 이익에 대한 기업의 권리를 더 중요시하는 시스템의 책임이다. 동물 산업에서 항생제를 사용하는 것도 마찬가지다. 미국에서는 제대로 된 개혁이 거의 없었다.

그러나 수백 개는 아니더라도 수십 개의 지역과 주 정부가 글리포세이트와 네오니코티노이드 모두의 사용을 억제하기 위한 조치를 취했다. 살충제 사용이 연방 차원에서 불충분하게라도 제한되는 것은 다음 두 가지 경우가 있다. 하나는 지방 정부 기관을 통해서다. 예를 들어 로스앤젤레스카운트 감독위원회는 라운드업의 완전하고 공식적인 금지를 결정했다. (마이애

미에서도 비슷한 일이 있었다.) 다른 하나는 개인 및 단체가 소송한 경우이다. 독성 화학 물질 피해와 관련된 소송은 약 4만 2,000건이 계류 중이다.

정부는 개인이 음식에서 올바른 선택을 하도록 돕는 데에도 중요한 역할을 할 수 있다. 특히 우리 선택지 대부분이 '잘못된' 경우에는 더욱 그렇다. '고기 없는 월요일'은 훌륭한 것이고 시간제 비건 운동도 그렇지만, 고기와 정크푸드의 생산이 실제로 억제되는 경우를 상상해보라.

그런 일이 금방 일어나지는 않을 것이고 공급이 진정한 선택을 압도한다는 사실을 감안한다면, 진정한 음식이 무엇을 의미하는지 어린이들에게 가르치는 일이 무엇보다도 중요하다. 콜라와 스니커즈 초코바가 행복을 가져다주지 않는다는 사실을 아이들이 깨닫도록 해주고 누가 어떻게 음식을 생산하는지 아이들에게 가르칠수록, 식단 때문에 어려움을 겪는 성인 세대를 만드는 일은 더 빨리 멈추게 될 것이다.

이 책을 읽는 모든 사람은 자라면서 갖게 된 식습관을 바꾸는 일이 얼마나 어려운지 알고 있다. 따라서 학교 식당은 중요한 전쟁터가 된다. 그리고 두말할 나위 없이 학교는 진짜 음식을 제공해야 한다. 이론적으로는 전국학교급식 프로그램이 이런 행동을 할 수 있었지만, 잘못된 방향으로 가면서 반세기를 보냈다. 따라서 변화는 이곳과는 독립적인 곳에서 이루어져야 한다. 그런 사례는 존재한다.

2012년 로스앤젤레스에서 시작된 좋은음식구매 프로그램Good Food Purchasing Program, GFPP부터 이야기해보자. 에너지 및 환경설계 리더십Leadership in Energy and Environmental Design, LEED의 노선에 따라 GFPP에서는 다음 다섯 가지 영역에서 기준을 제시한다. 지역 경제, 환경의 지속 가능성, 노동자에 대한 대우, 동물 복지, 영양에서의 유익함이다. 이 프로그램에서는 공급 업체가 정부 기관과 계약을 체결하거나 유지하기 위한 목적으로 기존 관행을 개선하는 경우 인센티브를 제공해주고, 구매 대행업체에는 실질적인 지침을 제공한다.

예를 들어 미국에서 두 번째로 큰 공립 교육구인 로스앤젤레스 통합교육구Los Angeles Unified School District, UAUSD에서 GFPP와 계약을 체결하자 주요 유통업체인 골드 스타 푸즈는 GFPP 기준을 충족하는 밀 농장에 접근했다. 그중에는 오리건 주 포틀랜드에 있는 셰퍼즈 그레인도 있었다. LAUSD와의 계약 덕분에 밀 농장의 네트워크가 확대되고 65개의 정규직 생활 임금 일자리가 늘어나게 되었다.[30] LAUSD의 지역 과일과 채소 구매는 단 2년 만에 전체의 9%에서 75%로 급증한 반면 육류에 대한 지출은 15% 감소했다.[31]

지금까지 GFPP 기준은 신시내티, 샌프란시스코, 오클랜드, 보스턴, 오스틴, 워싱턴 DC, 시카고, 미니애폴리스-세인트폴에서 채택되었다. 여러분이 이 글을 읽을 때쯤이면 뉴욕 시도 동참했을 것이다. 종합해서 말하자면 이 프로그램에서는 매년 10억 달러 이상의 식품 구매를 해왔고, 이를 통해 노동자들에게 공정한 급여를, 음식을 먹는 사람들에게는 높은 품질의 음식을 제공했다.

물론 구매력에는 한계가 있다. 더 나은 음식을 제공하기 위해서는 급식을 만드는 주방(데우기만 하면 먹을 수 있는 즉석식품 때문에 주방이 작아졌다)은 공간을 늘리고 조리 기구를 더 좋은 것으로 바꾸고 더 많은 노동자를 고용해야 한다. 이는 예산이 늘어나야 한다는 뜻이다. 이는 좋은 음식을 사람들의 입에 넣는 일이 번거로워지는 또 다른 이유다. 하지만 아이들을 잘 먹이는 것보다 더 중요한 일이 무엇이 있겠는가?

이것이 바로 미국에서 가장 야심 찬 학교 급식 프로그램인 에더블 스쿨 야드Edible Schoolyard를 설립한 버클리의 레스토랑 경영자 앨리스 워터스Alice Waters의 입장이다. 워터스는 음식을 교육 과정의 중심에 두는 '주방 교실'을 만든다는 계획을 세웠다.[32] 이렇게 함으로써 에더블 스쿨야드가 광범위하게 도입되면 식단, 교육, 심지어 농업까지 변화할 것이라고 주장한다.

에더블 스쿨야드는 하나의 패러다임이 되었다. 수백 개의 학교가 참여하고 있으며, 수천 개 이상의 학교가 이 핵심 철학의 영향을 받고 있다. 이런 프로그램에 국가적이고 전적인 자금 지원을 해준 버전이 바로 90년대부터 일본에 있었던 프로그램이다. 일본에서는 쇼쿠이쿠食教育(음식 교육)를 통해 초등학생에게 먹는 법뿐만 아니라 음식이 어디서 온 것인지도 가르쳐준다.

점심 식사는 교실에서 하며, 처음부터 직접 조리한 음식을 먹으면서 자연스럽게 음식과 영양 교육이 이루어진다. 재료의 30%는 현지의 제철 재료로 공급되며, 영양 지침은 엄격하고, 음식은 대부분 전통적인 것이다. 학생들은 자신들의 음식 문화와 다른 사람들의 음식 문화를 이해하고 친구들에게 식사를 배식하고 밥을 먹은 뒤에는 뒷정리까지 책임질 것을 배운다. 대부분의 미국 학교 급식에서 이루어지는 조립 라인 방식과 비교하면 천지 차이다.

일본만 그런 것은 아니다. 일반적으로 국가 정책이 진보적인 대부분의 나라는 우수한 학교 급식 프로그램을 시행하고 있으며, 그 반대의 경우도 성립한다. 예를 들어 핀란드에서는 1948년에 보편적 무상 급식을 시작했다. 접시에 놓인 음식 절반은 채소이고, 나머지는 곡물, 고기, 생선, 콩이다. 음료는 물이나 우유이고, 디저트는 과일이다. 초가공식품은 없다.

스웨덴에서도 무상 급식을 제공하며, 일반적으로 스튜, 샐러드, 조리된 채소에 빵, 우유나 물, 과일을 곁들인다. 프랑스에서는 점심 식사에 학생 1인당 미국보다 3배나 많은 돈을 쓴다. 로마에서는 음식을 처음부터 직접 조리해서 학생들에게 제공한다. 유기농 재료를 사용하며, 대부분 신선하고 최소한으로 가공한 것들이다.

2007년 코펜하겐 시에서는 병원에서부터 학교와 직원 식당에 이르기까지 900개의 주방에서 매일 제공되는 8만 명분의 식사에 유기농 재료 90%를 사용하기로 약속했다.[33] 이 새로운 시스템으로 폐기물을 줄이고 제철 음식을 제공하고 육류를 줄이며 더 많은 직원을 고용해 음식을 처음부터 직접 조리한다.

미국으로 돌아가 살펴보면, 일부 주와 학군에서는 현지 조달과 책임감 있게 생산된 음식을 의무화하고 있다. 이곳에서는 (브루클린에서 그랬던 것처럼) '고기 없는 월요일' 같은 프로그램을 만들고 GFPP와 같은 프로그램과 협력하고 농무부의 '농장에서 학교로' 프로그램을 활용하고 학교 텃밭을 지원한다. 미니애폴리스 공립학교에서는 1억 달러를 음식 기반 시설에 투입하고, 처음부터 직접 조리되는 것을 우선시하고, 현지 재료를 사용하는 '미네소타 목요일' 프로그램을 만들고, 식당 노동자의 복리 후생과 근무 시간을 개선하고, 음식에서 '해로운 7가지'를 제거했다.[34] 해로운 7가지란 트랜스 지방, 고과당 옥수수 시럽, 호르몬과 항생제, 인공 방부제, 인공 색소와 화학조미료, 표백 밀가루, 인공 감미료를 말한다.

대학의 음식도 개선을 보이기 시작하고 있으며, 학생들은 교육 기관에 컴퍼스, 소덱소, 아라마크 등 거대 식품 서비스 회사들과의 파트너십을 개혁하거나 없애라는 압력을 점점 더 많이 가하고 있다. 리얼 푸드 챌린지Real

Food Challenge 같은 단체는 지역적이고 생태학적으로 건전하고 공정하고 인도적인 농장 및 식품 사업을 향한 의미 있는 변화를 이끌어냈다.

물론 급식은 공립 학교에만 있는 것이 아니다. 급식은 교도소, 병원 등에서도 이루어지고 있고, 가공식품을 간단히 조리해서 제공하는 것 이상으로 나아가기 위해서는 대형 주방을 운영하는 방식의 재구상과 활성화가 필요하다. 헬스 케어 위드아웃 함Health Care Without Harm이라는 조직은 수백 개의 병원과 협력해 병원 음식을 더 건강하게 만드는 한편(역설적으로 들리지만 실제적인 문제다), 농산물 직판장과 지역 사회 텃밭 등을 통해 지역 건강식품을 구매하도록 장려하고 있다.[35] 미국 병원의 약 3분의 1이 속한 이 네트워크를 통해 헬스 케어 위드아웃 함은 파트너 시설의 3분의 2에서 총 육류 소비를 줄였고, 나머지 시설의 육류 대부분에도 항생제는 들어 있지 않게 되었다. 이 단체는 지속 가능한 지역 음식 구매를 거의 2배로 늘리고 과일과 채소에 대한 처방 프로그램을 만들었다. 의사는 글자 그대로 음식을 약으로 처방할 수 있다.

미국 농업에서의 진전은 찾아보기 힘든 편이지만 존재한다. 이런 진전은 '대체' 농업 범주로 분류되는데, 이는 비실용적이고 비현실적이라는 점을 암시하는 것이다. 하지만 전 세계 농업의 70%가 비산업적이라는 사실을 받아들인다면 이는 주류에 더 가까운 것이다.

하지만 토양이 척박하고 운영비가 너무 많이 들고 작물 가격이 너무 낮아 농사 자체로는 손해를 보는 상황에서도 가격 지원 시스템으로 단일 재배를 하게 만든다면, 농부는 이런 악순환에서 빠져나오기 힘들다. 그런데 그 땅의 일부를 휴경해도 농부의 수입이나 심지어 수확량이 줄어들지 않는다면 어떨까? 보조금 없이도 말이다. 이것이 바로 '초원 끈prairie strips'이라는 개념으로, 단일 재배 농장의 상황을 크게 개선시켜 농부의 수입을 줄이지 않으면서도 최악의 영향을 완화하는 방안이다.

맷 리브먼Matt Liebman이 이끄는 아이오와 주립대학교의 연구진은 대규모 농부가 생산성이 가장 낮은 10%의 면적을 휴경하는 방식으로 인燐과 질소 유출뿐 아니라 전체 토양 손실을 85% 이상 줄임과 동시에 전체 수확량과 수익도 증가시킬 수 있음을 보여주었다. 이러한 휴경지에는 '다양한 토착 다년생 초목'을 심는다. 기다란 끈 모양으로 심는 방식 때문에 '초원 끈'[36]이라고 일컫는 경우가 더 많다. 아이오와 주립대학교는 이 운동을 추진하고 연구를 계속하기 위해 농부 60명을 모집했다.

더 급진적이고 시행이 힘든 접근법으로는 농지의 10% 이상을 대초원으로 돌려보내는 방식이 있다. 캔자스 주 설라이나에 랜드 연구소를 설립한 웨스 잭슨Wes Jackson은 45년 동안 이러한 접근 방식을 연구해왔다. 잭슨의 계획은 '컨자Kernza'라는 다년생 밀을 개발해 기존의 밀 대신 그것을 대평원에 심는 것이었다. 컨자는 (원래 있었던 버펄로 그래스와 같이) 뿌리가 깊고 몇 년이 지나도 토양을 교란하지 않는다. 이는 토양을 파괴하는 대신 구축하고, 탄소를 배출하는 대신 격리한다는 뜻이다.

현재 컨자는 빵집, 양조장, 식당에서 쓸 수 있을 만큼 충분히 재배되고 있다.[37] 랜드 연구소는 일반적으로 재배되는 밀을 최종적으로 대체할 수 있는 더 생산적인 다양한 종자를 2030년까지는 마련할 수 있을 것이라고 기대하고 있다. 그러면 판도가 바뀔 것이며, 산업형 단일 재배가 이루어지는 거대한 면적은 사라질 것이다.

산업형 농업에 대한 대안은 땅에만 있는 것이 아니다. 양식업을 개선하기 위해 전 세계적으로 많은 노력이 이루어지고 있다. 가장 고무적인 것으로는 뉴헤이븐의 브렌 스미스Bren Smith가 개발한 3D 해양 양식 시스템을 들 수 있다. 이 시스템으로 해초(특히 다시마), 홍합, 가리비, 굴 모두를 재생 해양 양식장에서 공생적으로 기를 수 있다. 이 양식장은 1에이커당 감자밭만큼의 많은 식량을 생산하지만 살충제나 비료를 사용하지 않고 초기 투자도 거의 필요하지 않다. 이 시스템은 바다의 질소와 인의 농도를 모두 감소시키는 동시에 식량과 비료의 지속 가능한 생산을 촉진한다.

무엇을 하건 가장 어려운 점은 산업형 농업의 피해를 완화하는 지속 가능한 농업 방식을 발견하는 일이 아니라, 이러한 노력을 더욱 광범위하게 퍼뜨려 실행 가능한 대안이 되도록 하는 일이다. 사람들은 '규모의 확대'를 말하지만 사실 이는 정답이 아니다. 규모를 키우는 것보다는 대안적 관행을 곳곳으로 '확산시키는 일이 더 중요하다. 전 세계 수백만 곳에서 중소 규모의 지속 가능한 시스템을 계속 만들어나가야 한다는 뜻이다. 이러한 방식으로 산업형 농업 시스템을 변화시키고 대체하기 시작할 수 있다.

미래의 농장을 위한 몇 가지 모델도 있다. 내가 가장 잘 아는 곳은 1985년 캘리포니아 카페이밸리에 설립된 풀벨리 팜Full Belly Farm이다. 400에이커(약 1.6km²로, 농장을 위한 완벽한 '중간' 크기다)인 풀벨리는 윤작, 피복 작물, 퇴비, 가축 사육을 통해 생물 다양성과 토양의 비옥화에 초점을 맞추고 있다. 이곳은 수십 종의 작물을 상점과 식당, 농산물 직판장, 1,100가구가 참여하는 CSA 프로그램으로 도매로 판매한다. 이 농장은 네 명의 동업자가 설립했고 이후 이들의 2세와 80명의 직원이 합류했으며 직원들을 연중 고용해 혜택을 제공한다.

이 농장의 풍경은 아름답다. 독립적으로 관리되는 50개의 밭이 자연의 다양성을 보여주기 때문이다. 토종 꽃은 모든 종류의 꽃가루 매개체를 끌어들이고 가축은 '풀 베는 기계와 비료'의 역할을 하며 퇴비는 중요하고 효과적인 역할을 한다. 토양의 유기물 양이 평균 0.7%인 지역에서 풀벨리의 유기물 양은 3%이므로, 합성 영양소와 화석 연료 영양소를 굳이 투입할 필요가 없다. 캘리포니아에서는 항상 물 관리가 중요한데, 이곳에서는 고효율 지하 점적 관수 방식*을 사용한다.

이 농장의 전체 모습은 수 마일에 걸쳐 단일 재배를 하는 획일성과는 극명한 대조를 이룬다. 이 농장은 장기적인 지속 가능성을 달성했으며, 지금의 모습은 상상할 수 없을 정도의 농업 낙원에 가깝다.

미국의 음식 시스템에 본격적으로 영향을 주기 위해서는 풀벨리 같은 농장이 얼마나 많이 필요한지 연습 삼아 대략적으로 계산해본 적이 있다. (지금 현재는 풀벨리 정도의 규모와 안정성을 갖춘 농장이 10여 개 정도 있을 것이다.) 내 계산으로 풀벨리급 농장[38] 5,000개이면 앨라배마 인구보다 많은 500만 명을 먹일 수 있고, 이에 필요한 농지는 앨라배마 전체 농지의 5%도 안 되는 40만 에이커에 불과할 것이다. 아이오와에 있는 대부분의 마을에서는, 지속 가능성을 고려하지 않고 재배하는 옥수수와 콩을 이보다 더 많이 심는다. 우리가 살펴보았듯 이런 일은 누구에게도 아무 도움이 되지 않는다.

낙원에 가까운 이러한 예는 고무적이지만 고립되어 있다. 이것을 표준으

---

* 지하 점적 관수(地下點滴灌水) 방식: 가는 구멍이 뚫린 관을 땅속에 약간 묻어서 작물에 물방울 형태로 물을 주는 방식.

로 만들기 위해서는 노력을 기울여야 하고 조직화도 필요하다. 소수가 아 닌 다수를 위한 진보는 풀뿌리 운동의 힘에서부터 시작한다. 1969년 블랙 팬서는 미국농장노동자연합의 식용 포도 불매 운동을 지지하면서 다인종 적이고 현상 유지에 도전하는 연합으로 가는 길을 제시했다. 이런 모습이 바로, 더 나은 음식 시스템을 만들기 위해 집단적인 힘을 구축하려고 하는 50개 단체로 구성된 힐HEAL_Health, Environment, Agriculture, Labor (건강, 환경, 농 업, 노동) 식품연합의 모델이다.

힐에 참여하고 있는 여러 단체는 이미 이 책에서 언급한 바가 있다. 그 외에도 다음과 같은 단체가 힐에 참여하고 있다. 아이콜렉티브I-Collective 는 식량 주권을 중심으로 원주민 요리사, 예술가, 토종 종자 지킴이, 활동 가 등으로 구성된 단체이다. 뉴욕 피터스버그의 80에이커 부지에 세워진 솔 파이어 팜Soul Fire Farm은 100가구 규모의 지역사회 농업지원 프로그램 을 운영하고 있으며, BIPOC(흑인, 원주민, 유색 인종) 농업인 및 비농업인 에게 먹거리 정의 행동주의에 대한 교육을 진행하는 것으로 알려져 있다. 패밀리 팜 액션Family Farm Action은 반反독점 개혁과 농촌 정책을 중심으로 중서부 지역의 축산 농부와 목장주가 모인 단체이다. 버몬트 낙농장의 농 장 노동자들이 이끄는 후스티시아 미그란테Justicia Migrante('이민자의 정의' 라는 뜻)는 벤 & 제리스의 소유주인 유니레버와 2015년에 '존엄성을 갖춘 우유' 계약을 체결했다..[39]

물론 힐에 속하지 않은 조직 중에서도 이와 비슷한 일을 전국적으로 하 고 있는 경우도 있다. 예를 들어 누에스트라스 라이세스Nuestras Raices('우리 의 뿌리'라는 뜻이다)는 30에이커의 매사추세츠 농지를 활용해 주로 푸에 르토리코 출신인 젊은 농부들에게 지역 사회를 위한 식품을 재배하고 생산하기 위한 독자적인 사업 개발 방식을 제공해주고 있다. 캘리포니아의 센트럴밸리에 있는 농업 및 토지기반 훈련협회Agriculture and Land-Based Training Association, ALBA는 농장 노동자가 자신의 농장을 설립할 수 있도록 토지, 재정 지원, 훈련을 제공해주고 있다. 그리고 워싱턴 주에서는 드리스콜의 노동자 조합의 승리 이후 이곳에 있던 네 명의 멕시코 농장 노동자들이, 공정 노동으로 기르고 수확한 과일에 대한 수요를 충족하기 위해 코페라티바 티에라 이 리베르타드Cooperativa Tierra y Libertad('땅과 자유 협동조합'이라는 뜻이다)를 시작했다.

이러한 사례는 수백 개까지는 아니더라도 수십 개는 있으며, 이들 대부분은 힐이 주장하는 '진짜 음식을 위하여'라는 운동과 정책 플랫폼을 발전시킨다는 공동의 목표를 가지고 있다.

음식은 정치적 도구이고 권력은 연합을 통해 구축되는 세상에서, 힐을 비롯해 이와 유사한 여러 운동은 가까운 미래에 음식 시스템를 변화시킬 최고의 희망이다. 분명한 것은 소수의 똑똑하고 운 좋은 사람들이 아니라 더 많은 사람들을 위한 식품 정의(일하고 싶어 하는 사람들을 위한 땅, 지역 사회를 먹여 살리는 농장으로 가득한 나라, 모두를 위한 건강한 음식 등)를 실현하기 위해서는 집단의 노력과 조직화가 필요하다는 것이다.

음식 영역의 모든 해결책은 서로 연결되어 있다. 우리가 아직 승리하지 못한 다른 위대한 전투들(인종과 경제 정의, 성차별의 종식, 기후 변화를 완화하기 위한 실존적 투쟁의 전투)처럼 이들 해결책 모두는 자연의 풍요로움으로 돌아가는 것이며 우리 인간이 자연의 풍요로움을 보호하고 공유하는 방식으로 돌아가는 것이다.

결 론
우리는 모두 먹는 존재다

이 이야기에는 끝이 없다. 살아 있는 사람이라면 누가 됐건 이 이야기의 끝을 목격할 수 없을 것이다. 우리는 합리적인 음식 시스템 없이는 먹거나 생활하는 일을 지속하지 못한다는 사실을 알고 있다. 그 끝이 정확히 어떤 것인지는 알지 못한다(아는 척하는 사람은 틀렸을 가능성이 높다). 하지만 우리를 이끌어줄 길의 시작은 볼 수 있다. 이에 대해서는 마지막 장에서 많이 이야기했다.

시스템이란 무엇인가? 함께 작동하는 일련의 사물이나 원칙이다. 자동차도 시스템으로, 예측 가능한 마지막까지 함께 작동하는 여러 부품의 집합이다. 이는 단순한 시스템이다. 우리는 토요타 캠리가 언제 움직이고 언제 움직이지 않는지 알고 있다. 토요타 정비공 다섯 명은 어떻게 수리를 해야 하는지 같은 의견을 갖고 있을 것이며 미리 정해진 검증된 방법으로 수리하게 될 것이다.

환원주의자의 세계관에서는 모든 시스템을 이런 식으로 바라본다. 그러나 이보다 복잡한 시스템도 있다. 이러한 시스템(세계 경제, 동물의 몸, 날씨)에서의 상호 작용은 예측할 수 없고 정량화하기도 힘들다. 전체는 부분의 합과 다르다. 그리고 이러한 복잡한 시스템에서 문제가 발생하면 해결은 고사하고 진단도 하기가 힘들다.

음식 시스템은 복잡하다. 구성 요소는 무수히 많고 그것들의 상호 작용은 다면적이다. 또한 거친 모습을 가지고 있다. 즉, 이 시스템은 여러 구성 요소가 상호 작용하고 서로 의존하는 방식을 무시한 수익 창출 기계로 발전했다. 공정하거나 회복력 있거나 지속 가능하지 않다. 주된 목적이어야 하는 일, 즉 영양 공급까지도 제대로 수행하지 못한다. (사실 현재 음식 시스템의 주된 목적은 소유자들에게 수익을 안겨주는 것이다.)

음식 시스템은 노력을 요구하지만, 어떻게 해야 하는지에 대한 매뉴얼은 없다.

앞으로 나아갈 길은 팀원들의 노력으로 이루어지며, 목소리를 낮추어왔던 사람들, 그중에서도 특히 여성, 유색 인종, 과거에 식민지 지배를 받았던 사람들이 이끌어야 한다. 이는 단지 음식에만 해당되는 것이 아니다. 평등, 정의, 그리고 지구를 현명하게 대한다는 목표를 가지고 협력해야만 생존 가능한 사회를 만들 수 있다.

대담한 시각이 중요하다. 복잡한 시스템을 바꾸려면 지속적인 조정이 필요하기 때문이다. 브레이크를 밟아 차를 멈추듯, 고장 난 상태에서 안정된 상태로 하루 만에 바꿀 수는 없다. 이 여정이 어떤 모습인지 알지 못한 채로 나아갈 수밖에 없다. "우리는 공정하고 지속 가능한 음식 시스템을 원한다"는 말은 좋은 출발점이며, 대부분의 사람이 이에 동의할 것이다. 누구라도 과도한 고통 없이 생필품과 삶의 기회에 접근할 권리를 동등하게 가져야 한다는 말에 다들 동의하듯이 말이다. 그러나 이러한 목표로 가는 단일한 경로를 설계하는 것은 불가능하다. 이 길은 작은 여러 단계로 진행되는 것이다.

차질이 생기기도 할 것이고, 각각의 경우마다 방향을 수정하고 다시 만드는 일이 필요할 것이다. 하지만 지금 당장 시작해야 한다. 기후 위기와 코로나 19 위기는 적어도 20년 전에는 이 일을 시작했어야 한다는 사실을 보여주고 있다.

그대로 놔둔다면 모든 거대 기업의 경영진은 자연과 대부분의 인간에게 막대한 대가를 치르게 하면서 부를 뽑아낼 것이다. 그리고 최선을 다해 이러한 비용을 무시할 '권리'를 위해 싸울 것이다. 정치인을 매수하고, 정책을 수정하는 움직임과 싸우고, 사람과 자연에 거의 혹은 전혀 주의를 기울이지 않고, 수익만 난다면 자신들의 행동이 발생시키는 어떤 비용도 무시하면서 말이다.

자본주의는 영원히 지속되는 경제 성장을 기반으로 하지만, 과학과 상식 모두에 따르면 이러한 지속은 불가능하다. 자본주의의 성장은 상품과 서비스에 지출되는 모든 돈을 포함하는 GDP로 측정된다. 이 기준에 따르면 전쟁도 자산이다. 전쟁은 생산을 촉진하기 때문이다. 농지를 만들기 위해 숲을 개간하면 일자리와 재화가 창출된다. 옥수수와 콩을 재배해서 만들어낸 판매 가능한 쓰레기도, 그리고 이에 따른 의료 비용까지도 모두 '성장'을 나타내는 것이다. 그런 뒤 이러한 성장의 비용은 인간 대부분과 지구 자체의 건강과 복지에 대한 부담으로 부과된다. 따라서 '성장'과 GDP는 복지의 끔찍한 척도다.

농업은 하위 집합이다. 지금 농업을 관할하는 사람들은 '성장'을 원하고 이를 얻기 위해 우리가 2050년 지구의 추정 인구인 '100억 명을 먹일' 필요성을 걱정하기를 원한다. 이들은 우리가 어떤 비용을 치르더라도 더 높은 수확량에 계속 집중하기를 원한다. 하지만 이는 마술사가 실제로는 다른 행동을 하면서 잘못된 지시("여기를 보세요!")를 하는 것에 지나지 않는다.

지구를 파괴하지 않고 모든 인간이 잘 살기에 충분한 음식은 이미 존재한다(다른 중요한 자원들도 사실상 충분하다). 절박함, 그리고 희소성에 대한 신화에 이끌려 우리의 시각이 업계의 손에서 놀아나고 있는 것이다. 모두를 위해 식량 안보를 우선시하고 이미 존재하는 풍요를 현명하게 사용하는 것이 더 좋은 일이다. 우리가 해야 할 가장 중요한 일은, 사람과 환경에 해를 덜 끼치면서, 부와 권력과 특권이 공평하게 분배되도록 하면서, 도덕성에 따라 인도되도록 하면서, 이를 실천하는 것이다.

지구가 충분한 음식을 제공해줄 것이라는 말은 진부하지만 사실이다. 농민 음식 시스템은 농업 자원의 25%만을 이용해 세계 인구의 70%를 먹인다.[1] 산업형 농업은 나머지 75%를 이용해 세계 인구의 3분의 1도 안 되는 사람들에게 가는 음식을 생산한다. 거대 식품업체가 생산한 음식의 절반은 인간을 먹이기 위한 것이 아니라는 사실도 그 이유 중 하나다.

국가가 지원하는 연구에서 무시되고, 글로벌 금융에 공격당하고, 대부분의 통치자들에게 좌절을 맛보게 된 농민 농업은 아직도 산업형 농업보다 더 효율적인 것이다. 산업이 뒷받침하는 농업에 주어졌던 지원(연구, 보조금, 저렴하거나 무료인 토지 등)이 농민 농업에도 주어진다면 더 나아질 수 있을 것이다. 하지만 그 대신 이러한 자원은 진정한 음식 시스템을 구축할 수 있는 사람들에게서 빼돌려져 산업형 농업의 이익을 보장하는 데에 사용된다.

어떤 사람들은 기술 혁신이 길을 닦아줄 것이며, 현재의 시스템을 조정하고 개선하면 개선이 가능할 것이라고 주장한다. 그리고 확실히 기술 혁신은 지속 가능한 시스템을 만드는 데 유용할 것이다. 동물 없이 고기를 만들고 옥수수나 살아 있는 다른 식물 물질 없이 바이오 연료를 만들고, 식물의 광합성을 늘리고, 심지어는 유전공학을 현명하게 사용해 작물의 영양소나 질소 고정 능력을 높이고, 물과 화학 물질을 최소화하는 다양한 형태의 '정밀 농업'을 채택할 수도 있다.

그러나 기술은 음식·사람·지구 사이의, 근본적으로 결함이 있는 관계를 해결하지는 못할 것이다. 더 많은 사람들에게 자기 자신의 음식에 대한 통제권을 주지도 않을 것이며, 거의 모든 경우에 진정한 발전보다는 이익을 우선시해야 한다는 법적 의무도 있다. 아무리 비용이 든다고 해도 말이다. 왜냐하면 이러한 문제점에도 불구하고 대부분의 기술 관료는 현재의 시스템이 근본적으로는 선하다고 믿고 있고, 심지어 지속 가능성을 지향하며 일하고 있다고 주장하는 사람들까지도 대개는 그린 워시● 같은 친환경적인 이미지만 내세우고 있기 때문이다. 다음 명제를 기억해야만 한다. "농업의 기술 혁신은 애초에 우리를 이 혼란에 빠뜨린 것 중 하나다."

기술은 가치 중립적이다. 일반적인 과학과 마찬가지로 기술은 커다란 공동체의 이익을 위해 사용될 때 놀라운 일을 해낼 수 있다. 하지만 기술이 이윤 추구 수단으로 사용되면 부작용이 생기게 되고 이는 좋은 면과 나쁜

● 그린 워시(green wash) : 환경 유해 물질을 배출하는 기업이 광고 등을 통해 스스로를 친환경적인 이미지로 포장하는 행위.

면 모두를 갖게 된다. 예를 들어 살충제가 해로운 것으로 드러났을 때 과학기술 관료의 해결책은 화학 물질 없이 농사를 짓는 방법을 알아내는 것이 아니라 '더 나은' 살충제를 만드는 것이었다.

다른 예는 지금 사용되고 있는 가짜 고기 '해결책'이다. 비건 버거는 동물의 고통이라는 면에서는 고기의 훌륭한 대안이지만 여전히 초가공식품이고, 단일 재배, 화학 물질, 추출, 착취 같은 것은 해결하지 못하고 있다. 또한 비건 버거는 산업적으로 생산된 고기(가짜 고기가 인기를 얻은 뒤에도 판매량이 전혀 감소하지 않았다)를 '대체'하지는 못하고 슈퍼마켓 공간 속에 파고들기만 하고 있다. (차라리 토퍼키*를 대체할 가능성이 더 높다.) 진정한 진보는 이러한 근본적인 문제를 해결하는 것을 의미한다.

마찬가지로 탄산음료를 역으로 설계해 덜 해롭게 만들 때도, 초코바나이와 비슷하게 영양가가 없는 '그래놀라' 바에 섬유질이나 기타 영양소를 강화할 때도, '지속 가능한' 에너지를 생산하기 위해 옥수수를 재배할 때에도 소비자들이나 농부들에게 좋아지는 것은 거의 없다.

업계에서 가장 선호하는 '해결책'은 소비자에게 책임을 지우며 행동을 바꾸라고 하는 것이다. "일어나서 움직이라" 혹은 "다양한 음식을 먹으라"와 같은 권고는 잘못된 것이 아니지만, 공급과 정책의 변화가 따라오지 않는 한 현재의 상황을 변화시키는 일은 거의 일어나지 않을 것이다.

운동이 그렇듯 합리적이고 영양가 있는 식단도 필수적이라는 사실은 분

• 토퍼키(tofurkey/tofurky): 두부(tofu)와 칠면조(turkey)의 합성어로, 칠면조 맛이 나는 두부를 말한다.

명하다. 그러나 초가공식품은 어디에나 있고 시장을 지배하고 있기에 이와 맞서 싸우는 일은 시작하기도 전에 지게 된다. 독이 있는 식단에 약간의 죄책감을 더하는 것 따위는 아무런 도움도 되지 않는다. "먹을 것을 바꾸면 농업이 뒤따를 것이다"라는 말도 사실과는 거리가 멀다. 물론 제대로 먹는 일도 중요하지만, 그렇게 할 수 있는 능력이 보편적인 것은 아니다.

생산이 소비를 결정한다는 말은 사실인 경우가 많고, 음식에서만큼 이 말이 더 분명한 경우도 없다. 원더 브레드 대신 통밀빵을 생산하고 런처블스 대신 쌀과 콩을 제공하면 사람들은 더 건강해지고 의료 비용도 절감된다.

음식 생산에는 오랫동안 보조금이 지급되었다. 서반구에서는 유럽인이 원래의 주민에게 땅을 폭력적으로 빼앗고 그 땅을 백인 남성에게 주면서 보조금이 시작되었다. 오늘날 정부는 유해한 형태의 식품을 생산하는 파괴적인 형태의 생산에 보조금을 지급하고 이를 모든 곳에 있는 시장에 강요한다.

음식은 언제나 보조금을 받아왔을 수도 있다. 그것 자체로는 나쁜 일이 아니다. 음식은 (심지어 고속 도로, 의료, 군대, 철도, 항공, 은행, 전력망보다도) 너무나도 필수적인 것이다. 우리는 파괴적인 산업 노동을 지원하기 위해 공동의 자금을 사용할 수도 있고, 생산과 유통을 지배할 진짜 음식을 재배하려는 사람들이 운영하는 농장을 더 많이 설립하기 위해 공동의 자금을 사용할 수도 있다. 이는 사회가 '무엇을 위해' 존재하는지와 관련이 있다.

건전하고 윤리적인 정책으로 행동의 변화가 추진될 때 우리는 진보를 목격하게 된다. 예컨대 우리는 안전벨트 사용을 정착시켰고 흡연도 줄였다.

세금과 규제와 교육으로 행동의 변화를 불러일으켰고, 사람들에게 해가 되는 마케팅 캠페인을 무력화했으며, 사람들을 치료해주는 것을 더 많이 이용할 수 있게 만들었다. 마지막 장에서 설명한 것처럼 탄산음료에 세금을 부과하고 어디서나 무료로 물을 먹을 수 있게 하면 사람들은 탄산음료를 줄이고 물을 더 마시게 된다. 건강은 좋아질 것이고 실행한 계획은 비용을 들인 만큼 제값을 해줄 것이다. 이것은 간단한 시작이다.

산업을 혁신한다고 해도 음식과 식단을 고치지 못할 것이며, '올바른 식품을 구입하는 일'도 음식과 식단을 고치지 못한다는 사실은 마찬가지다. 이는 무늬가 없어진 타이어를 때우는 것과 같은 일이다. 시스템 자체를 바꿔야 하며, 그 가치와 목표에 도전하고 재구상해야 한다. 땅을 관리하는 농업을 지원하기 위한 법안이 필요하다. 영양 공급이 목표인 식품 가공이 필요하다. 지역 사회를 위해 음식을 재배하고 조리하는 사람을 지원하는 경제가 필요하다. 시민들이 조직을 구성해 정부에 이러한 일을 하라고 영향력을 행사한다면 불가능한 일도 아니다. 그러면 좋은 식단이 이어지게 될 것이다.

변화는 불가피하다. 변화는 돌연히 일어날 수도 있고 심지어 재앙일 수도 있다. 코로나19, 2008년 금융 위기와 그 이후의 상황, 2004년 쓰나미 모두는 최근에 있었던 주목할 만한 변화의 예다. 이런 일들 각각은 우리 인간이 스스로를 변화시킬 수 있었던 기회였다. 나오미 클라인이 『쇼크 독트린The Shock Doctrine』에서 밝혔듯, 기업과 여러 정부는 권력과 이익을 공고히 하는 기회로 재난을 활용하는 경우가 많다.[2] 그러나 리베카 솔닛Rebecca Solnit처럼 클라인도 정책이 개선되지 않을 때조차 사람들 사이의 연대와 관대함을 이야기한다.[3] 이러한 순간은 사회를 긍정적으로 변화시킬 기회를 제공한다.

코로나19는 긴축 재정이라는 것이 탐욕을 영속화시키기 위한 편리한 가면이자 공포 전략이며 쉽게 외면당한다는 사실을 보여주었다. 2조 달러 규모의 종합적인 원조가 초당적 지원으로 신속하게 결정되었고 그 뒤를 이어 더 많은 원조가 이루어졌다. 2조 달러는 국방 예산의 3배가 넘는 액수다. 예컨대 이는 1,000만 명이 새로 농사를 짓게 해주고 이를 육성하기에 충분한 금액이다. 모든 미국인에게 진짜 음식을 공급할 수 있을 정도인 것이다.

초기의 코로나 구제 금융은 문제점도 있었지만, 행동이 필요한 상황이 되면 우리는 전에는 불가능해 보였던 일을 달성할 수 있다는 사실도 보여주었다. 몇 년, 심지어 몇십 년 동안 진행 중이기만 했던 개혁은 코로나 범유행 몇 달 만에 예기치 않게 '합리적인 조치'가 되었다. 대대적인 선전이나 광고도 없이 개혁이 가능했던 것이다. 그리고 필요한 일부 사람에게는 무료 음식, 무상 보육, 무상 주택, 무료 교통, 대출 및 부채 경감, 수도나 전기 차단 중지 등의 조치가 있었다. 자전거 도로와 보행자 구역이 더 많아졌고, 체포와 기소 건수가 줄어들었고, 죄수를 풀어주었고, 충분치는 않지만 최소한의 수입을 보장해주었으며, 제2차 세계대전 이후 볼 수 없었던 약간의 '자본주의의 보류 상태'까지 벌어졌다. 이 정책들 중 공식적인 국가 정책으로 자리 잡은 경우는 거의 없었고, 그 어느 것도 지속적인 변화로 이루어지지는 않았으며, 언제나 그랬듯 가장 도움이 필요한 많은 사람들이 무시되었다. 그러니 너무 흥분하지는 말자. 그러나 트럼프 같은 비협조적인(과장된 말이 아니다!) '지도자'가 있는 상황에서도 많은 사람들은 공동선이 존재한다는 사실과, 다른 누군가의 이익을 위해 자신의 복지가 제약을 받으면

안 된다는 사실을 처음으로 인식했다. (2020년 설문 조사에 따르면 대다수의 사람들은 '경제'보다는 건강과 복지를 우선시하기를 바랐다.[4])

하지만 이 새로운 형태의 무정부 상태는, 새로운 형태의 좋은 통치와는 다른 것이다. 대안이 될 만한 좋은 정책은 분명히 있지만 실행된다는 보장은 없다. 2008년에도 대안은 분명히 있었지만 자본주의는 급속하게 평상시처럼 돌아갔다. 누구나 항상 할 수 있는 말이지만 지금이 변곡점일 수도 있다. 제발 그렇기를 희망하자.

필요한 변화를 촉발하는 데 위기가 필요해서는 안 되지만, 일이 그런 식으로 돌아갈 때도 자주 있기에 '위기'라는 용어를 다시 살펴봐야 할 듯싶다. 10대 기후운동가 그레타 툰베리Greta Thunberg의 말에 따르면, "비상사태는 걸맞게 대처하지 않으면 해결할 수 없다."[5]

코로나19 상황을 겪으면서 우리는 인간이 위기에 대처하기 위해 빠르게 행동할 수 있다는 것을 다시 한 번 실감할 수 있었다. 그러나 의도적인 변화는 대개 꾸준하고 점진적이다. 앞으로 이루어지는 각 단계가 그다음 단계를 결정한다. 50년대와 60년대의 민권 운동은 블랙 파워와 블랙 라이브스 매터Black Lives Matter(흑인의 생명도 소중하다) 운동으로 이어졌다. '묻지도 말하지도 말라' 제도는 동성 간의 결혼 제한을 종식시키기 위해 한 걸음 내딛은 것이었다. 에이즈의 끔찍한 영향을 인식하기 위한 조직화는 치료에 박차를 가했다. 선거권 투쟁은 19세기에 시작되었다.

생태학은 모든 것이 서로 연결되어 있으며 각각의 부분이 개선됨에 따라 전체도 개선된다는 사실을 가르쳐준다. 우리의 몸도 수조 개의 미생물과 세포로 이루어진 복잡한 시스템이며, 서로 간에 그리고 세상과 전체적으로 상호 작용할 때 가장 잘 작동하게 된다. 그렇다. 인간은 특별하다. 우리가 이 주제에 대한 여러 연구를 통해 알게 되었듯 다른 동물도 특별하다. 이들이 열등하다는 생각은 무지의 소산이며 이제는 받아들일 수 없는 것이다. 이들은 단순히 다른 것일 뿐이다. 우리는 독립적으로 존재하는 개체라기보다는 공기, 물, 나무, 우주, 생명 등의 일부에 더 가까운 존재이고 다른 생명체와 소통한다는 사실을 깨달을 때, 우리는 환경과 더 건강한 관계를 맺을 수 있다.

우리는 다른 동물처럼 전적으로 본능에 이끌려 움직이지는 않는다. 우리는 실패의 위험을 무릅쓰고 스스로 결정을 내린다. 협력, 평등, 이타주의는 진정한 우리 자신의 일부다. 마치 벌처럼, 우리 각자는 공동의 이익을 위한 하나의 단위로 활동할 수 있다.

역사적으로 착취당했거나 잔혹하게 취급된 사람들에 대한 공정한 대우는, 실제로 모든 배를 들어 올리는 밀물과도 같은 사례다. 마틴 루서 킹 주니어Martin Luther King Jr.는 이 사실을 이해하며 다음과 같이 말했다. "흑인 혁명은 흑인의 권리를 위한 투쟁 그 이상이다. 그것은 오히려 인종주의, 빈곤, 군국주의, 물질주의와 같이 상호 연관된 모든 문제점에 직면하도록 해주는 것이다."[6]

지배 문화는 우리에게 더 나은 시스템을 만드는 일이 불가능하다고 믿게 만들어왔다. 그러나 어슐러 르 귄Ursula Le Guin의 표현을 조금 바꿔서 말해보자면, 왕의 신성한 권리가 영구적인 것이라고들 여긴 적도 있었다.[7] 마거릿 대처Margaret Thatcher가 과거에 그랬듯 고삐 풀린 기업 지배를 가리켜 "대안이 없다"고 말하는 것은, 인류를 지탱하는 유일한 방법이 인류를 파괴하는 것이라고 말하는 것이나 다름없는 짓이다.

변화가 가능하다는 생각은 망상이 아니다. 변화를 피할 수 있다는 생각이 망상이다. 선택해야 할 일은 삶의 방식을 바꾸지 않고 늘 그랬듯 되는 대로 살아가는 것이 아니다. 선택지는 시스템을 개혁하는 것이다. 아니면 재앙이다.

개인으로서의 우리는 힘이 없다. 그러나 집단으로서의 우리보다 강한 것은 자연뿐이다. 우리는 지금 인류세*, 즉 인간이 지구의 표면을 바꾸고 미래를 결정하는 시대에 와 있다. 선을 위해 이러한 통제력을 사용하는 일은 우리에게 달려 있으며 무지는 더는 변명거리가 되지 않는다. 우리는 우리의 힘을 알고 있으며, 이를 현명하지 않게 사용했을 때 오는 결과를 알고 있다.

우리는 중요하고 긍정적인 변화를 앞둔 공동체와 함께하기 위해 필요한 비전을 갖춘 리더를 만들어낼 수 있다. 그러나 변화는 구원자가 권력을 차지하는 데에서 시작되지 않는다. 변화는 공동의 목표를 중심으로 뭉치는 사람들의 힘으로 시작된다. 대부분의 사람들이 변화와 정의를 원했기 때문에 오바마가 당선되었지만, 변화의 대리인으로서 그는 효과를 발휘하지 못했다. 그는 운동의 결과로 나온 사람이 아니었기 때문이다. 변화의 원천은 시위, 투표, 가가호호로 이어지는 봉사 활동, '발언', 연대의 형성을 통해 지역적·국가적·국제적으로 조직된 사람들이다.

우리는 현상을 유지하고 싶어 하는 사람들에게 압력을 가해야 한다. 식품 분야에서 이는 공정한 노동 기준이나 성희롱 방지를 거부하는 패스트푸드 체인에 맞서 피켓 시위와 불매 운동을 하고, 노동조합 가입이나 결성

---

* 인류세(人類世): 인간의 활동이 지구 환경을 바꾸는 지질 시대를 이르는 말. 2000년 네덜란드의 화학자 파울 크뤼천(Paul Crutzen)이 제안한 용어다.

을 바라는 정육 노동자를 지원하고, 집중식 가축사육시설CAFO로부터 환경을 보호하기 위한 집단 소송에 참여하고, 대학에서 거대 식품업체를 몰아내려는 학생들의 시위를 격려하고, 좋은 음식에 대한 보편적 권리를 위해 투쟁하는 일 등을 의미한다.

올바른 음식 시스템이 있는 곳으로 나아가기 위해 이번 주, 이번 달, 이번 해에 어떤 점진적인 변화를 이끌어낼 수 있을까? 그리고 올바른 방향을 어떻게 알아볼 수 있을까? 이에 대한 대답은 미묘하고 복잡하다. 모든 것은 서로 연결되어 있고 모든 행동에는 결과가 따르기 때문이다. 예를 들어 농장 노동자에게 공정한 급료를 지급하면 진짜 음식의 가격이 올라가게 될 것이며, 이러한 변화는 음식 시스템, 의료 시스템, 국제 경제, 환경에 영향을 끼친다.

물론 이런 영향이 농장 노동자에게 공정한 급료를 지급하지 말아야 하는 이유가 되는 것은 아니다. 오히려 이런 이유 때문에라도 필요한 변화가 무엇인지 포괄적으로 살펴보고, 이 변화 속에서 신속하게 해결해야만 하는 문제점이 무엇인지 알아보아야 한다.

우리의 음식 시스템에 지속적인 변화를 가져오기 위해서는 두 가지 차원의 접근 방식이 필요하다. 가능만 하다면 개인적인 차원의 변화도 매우 중요하다. 자신의 건강과 건전한 정신을 위해, 좋은 일을 하는 다른 사람을 돕기 위해, 심지어 좋은 사례 자체로서도 중요하다. 이러한 변화로는 소규모 생태 농업을 지원하는 CSA에 가입하거나, 식습관을 바꾸거나, 지역 텃밭에 참여해 농사를 짓거나, 음식 노동자나 농장 노동자의 임금, 근무 조건, 권리를 개선하는 계획을 지원하는 일 등이 있다. 많은 사람들이 참여할 때

이 일은 이루어질 수 있고, 우리 중 일부가 이런 일을 할 수 있는 특권을 가지고 있음을 고려한다면 이는 의무라고 말할 수 있을 것이다.

동시에 우리는 거시적인 차원의 변화도 필요하다. 건강한 식품에 대한 접근권은 기본적이고 보편적인 인권이며 지구의 복지가 기업의 이익보다 우선한다는 것을 인식하는 것에서 시작되는 변화다. 이런 사실을 곰곰이 생각하고 이제껏 고려하지 않았던 급진적인 생각을 받아들이면서 문화가 바뀌기 시작한다. 하나의 변화는 다른 변화로 이어질 것이다.

"지금 당장 무엇을 할 수 있을까?"라고 물을 수도 있다. 위에서 언급한 것 외에도 그린 뉴딜에 대한 지지를 추천한다.

지금은 루스벨트가 뉴딜 정책을 실시할 때 살았던 사람은 거의 없겠지만, 우리 모두는 그 영향 속에서 살고 있다. 여러 단점에도 불구하고 뉴딜의 성과는 주목할 만한 것이었다. 고용 증가, 노동조합 지원, 노동자에서부터 실업자에게까지 미친 여러 혜택, 사회 보장, 환경 보호와 개선, 농촌 지역에 전기를 공급하고 수백 개의 공항을 건설한 공공사업, 수많은 다리와 수십만 마일의 도로 건설 등을 들 수 있다.

그린 뉴딜은 훨씬 더 큰 영향을 줄 수 있다. 그린 뉴딜은 탄소 중립을 출발 목표로 삼아 재생 가능한 에너지 개발과 지속 가능한 농업을 반드시 지원하게 될 것이다. 또한 일할 수 있는 사람의 고용 보장과 모든 사람들의 소득 보장, 노숙자 종식, 보편 의료, 새로운 농부와 특히 유색 인종을 위한 토지 접근권, 자연 지역의 재再야생화와 재건, 그리고 그 이상을 포함할 수 있다.

이상적으로 기대해본다면 그린 뉴딜은 전 세계적으로 이루어지고 공평하게 이루어질 수 있다. 각 나라의 자치권을 보장하는 동시에 부유한 나라가 더 많은 돈을 지불해 가난한 나라에 투자하기 때문이다. 이제 미국 예외주의* 신화를 버리고 전 세계 각국 간의 경쟁을 전 세계적 협력으로 전환할 때다.

전체 권력과 경제 구조를 변경해야만(나오미 클라인의 『이것이 모든 것을 바꾼다』[8] 참조하라) 환경 오염을 막을 수 있다. 마찬가지로 인종과 성별의 공정성을 확립하는 것은 부분적으로 토지 절도, 인종과 성별에 기반을 둔 폭력, 수 세기 동안 대부분 유럽과 유럽계 미국인 남성에 의해 이루어졌으며 계속해서 심해지기만 하는 부의 축적을 되돌리는 것을 의미한다. 이는 토지 개혁을 의미하는 것이고, 지불 능력과 상관없이 접근할 수 있는 저렴하고 영양가 있는 음식을 의미하는 것이고… 전면적인 변화를 의미하는 것이다.

우리의 임무는 기업의 부도덕성에서부터 기후 변화, 만성 질환에 이르기까지 우리의 집단적 복지를 위협하는 것에 대처하도록 정부를 압박하는 것이다. 그러나 우리가 가장 필요로 하는 시점에 정부는 거의 해체되었다. 남은 것이라고는 기껏해야 무력한 정부이고 최악의 경우에는 악의적인 정부다.

철학자 맥스 로저Max Roser의 말을 인용해보자. "다음 세 가지는 모두 사실이다. 세상은 훨씬 더 나아졌다. 세상은 끔찍하다. 세상은 훨씬 더 나아

• 미국 예외주의(American exceptionalism) : 미국이 세계를 이끄는 강력한 리더십을 발휘하는 세계 최고의 국가라는 뜻의 용어. 19세기 프랑스 사상가 알렉시 드 토크빌(Alexis de Tocqueville)이 『미국의 민주주의』라는 책에서 미국과 러시아는 세계의 운명을 떠안을 예외적 국가라고 주장한 데서 유래되었다.

질 수 있다."[9] 우리가 해야 할 선한 일은 많이 있다.

위기에 어떻게 대응할지 선택해야 한다. 부정("○○의 위기란 없다")이나 절망("○○을 멈출 방법은 없다")을 선택할 수도 있다. 혹은 최선의 대응을 선택할 수도 있다. 바로 행동이다. 세계 음식 시스템의 재앙을 극복하는 것은 도전적이고 힘든 여정이 될 수도 있다. 하지만, 그렇게 함으로써 우리 사회를 우리가 만들고자 하는 사회에 근접한 이미지로 재구성할 수 있는 기회를 얻게 된다.

다행히도 이 길을 시작하기 위해 이 길의 끝까지 가는 방법을 알고 있을 필요는 없다. 우리는 신중하고 철저하게 행동할 수 있고, 탐욕과 두려움보다는 이성과 정의를 선택할 수 있다. 소수가 아닌 다수에게 혜택을 주는 더 강력하고 건전한 시스템을 세워나갈 수 있으며, 이를 통해 모든 사람이 참여하는 지역 사회를 만들 수 있다. 우리는 분쟁보다 평화와 협력을 일관되게 선택할 수 있다. 이러한 모든 변화는 우리의 통제와 권한 안에서 이루어진다.

우리는 모두 먹는 존재다. 스스로를 유지하고 번창하는 데에 필요한 음식을 제공하는 것은 가장 근본적이고 중요한 인간의 임무다. 어떻게 행동하는지에 따라 우리의 현재가 정의되고 미래가 결정된다.

▍감사의 말

1983년 고인이 된 친구 진 쿠니Gene Cooney는 제게 이렇게 말한 적이 있습니다. "적절한 때가 오면 '30'을 붙여놓으면 돼." 여기서 '30'이란 이야기의 끝을 뜻하는 옛날 기자들의 농담입니다. 『동물, 채소, 정크푸드』의 이야기는 계속 진화하고 있지만 마감 시한이 다가왔네요. 이 사실은 제게 안도감과 좌절감을 동시에 의미합니다. 처음 있는 일이 아닙니다. 저는 상황이 얼마나 빨리 변하는지, 이런 이야기는 과거와 현재를 정의하기 위해 지금 한 순간을 포착하는 시도에 불과하다는 사실을 알고 있습니다. '현재'가 과거가 되는 것처럼 말이죠. 모든 것은 그렇게 흘러가게 마련입니다.

제가 '정의正義'에 대해 알게 된 것은 1960년 사형 제도의 잔인성을 인식하면서부터였고, 시민권 운동과 영웅들을 거쳐, 나중에는 반전, 블랙 파워, 여성 운동으로 계속 이어졌습니다. 환경의 정의에는 늦게 도달했고, 음식과 농업의 역할도 제대로 이해하지 못했습니다.

많은 사람에게 감사를 드리며 이 긴 여정의 마침표를 찍고자 합니다. 개인적으로는 짐 코언Jim Cohen, 미치 오퍼스Mitch Orfuss, 마크 로스Mark Roth, 켄 헤이슬러Ken Heisler, 프레드 졸나Fred Zolna, 에타 밀바우어 로젠Etta Milbauer Rosen, 데이비드 보걸스틴David Vogelstein, 매들린 줄리 미첨Madeleine

425

Julie Meacham, 캐런 바Karen Baar, 엘런 퍼스턴버그Ellen Furstenberg, 브루스 콘 Bruce Cohn, 밴크로프트J.W.Bancroft, 데이비드 패스킨David Paskin, 패멀라 호 트Pamela Hort, 앨런 거머슨Allan Gummerson, 존 윌러비John Willoughby, 트리시 홀Trish Hall, 안드레아 그라지오시Andrea Graziosi, 밥 스피츠Bob Spitz, 앨리사 스미스Alisa X.Smith, 찰리 핀스키Charlie Pinsky, 서린 존스Serene Jones, 존 랜체 스터John Lanchester, 켈리 도Kelly Doe, 조시 호위츠Josh Horwitz, 시넌 앤툰Sinan Antoon 등에게 특히 감사를 표하고 싶습니다. 이미 돌아가셨지만 로이 스 위트걸Roy Sweetgall, 찰스 리처드 크리스토퍼 피츠제럴드 3세Charles Richard Christopher Fitzgerald III, 펠릭스 베런버그Felix Berenberg, 셰리 슬레이드Sherry Slade, 필 마니아치Phil Maniaci, 질 골드스타인Jill Goldstein, 조시 립턴Josh Lipton 에게도 고마운 마음을 드리고자 합니다. 살아 계시든 돌아가셨든 이분들 모두는 제가 생각하는 법을 배우도록 도와주셨습니다.

제가 기자 생활을 하면서 만난 분들(이 중 많은 분들이 친구이기도 합니 다)에게도 감사드립니다. 앤디 홀딩Andy Houlding, 존 슈윙John Schwing, 루이 즈 케네디Louise Kennedy, 린다 기우카Linda Giuca, 크리스 킴벌Chris Kimball, 팸 호니그Pam Hoenig, 릭 버크Rick Berke, 빌 켈러Bill Keller, 샘 시프턴Sam Sifton, 릭 플래스트Rick Flaste, 앤디 로즌솔Andy Rosenthal, 크리스 콘웨이Chris Conway, 조지 캘로저러키스George Kalogerakis, 슈얼 챈Sewell Chan, 닉 크리스 토프Nick Kristof, 찰스 블로Charles Blow, 게일 콜린스Gail Collins, 제리 마조라 티Gerry Marzorati, 휴고 린드그렌Hugo Lindgren, 여러 신문과 잡지의 많은 편집 자들과 동료들, 틀림없이 제가 잊어버린 분들께도 감사하다는 인사를 드 립니다. 특히 제게 가장 힘이 되는 특별한 친구 마이클 홀리Michael Hawley 를 기억하고 싶습니다.

426

수십 명이 이 책에 대한 도움 요청에 응해주셨습니다. 특히 스티브 브레스치아Steve Brescia, 비제이 탈럼Vijay Thallam, 자히 채플Jahi Chappell, 말릭 야키니, 리아 페니먼, 나비나 카나Navina Khanna, 첼리 핑그리Chellie Pingree에게 감사드립니다. 어떤 분들은 최근 몇 년 동안 다른 방법을 통해 저를 전문적으로 지원해주셨습니다. 특히 줄리 콘펠드Julie Kornfeld, 마이클 스페어Michael Sparer, 린다 프라이드Linda Fried, 앤 트러프Ann Thrupp, 미렐라 블룸Mirella Blum, 니나 이치카와Nina Ichikawa가 많은 도움을 주었습니다. 에릭 슐로서, 마이클 폴란, 앨리스 워터스, 매리언 네슬, 라즈 파텔 등 제게 영감을 준 친구를 갖게 되어 기쁩니다. 이들이 없었으면 저는 길을 잃었겠죠. 그리고 제 곁에 계셨던 분들께도 감사드립니다. 케리 코넌Kerri Conan, 다니엘 마이어Daniel Meyer, 앤절라 밀러Angela Miller, 대니엘 스베트코브Danielle Svetcov, 멀리사 매카트Melissa McCart가 생각납니다.

이 책을 쓰는 동안 다섯 개의 기관이 제게 영양을 공급해주었습니다. 메사 레퓨지와 벨라지오 센터 두 개 모두 고독과 친밀한 우정을 선사해주었습니다. 제가 가장 필요로 할 때 말이죠. 참여과학자모임은 제가 이 주제를 진지하게 받아들여야 하는 이유와 영감을 주었습니다. 컬럼비아 대학교 공공보건대학원은 저에게 집과 자유와 책임을 제공해주었고, 이는 제가 이 책을 완성하는 데 크게 기여했습니다. 그리고 물론 저와 오랫동안 인연을 맺어왔던 호턴 미플린 하코트 출판사는 저와 이 책에 대한 신뢰를 일찍부터 보여주었습니다. 고마워요. 브루스 니컬스Bruce Nichols, 스테퍼니 플레처Stephanie Fletcher, 데브 브로디Deb Brody.

형제나 다름없는 가까운 벗이자 농무부 장관이 되었어야 했던 리카르도 살바도르Ricardo Salvador에 대해서는 아무리 말해도 모자랍니다. 그가 잊어버린 것만 따져도 제가 아는 것보다 훨씬 많습니다. 여기서 다 말할 수 없는 것이 우리 둘로서는 애석할 뿐입니다. 찰리 미첼Charlie Mitchell은 대학에 있을 때부터 『동물, 채소, 정크푸드』 작업을 도와주기 시작했습니다. 우리 둘만 아는 소중한 방식으로 저의 작업을 도와준 사람입니다. 제가 동참하고 싶은 밝고 멋진 미래 역시 그의 것입니다.

우리 딸 케이트Kate와 에마Emma는 이 책의 큰 부분을 차지했고 앞으로도 그럴 것입니다. 그리고 더 중요한 사실은 우리 두 딸이 저를 끝없이 사랑하고 있고 제 사랑을 받아준다는 사실입니다. 닉Nick과 제프리Jeffrey도 제가 얼마나 아끼는지 알고 있습니다.

그리고 제 인생의 동반자인 캐슬린에게 할 수 있는 말은 달리 뭐가 있겠습니까. "여보, 늘 같이 갑시다!"

1장 음식-두뇌 피드백 고리

1) Andrew D. Higginson, John M. McNamara, and Alasdair I. Houston, "Fatness and Fitness: Exposing the Logic of Evolutionary Explanations for Obesity," *Proceedings of the Royal Society of Biology*, January 13, 2016, https://doi.org/10.1098/rspb.2015.2443.

2) Richard Wrangham, *Catching Fire: How Cooking Made Us Human* (New York: Basic Books, 2009).

3) Colin G. Scanes, "Hunter-Gatherers," in *Animals and Human Society*, ed. Colin G. Scanes and Samia R. Toukhsati (Cambridge: Academic Press, 2018), 65-82.

4) Linda R. Owen, *Distorting the Past: Gender and the Division of Labor in the European Upper Paleolithic* (Tubingen, Germany: Kerns Verlag, 2005).

5) V. Gordon Childe, *Man Makes Himself* (London: Watts & Co., 1936).

6) Jared Diamond, "The Worst Mistake in the History of the Human Race," *Discover*, May 1987.

7) Yuval Noah Harari, *Sapiens: A Brief History of Humankind* (New York: Harper, 2011).

2장 토양과 문명

1) Walter Clay Lowdermilk, *Conquest of the Land Through Seven Thousand Years* (Washington, DC: Natural Resource Conservation Service, 1953).

2) David R. Montgomery, *Dirt: The Erosion of Civilizations* (Berkeley: University of California Press, 2007).

3) "The Farmer's Instructions: Translation," Electronic Text Corpus of Sumerian Literature, last modified July 9, 2001, http://etcsl.orinst.ox.ac.uk/section5/tr563.htm.

4) Franklin Hiram King, *Farmers of Forty Centuries* (Madison, WI: Mrs. F. H. King, 1911), https://ia800202.us.archive.org/30/items/farmersoffortyce00king_0/farmersoffortyce00king_0.pdf.

5) Montgomery, *Dirt*.

6) Fernand Braudel, *Memory and the Mediterranean*, trans. Siân Reynolds (New York; Vintage, 2001).

7) Ester Boserup, *The Conditions of Agricultural Growth: The Economics of Agrarian Change Under Population Pressure* (Venice, Italy: Aldine Press, 1965).

8) Ester Boserup, *Woman's Role in Economic Development* (London: George Allen and Unwin, 1970).

9) Casper Worm Hansen et al., "Modern Gender Roles and Agricultural History: The Neolithic Inheritance," *Journal of Economic Growth*, August 2015.

3장 농업의 세계화

1) Fernand Braudel, *The Structures of Everyday Life*, trans. Siân Reynolds (London and New York: Collins and Harper & Row, 1981).

2) Carlo M. Cipolla, *Before the Industrial Revolution: European Society and Economy, 1000-1700*, 3rd ed. (New York: Norton, 1994).

3) Raj Patel and Jason W. Moore, *A History of the World in Seven Cheap Things: A Guide to Capitalism, Nature, and the Future of the Planet* (Berkeley: University of California Press, 2017).

4) Ellen Meiksins Wood, *The Origin of Capitalism* (New York: Monthly Review Press, 1999).

5) Slicher van Bath, *The Agrarian History of Western Europe, A.D. 500-1850*, trans. Olive Cornish (New York: St. Martin's Press, 1963).

6) Fernand Braudel, *The Structures of Everyday Life*, trans. Sian Reynolds (London and New York: Collins and Harper & Row, 1981).

7) Patel and Moore, *Seven Cheap Things*.

8) J. H. Galloway, T*he Sugar Cane Industry: An Historical Geography from Its Origins to 1914* (Cambridge: Cambridge University Press, 1987).

9) Patel and Moore, *Seven Cheap Things*.

10) Sidney Mintz, *Sweetness and Power: The Place of Sugar in Modern History* (New York: Viking Press, 1985).

11) Patel and Moore, *Seven Cheap Things*.

12) Naomi Klein, *This Changes Everything: Capitalism vs. the Climate* (New York: Simon and Schuster, 2015).

4장 기근의 발생

1) Christine Kinealy, *The Great Irish Famine: Impact, Ideology, and Rebellion* (London: MacMillan Education UK, 2001), 105.

2) Kathryn Edgarton-Tarpley, "Tough Choices: Grappling with Famine in Qing China, the British Empire, and Beyond," *Journal of World History* 24, no. 1 (2013).

3) Nick Wilson, "Political Ecology and the Potato Famine: A Critical Response to Mike Davis' *Late Victorian Holocausts,*" *Janus*, accessed June 22, 2020, http://www.janus.umd.edu/completed2002/Nicks/01.html.

4) James Vernon, *Hunger: A Modern History* (Cambridge, MA: Harvard University Press, 2007).

5) Mike Davis, *Late Victorian Holocausts*: *El Niño Famines and the Making of the Third World* (New York: Verso, 2002).

6) Davis, *Late Victorian Holocausts*.

7) Davis, *Late Victorian Holocausts*.

8) Davis, *Late Victorian Holocausts*.

9) Davis, *Late Victorian Holocausts*.

10) Davis, *Late Victorian Holocausts*, 294.

11) Davis,*Late Victorian Holocausts*, 292.

12) Davis, *Late Victorian Holocausts*, 294.

13) Davis, *Late Victorian Holocausts*, 287.

14) D. B. Grigg, *Agricultural Systems of the World: An Evolutionary Approach* (Cambridge: Cambridge University Press, 1974).

15) Frenise A. Logan, "India's Loss of the British Cotton Market after 1865," *Southern History* 31, no. 1 (February 1965), https://www.jstor.org/stable/2205009.

16) Davis, *Late Victorian Holocausts*, 7.

17) Kathryn Edgarton-Tarpley, "From 'Nourish the People' to 'Sacrifice for the Nation': Changing Responses to Disaster in Late Imperial and Modern China," *Journal of Asian Studies* 73, no. 2 (May 2014), 447-69.

18) David Arnold, *Famine: Social Crisis and Historical Change* (Oxford and

New York: Blackwell, 1988).

19) Edgarton-Tarpley, "Tough Choices."

20) Davis, *Late Victorian Holocausts*.

21) Andrew C. Revkin, "Study Finds Pattern of Severe Droughts in Africa," *New York Times*, April 16, 2009, https://www.nytimes.com/2009/04/17/science/earth/17drought.html.

22) Arnold, *Famine*.

23) Arnold, *Famine*.

24) Evaggelos Vallianatos, "Why Is Africa Falling Apart?" *Truthout*, November 9, 2011, https://truthout.org/articles/why-is-africa-falling-apart/.

25) Maureen Ogle, *In Meat We Trust: An Unexpected History of Carnivore America* (Boston: Houghton Mifflin Harcourt, 2013).

26) William T. Hornaday, "The Extermination of the American Bison," Project Gutenberg, February 10, 2006, 525, https://www.gutenberg.org/files/17748/17748-h/17748-h.htm.

27) Joseph Stromberg, "100 Years Ago, the Very Last Passenger Pigeon Died," *Vox*, September 1, 2014, https://www.vox.com/2014/9/1/6079675/passenger-pigeon-extinction.

5장 미국식 농사법

1) Marcel Mazoyer and Laurence Roudart, *A History of World Agriculture: From the Neolithic Age to the Current Crisis* (New York: Monthly Review Press, 2006.)

2) Raj Patel and Jason W. Moore, *A History of the World in Seven Cheap Things: A Guide to Capitalism, Nature, and the Future of the Planet* (Berkeley: University of California Press, 2017).

3) Rupert Shortt, "Idle Components: An Argument Against Richard Dawkins," *Times Literary Supplement*, December 13, 2019, https://www.the-tls.co.uk/articles/idle-components/.

4) Charles C. Mann, *1493: Uncovering the New World Columbus Created* (New York: Knopf, 2011)

5) William T. Hornaday, "The Extermination of the American Bison," Project Gutenberg, February 10, 2006, 525, https://www.gutenberg.org/files/17748/17748-h/17748-h.htm.

6) Mann, *1493*.

7) Mann, *1493*.

8) Cara Giaimo, "When the Western World Ran on Guano," *Atlas Obscura*, October 14, 2015, https://www.atlasobscura.com/articles/when-the-western-world-ran-on-guano.

9) Dave Hollett, *More Precious than Gold: The Story of the Peruvian Guano Trade* (Madison, NJ: Fairleigh Dickinson University Press, 2008), 109.

10) John Bellamy Foster and Brett Clark, "The Robbery of Nature: Capitalism and the Metabolic Rift," *Monthly Review*, July 1, 2018.

11) Foster and Clark, "Robbery of Nature."

12) A Well-Fed World, "Feed-to-Meat-Conversion Inefficiency Ratios," October 25, 2015, https://awellfedworld.org/feed-ratios/.

13) Vaclav Smil, *Feeding the World: A Challenge for the 21st Century* (Cambridge, MA: MIT Press, 2000), 149.

14) Maureen Ogle, *In Meat We Trust: An Unexpected History of Carnivore America* (Boston: Houghton Mifflin Harcourt, 2013).

15) Liz Gray, "Porkopolis: Cincinnati's Pork-Producing Past," *Great American Country*, https://www.greatamericancountry.com/places/local-life/porkopolis-cincinnatis-pork-producing-past.

16) Louise Carroll Wade, "Meatpacking," *Encyclopedia of Chicago*, http://www.encyclopedia.chicagohistory.org/pages/804.html.

17) Ogle, *In Meat We Trust.*

18) Carroll Wade, "Meatpacking."

19) Edward E. Baptist, *The Half Has Never Been Told: Slavery and the Making of American Capitalism* (New York: Basic Books, 2014).

20) Matthew Desmond, "Capitalism," *New York Times Magazine*, August 14, 2019.

21) Walter Johnson, *River of Dark Dreams: Slavery and Empire in the Cotton Kingdom* (Cambridge, MA: Harvard University Press, 2013), 13.

22) Albert J. Beveridge, "Cuba and Congress," *North American Review* 172, no. 533 (April 1901), https://www.jstor.org/stable/25105151?seq=1#metadata_info_tab_contents.

23) Maria Montoya, Laura A. Belmonte, Carl J. Guarneri, Steven Hackel, and Ellen Hartigan-O'Connor, *Global Americans: A History of the United States* (Boston: Cengage Learning, 2017), 348.

24) "Newspaper Account of a Meeting Between Black Religious Leaders and Union Military Authorities," February 13, 1865, Freedmen and Southern Society Project, http://www.freedmen.umd.edu/savmtg.htm.

25) "General William T. Sherman's Special Field Order No. 15," *Blackpast*, https://www.blackpast.org/african-american-history/special-field-orders-no-15/.

26) "Newspaper Account," Freedmen and Southern Society Project.

27) Henry Louis Gates Jr., "The Truth Behind '40 Acres and a Mule,'" PBS, https://www.pbs.org/wnet/african-americans-many-rivers-to-cross/history/the-truth-behind-40-acres-and-a-mule/.

28) Todd Arrington, "Exodusters," *National Park Service*, https://www.nps.

gov/home/learn/historyculture/exodusters.htm.

29) Isaac Newton, *Report of the Commissioner of Agriculture for the Year 1862* (Washington, DC: Government Printing Office, 1863).

30) Dan Morgan, *Merchants of Grain* (New York: Penguin, 1980), 73.

31) Brad Baurerly, *The Agrarian Seeds of Empire: The Political Economy of Agriculture in US State Building* (Chicago: Haymarket Books, 2018).

32) John Ikerd, "Corporatization of American Agriculture," *Small Farm Today*, 2010, http://web.missouri.edu/~ikerdj/papers/SFT-Corporatization%20of%20Am%20Ag%20(7-10).htm.

33) Wendell Berry, *The Unsettling of America* (San Francisco: Sierra Club Books, 1977), 168.

6장 농장과 공장

1) Deborah Fitzgerald, *Every Farm a Factory: The Industrial Ideal in American Agriculture* (New Haven, CT: Yale University Press, 2003).

2) Hiram M. Drache, "The Impact of John Deere's Plow," Illinois Periodicals Online, https://www.lib.niu.edu/2001/iht810102.html.

3) "Power," Living History Farms, https://www.lhf.org/learning-fields/power/.

4) "Historical Timeline — 1930," Growing a Nation: The Story of American Agriculture, https://www.agclassroom.org/ganarchive/timeline/1930.htm.

5) Bruce Kraig, *A Rich and Fertile Land: A History of Food in America* (London and Islington: Reaktion, 2017).

6) Diotima Booraem, "Steaming into the Future," *Smithsonian Magazine*, September 1998, https://www.smithsonianmag.com/science-nature/steaming-into-the-future-157045311/.

7) Reynold M. Wik, "Henry Ford's Tractors and American Agriculture," *Agricultural History* 38, no. 2 (April 1964).

8) Reynold Wik, *Henry Ford and Grass-roots America* (Ann Arbor: University of Michigan Regional Press, 1973).

9) Wik, *Henry Ford and Grass-roots America*.

10) Willard Cochrane, *The Development of American Agriculture: A Historical Analysis* (Minneapolis: University of Minnesota Press, 1993).

11) Cochrane, *Development of American Agriculture*.

12) Willard Cochrane, "Farm Prices: Myth and Reality," in *The Curse of American Agricultural Abundance: A Sustainable Solution* (Lincoln: University of Nebraska Press, 2003).

13) *The Dust Bowl*, directed by Ken Burns, aired 2012 on PBS.

14) William Crookes, "Address of the President Before the British Association for the Advancement of Science, Bristol, 1898," *Science*, October 28, 1898, 561-75.

15) Crookes, "Address of the President."

16) Robin McKie, "From Fertiliser to Zyklon B: 100 Years of the Scientific Discovery That Brought Life and Death," *The Guardian*, November 2, 2013, https://www.theguardian.com/science/2013/nov/03/fritz-haber-fertiliser-ammonia-centenary.

17) Avner Offer, *The First World War: An Agrarian Interpretation* (Oxford: Oxford University Press, 1991).

18) Offer, *First World War*.

19) M. Hindhede, "The Effect of Food Restriction During War on Mortality in Copenhagen," *Journal of the American Medical Association*, February 7, 1920.

20) Hindhede, "Effect of Food Restriction."

21) Ina Zweiniger-Bargielowska, Dr. Rachel Duffett, and Professor Alain Drouard, *Food and War in Twentieth Century Europe* (Burlington, VT, and London: Ashgate, 2011).

22) Zweiniger-Bargielowska et al., *Food and War.*

23) Ogle, *In Meat We Trust.*

24) Ogle, *In Meat We Trust.*

25) Rose Hayden-Smith, *Sowing the Seeds of Victory: American Gardening Programs of World War I* (Jefferson, NC: McFarland & Co., 2014).

26) Helen Zoe Veit, " 'We Were a Soft People': Asceticism, Self-Discipline and American Food Conservation in the First World War," *Food, Culture & Society* 10, no. 2 (April 29, 2015).

27) "Exports from the United States Before and After the Outbreak of the War," Federal Reserve Bulletin, Federal Reserve Bank of St. Louis, October 1, 1919, https://fraser.stlouisfed.org/files/docs/publications/FRB/pages/1915-1919/24528_1915-1919.pdf.

28) Fitzgerald, *Every Farm a Factory.*

29) Fitzgerald, *Every Farm a Factory.*

30) Cochrane, *Curse of American Agricultural Abundance.*

31) Cochrane, *Curse of American Agricultural Abundance.*

32) Charles Rosenberg, "Rationalization and Reality in the Shaping of American Agricultural Research, 1875-1914," *Social Studies of Science* 7, no. 4 (November 1977).

33) Wendell Berry, *The Unsettling of America: Culture & Agriculture* (San Francisco: Sierra Club Books, 1977).

34) Wenonah Hauter, *Foodopoly: The Battle Over the Future of Food and Farming in America* (New York: New Press, 2012).

35) "John Deere's General Purpose Wide-Tread Tractor Gets Its Due,"

John Deere Journal, November 5, 2018, https://johndeerejournal.
com/2018/11/johndeeres-general-purpose-wide-tread-tractor-gets-its-
due/.

Drache, "John Deere's Plow."

36) "Deere & Co.," *MarketWatch*, accessed June 25, 2020, https://www.
marketwatch.com/investing/stock/de/financials.

37) "2020 Farm Sector Income Forecast," USDA Economic Research
Service, last updated February 5, 2020, https://www.ers.usda.gov/
topics/farm-economy/farm-sector-income-finances/farm-sector-
incomeforecast/.

7장 더스트볼과 불황

1) Serhii Plokhy, "Stalin and Roosevelt," *Diplomatic History* 42, no. 4
(September 2018), 52527, https://doi.org/10.1093/dh/dhy050.

2) Andrea Graziosi, *Stalinism, Collectivization and the Great Famine*
(Cambridge, MA: Ukrainian Studies Fund, 2009).

3) Thomas P. Bernstein, "Stalinism, Famine, and Chinese Peasants: Grain
Procurements During the Great Leap Forward," *Theory and Society* 13,
no. 3 (May 1984).

4) Graziosi, *Stalinism, Collectivization and the Great Famine*.

5) Amartya Sen, *Poverty and Famines: An Essay on Entitlement and
Deprivation* (Oxford: Clarendon Press, 1981).

6) James Kai-sing Kung and Justin Yifu Lin, "The Causes of China's Great
Leap Famine, 1959-1961," *Economic Development and Cultural Change*
52, no. 1 (October 2003).

7) Frank Dikotter, *Mao's Great Famine: The History of China's Most
Devastating Catastrophe*, 1958-1962 (New York: Bloomsbury, 2011).

8) Kung and Lin, "Causes of China's Great Leap Famine."

9) John Opie, Char Miller, and Kenna Lang Arche, *Ogallala: Water for a Dry Land* (Lincoln: University of Nebraska Press, 2003), 88.

10) R. Douglas Hurt, *The Dust Bowl: An Agricultural and Social History* (Chicago: Nelson Hall, 1981).

11) Maureen Ogle, *In Meat We Trust: An Unexpected History of Carnivore America* (Boston: Houghton Mifflin Harcourt, 2013).

12) Hurt, *The Dust Bowl.*

13) *The Dust Bowl*, directed by Ken Burns, aired 2012 on PBS.

14) Montgomery, *Dirt.*

15) *The Dust Bowl*, Burns.

16) Dan Morgan, *Merchants of Grain* (New York: Penguin, 1980), 73.

17) Janet Poppendieck, *Breadlines Knee-Deep in Wheat: Food Assistance in the Great Depression* (Berkeley: University of California Press, 2014).

18) Bill Ganzel, "Radical Farm Protests," Wessels Living History Farm, https://livinghistoryfarm.org/farminginthe30s/money_11.html.

19) *Agricultural Adjustment Relief Plan: Hearings on H.R. 13991 Before the Senate Comm. on Agriculture and Forestry*, 72nd Cong., 2nd session, p. 12, 1933.

20) Franklin D. Roosevelt, *Fireside Chats of Franklin Delano Roosevelt: Radio Addresses to the American People About the Depression, the New Deal, and the Second World War*, 1933-1944 (St. Petersburg, FL: Red and Black Publishers, 2008).

21) Cochrane, *Curse of American Agricultural Abundance.*

22) Bruce Reynolds, *Black Farmers in America, 1865-2000*, RBS Research Report 194 (Washington, DC: U.S. Department of Agriculture, 2002), https://www.rd.usda.gov/sites/default/files/RR194.pdf.

23) Wayne Grove and Craig Heinicke, "Better Opportunities or Worse? The Demise of Cotton Harvest Labor, 1949-1964," *Economic History* 63, no. 3 (September 2003).

24) Mark Arax, *The Dreamt Land: Chasing Water and Dust Across California* (New York: Knopf, 2019).

25) Alan L. Olmstead and Paul W. Rhode, "The Evolution of California Agriculture 1850-2000," in *California Agriculture: Dimensions and Issues*, ed. Jerome B. Siebert (Berkeley: University of California Press, 2003), http://citeseerx.ist.psu.edu/viewdoc/download?doi=10.1.1.389. 2184&rep=rep1&type=pdf.

26) Ernesto Galarza, *Merchants of Labor: The Mexican Bracero Story* (Santa Barbara, CA: McNally & Loftin, 1964).

27) Walter Goldschmidt, quoted in Galarza, *Merchants of Labor*.

28) Galarza, *Merchants of Labor*.

29) Galarza, *Merchants of Labor*.

30) José Angel Gutiérrez, *The Eagle Has Eyes: The FBI Surveillance of César Estrada Chávez of the United Farm Workers Union of America 1965-1975* (East Lansing: Michigan State University Press, 2019).

8장 음식과 브랜드

1) William Cronon, *Nature's Metropolis: Chicago and the Great West* (New York: W. W. Norton & Co., 1991).

2) Cronon, *Nature's Metropolis*, 244.

3) "Abstract of the Twelfth Census of the United States, 1900," Table 154 (Washington, DC: Government Printing Office, 1902), https://www2. census.gov/library/publications/decennial/1900/abstract/abstract-1902-p1.pdf.

4) David Gerard, "White Castle," *The Oxford Companion to American Food and Drink*, ed. Andrew Smith (Oxford University Press, 2007), 622.

5) Gerard, "White Castle."

6) Francis A. Kwansa and H. G. Parsa, *Quick Service Restaurants, Franchising, and Multi-Unit Chain Management* (London: Routledge, 2014), 131.

7) Jack El-Hai, "An Unusual Hamburger Experiment, from the University's Dietary Research Annals," *MinnPost*, March 14, 2008.

8) Clifton Fadiman, *Any Number Can Play* (Cleveland: World Publishing, 1957).

9) T. R Pirtle, "Factory Butter, Cheese, and Condensed Milk Production During the War," *Hoard's Dairyman* 57 (June 6, 1919), 1000.

10) Harvey Levenstein, *Revolution at the Table: The Transformation of the American Diet* (Berkeley: University of California Press, 2003).

11) Elmer McCollum, *The Newer Knowledge of Nutrition: The Use of Food for the Preservation of Vitality and Health* (New York: Macmillan, 1918).

12) Bruce Kraig, *Food Cultures of the United States: Recipes, Customs, and Issues* (Santa Barbara: Greenwood, 2020), 113.

13) Bruce Kraig, *A Rich and Fertile Land: A History of Food in America* (London and Islington: Reaktion, 2017).

14) Kraig, *A Rich and Fertile Land.*

15) Deborah Blum, *The Poison Squad* (New York: Penguin, 2018).

16) Andrew F. Smith, *Pure Ketchup: A History of America's National Condiment, with Recipes* (Columbia: University of South Carolina Press, 1996).

17) John Hoenig, *Garden Variety: The American Tomato from Corporate to Heirloom* (New York: Columbia University Press, 2018).

18) Dan Pallotta, "A Logo Is Not a Brand," *Harvard Business Review*, June 15, 2011.

19) Anna Zeide, *Canned: The Rise and Fall of Consumer Confidence in the American Food Industry* (Berkeley: University of California Press, 2018), 130.

20) Devjani Sen, "From Betty Crocker to the Geikko Gekko: An Information Processing Analysis of the Role of the Spokes-Character in Visual Advertising" (PhD diss., Carleton University, Ottawa, Ontario).

21) Associated Press, "Farm Population Low-est Since 1850's," *New York Times,* July 20, 1988, https://www.nytimes.com/1988/07/20/us/farm-population-lowest-since-1850-s.html.

22) Kraig, *A Rich and Fertile Land.*

23) Paul B. Ellickson, "The Evolution of the Supermarket Industry: From A&P to Walmart," in *Handbook on the Economics of Retail and Distribution* (Cheltenham, UK: Edward Elgar, 2016), 368-91, http://paulellickson.com/SMEvolution.pdf, 4.

24) "How the A&P Changed the Way We Shop," *Fresh Air*, NPR, August 23, 2011, https://www.npr.org/2011/08/23/139761274/how-the-a-p-changed-the-way-we-shop.

25) Raj Patel, *Stuffed and Starved: The Hidden Battle for the World Food System* (New York: Melville House, 2012).

9장 비타민 열풍과 '농장 문제'

1) Karen Kruse Thomas, *Deluxe Jim Crow: Civil Rights and American Health Policy, 1935-1954* (Athens: University of Georgia Press, 2011).

2) Justus Freiherr von Liebig, *Researches on the Chemistry of Food, and the Motion of the Juices in the Animal Body*, ed. William Gregory and Eben N. Horsford (Lowell, MA: Daniel Bixby, 1848), via University of Missouri Libraries Special Collections and Rare Books, https://library.missouri.edu/exhibits/food/liebig.html.

3) W. O. Atwater, C. D. Woods, and F. G. Benedict, "Report of Preliminary Investigations on the Metabolism of Nitrogen and Carbon in the Human Organism, with a Respiration Calorimeter of Special Construction," United States Department of Agriculture Office of Experiment Stations, Bulletin No. 44, 1897.

4) Scott Mowbray, *The Food Fight: Truth, Myth, and the Food-Health Connection* (Toronto: Random House of Canada, 1992).

5) Aaron Bobrow-Strain, *White Bread: A Social History of the Store-Bought Loaf* (Boston: Beacon Press, 2012).

6) Bobrow-Strain, *White Bread*.

7) Elmer McCollum, *The American Home Diet: The Answer to the Ever-Present Question, What Shall We Have for Dinner?* (Detroit: Frederick C. Matthews, 1920).

8) Harvey Levenstein, Fear of Food: *A History of Why We Worry about What We Eat* (Chicago: University of Chicago Press, 2012), 89.

9) F. J. Schlink, *Eat, Drink, and be Wary* (Washington, DC: Consumers' Research, 1935).

10) Whet Moser, "How Hostess's Project to Twinkieize Bread Crippled the Company," *Chicago*, November 16, 2012.

11) Helen Zoe Veit, *Modern Food, Moral Food: Self-Control, Science, and the Rise of Modern American Eating in the Early Twentieth Century* (Chapel Hill: University of North Carolina Press, 2013).

12) Emma Seifrit Weigley, "It Might Have Been Euthenics: The Lake Placid Conferences and the Home Economics Movement," *American Quarterly* 26, no. 1 (Spring 1974).

13) Harvey Levenstein, *Revolution at the Table: The Transformation of the American Diet* (Berkeley: University of California Press, 2003).

14) "Elsie Carper Collection on Extension Service, Home Economics, and 4-H, " USDA National Agricultural Library Special Collections, June 25, 2020, https://specialcollections.nal.usda.gov/guide-collections/elsie-carper-collection-extension-service-home-economics-and-4-h.

15) Lizzie Collingham, *The Taste of War: World War II and the Battle for Food* (New York: Penguin, 2012).

16) Collingham, *The Taste of War*.

17) Timothy Snyder, "On Their Stomachs," *New York Times*, May 4, 2012.

18) Lizzie Collingham, "Birthday Onions: What Can We Learn from Wartime Rationing?," *Times Literary Supplement*, April 17, 2020.

19) Collingham, *The Taste of War*.

20) Harvey Levenstein, *Paradox of Plenty: A Social History of Eating in Modern America* (New York: Oxford University Press, 1993).

21) Levenstein, *Paradox of Plenty*.

22) Stephanie Ann Carpenter, " 'Regular Farm Girl': The Women's Land Army in World War II," *Agricultural History* 71, no. 2 (1997), 164.

23) Wendell Berry, *The Unsettling of America: Culture & Agriculture* (San Francisco: Sierra Club Books, 1977), 37.

24) "Products from NCAUR," USDA Agricultural Research Service, May 3, 2018, https://www.ars.usda.gov/midwest-area/peoria-il/national-center-for-agricultural-utilization-research/docs/products/.

25) Douglas Bowers, Wayne D. Rasmussen, and Gladys L. Baker, "History

of Agricultural Price-Support and Adjustment Programs, 1933-84,"
USDA Economic Research Service, December 3, 1984.

26) Jim Hightower, *Hard Tomatoes, Hard Times: A Report of the Agribusiness Accountability Project on the Failure of America's Land Grant College Complex* (Washington, DC: Agribusiness Accountability Project, 1972).

27) Committee for Economic Development, *An Adaptive Program for Agriculture: A Statement on National Policy by the Research and Policy Committee* (New York: Committee for Economic Development, 1962).

28) Wenonah Hauter, *Foodopoly: The Battle Over the Future of Food and Farming in America* (New York: New Press, 2012).

29) Bowers, Rasmussen, and Baker, "History of Agricultural Price-Support."

30) "The Wheat Situation," USDA Agricultural Marketing Service, December 1953, https://downloads.usda.library.cornell.edu/usda-esmis/files/cz30ps64c/xd07gv99z/5138jh375/WHS-10-15-1953.pdf.

31) Dan Morgan, *Merchants of Grain* (New York: Penguin, 1980).

32) Raj Patel, *Stuffed and Starved: The Hidden Battle for the World Food System* (New York: Melville House, 2012).

10장 콩, 닭고기, 콜레스테롤

1) Stephanie Mercier, "Corn: Background for 1990 Farm Legislation," Commodity Economics Division, USDA Economic Research Service, September 1989, https://www.ers.usda.gov/webdocs/publications/41785/50427_ages8947.pdf?v=8786.3.

2) Andrew Lawler, "How the Chicken Built America," *New York Times*, November 25, 2014, https://www.nytimes.com/2014/11/26/opinion/

how-the-chicken-built-america.html.

3) Lu Ann Jones, *Mama Learned Us to Work: Farm Women in the New South* (Chapel Hill: University of North Carolina Press, 2002).

4) Steve Striffler, *Chicken: The Dangerous Transformation of America's Favorite Food* (New Haven, CT: Yale University Press, 2005).

5) Striffler, *Chicken*.

6) Pew Commission on Industrial Farm Animal Production, "Putting Meat on the Table: Industrial Farm Animal Production in America," Pew Charitable Trusts and Johns Hopkins Bloomberg School of Public Health, 2008.

7) Maryn McKenna, *Big Chicken: The Incredible Story of How Antibiotics Created Modern Agriculture and Changed the Way the World Eats* (Washington, DC: National Geographic, 2017).

8) Christopher Leonard, *The Meat Racket: The Secret Takeover of America's Food Business* (New York: Simon & Schuster, 2014).

9) Pew Environment Group, "Big Chicken: Pollution and Industrial Poultry Production in America," Pew Charitable Trusts, 2011.

10) "How Broilers Are Marketed," National Chicken Council, https://www.nationalchickencouncil.org/about-the-industry/statistics/how-broilers-are-marketed/.

11) Eric Schlosser, *Fast Food Nation: The Dark Side of the All-American Meal* (New York: Houghton Mifflin, 2001); John F. Love, *McDonald's: Behind the Arches* (New York: Bantam, 1995).

12) Love, *Behind the Arches*.

13) Chin Jou, *Supersizing Urban America: How Inner Cities Got Fast Food with Government Help* (Chicago: University of Chicago Press, 2017).

14) Jou, *Supersizing Urban America*.

15) Jou, *Supersizing Urban America.*

16) Jou, *Supersizing Urban America.*

17) Jou, *Supersizing Urban America.*

18) "Food Availability (Per Capita) Data System," USDA Economic Research Service, January 9, 2020, https://www.ers.usda.gov/data-products/food-availability-per-capita-data-system.

19) Marion Nestle, *Food Politics: How the Food Industry Influences Nutrition and Health* (Berkeley: University of California Press, 2002).

20) Sharad P. Paul, *The Genetics of Health: Understand Your Genes for Better Health* (New York: Simon and Schuster, 2017).

21) Ivan Oransky, "Obituary: Ancel Keys," *The Lancet* 364 (December 2004), 2174.

11장 정크푸드 강요

1) David Kritchevsky, "History of Recommendations to the Public About Dietary Fat," *Journal of Nutrition* 128, no. 2 (February 1998).

2) I. H. Page, F. H. Stare, A. C. Corcoran, and H. Pollack, "Atherosclerosis and the Fat Content of the Diet," *Journal of the American Medical Association* 164 (1957), 2048-51.

3) James E. Dalen and Stephen Devries, "Diets to Prevent Coronary Heart Disease 1957-2013: What Have We Learned?" *American Journal of Medicine* 127, no. 5 (May 2014).

4) Council on Foods and Nutrition of the American Medical Association, "Some Nutritional Aspects of Sugar, Candy and Sweetened Carbonated Beverages," *Journal of the American Medical Association*, November 7, 1942.

5) Gary Taubes, *The Case Against Sugar* (New York: Knopf, 2016).

6) Tom Philpott, "The Secret History of Why Soda Companies Switched from Sugar to High-Fructose Corn Syrup," *Mother Jones*, July 26, 2019, https://www.motherjones.com/food/2019/07/the-secret-history-of-why-soda-companies-switched-from-sugar-to-high-fructose-corn-syrup/.

7) Tom Philpott, "How Cash and Corporate Pressure Pushed Ethanol to the Fore," *Grist*, December 7, 2006.

8) Kurt Eichenwald, "Three Sentenced in Archer Daniels Midland Case," *New York Times*, July 10, 1999.

9) James Bovard, "Cato Institute Policy Analysis No. 241: Archer Daniels Midland: A Case Study in Corporate Welfare," Cato Institute, September 26, 1995, https://www.cato.org/sites/cato.org/files/pubs/pdf/pa241.pdf.

10) Philpott, "The Secret History."

11) John Yudkin, *Pure, White and Deadly: The Problem of Sugar* (London: Davis-Poynter, 1972).

12) Ian Leslie, "The Sugar Conspiracy," *The Guardian*, April 7, 2016, https://www.theguardian.com/society/2016/apr/07/the-sugar-conspiracy-robert-lustig-john-yudkin.

13) Cristin E. Kearns, Laura A. Schmidt, and Stanton A. Glantz, "Sugar Industry and Coronary Heart Disease Research: A Historical Analysis of Internal Industry Documents," *JAMA Internal Medicine* 176, no. 11 (2016), 1680-85.

14) Robert B. McGandy, D. M. Hegsted, and F. J. Stare, "Dietary Fats, Carbohydrates and Atherosclerotic Vascular Disease," *New England Journal of Medicine*, July 27, 1967.

15) David L. Katz, *The Truth About Food: Why Pandas Eat Bamboo and*

People Get Bamboozled (New York: Dystel & Goderich, 2018).

16) David Kessler, *The End of Overeating* (Emmaus, PA: Rodale, 2009); Michael Moss, *Salt Sugar Fat: How the Food Giants Hooked Us* (New York: Random House, 2013).

17) "Food Availability (Per Capita) Data System," USDA Economic Research Service, https://www.ers.usda.gov/data-products/food-availability-per-capita-data-system/.

18) Eurídice Martínez Steele, Larissa Galastri Baraldi, Maria Laura da Costa Louzada, Jean-Claude Moubarac, Dariush Mozaffarian, and Carlos Augusto Monteiro, "Ultra-Processed Foods and Added Sugars in the US Diet: Evidence from a Nationally Representative Cross-Sectional Study," *BMJ Open* 6, no. 3 (2016).

19) Marion Nestle, *Soda Politics: Taking on Big Soda (and Winning)* (New York: Oxford University Press, 2015).

20) Nicole M. Avena, Pedro Rada, and Bartley G. Hoebel, "Evidence for Sugar Addiction: Behavioral and Neurochemical Effects of Intermittent, Excessive Sugar Intake," *Neuroscience Biobehavior Review*, May 2007.

21) Robert Lustig, "The Sugar Addiction Taboo," *The Atlantic*, January 2, 2014, https://www.theatlantic.com/health/archive/2014/01/the-sugar-addiction-taboo/282699/.

22) Robert Lustig, *Fat Chance: Beating the Odds Against Sugar, Processed Food, Obesity, and Disease* (New York: Avery, 2013).

23) Kristin Lawless, *Formerly Known as Food: How the Industrial Food System Is Changing Our Minds, Bodies, and Culture* (New York: St. Martin's, 2018).

24) Lawless, *Formerly Known as Food.*

25) Steven A. Frese et al., "Persistence of Supplemented *Bifidobacterium longum* subsp. *infantis* EVC001 in Breastfed Infants," *American Society for Microbiology*, December 2017.

26) Bethany Henrick et al., "Restoring *Bifidobacterium infantis* EVC001 to the Infant Gut Microbiome Significantly Reduces Intestinal Inflammation," *Current Developments in Nutrition*, June 2019.

27) Save the Children, *Don't Push It: Why the Formula Milk Industry Must Clean Up Its Act* (London: Save the Children Fund, 2018), https://resourcecentre.savethechildren.net/node/13218/pdf/dont-push-it.pdf.

28) Carnation ad, 1950s, Vintage Ad Browser, http://www.vintageadbrowser.com/food-ads-1950s/27.

29) Jonathan Ratner, "Influence Peddling, Nestle Style," Multinational Monitor, February 1981, https://www.multinationalmonitor.org/hyper/issues/1981/02/ratner.html.

30) Nestle, *Food Politics*.

31) Lawless, *Formerly Known as Food*.

32) Levenstein, *Paradox of Plenty*.

33) Tracy Westen, "Government Regulation of Food Marketing to Children: The Federal Trade Commission and the Kid-Vid Controversy," *Loyola of Los Angeles Law Review* 79 (2006).

34) Molly Niesen, "Crisis of Consumerism: Advertising, Activism, and the Battle over the U.S. Federal Trade Commission, 1969-1980" (PhD diss., University of Illinois at Urbana-Champaign, 2013).

35) Michael Pertschuk, *Revolt Against Regulation* (Berkeley: University of California Press, 1982), 90, cited in Niesen, "Crisis of Consumerism."

12장 녹색 혁명이라는 것

1) William S. Gaud, "The Green Revolution: Accomplishments and Apprehensions," speech given before the Society of International Development, Washington, DC, 1968, http://www.agbioworld.org/biotech-info/topics/borlaug/borlaug-green.html.

2) Stephen Parker, "Agricultural Progress in the Third World and Its Effect on U.S. Farm Exports," U.S. Congressional Budget Office, 1989.

3) Parker, "Agricultural Progress in the Third World."

4) G. S. Khush, "Green Revolution: Challenges Ahead," presented at the "In the Wake of the Double Helix: From the Green Revolution to the Gene Revolution" international congress, Bologna, Italy, May 31, 2003.

5) Gordon Conway, *The Doubly Green Revolution: Food for All in the Twenty-first Century* (Ithaca, NY: Cornell University Press, 1997).

6) Peter Rosset, Joseph Collins, and Frances Moore Lappe, "Lessons from the Green Revolution: Do We Need New Technology to End Hunger?," *Tikkun* 15, no. 2 (March-April 2000), 52-56.

7) M. Lipton, "Plant Breeding and Poverty: Can Transgenic Seeds Replicate the 'Green Revolution' as a Source of Gains for the Poor?," *Journal of Development Studies* 43, no. 1 (2007), 31-62.

8) N. E. Borlaug and C. R. Dowswell, "Feeding a World of 10 Billion People: A 21st Century Challenge," presented at the "In the Wake of the Double Helix: From the Green Revolution to the Gene Revolution" international congress, Bologna, Italy, May 31, 2003.

9) Prabhu L. Pingali, "Green Revolution: Toward 2.0," *Proceedings of the National Academy of Sciences*, July 2012.

10) Norman Borlaug, "The Green Revolution, Peace, and Humanity," Nobel lecture, December 11, 1970, Nobel Foundation.

11) Geeta Anand, "Green Revolution in India Wilts as Subsidies Backfire," *Wall Street Journal*, February 22, 2010, https://www.wsj.com/articles/SB10001424052748703615904575052921612723844.

12) Daniel Zwerdling, "India's Farming 'Revolution' Heading for Collapse," *All Things Considered*, NPR, April 13, 2009, https://www.npr.org/templates/story/story.php?storyId=102893816.

13) Daniel Pepper, "The Toxic Consequences of the Green Revolution," *U.S. News & World Report*, July 7, 2008.

14) Glenn Davis Stone, "Commentary: New Histories of the Indian Green Revolution," *Geographic Journal* 185, no. 2 (June 2019), 243-50.

15) W. C. Paddock, "How Green Is the Green Revolution?," *BioScience* 20, no. 16 (1970), 897-902.

16) Raj Patel, "The Long Green Revolution," *Journal of Peasant Studies* 40, no. 1 (2013), 1-63.

17) Gordon Conway, *One Billion Hungry: Can We Feed the World?* (Ithaca, NY: Cornell University Press, 2013).

18) Kapil Subramanian, "Revisiting the Green Revolution: Irrigation and Food Production in 20th Century India" (PhD diss., King's College London, 2015).

19) M. Rezaul Islam, "Hunger Reduction in China: An Analysis of Contextual Factors," *Asian Social Work and Policy Review* 10, no. 3 (October 2016), 295-310, https://doi.org/10.1111/aswp.12098.

20) World Development Indicators 2016, World Bank, 2016, http://documents.worldbank.org/curated/en/805371467990952829/World-development-indicators-2016.

21) Ellen Messer and Peter Uvin, eds., *The Hunger Report 1995* (London: Routledge, 1996).

22) Wasim Aktar, Dwaipayan Sengupta, and Ashim Chowdhury, "Impact of Pesticides Use in Agriculture: Their Benefits and Hazards," *Interdisciplinary Toxicology* 2, no. 1 (March 2009), 1-12, https://doi.org/10.2478/v10102-009-0001-7.

23) Martha McNeil Hamilton, *The Great American Grain Robbery and Other Stories* (Washington, DC: Agribusiness Accountability Project, 1972).

24) Dan Morgan, *Merchants of Grain* (New York: Penguin, 1980).

25) Morgan, *Merchants of Grain.*

26) Morgan, *Merchants of Grain.*

27) Morgan, *Merchants of Grain.*

28) Tom Philpott, "A Reflection on the Lasting Legacy of 1970s USDA Secretary Earl Butz," *Grist*, February 8, 2008.

29) Alyshia Gálvez, *Eating NAFTA: Trade, Food Policies, and the Destruction of Mexico* (Berkeley: University of California Press, 2018).

30) Karen Lehman and Dr. Steve Suppan, "Food Security and Agricultural Trade Under NAFTA," Institute for Agriculture & Trade Policy, July 10, 1997, https://www.iatp.org/documents/food-security-and-agricultural-trade-under-nafta.

31) Lesley Ahmed, "U.S. Corn Exports to Mexico and the North American Free Trade Agreement," Office of Industries, U.S. International Trade Commission, May 2018, https://www.usitc.gov/publications/332/working_papers/ahmed.htm.

32) Richard Marosi, "In Mexico's Fields, Children Toil to Harvest Crops That Make It to American Tables," *Los Angeles Times*, December 14,

2014, https://www.latimes.com/world/mexico-americas/la-product-of-mexico-faces-20141214-storylink.html.

33) "DDT Regulatory History: A Brief Survey (to 1975)," U.S. Environmental Protection Agency, September 14, 2016, https://archive.epa.gov/epa/aboutepa/ddt-regulatory-history-brief-survey-1975.html.

34) Daniel Charles, *Lords of the Harvest: Biotech, Big Money, and the Future of Food* (Cambridge, MA: Perseus, 2001).

35) Christine Escobar, "The Tale of rBGH, Milk, Monsanto and the Organic Backlash," *Huffington Post*, April 2, 2009.

36) Jeffrey Smith, "Monsanto Forced Fox TV to Censor Coverage of Dangerous Milk Drug," *Huffington Post*, May 25, 2011.

37) Jennifer Clapp, *Food* (Cambridge, UK: Polity, 2016).

38) Patricia Cohen, "Roundup Weedkiller Is Blamed for Cancers, but Farmers Say It's Not Going Away," *New York Times*, September 20, 2019, https://www.nytimes.com/2019/09/20/business/bayer-roundup.html.

39) Leemon B. McHenry, "The Monsanto Papers: Poisoning the Scientific Well," *International Journal of Risk & Safety in Medicine* 29, no. 3-4 (2018), 193-205, doi: 10.3233/JRS-180028.

40) Jorge Fernandez-Cornejo, Seth Wechsler, Mike Livingston, and Lorraine Mitchell, "Genetically Engineered Crops in the United States," USDA Economic Research Service, ERR-162, February 2014.

41) Patricia Cohen, "Roundup Maker to Pay $10 Billion to Settle Cancer Suits," *New York Times*, June 24, 2020, https://www.nytimes.com/2020/06/24/business/roundup-settlement-lawsuits.html.

42) Christian H. Krupke, Greg J. Hunt, Brian D. Eitzer, Gladys Andino, and Krispn Given, "Multiple Routes of Pesticide Exposure for Honey

Bees Living Near Agricultural Fields," *PLoS ONE* 7, no. 1 (January 3, 2012).

13장 저항

1) John Bellamy Foster and Brett Clark, "The Robbery of Nature: Capitalism and the Metabolic Rift," *Monthly Review*, July 1, 2018, https://monthlyreview.org/2018/07/01/the-robbery-of-nature/.

2) Barry Commoner, *The Closing Circle: Nature, Man, and Technology* (New York: Random House, 1971).

3) John Bellamy Foster, *The Vulnerable Planet: A Short Economic History of the Environment* (New York: Monthly Review Press, 1999).

4) Foster, *The Vulnerable Planet.*

5) Christina Vella, *George Washington Carver: A Life* (Baton Rouge: Louisiana State University Press, 2015).

6) E. Fairlie Watson, "The Lessons of the East," *Organic Gardening Magazine* 13, no. 8 (September 1948).

7) Sir Albert Howard, *An Agricultural Testament* (Oxford: Oxford University Press, 1940).

8) Lady Eve Balfour, *The Living Soil* (London: Faber and Faber, 1943).

9) Rachel Carson and Dorothy Freeman, *Always, Rachel: The Letters of Rachel Carson and Dorothy Freeman, 1952-1964: The Story of a Remarkable Friendship*, ed. Martha Freeman (Boston: Beacon Press, 1994).

10) Rachel Carson, *Silent Spring* (Boston: Houghton Mifflin, 1962).

11) Ted Genoways, "Corn Wars," *New Republic*, August 16, 2015, https://newrepublic.com/article/122441/corn-wars.

12) Linda Lear, *Rachel Carson: Witness for Nature* (Boston: Mariner, 2009).

13) Frances Moore Lappé, *Diet for a Small Planet* (New York: Ballantine, 1971).

14) Bruce Reynolds, *Black Farmers in America, 1865-2000*, RBS Research Report 194 (Washington, DC: U.S. Department of Agriculture, 2002), https://www.rd.usda.gov/sites/default/files/RR194.pdf.

15) "United States Farms with American Indian or Alaska Native Producers," 2017 Census of Agriculture, USDA National Agricultural Statistics Service, https://www.nass.usda.gov/Publications/AgCensus/2017/Online_Resources/Race,_Ethnicity_and_Gender_Profiles/cpd99000.pdf.

16) Monica M. White, "Freedom's Seeds: Reflections of Food, Race, and Community Development," *Journal of Agriculture, Food Systems, and Community Development* (2017), advance online publication, http://dx.doi.org/10.5304/jafscd.2017.073.011.

17) White, "Freedom's Seeds."

18) Monica M. White, *Freedom Farmers: Agricultural Resistance and the Black Freedom Movement* (Chapel Hill: University of North Carolina Press, 2018).

19) White, *Freedom Farmers.*

20) White, *Freedom Farmers.*

21) Helen Nearing and Scott Nearing, *Living the Good Life: How to Live Sanely and Simply in a Troubled World* (New York: Schocken, 1970).

22) David Zucchino, "Farmer Who Sued USDA—and Won—Now Grappling with IRS," *Seattle Times*, March 31, 2012.

23) Abril Castro and Zoe Willingham, "Progressive Governance Can Turn the Tide for Black Farmers," Center for American Progress, April 3, 2019, https://www.americanprogress.org/issues/economy/

reports/2019/04/03/467892/progressive-governance-can-turn-tide-black-farmers/.

24) Gordon W. Gunderson, *The National School Lunch Program: Background and Development* (Hauppauge, NY: Nova Science Publishers, 2003).

25) "Hunger in America," *CBS Reports*, CBS, aired May 21, 1968.

26) Joshua Bloom and Waldo E. Martin Jr., *Black Against Empire: The History and Politics of the Black Panther Party* (Berkeley: University of California Press, 2013).

27) Gerald M. Oppenheimer and I. Daniel Benrubi, "McGovern's Senate Select Committee on Nutrition and Human Needs Versus the Meat Industry on the Diet-Heart Question (1976-1977)," *American Journal of Public Health* 104, no. 1 (2014), 59-69, https://doi.org/10.2105/AJPH.2013.301464.

28) *Diet Related to Killer Diseases: Hearings Before the Select Committee on Nutrition and Human Needs of the United States Senate, Ninety-Fourth Congress* (Washington, DC: Government Printing Office, 1976).

29) Marion Nestle, *Food Politics: How the Food Industry Influences Nutrition and Health* (Berkeley: University of California Press, 2002).

30) Marion Nestle, *Soda Politics: Taking on Big Soda (and Winning)* (Oxford: Oxford University Press, 2015), 55.

31) *Dietary Goals for the United States: Prepared by the Staff of the Select Committee on Nutrition and Human Needs, United States Senate,* 2nd ed. (Washington, DC: Government Printing Office, 1977), cited in Nestle, *Soda Politics,* 55.

32) Nestle, *Food Politics*.

33) Brian K. Obach, *Organic Struggle: The Movement for Sustainable Agriculture in the United States* (Cambridge, MA: MIT Press, 2015).

34) Phillip H. Howard, "Consolidation in the North American Organic Food Processing Sector, 1997 to 2007," *International Journal of Sociology and Agriculture and Food* 16, no. 1 (2009), 13-30.

14장 지금 우리는 어디에 있는가

1) Bill McKibben, "A Very Hot Year," *New York Review of Books*, March 12, 2020, https://www.nybooks.com/articles/2020/03/12/climate-change-very-hot-year/.

2) IATP, GRAIN, and Heinrich Böll Stiftung, "Big Meat and Dairy's Supersize Climate Footprint," Institute for Agriculture & Trade Policy, November 7, 2017, https://www.iatp.org/supersized-climate-footprint.

3) IATP, GRAIN, and Stiftung, "Big Meat."

4) Kevin O'Sullivan, "Ireland Has Third Highest Emissions of Greenhouse Gas in EU," *Irish Times*, August 26, 2019, https://www.irishtimes.com/news/environment/ireland-has-third-highest-emissions-of-greenhouse-gas-in-eu-1.3998041.

5) "Sources of Greenhouse Gas Emissions," U.S. Environmental Protection Agency, April 11, 2020.

6) Robert Goodland and Jeff Anhang, "Livestock and Climate Change," Worldwatch, November/December 2009, https://awellfedworld.org/wp-content/uploads/Livestock-Climate-Change-Anhang-Goodland.pdf.

7) Leanne N. Phelps and Jed O. Kaplan, "Land Use for Animal Production in Global Change Studies: Defining and Characterizing a Framework," *Global Change Biology* 23, no. 11 (November 2017).

8) Alex Thornton, "This Is How Many Animals We Eat Each Year," World Economic Forum, February 8, 2019.

9) P. J. Gerber, H. Steinfeld, B. Henderson, A. Mottet, C. Opio, J. Dijkman, A. Falcucci, and G. Tempio, *Tackling Climate Change Through Livestock: A Global Assessment of Emissions and Mitigation Opportunities* (Rome: Food and Agriculture Organization of the United Nations, 2013), http://www.fao.org/3/a-i3437e.pdf.

10) Aleksandra Arcipowska, Emily Mangan, You Lyu, and Richard Waite, "5 Questions About Agricultural Emissions, Answered," World Resources Institute, July 29, 2019, http://www.wri.org/blog/2019/07/5-questions-about-agricultural-emissions-answered.

11) R. Lal, W. Negassa, and K. Lorenz, "Carbon Sequestration in Soil," *Current Opinion in Environmental Sustainability* 15 (2015), 79-86.

12) David Gibbs, Nancy Harris, and Frances Seymour, "By the Numbers: The Value of Tropical Forests in the Climate Change Equation," World Resources Institute, October 4, 2018, https://www.wri.org/blog/2018/10/numbers-value-tropical-forests-climate-change-equation.

13) Ignacio Amigo, "When Will the Amazon Hit a Tipping Point?," *Nature*, February 25, 2020, https://www.nature.com/articles/d41586-020-00508-4.

14) Jenny Gustavsson et al., *Global Food Losses and Food Waste: Extent, Causes and Prevention* (Rome: Food and Agriculture Organization of the United Nations, 2011), http://www.fao.org/3/a-i2697e.pdf.

15) "Crop and Land Use: Statewide Data," Iowa State University Extension and Outreach, accessed July 2020, https://www.extension.iastate.edu/soils/crop-and-land-usestatewide-data.

16) Adam Jeffery and Emma Newburger, "Wasted Milk, Euthanized Livestock: Photos Show How Coronavirus Has Devastated US Agri-

culture," CNBC, May 2, 2020.

17) Sigal Samuel, "How to Reduce Your Food's Carbon Footprint, in 2 Charts," *Vox*, February 20, 2020.

18) Aine Quinn and Jeremy Hodges, "Your Bowl of Rice Is Hurting the Climate Too," *Bloomberg*, June 3, 2019, https://www.bloomberg.com/news/articles/2019-06-03/your-bowl-of-rice-is-hurting-the-climate-too.

19) "Top 10 Warmest Years on Record," Climate Central, January 15, 2020.

20) "Assessing the U.S. Climate in June 2019," National Oceanic and Atmospheric Administration, National Centers for Environmental Information, July 9, 2019.

21) "Water Scarcity," UN Water, September 2018.

22) David Wallace-Wells, *The Uninhabitable Earth: Life After Warming* (New York: Tim Duggan, 2019).

23) Jeremy Frankel, "Crisis on the High Plains: The Loss of America's Largest Aquifer," *University of Denver Water Law Review*, May 17, 2018, http://duwaterlawreview.com/crisis-on-the-high-plains-the-loss-of-americas-largest-aquifer-the-ogallala/.

24) Nathanael Johnson, "It's Time for California to Let Some of Its Thirsty Farmland Go," *Grist*, February 21, 2019, https://grist.org/article/its-time-for-california-to-let-some-of-its-thirsty-farmland-go/.

25) Louis Ziska, interview with author, July 6, 2020.

26) "Goal 2: Zero Hunger," Sustainable Development Goals, United Nations, https://www.un.org/sustainabledevelopment/hunger/.

27) Bill McKibben, *Falter: Has the Human Game Begun to Play Itself Out?* (New York: Henry Holt, 2019).

28) Julian Cribb, *Food or War* (Cambridge: Cambridge University Press, 2019).

29) Wallace-Wells, *The Uninhabitable Earth*.

30) Raj Patel, *Stuffed and Starved: The Hidden Battle for the World Food System* (New York: Melville House, 2012).

31) Marion Nestle and Malden Nesheim, *Why Calories Count: From Science to Politics* (Berkeley: University of California Press, 2012).

32) J. Min, Y. Zhao L. and Slivka Y. Wang, "Double Burden of Diseases Worldwide: Coexistence of Undernutrition and Overnutrition-Related Non-Communicable Chronic Diseases," *Obesity Reviews* 19, no. 1 (2018).

33) "Diabetes: Key Facts," World Health Organization, accessed May 15, 2020, https://www.who.int/news-room/fact-sheets/detail/diabetes.

34) Vivekanand Jha and Gopesh K. Modi, "Getting to Know the Enemy Better — the Global Burden of Chronic Disease," *Kidney International* 94 (2018).

35) BDJ Team 4, "A Global Outlook on Sugar," article no. 17045 (2017), https://doi.org/10.1038/bdjteam.2017.45.

36) NCD Risk Factor Collaboration, "Trends in Adult Body-Mass Index in 200 Countries from 1975 to 2014: A Pooled Analysis of 1698 Population-Based Measurement Studies with 19.2 Million Participants," *The Lancet* 387, no. 10026 (April 2, 2016), 1377-96, https://doi.org/10.1016/S0140-6736(16)30054-X.

37) Caitlin Dewey, "Mediterranean Children Stopped Eating the Mediterranean Diet, and Now They Have the Highest Obesity Rates in Europe," *Washington Post*, May 30, 2018, https://www.washingtonpost.com/news/wonk/wp/2018/05/30/mediterranean-children-stopped-

eating-the-mediterranean-diet-and-they-now-have-the-highest-obesity-rates-in-europe/.

38) Dionne Searcey and Matt Michtel, "Obesity Was Rising as Ghana Embraced Fast Food. Then Came KFC," *New York Times*, October 2, 2017.

39) "World Bank National Accounts Data, and OECD National Accounts Data Files," World Bank, https://data.worldbank.org/indicator/NY.GDP.MKTP.CD.

40) Zion Market Research, "Global Industry Trends in Fast Food Market Size & Share Will Surpass USD 690.80 Billion by 2022," GlobeNewswire, http://www.globenewswire.com/news-release/2019/07/12/1882007/0/en/Global-Industry-Trends-in-Fast-Food-Market-Size-Share-Will-Surpass-USD-690-80-Billion-by-2022.html.

41) Wullianallur Raghupathi and Viju Raghupathi, "An Empirical Study of Chronic Diseases in the United States: A Visual Analytics Approach," *International Journal of Environmental Research and Public Health* 15, no. 3 (March 2018).

42) Mark Bittman and David Katz, MD, *How to Eat: All Your Food and Diet Questions Answered* (Boston: Houghton Mifflin Harcourt, 2020).

43) "Food Marketing," UConn Rudd Center for Food Policy & Obesity, http://www.uconnruddcenter.org/food-marketing.

44) Rudd Center, "Food Marketing."

45) Eurídice Martínez Steele et al., "Ultra-Processed Foods and Added Sugars in the US Diet: Evidence from a Nationally Representative Cross-Sectional Study," *BMJ Open* 6, no. 3 (March 9, 2016), doi: 10.1136/bmjopen-2015-009892.

46) Julie Guthman, *Weighing In: Obesity, Food Justice, and the Limits of Capitalism* (Berkeley: University of California Press, 2011).

47) Nicholas Rohde, K. K. Tang, and Lars Osberg, "The Self-Reinforcing Dynamics of Economic Insecurity and Obesity," *Applied Economics* 49, no. 17 (September 27, 2016), 1668-78, https://doi.org/10.1080/0003 6846.2016.1223826.

48) "New CDC Report: More than 100 Million Americans Have Diabetes or Prediabetes," press release, CDC, July 18, 2017, https://www.cdc. gov/media/releases/2017/p0718-diabetes-report.html.

49) "Number of Supermarket Stores in the United States from 2011 to 2018, by Format," Statista, April 2019, https://www.statista.com/ statistics/240892/number-of-us-supermarket-stores-by-format/.

50) Patrick W. McLaughlin, "Growth in Quick-Service Restaurants Outpaced Full-Service Restaurants in Most U.S. Counties," USDA Economic Research Service, November 5, 2018.

51) Guthman, *Weighing In*.

52) David Pimentel and Michael Burgess, "Small Amounts of Pesticides Reaching Target Insects," *Environment, Development and Sustainability* 14, no. 1-2 (September 2011).

53) Carey Gillam, "Hold the Plum Pudding: US Food Sampling Shows Troubling Pesticide Residues," *Environmental Health News*, December 21, 2017.

54) Wasim Aktar, Dwaipayan Sengupta, and Ashim Chowdhury, "Impact of Pesticides Use in Agriculture: Their Benefits and Hazards," *Interdisciplinary Toxicology* 2, no. 1 (March 2009), 1-12, https://doi. org/10.2478/v10102-0090001-7.

55) Johnathan Hettinger, "New Bayer-Engineered Seed Raises Questions

Among Experts on the Future of Weed Control," Midwest Center for Investigative Reporting, July 3, 2020.

56) Michael DiBartolomeis, Susan Kegley, Pierre Mineau, Rosemarie Radford, and Kendra Klein, "An Assessment of Acute Insecticide Toxicity Loading (AITL) of Chemical Pesticides Used on Agricultural Land in the United States," *PLoS ONE* 14, no. 8 (August 6, 2019), https://doi.org/10.1371/journal.pone.0220029.

57) Caspar A. Hallmann et al., "More than 75 Percent Decline over 27 Years in Total Flying Insect Biomass in Protected Areas," *PLoS ONE*, October 18, 2017, https://doi.org/10.1371/journal.pone.0185809.

58) "An Estimated 12.6 Million Deaths Each Year Are Attributable to Unhealthy Environments," World Health Organization, March 15, 2016.

59) Kristin Lawless, *Formerly Known as Food: How the Industrial Food System Is Changing Our Minds, Bodies, and Culture* (New York: St. Martin's, 2018); Guthman, *Weighing In*.

60) Yinon M. Bar-On, Rob Phillips, and Ron Milo, "The Biomass Distribution on Earth," *Proceedings of the National Academy of Sciences* 115, no. 25 (June 19, 2018).

61) Charlie Mitchell and Austin Frerick, "Restoring Independence and Fairness to Agriculture Under a Green New Deal," Data for Progress, October 2019, http://filesforprogress.org/memos/agriculture-antitrust.pdf.

62) Chris Jones, "50 Shades of Brown," *Chris Jones, IIHR Research Engineer* (blog), University of Iowa, https://www.iihr.uiowa.edu/cjones/50-shades-of-brown/.

63) Leah Douglas, "Finally, Somebody Heard What the People Were

Saying Was Happening to Them," *Mother Jones*, May 1, 2018.

64) Donnelle Eller, "Iowa Uses Satellites to Uncover 5,000 Previously Undetected Animal Confinements," *Des Moines Register*, September 19, 2017.

65) Leah Douglas, "The Breathtaking Lack of Oversight for Air Emissions from Animal Farms," *The Nation*, December 20, 2019, https://www.thenation.com/article/archive/air-emissions-environment/.

66) Carrie Hribar, *Understanding Concentrated Animal Feed Operations and Their Impact on Communities* (Bowling Green, OH: National Association of Local Boards of Health, 2010), https://www.cdc.gov/nceh/ehs/docs/Understanding_CAFOs_NALBOH.pdf.

67) Rob Wallace, *Big Farms Make Big Flu: Dispatches on Influenza, Agribusiness, and the Nature of Science* (New York: New York University Press, 2016).

68) "Overfishing," *National Geographic*, April 27, 2010, https://www.nationalgeographic.com/environment/oceans/critical-issues-overfishing/.

69) Brian Halwell, *Farming Fish for the Future*, Worldwatch Institute Report 176 (Washington, DC: Worldwatch Institute, 2008).

70) Felipe C. Cabello, Henry P. Godfrey, Alexandra Tomova, Larisa Ivanova, Humberto Dolz, Ana Millanao, and Alejandro H. Buschmann, "Antimicrobial Use in Aquaculture Re-Examined: Its Relevance to Antimicrobial Resistance and to Animal and Human Health," *Environmental Microbiology*, April 10, 2013.

71) Katy Keiffer, "Who Really Owns American Farmland?" *The Counter*, July 31, 2017.

72) Keiffer, "Who Really Owns?"

73) GRAIN, "The Global Farmland Grab in 2016: How Big, How Bad?," June 14, 2016, https://grain.org/en/article/5492-the-global-farmland-grab-in-2016-how-big-how-bad.

74) Saru Jayaraman and Kathryn De Master, *Bite Back: People Taking on Corporate Food and Winning* (Berkeley: University of California Press, 2020).

75) Margaret Wurth, "More US Child Workers Die in Agriculture Than in Any Other Industry," Human Rights Watch, December 4, 2018.

76) Jayaraman and De Master, *Bite Back*.

77) Jayaraman and De Master, *Bite Back*.

78) Krissy Clark, "The Secret Life of a Food Stamp Might Become a Little Less Secret," August 5, 2014.

79) Vandana Shiva, "Monocultures of the Mind," *Trumpeter* 10, no. 4 (1993).

15장 앞으로 나아갈 길

1) "The International Peasant's Voice," La Via Campesina, https://viacampesina.org/en/international-peasants-voice/.

2) Steve Gliessman, "Transforming Food Systems with Agroecology," *Agroecology and Sustainable Food Systems* 40, no. 3 (2016).

3) Wendell Berry, "The Pleasures of Eating," from *What Are People For?* (New York: North Point Press, 1990).

4) Steven Greenhouse, "With Day of Protests, Fast-Food Workers Seek More Pay," *New York Times*, November 29, 2012, https://www.nytimes.com/2012/11/30/nyregion/fast-food-workers-in-new-york-city-rally-for-higher-wages.html.

5) "Why We Strike," Fight for $15, https://fightfor15.org/why-we-strike/.

6) "Tomato 101," Florida Tomatoes, https://www.floridatomatoes.org/tomato-101/.

7) "About CIW," Coalition of Immokalee Workers, accessed July 5, 2020.

8) "2017 Annual Report," Fair Foods Standards Council, 2017, http://ciw-online.org/wp-content/uploads/Fair-Food-Program-2017-Annual-Report.pdf.

9) Stephen Satterfield, "Behind the Rise and Fall of Growing Power," *Civil Eats*, March 13, 2018, https://civileats.com/2018/03/13/behind-the-rise-and-fall-of-growing-power/.

10) Monica M. White, *Freedom Farmers: Agricultural Resistance and the Black Freedom Movement* (Chapel Hill: University of North Carolina Press, 2018).

11) Federal Reserve Bank of St. Louis, *Harvesting Opportunity: The Power of Regional Food System Investments to Transform Communities* (St. Louis: Federal Reserve Bank of St. Louis and the Board of Governors of the Federal Reserve System, 2017), 24.

12) Federal Reserve Bank of St. Louis, *Harvesting Opportunity*, 31.

13) Fair Food Network, "Double Up Food Bucks," accessed July 5, 2020, https://fairfoodnetwork.org/projects/double-up-food-bucks/.

14) "A Closer Look at the 2018 Farm Bill: Gus Schumacher Nutrition Incentive Program," National Sustainable Agriculture Coalition, January 24, 2019, https://sustainableagriculture.net/blog/closer-look-2018-farm-bill-fini/.

15) Tirtha Dhar and Kathy Baylis, "Fast Food Consumption and the Ban on Advertising Targeting Children: The Quebec Experience," *Journal of Marketing Research* 48, no. 5 (October 2011), https://doi.org/10.2307/23033520.

16) Paige Sutherland, "Chile's New Food Labeling Laws Have Created Creepy, Faceless Chocolate Santas," *Vice*, https://www.vice.com/en_us/article/439b3n/chiles-new-food-labeling-laws-have-created-creepy-faceless-chocolate-santas.

17) Sutherland, "Chile's New Food Labeling Laws."

18) Sutherland, "Chile's New Food Labeling Laws."

19) Lindsey Smith Taillie, Marcela Reyes, M. Arantxa Colchero, Barry Popkin, and Camila Corvalan, "An Evaluation of Chile's Law of Food Labeling and Advertising on Sugar-Sweetened Beverage Purchases from 2015 to 2017: A Beforeand-After Study," *PLOS Medicine* 17, no. 2 (February 11, 2020), https://doi.org/10.1371/journal.pmed.1003015.

20) Stephen Daniells, "Mexico's Sugar Tax Effective for Reducing Soda Purchases: New Data," FoodNavigator, January 3, 2019, https://www.foodnavigator-latam.com/Article/2019/01/03/Mexico-s-sugar-tax-effective-for-reducing-soda-purchases-New-data.

21) "U.S. Soda Taxes Work, Studies Suggest — But Maybe Not as Well as Hoped," *All Things Considered*, NPR, https://www.npr.org/transcripts/696709717.

22) Associated Press, "Junk Food Tax Goes into Effect on Navajo Nation," *AZ Central*, April 1, 2015.

23) Much of this section is from conversations with American and Canadian visitors to B.H., as well as Jahi Chappell, *Beginning to End Hunger: Food and the Environment in Belo Horizonte, Brazil, and Beyond* (Berkeley: University of California Press, 2018).

24) Anna Sophie Gross, "As Brazilian Agribusiness Booms, Family Farms Feed the Nation," *Mongabay*, January 17, 2019, https://news.mongabay.com/2019/01/as-brazilian-agribusiness-booms-family-

farms-feed-the-nation/.

25) Himachal Pradesh Department of Agriculture, No. Agr-B-F-(1)1/2018, government notification, May 29, 2018, http://www.hillagric.ac.in/aboutus/registrar/pdf/2018/GA/30.05.2018/GA-30.05.2018-24882-98-29.05.2018.pdf.

26) Himachal Pradesh Department of Agriculture, government notification.

27) Steve Brescia, ed., *Fertile Ground: Scaling Agroecology from the Ground Up* (Oakland: Food First Books, 2017).

28) "Where Is Glyphosate Banned?," Baum, Hedlund, Aristei, and Goldman, February 2020, https://www.baumhedlundlaw.com/toxic-tort-law/monsanto-roundup-lawsuit/where-is-glyphosate-banned/.

29) Rachel Ajates Gonzalez, Jessica Thomas, and Marina Chang, "Translating Agroecology into Policy: The Case of France and the United Kingdom," *Sustainability* 10, no. 8 (2018), 2930, https://doi.org/10.3390/su10082930.

30) "The Los Angeles Good Food Purchasing Program: Changing Local Food Systems, One School, Supplier, and Farmer at a Time," Policy Link, https://www.policylink.org/sites/default/files/LA_GFFP_FINAL0.pdf.

31) Alexis Stephens, "Tracking the Ripple Effects of LA's Good Food Purchasing Program," Center for Good Food Purchasing, accessed July 5, 2020, https://goodfoodpurchasing.org/tracking-the-ripple-effects-of-las-good-food-purchasing-program/.

32) Interview with Alice Waters, 2018; "About" and "2018 Annual Report," Edible Schoolyard Project, https://edibleschoolyard.org/about.

33) "Copenhagen's Organic Food Revolution," City of Copenhagen, May

23, 2016, https://international.kk.dk/nyheder/copenhagens-organic-food-revolution.

34) Jennifer E. Gaddis, *The Labor of Lunch: Why We Need Real Food and Real Jobs in American Public Schools* (Berkeley: University of California Press, 2019).

35) Health Care Without Harm, "2019 Healthcare Food Trends," *Medium*, November 13, 2019.

36) "What Are Prairie Strips?," Iowa State University, https://www.nrem.iastate.edu/research/STRIPS/content/what-are-prairie-strips.

37) "Kernza Grain," Land Institute, accessed July 5, 2020, https://landinstitute.org/our-work/perennial-crops/kernza/.

38) *Farms and Land in Farms 2018 Summary* (Washington, DC: USDA National Agricultural Statistics Service, 2019), https://www.nass.usda.gov/Publications/Todays_Reports/reports/fnlo0419.pdf.

39) Migrant Justice, "Milk with Dignity Turns Two — and Launches a New Campaign!," accessed July 6, 2020, https://migrantjustice.net/milk-with-dignity-turns-two-and-launches-a-new-campaign.

결론: 우리는 모두 먹는 존재다

1) ETC Group, *Who Will Feed Us? The Peasant Food Web vs. The Industrial Food Chain*, 3rd ed. (Val David, Canada: ETC Group, 2017), https://www.etcgroup.org/sites/www.etcgroup.org/files/files/etc-whowillfeedus-english-webshare.pdf.

2) Naomi Klein, *The Shock Doctrine* (Toronto: Random House of Canada, 2007).

3) Especially in *Hope in the Dark* (Chicago: Haymarket, 2016).

4) Ariel Shapiro, "70% of Americans Want Officials to Prioritize Public

Health Over Restarting Economy," *Forbes*, April 23, 2020.

5) Naomi Klein, *On Fire: The Burning Case for a Green New Deal* (New York: Simon & Schuster, 2019), 39.

6) Martin Luther King, Jr., *A Testament of Hope: The Essential Writings and Speeches of Martin Luther King, Jr.*, ed. James Melvin Washington (New York: Harper & Row, 1986).

7) Ursula K. Le Guin, speech at the National Book Awards ceremony, 2014, quoted in Rachel Arons, " 'We Will Need Writers Who Can Remember Freedom': Ursula Le Guin and Last Night's N.B.A.s," *The New Yorker,* November 20, 2014, https://www.newyorker.com/books/page-turner/national-book-awards-ursula-le-guin.

8) Naomi Klein, *This Changes Everything: apitalism vs. the Climate* (New York: Simon & Schuster, 2015).

9) Max Roser, "The World Is Much Better; the World Is Awful; the World Can Be Much Better," Our World in Data, October 31, 2018, https://ourworldindata.org/much-better-awful-canbe-better.

『동물, 채소, 정크푸드』를 쓰면서 참고한 여러 자료 중에서 내게 가장 도움이 되었고 의미가 있었던 것이며, 제시된 주제에 대해 더 읽고 싶은 사람들에게 가장 흥미로울 것 같다고 생각한 것을 덧붙여 놓았다. 이 목록은 내가 가장 좋아하는 자료이기도 하다.

Mark Arax, *The Dreamt Land: Chasing Water and Dust Across California* (New York: Knopf, 2019).

Edward E. Baptist, *The Half Has Never Been Told: Slavery and the Making of American Capitalism* (New York: Basic Books, 2014).

Wendell Berry, *The Unsettling of America: Culture & Agriculture* (San Francisco: Sierra Club Books, 1977).

Fernand Braudel, *Memory and the Mediterranean*, trans. Sian Reynolds (New York: Vintage, 2001).

Rachel Carson, *Silent Spring* (Boston: Houghton Mifflin, 1962).

Jahi Chappell, *Beginning to End Hunger: Food and the Environment in Belo Horizonte, Brazil, and Beyond* (Berkeley: University of California Press, 2018).

Carlo M. Cipolla, *Before the Industrial Revolution: European Society and Economy, 1000-1700*, 3rd ed. (New York: Norton, 1994).

Jennifer Clapp, *Food* (Cambridge, UK: Polity, 2016).

Willard Cochrane, *The Curse of American Agricultural Abundance: A Sustainable Solution* (Lincoln: University of Nebraska Press, 2003).

Lizzie Collingham, *The Taste of War: World War II and the Battle for Food* (New York: Penguin, 2012).

Julian Cribb, *Food or War* (Cambridge: Cambridge University Press, 2019).

William Cronon, *Nature's Metropolis: Chicago and the Great West* (New York: W. W. Norton & Co., 1991).

Mike Davis, *Late Victorian Holocausts: El Niño Famines and the Making of the Third World* (New York: Verso, 2002).

Deborah Fitzgerald, *Every Farm a Factory: The Industrial Ideal in American Agriculture* (New Haven, CT: Yale University Press, 2003).

John Bellamy Foster, *The Vulnerable Planet: A Short Economic History of the Environment* (New York: Monthly Review Press, 1999).

Ernesto Galarza, *Merchants of Labor: The Mexican Bracero Story* (Santa Barbara, CA: McNally & Loftin, 1964).

Alyshia Galvez, *Eating NAFTA: Trade, Food Policies, and the Destruction of Mexico* (Berkeley: University of California Press, 2018).

D. B. Grigg, *Agricultural Systems of the World: An Evolutionary Approach* (Cambridge: Cambridge University Press, 1974).

Julie Guthman, *Weighing In: Obesity, Food Justice, and the Limits of Capitalism* (Berkeley: University of California Press, 2011).

474

John Ikerd, *Crisis and Opportunity: Sustainability in American Agriculture* (Lincoln: University of Nebraska Press, 2008).

Saru Jayaraman and Kathryn De Master, *Bite Back: People Taking on Corporate Food and Winning* (Berkeley: University of California Press, 2020).

Chin Jou, *Supersizing Urban America: How Inner Cities Got Fast Food with Government Help* (Chicago: University of Chicago Press, 2017).

David L. Katz, *The Truth About Food: Why Pandas Eat Bamboo and People Get Bamboozled* (New York: Dystel & Goderich, 2018).

David Kessler, *The End of Overeating* (Emmaus, PA: Rodale, 2009).

Naomi Klein, *This Changes Everything: Capitalism vs. the Climate* (New York: Simon and Schuster, 2015).

Bruce Kraig, *A Rich and Fertile Land: A History of Food in America* (London and Islington: Reaktion, 2017).

Frances Moore Lappé, *Diet for a Small Planet* (New York: Ballantine, 1971).

Kristin Lawless, *Formerly Known as Food: How the Industrial Food System Is Changing Our Minds, Bodies, and Culture* (New York: St. Martin's, 2018).

Christopher Leonard, *The Meat Racket: The Secret Takeover of America's Food Business* (New York: Simon & Schuster, 2014).

Harvey Levenstein, *Revolution at the Table: The Transformation of the American Diet* (Berkeley: University of California Press, 2003).

Charles C. Mann, *1493: Uncovering the New World Columbus Created* (New York: Knopf, 2011).

Maryn McKenna, *Big Chicken: The Incredible Story of How Antibiotics Created Modern Agriculture and Changed the Way the World Eats* (Washington, DC: National Geographic, 2017).

David R. Montgomery, *Dirt: The Erosion of Civilizations* (Berkeley: University of California Press, 2007).

Dan Morgan, *Merchants of Grain: The Power and Profits of the Five Giant Companies at the Center of the World's Food Supply* (New York: Penguin, 1980).

Michael Moss, *Salt Sugar Fat: How the Food Giants Hooked Us* (New York: Random House, 2013).

Marion Nestle, *Food Politics: How the Food Industry Influences Nutrition and Health* (Berkeley: University of California Press, 2002).

_____, *Soda Politics: Taking on Big Soda (and Winning)* (Oxford: Oxford University Press, 2015).

Maureen Ogle, *In Meat We Trust: An Unexpected History of Carnivore America* (Boston: Houghton Mifflin Harcourt, 2013).

Raj Patel, *Stuffed and Starved: The Hidden Battle for the World Food System* (New York: Melville House, 2012).

Raj Patel and Jason W. Moore, *A History of the World in Seven Cheap Things: A Guide to Capitalism, Nature, and the Future of the Planet* (Berkeley: University of California Press, 2017).

Amartya Sen, *Poverty and Famines: An Essay on Entitlement and Deprivation* (Oxford: Clarendon Press, 1981).

Steve Striffler, *Chicken: The Dangerous Transformation of America's Favorite Food* (New Haven, CT: Yale University Press, 2005).

David Wallace-Wells, *The Uninhabitable Earth: Life After Warming* (New York: Tim Duggan, 2019).

Monica M. White, *Freedom Farmers: Agricultural Resistance and the Black Freedom Movement* (Chapel Hill: University of North Carolina Press, 2018).

Timothy A. Wise, *Eating Tomorrow: Agribusiness, Family Farmers, and the Battle for the Future of Food* (New York: New Press, 2019).

Ellen Meiksins Wood, *The Origin of Capitalism* (New York: Monthly Review Press, 1999).

색인

▌작가 소개

마크 비트먼은 뉴욕에서 태어나 1978년부터 직업적으로 글을 쓰기 시작했다. 처음 5년 동안은 일반 기자로 근무했고, 이후 모든 관심을 음식으로 돌렸다. 첫 번째 요리책인『생선 : 구매와 요리에 대한 완벽한 지침서Fish: The Complete Guide to Buying and Cooking』는 1994년에 출판되었고 아직도 판매 중이다. 그 뒤로도 '모든 것을 위한 요리법How to Cook Everything' 시리즈를 비롯한 30권의 책을 저술하고 공동 집필했다.

1997년《뉴욕 타임스》에서 주간 칼럼 '미니멀리스트'를 쓰기 시작했고 이후 13년 동안 이 칼럼을 썼다. 2008년 비트먼은 '이 주의 리뷰'를 쓰면서 이 책에 자세히 나와 있는 많은 주제를 수많은 미국인에게 소개했다. 그는 "고기의 대량 소비를 다시 생각하게 만드는 사람"이라고 일컬어지며, 수많은 미국인에게 육류의 과잉 생산과 과소비, 만성 질환, 지구 온난화 사이의 관련성을 알려주었다.

비트먼은 이런 활동에서 영감을 받아, 에세이 중심의 책 두 권『음식은 중요하다Food Matters』와 『VB6 : 오후 6시 이전에 비건식을 먹어 체중을 줄이고 건강을 회복하자 … 영원히VB6: Eat Vegan Before 6:00 to Lose Weight and Restore Your Health … for Good』가 나오게 되었다. 두 권 모두 《타임스Times》 베스트셀러를 차지했다(『VB6』은 판매 즉시 1위를 기록했다). 동시에 그는 《타임스》에서 새로운 역할을 찾아내, 미국 최초로 음식 중심의 주요 출판물 주간 오피니언 작가가 되었으며 《선데이 매거진Sunday Magazine》의 메인 음식 작가로도 5년 동안 활동했다.

그는 모든 세대를 위한 전반적인 요리의 경전이라 할 수 있는 '모든 것을 위한 요리법How to Cook Everything' 시리즈로 여러 책을 계속해서 집필했고, 기후 변화를 다룬 시리즈로 쇼타임에서 방영하고 에미상을 수상한 '위기의 시대Years of Living Dangerously'와 귀네스 펠트로Gwyneth Paltrow가 출연한 '귀네스 펠트로의 스패니시 로드 Spain … On the Road Again'를 비롯한 네 편의 텔레비전 시리즈를 진행하거나 출연했다.

비트먼은 2005년부터 2010년까지 '투데이 쇼'의 고정 출연진이었고(아직도 가끔씩 참여하고 있다), 수많은 텔레비전과 라디오 프로그램의 게스트로도 활동했다. 2007년 그의 테드 강연은 100만 번 이상의 조회 수를 기록했다. 2015년부터 2016년까지는 UC 버클리에서 강의했으며, 현재 컬럼비아 대학교 공공보건대학원 교수로 재직 중이다.

동물, 채소 정크푸드

초판 1쇄 발행 2022년 9월 16일　**원작** ANIMAL, VEGETABLE, JUNK　**지은이** 마크 비트먼
옮긴이 김재용　**발행인** 도영　**편집** 하서린, 김미숙　**표지 디자인** 씨오디　**내지 디자인** 손은실
발행처 그러나 등록 2016-000257　**주소** 서울시 마포구 동교로 142, 5층(서교동)
전화 02) 909-5517　**Fax** 0505) 300-9348　**이메일** anemone70@hanmail.net
ISBN 978-89-98120-75-7